1mm
점핑

1mm 점핑

지은이 최영훈

1판 1쇄 인쇄 2025년 2월 26일
1판 1쇄 발행 2025년 3월 14일

펴낸곳 (주)지식노마드
펴낸이 노창현
디자인 블루노머스, 박재원
등록번호 제313-2007-000148호
등록일자 2007. 7. 10

(04032) 서울특별시 마포구 양화로 133, 1201호(서교동, 서교타워)
전화 02) 323-1410
팩스 02) 6499-1411
홈페이지 knomad.co.kr
이메일 knomad@knomad.co.kr

값 21,000원
ISBN 979-11-92248-25-7 03190

Copyright ⓒ 최영훈 2025

내가 원하는 삶으로 뛰어오르기

1mm 점핑

최영훈 지음

1mm

makes

a difference

nomad
지식노마드

1mm Jumping

차례

아주 작은 점핑의 힘

아주 조금 다른 관점, 아주 미세한 사고의 전환이
새로운 나, 새로운 내일, 새로운 무언가를 만듭니다.
평범과 비범, 성공과 실패, 하수와 고수를 가르는 것은
그야말로 한끗 차이입니다.
행복과 불행까지도.

9회말 주자 2루 풀카운트, 2 대 3으로 지고 있는 상황입니다.
스트라이크와 볼을 가르는 1mm가 경기를 끝냅니다.
1mm를 만들어내는 투수와 타자를 '레전드'라고 부릅니다.
테니스도 마찬가지입니다.
3세트 5 대 5, 브레이크포인트에 몰려 있는 상황입니다.
인 라인 안에 공을 보낼 수 있는 선수가 톱 랭커입니다.
인과 아웃은 1mm가 결정합니다.

제가 몸담고 있는 안경 세계도 같습니다.
1mm의 더함과 덜함이 전혀 다른 미감을 가져옵니다.
립(렌즈를 감싸고 있는 부분), 코 브릿지, 전체적인 밸런스에서의
1mm 차이로 전혀 다른 안경이 되는 거지요.

사람들은 흔히 놀라운 변화에는
대단한 도약이 필요하리라 생각합니다.
행복이란 크기가 아닌 빈도에 있듯이
변화 또한 작지만 의미 있는 도약을
얼마나 자주 하느냐에 달려 있습니다.
따라서 우리에게 필요한 무기는 '1mm의 미학'입니다.

여기 지난 십년 간 저의 몸부림을 기록한 노트가 있습니다.
숱한 시행착오, 희노애락, 절망과 희망을 겪으며
1mm 점핑을 온몸으로 체득한 이야기입니다.
이 책에 궁극적 목표나 지향점은 없습니다.
어제와 다른 오늘을 기대하는 누군가에게
반면교사가 되고 영감과 힌트가 된다면 그것으로 충분합니다.
작은 바람이 있다면,
제 얘기가 자기 안에 움츠러 있는 누군가에게
1mm 용기가 되어주는 것입니다.

생각의
1mm

1mm

makes

a difference

강자와 약자를 구분하는 건 매우 간단합니다. 강자는 바라는 게 없는 사람이고, 약자는 무언가를 필요로 하거나 욕망하는 사람입니다. 권세 있고 건장하고 돈 많고 힘 세고 잘생긴 어떤 남자가 있습니다. 그가 짝사랑하는 왜소하고 평범한 한 여자가 있습니다. 누가 강자입니까? 남자는 그 여자 앞에 한낱 약자에 불과합니다.

욕망하는 게 많고 필요한 게 많고 구걸할 게 많은 마음을 '가난하다'라고 얘기할 수도 있습니다. 돈이 천 억 원 있어도 가난한 자일 수 있고, 돈이 1억 원 있어도 부유한 자일 수 있습니다. 따라서 가난한 마음의 반대는 자유로운 마음입니다. 즉 무언가에 집착하고 과욕을 부리는 굴레에서 해방되어 영적인 여유를 누리는 것입니다.

당신은 약자의(가난한) 삶을 사나요, 강자의(부유한) 삶을 사나요?

사회에서든, 일상에서든, 관계에서든 스포츠맨십을 누군가 크게 훼손하는 모습을 보면 유독 화를 내는 편입니다. 왜 부동산 투기를 하지 말라는 사람이, 들춰 보면 자기들이 더 많이 하고 있나요. 왜 사학폐지를 주장하는 사람이, 들춰 보면 자기 자식들은 외고 과학고 사립고에 주구장창 보냈나요. 왜 죽도록 반미 외치는 사람이, 들춰 보면 일 년에 기본 1억 원 드는 미국 유학은 그리들 많이 보냈나요. 왜 그렇게 대기업 못 잡아먹어 안달인 사람이, 들춰 보면 자기 가족은 기를 쓰고 대기업에만 취직시키고 있나요.

내 자유가 중요하면 남의 자유도 중요한 줄 알아야 '공정'입니다. 내 가족의 이익이 소중하면 남의 가족의 이익도 소중한 줄 알아야 '정의'이지요. 그게 스포츠맨십이고요.

내가 나이를 얼마나 잡수셨는지 급 느끼게 되는 건 이런 기사를 볼 때입니다.

'새로 검찰총장 되는 심우정'

제 고등학교 동기동창입니다. 휘문고 81기. 인맥 자랑하는 거 아닙니다. 고등학교 때나 지금이나 저 친구랑 개인적으로 서로 모릅니다. 저는 주로 날라리들과 친했지 저리 서울법대 가는 친구와는 별 교류가 없었습니다. 인맥이 아닌 거죠. 다른 친구들을 통해 검찰에 저런 동창이 있다는 얘기만 들었습니다. 그런데 총장이 됐네요. 한동훈 국민의힘 전 대표는 제 친구들이 많이 다닌 현대고 3년 후배라 하고요.

격세지감이라는 생각이 듭니다. 어쩌면 저들 인생에서 피크를 찍는 몇 년간이 아닐까 싶기도 하고요. 생각해보니 쉰 살이 넘는 지금까지도 대기업에 다니는 친구는 꽤 드물고, 대부분 부장급 되면 밀려나듯이 퇴직합니다. 나름 공부도 잘했고 열심히 살아온 저들이지만 부러운 삶의 모습은 아닙니다. 50대 초중반이면 90세까지 산다고 했을 때 아직 35년이 남았네요. 지금까지 아등바등 살면서 출세도 하고 업적도 쌓고 했겠지만 결국 다 과거형일 뿐입니다.

진정 인생의 승부점은 앞으로 남은 30여 년간의 퀄리티로 희비가 갈릴 겁니다. 이때 가장 중요한 것이 건강과 돈입니다. 여기저기에서 인생에서 가장 중요한 건 물질적인 게 아니라고 하면서 어쩌고저쩌고 감상 쩌는데, 제가 살아온 바에 의하면 돈만큼 중헌 게 없습니다. 돈으로 행복을 살 수 없다고 또 어쩌고저쩌고 하는데 돈 많으면 행복의 87퍼센트는 해결된다고 봅니다. 그러나 돈이 아무리 많아도 건강을 잃으면 행복의 90퍼센트를 놓칠 수 있겠습니다. 결국 인생 후반전 30년은 돈과 건강을 함께 가진 자가 위너가 된다는 얘깁니다. 누구나 다 아는 이야기를 길게도 풀었는데, 안타깝게도 후반전 위너는 찾아보기 상당히 어렵습니다. 건강이 나쁜데 돈도 없거나, 돈은 있으나 건강하지 않거나, 건강하나 돈이 없는 경우가 90퍼센트 이상일 듯싶습니다.

결국 인생은 오징어 게임입니다. 계속되는 승부에서 상위 10퍼센트 안에 들어야 살 만합니다. 어려서는 공부, 커서는 직장,

그 다음에는 승진, 자영업자나 사업가라면 그 극악한 생존율, 투자자라면 도박판에서 돈을 딸 확률만큼이나 낮은 성공률을 마주합니다. 어떤 도전을 하든 적어도 상위 10퍼센트 안에는 들어야 합니다. 50대 중반이 넘어가면, 새롭게 무엇을 시작하든 또는 지금까지 이뤄온 걸 유지하든 극도로 낮은 성공 확률 속에 들어야 함은 물론 건강하기까지 해야 합니다. 정신적으로나 육체적으로나 모두. 이렇게 보면 위너가 되는 건 낙타가 바늘구멍 들어가기보다 조금 나은 수준일지도 모르겠습니다. 게임으로 친다면 레벨 1에서 10까지 안 죽고 통과해야 하는 것과 비슷하다고나 할까요.

이렇다 보니 누구나 절벽에서 한 번, 두 번, 세 번… 떨어지기 마련입니다. 단숨에 무사통과해서 레벨 10에 도달하는 사람은 없을 겁니다. 넘어지면 또 일어서고 떨어지면 또 기어나오고, 그렇게 계속 어떡하든 레벨 10을 보고 가야 합니다. 대부분 레벨 7, 8에서 떨어져 죽겠지만, 그게 삶입니다.

50세를 넘긴 사람치고 제정신인 사람이 없어 보입니다. 다들 아파 보입니다. 우울증은 기본에 불면증, 불안증, 폐쇄공포증, 공황장애, 자기망상, 알코올 중독, 피해망상, 자기기만, 트라우마, 약성 치매 등 갖가지 정신 질환에서 완전히 자유로운 사람이 없어 보입니다. 자신이 아픈 사람임을 모르거나 알아도 대수롭지 않게 여기거나 포기하고 그냥 살고 있나 봅니다.

왜 안 그렇겠습니까? 당연합니다. 반백 년 동안 갈등, 실패, 배

신, 왕따, 의기소침, 망신, 실연, 파산, 싸움, 충돌, 사고 등의 인생고를 여러 번 겪으면 몸이든 정신이든 어느 곳에 균열이 생기고 고통스럽습니다. 운동선수가 특정 부위를 반복 사용하다 부상을 당하는 것과 같습니다.

모두가 환자입니다. 그래서 어쩌라고? 그러하니 본인이 환자인 걸 부끄러워할 필요가 없습니다. 삭막하고 비정하고 피곤하고 괴롭기 그지없는 현실 세계에서 온전한 정신으로 사는 사람이야말로 제가 볼 때 진정 대단한 사이코입니다. 보통의 정신력과 기운으로는 불가능한 일입니다. 따라서 움츠러들 필요가 없습니다. 부자연스럽고 괴로운 게 있으면 혼자 끙끙대지 마십시오. 당신 얘기를 들어줄 가족과 친구가 있고, 전문적으로 치료해줄 의료기관도 있습니다. 홀로 모든 고통을 짊어지려 하지 마십시오. 그럴 정도로 바깥세상은 대단한 곳이 아닙니다.

005
—
사
랑
과
결
혼

'결혼은 해도 후회, 안 해도 후회.' 결혼을 바라보는 여러 관점이 있으나 사랑에 대해 관조해보면, 이 말만큼 정확한 얘기는 없습니다. 노골적으로 말해 결혼이란 이런 겁니다. 단 한 명의 배우자 외에는 평생 어느 누구와도 잠자리를 갖거나 사랑하는 감정을 품어서는 안 되는 사회·도덕·종교적 규율 속으로 들어가겠다는 약속이자 맹세입니다.

저는 결혼 반대론자도 아니고 성 자유론자도 아닙니다. 상식적으로 생각해보십시오. 30대 전후에 결혼해서 90대까지 근 60년을 단 한 명의 사람과만 사랑하고 잠자리를 갖는 일이 과연 가능합니까? 가능하다면 또 얼마나 어려운 일입니까? 일반인의 상식으로만 봐도 결혼제도는 넌센스입니다. 그럼에도 벙어리 냉가슴 앓듯 아무 말 못한 채 불륜남, 불륜녀라고 지적질하기 바쁘고 불륜의 당사자인 경우 남이 알까 숨기기 바쁩니다. 결혼제도의 정당성을 논하려는 게 아닙니다. 뜨거운 사랑을 많이 경험하고 싶은 사람은 결혼하지 말라는 얘기입니다. 또한 능력 없이 그런 자격을 얻으려 하지도 마십시오. 젊을 때는 모르겠으나 40세, 50세, 60세로 넘어가면서 재력, 외모, 건강, 지적매력이 받쳐주지 못하면 실로 비참한 신세를 면치 못합니다. 혼자 사는 매력 없는 그저 그런 늙은이밖에는 안됩니다.

능력에 자신 있는 자는 솔로이스트에 도전하십시오. 아름다운 사랑을 숨기면서 몰래 하지 말고 당당하게 내보이십시오. 다만 잃는 게 있다는 것도 명심하십시오. 무엇인지는 굳이 얘기 안 해도 잘 알 겁니다.

우리나라는 참 재미있는 나라입니다. 남에 대한 관심이 많은 정도를 넘어 오지랖 대국입니다. 제가 치가 떨리게 싫어하는 바로 그 오지랖, 선 넘는 참견, 남에 대한 징그러운 관심이 대단합니다.

그런데 오지랖 국민성이 한국이라는 땅에서 재밌게 살아가게 하는 요소가 아닐까도 싶습니다. 멋지게 차려입었을 때 누군가 알아봐 주고 관심 가져 준다면 보람도 있고 뿌듯하잖아요. 관종이라는 단어도 이렇게 생겼는지 모르지요. 미국에는 그런 단어가 없든지, 있어도 그리 크게 회자는 안 될 겁니다. 남에게 큰 관심이 없는 사회 풍토에서는 생길 이유가 없는 단어니까요. 허나 우리나라에서 관심을 받는다는 건 부러움의 대상이 된다는 것이기에 그걸 추구한다는 의미의 단어, 관종이 이리도 널리 쓰이는 단어가 됐을 겁니다.

사람들은 흔히 누구누구를 관종이라고 놀립니다. 그런데 제가 본 바에 따르면, 한국인의 90퍼센트가 관종입니다. 남에 대한 관심이 무한 넘치는 사회에서 남의 시선을 못 끄는 사람은 곧 존재감 없는 사람, 존재감 없는 사람은 곧 별 볼 일 없는 사람이라는 인식이 무의식에 깔려 있습니다. 그래서 정도 차이는 있지만 절대 다수가 관종 짓을 하고 있습니다. 누가 누구를 놀릴 처지가 아닙니다. 그러니 누구 보고 관종이라고 함부로 비난하지 마십시오. 당신 또한 관종일 수 있으니까요. 그렇다면 미국 사람은 관종 아니냐? 미국인 역시 관종이 많겠지만 제가 봐온 그들은 남에게 보여지는 것보다 자기 개인의 성취와 실리에 더 집착합니다.

어머니가 아침에 전해주신 책(《365일 행복한 상상》,
곽동언 엮음, 송진욱 그림, 나무한그루, 2011) 속 메모.
빈 공간은 빈 것이 아니고 에너지로 가득 찬 하
나의 구조입니다. 부정적인 한 마디, 욕설 한
마디가 에너지 구조를 타고 흐르면서 자신을
둘러싼 선연과 복의 고리를 마구 잘라버린다는
것을 수많은 어리석은 경험을 통해 이제 깨닫
습니다. 생물도 아닌 물水에게조차 욕을 계속하
니 결정 구조가 부서져버립니다.

해바라기가 정말로 할머니의 칭찬을 알아들을 걸까요?
보통 사람은 볼수 없는 허공에(가득찬 에너)
즉 통성은 거역하지만 眞空 妙有 有
우리가 하는 말에는 특별한 기운이 있다고 합니다.
《물은 답을 알고 있다》의 저자 에이모토 마사루 씨는
물에게 어떤 말이나 어떤 음악을 들려주느냐에 따라서
물의 결정이 달라진다고 주장합니다.

'감사합니다' 나 '사랑해' 같은 말을 하면
정육면체의 아름다운 결정이 생기고,
욕설이나 소음을 들려주면 불규칙하고 혐오스런 모양의

진공묘유眞空妙有: 불변하는 실체 없이 여러 인연의 일시적인 화합으로 존재하는 현상.
공空을 근원으로 하여 존재하는 현상. (출처:《시공 불교사전》, 곽철환 편저, 시공사)

《이완용 평전》(윤덕한 저)을 읽고 젊은 세대와 함께 나누고 싶은 얘기가 있어 적습니다.

젊을 때 이완용은 엘리트로서 열강에 뒤처 있던 조선을 개화하려고 노력했습니다. 그러다 어느 순간 일본의 한국 점령이 더는 거부할 수 없는 현실임을 깨닫고 합방 문서 서명의 주동자가 되었지요. 그 후 젊은 시절의 영혼은 사라지고 무지막지하게 재산을 모은(나중에 다 털렸지만), 나라 팔고 부자된 매국노가 되었지요. 여기서 한 가지 교훈. 책임질 사안에 서명하는 일은 늘 조심하십시오. 기업 대표들이 웬만하면 직접 결재 안 하고 임원 선에서 추진하게 하는 건 나중에 잘못될 수 있는 책임을 미리 회피하는 겁니다.(겉으로는 권한 위임한다는 식으로 멋진 척하면서요.) 자, 그럼 당시 이완용 혼자 합방을 성사시킨 건가요? 이완용 아닌 김구 선생님이 당시 책임자였으면 합방이 안 됐을까요? 답은 초딩도 알겠지요. 그 일은 필연이었고 수많은 동조자가 있었으나 덤터기는 이완용이 대표로 쓰고 갔지요. 그러나 어쨌든 이완용은 매국노 맞고 그 뒤에 숨은 매국노도 많았다는 얘깁니다. 이제부터가 본론인데, 일제강점기에서 친일파 구분에 대한 제 생각을 말씀드립니다.

첫 번째, 창씨개명을 했으면 친일파냐? 일제강점기도 사람 사는 시대였습니다. 종로에서 술도 마시고 백화점도 있었고 사람들은 살기 위해 회사를 다니거나 관직을 맡거나 자영업을 운영하거나 농사를 지었습니다. 개명을 안 하면 생업을 막는다는데 어떻게 안 합니까? 당시 개명을 안 한 사람들 대부분은 개명

안 해도 생업에 지장 없는 거지, 부랑자 아니면 진정 훌륭한 독립투사 두 부류였고 후자는 극소수였지요. 답이 됐습니다.

두 번째, 당시에 일본 회사를 다녔으면 친일파냐? 상식적으로 생각해보십시오. 지금의 일반인들이 삼성이나 현대 가고 싶고 정년 보장된 공기업 가고 싶은 것과 뭐가 다른지. 먹고살기 위해서. 답이 됐다고 봅니다.

세 번째, 일본 육사나 경성제대 나와서 엘리트 코스를 밟은 군인이나 관직 맡은 사람은 친일파냐? 상식적으로 생각해보십시오. 당시에도 부모는 교육열이 있었을 테고 가장 좋은 교육을 제공하는 곳이 그 두 곳인데 안 보내고 싶었을까요? 지금의 서울대 보내고 싶은 것과 뭐가 다른지. 답이 됐다고 봅니다.

그러면 친일파는 누구인가? 어려운 질문이지요. 제가 보기에, 위의 세 가지 조건으로는 필요충분조건이 성립되지 않습니다. 저는 이 조건에 더해 일본의 한국 점령을 강화하는 데 적극적으로 가담 내지 주동한 사람인 징용책임자, 순사, 독립군 소탕기관, 강제약탈 책임자, 악법 제정자 등을 친일파로 봅니다.

그렇다면 왜 우리는 해방 후 친일파를 모두 제거하지 못했을까요? 이것도 어려운 얘기이지만 세상에 이상이란 없습니다. 늘 현실이지요. 해방 후 정부를 수립하고 무슨 일을 하려 해도 독립운동하신 분이나 그 자손은 제대로 된 교육을 거의 받지 못했습니다. 뭐가 되었건 악질들 축출하고 나름 비자발적 동조를 했던 엘리트들을 찾지 않을 수 없었는데, 그자들의 면면을 보면 제가 앞서 정의한 친일파에 속하는 사람도 있었고, 그렇지 않은 사람도 있었습니다. 당시 친일파에 속했던 사람을 축출하지 못한 건 저도 꽤 아쉽습니다. 그리고 당시에는 막스의 좌익 이념이 지식인들 사이에 유행이었고 유감스럽게도 당시 독립운동했던 분들 상당수가 그 세력의 일부가 되었습니다. 역사에 가정이란 없다지만 당시 좌파 세력이 득세했다면 6.25 이후 지금 우리도 김정은을 숭배하고 살 가능성이 낮지 않습니다. 여러 논란이 있지만, 이승만 대통령이 홀홀단신 미국으로부터 막대한 원조와 지원을 얻어내고 우익을 집결하여 북괴의 공산화를 막은 것 하나만으로도 국부 대접 받을 자격이 충분히 있다는 '사견'을 갖고 있습니다.

이제 진짜 결론을 말씀드립니다. 젊은 여러분들은 자로 재듯이 한 마디로 친일파다 아니다 재단하는 것에 대해 다시 한번 생각해 보시기 바랍니다. 뭐가 맞다는 것이 아니라 그리 쉽게 재단할 수 있는 문제는 아니라는 것입니다.

참고로, 저희 친조부는 교과서에도 나온 유명한 독립운동의 주동자셨고 많은 고초를 겪으신 국가유공자입니다. 저희 외조부는 일본 육사를 나와 당시 한국 교육 수준이 낮음을 개탄하셔서 국내 최초의 옥편을 쓰셨고 지금도 유명 도서관에 비치돼 있습니다. 그 후 서울대 교수로 계시다 6.25 때 북괴에 납북되어 생사도 모릅니다. 어느 누구보다 일제와 북괴에 피해를 많이 본 저임에도 최대한 객관적 현실과 사실 중심으로 기술하고자 노력한 글입니다.

어린 시절 저는 덩치도 큰 편이었고, 생긴 것도 나쁘지 않았고, 운동도 잘하고, 공부도 괜찮게 한 터라 나름 잘난 사람이라 자부했었지요. 미국 유학가면 누구나 알겠지만 그런 사람이 갑자기 '동양에서 온 과묵한 청년'으로 변신하지요. 영어가 안되기도 했지만, 덩치도 키도 평균 혹은 평균 이하, 힘은 평균 이하, 옆에는 금발에 조각 같이 생긴 애들, 같이 농구해보면 그냥 바보되고, 샤워실 가면 괜히 움츠러들고(19금 주의), 그렇다고 공부를 아주 잘하는 것도 아니다 보니 그리 되더군요. 왠지 못난 사람으로 강제 강등된 느낌이었지요. 꼴에 자존심이라고 굽신거리거나 운동장 벤치워머는 되기 싫어서 발악했었지요. 그렇게 한 덕에 미국인 친구도 사귀고 그럭저럭 적응했던 기억이 있습니다.

결국 하고 싶은 얘기는 이겁니다. 예전에 박지성 선수도 그랬고 강정호 선수도 그랬고, 특히 손흥민 선수 경기를 보니 저 친구들 참 대단하다는 생각이 듭니다. 거인 나라에 가서 머리도 아닌 몸으로 하는 경쟁에서 평균도 아닌 A학점을 받다니요. 상식적으로 말이 안 되는 일입니다. 세 명의 선수 외에도 거인 나라에서 사투를 펼치는 수많은 마이너 및 메이저 선수들이 정말 존경스럽습니다. 거기서 성공하는 게 정말 어렵다는 거 누구보다 잘 알기 때문입니다. 이런 선수를 상대로 조금 잘하면 영웅 취급하다가도 슬럼프에 빠지거나 인간이기에 할 수 있는 실수 좀 했다고 한없이 까대기만 하는 '일부' 한심한 꼬레아노는, 저기 거인국에 가면 전혀 자비 없이 루저가 되리라는 '주관적' 의견을 전합니다.

어르신들이 늘 하시는 말씀 중에 '적을 만들지 말라'는 게 있습니다. 전적으로 동감합니다. 적을 만들면 언젠가는 칼침 맞는 경우를 수도 없이 봅니다. 그러나 적을 만들지 않는 것만큼 어려운 게 없지요.

다른 시각도 있습니다. '적이 없는 사람은 믿지 말라.' 다시 말해, 누구한테도 적이었던 적이 없는 사람은 언제든 누구의 편도 될 수 있고, 상황에 따라 얼마든지 나의 적도 친구도 될 수 있다는 겁니다. 저는 이 말에도 공감합니다. 처세술에는 능할지 몰라도 회색분자지요 한마디로.

결론적으로, 뭐가 됐든 적을 만들지 않는 건 참으로 중요합니다. 그렇다고 모든 사람의 연인이 되는 것을 목표로 삼는 것도 바람직하지 않습니다. 실제 가능하지도 않고요. 일의 성취를 위해서든 자아 실현을 위해서든 목표와 과정에서 스스로 당당하고 정당하다면 모든 사람을 다 데려가 만족시키고, 모든 이로부터 칭찬 받으십시오. 대신 뒷담화가 없을 거라는 기대는 버리시고 속 편하게 나아가십시오. 제 얘기를 하자면, 저도 이렇게 많이 시도해봤으나 결국 저만 상처받고 끝나는 경우가 대부분이더군요.

헬스장 가면 이런 사람 있습니다. 뒤에 기다리는 사람이 있는데도, 한번 웨이트 기구에 앉으면 3세트건 5세트건 자기 목표량 채울 때까지 점유하는 걸 당연하게 여기는 분. 어떤 분은 핸드폰까지 보면서 앉아 있습니다.

미국에선 제가 20년 전 있을 때도, 뒤에 사람 기다리면 1세트씩 하고 일어나면서 번갈아 스위칭했습니다. 그런 문화는 국민소득 4만 달러쯤 되면 볼까요? 아직도 과도기 진행형이고 부족한 게 많아 보입니다.

1970년대 후반은 그러니까 마이클 잭슨이 1980년대 초 뜨기 전인 디스코 열풍 시대였죠. 당시 톱스타 양반은 존 트라볼타였고요. 〈토요일 밤의 열기〉란 영화로 밴드 '비지스'와 함께 디스코 열풍을 주도했습니다.

이 촌스러운 반짝이 러닝화는 뭘까요? 이름이 나이트 트랙 Night Track입니다. 낮에는 운동장 트랙을 돌고 밤에는 나이트 스테이지를 돌던 시대. 밴드 '어스 윈드 앤 파이어', 도나 서머, 보니 엠 등의 명곡이 흘러나오던 시대. 나이키에서도 트렌드에 맞는 운동화를 출시했습니다. 1978년이었죠. 그리고 소니의 워크맨이 처음 등장했

던 1979년. 음악을 헤드폰으로 듣는다는 건, 공동체 속 개인에서 벗어나 순전한 자기 공간에서의 개인을 확보하는 것이라 할 수 있습니

다. 새로운 역사가 시작되는 시점이었습니다. 소니 워크맨을 끼고 비지스의 '나이트 피버'를 들으며 롤러 스케이트를 타면서 나만의 영역이 있으니 함부로 침범하지 말라는 무언의 목소리를 냈죠.

빈티지를 군이 다른 단어로 표현하자면, '가치 있는 히스토리'가 가장 적합할 것입니다. 제 쇼룸에 진열된 나이트 트랙은 신발이자 무언가의 역사입니다.

자주 하고 또 듣는 말이 '최선을 다했습니다'인데, 저에겐 별 감흥이 없는 관용구에 불과합니다. 본인의 최선이 어디까지인지 아는 사람도 없거니와 진짜 최선을 다했다면 쌍코피에 거품 물고 쓰러지거나 정신분열 증세 정도는 있어야 최선을 다했다는 말이 신빙성 있게 들립니다. 이 말보다는 '제 힘이 닿는 선에서 열심히 했습니다' 또는 '제가 다른 일보다는 훨씬 더 신경 쓰고 노력했습니다' 같은 말이 더 와 닿습니다.

언젠가 TV 강의를 우연히 보다가 노인자살률이 높은 이유를 들었는데, 절망 때문이 아니랍니다. 무망無望 때문이랍니다. 더는 기대할 것도 바랄 것도 없는 상태. 오히려 절망이라는 것은 아직 갈구하고 좇는 희망이 있다는 반증일 수 있겠습니다. 그러니 열심히 할 대상이 있다는 것은 좋은 신호이지요.

우리가 존재하는 드넓은 우주의 구성요소는 꽤 심플합니다. 공간, 물질, 에너지 이 세 가지인데 아인슈타인이 물질=에너지임을 증명했으니 결국 두 가지로 귀결됩니다. 공간과 에너지.

두 가지로 우주의 모든 게 만들어진 것입니다. 우주와 마찬가지로 우리 또한 에너지와 공간으로 존재하는데, 인간에게 공간이라 함은 아마도 '망'이 아닐까 합니다. 망할 망亡자가 아니고 바랄 망望자. 바람의 공간인 거죠.

스티븐 호킹처럼 몸이 불구더라도 뭔가를 원하는 바람과 연구를 할 수 있는 에너지가 있다면 충분히 존재하고 무언가에 계속 도전할 수 있습니다. 마음 속에 '망'과 이를 추진할 최소한의 '에너지'가 있다면 좌절하지 마십시다. 존재의 구성요소가 완벽히 구비되어 있는 상태이기 때문입니다.

제 주위 사람 중 상당수는 덕후질에서 길을 찾았습니다. 어릴 적 오디오 좋아하더니 제일 큰 고급 오디오숍 운영자가 된 사람도 있고, 운동 좋아하더니 스포츠 매니지먼트 사장이 된 사람도 있습니다. 옷 좋아하더니 편집숍 사장이 된 사람이 있는가 하면, 술 좋아하더니 해외 주류 도매업 사장이 된 사람, 안경 좋아하더니 그럴싸한 안경집 사장이 된 사람, 만화 좋아하더니 기어코 애니메이션 회사 차린 사람도 있습니다. 꼭 서울대 나오고 의사, 변호사를 해야 성공하는 게 아님을 제 눈으로 목격했습니다.

덕후질에서 직업을 찾을 때의 장점은 무엇보다도 자기가 좋아하고 즐기는 일이라는 점과 일정 수준의 전문성을 갖고 시작한다는 점입니다. 또한 다루는 사업 아이템에 대해 자신만의 안목이 있다는 점도 큰 장점입니다. 가령 사진을 좋아한다고 하면 유명 사진사가 되는 것 외에도 사진 주위에 포진되어 있는 여러 산업을 눈여겨볼 수도 있습니다. 일례로, 사진기를 파는 도소매업, 부속품이나 필름을 공급하는 도매업, 사진을 이용한 서비스업, 빈티지 카메라 소매업, 사진 갤러리 서비스업, 액세서리 제조업 등이 있습니다. 단순한 예지만 그 안에서 뭔가를 찾고 잡는 거지요.

저는 지금과 같은 시대에 진정 필요한 건 덕후 정신이고, 거기서 답을 찾는 게 꽤 성공 가능성이 높다고 판단합니다. 앞에 등장한 지인들 대다수는 어릴 적 쓸데없는 짓만 한다고 부모님한테 쿠사리나 먹던 구박데기였습니다. 이젠 그걸로 먹고삽니다.

저는 시카고불스의 마이클 조던이 유타재즈의 칼 말론 및 존 스탁턴, 찰스 바클리 등과 치고받던 NBA 챔피언십을 라이브로 보았습니다. 나이키 조던 신발 열심히 사모으시는 분들, 그때의 조던이 얼마나 훌륭했는지 아마 잘 모를 테고, 안다 해도 편집 비디오 보면서 좋아하겠지요. 1초 남기고 더블클러치 혹은 3점슛으로 게임을 뒤집던 조던을 라이브로 보면서 제가 느

낀 그때의 흥분과 희열은, 직접 보지 않은 사람은 안다고 말할 수 없는 성질의 것입니다. 그것은 제가 레드 제플린을 너무 좋아하지만

26

실제 그들의 라이브를 한 번도 보지 못했고, 제가 락이 뭔지를 알아가던 1983년 즈음은 이미 그들이 1980년 해체한 지 3년이 흘러버린 것과 마찬가지입니다.

그만큼 경험은 소중하다는 얘기이고 직접 경험해보지 못한 주장은 공감이 잘 안된다는 얘기입니다. 그 연장선에서, 지금의 나이 드신 어른이 모두 꼰대가 아닙니다. 그 반대입니다. 나이와 경험은 뒤로 먹는 게 아닙니다. 그들은 표현에 서툴 뿐이지 우리보다 훨씬 큰 지혜를 갖고 있다고 저는 확신합니다. 젊은 패기로 내 생각은 모두 진리고 혁신이고 옳은 것으로 단정 짓고, 어른들은 그저 세상이 바뀌는 걸 싫어하는 이기적인 구세대에 불과하고 자기 재산과 가진 것만 지키려는 한심한 존재라고 생각하는 분이 많습니다. 나이든 어른은 크게 잃을 것도 없고 얻을 것도 없습니다. 그래서 우리보다 더 초연하고 지혜롭게 세상을 판단할 수 있습니다.

젊을수록 행동은 강직하게, 그러나 생각은 유연하게 하십시오. 그게 젊음의 힘입니다.

2018년 월드컵 중계를 보다가 놀란 적이 있습니다. 벨기에 대 일본 전이었는데, 우리나라 공영방송의 해설자가 어떤 한 나라가 지기 바라는 걸 공공연히 드러내더니, 급기야 결승골이 들어가 특정국이 패배하는 장면에서 마치 한국이 골을 넣은 것처럼 흥분하면서 기뻐하더군요. 전 할 말을 잃었습니다. 두 번째로 놀란 건 그에 대한 댓글들입니다. 절대 다수가 그게 무슨 잘못이냐, 속시원하다는 식의 내용이더군요. 세 번째로 놀란 건, 문제의 그 해설 장면을 클립 영상으로 만들어 아무 상관도 없는 스웨덴 대 스위스 전 중반에 틀어준 행태였습니다. 공중파에 그것도 공영방송이 할 일입니까. 얄팍한 대중심리를 건드리면 시청률도 올라가고 인기도 올라간다고 생각했겠지요.

요즘은 아나운서와 해설자가 더 흥분하고 오버하고, 무슨 예능 프로그램 보는 듯합니다. 그런 스타일의 중계를 좋아하는 분도 있겠지만, 차분하고 객관적인 자세로 '스포츠맨십'에 입각해 감정의 절제를 보여주는 중계를 선호하는 사람도 있습니다.

제가 어릴 적에는 장래희망이 뭐니 하고 물으면 남자애는 과학자, 법관, 의사, 군인이라고 대답했습니다. 여자애는 발레리나, 예술가, 미스 코리아라는 답이 많았습니다. 그런데 이제는 세 가지로 올킬이랍니다. 아이돌, 유튜버, 운동선수.

어찌 보면 긍정적입니다. 과거의 장래희망은 피라미드 상단 지상주의였는데 이제는 피라미드 개념이 없네요. 지극히 개인주

의에 행복 우선주의라는 거죠. 출세라는 개념이 과거엔 고등관 나리가 되는 것이었다면 지금은 자기만족의 행복한 삶을 의미합니다. 어쩌면 출세라는 단어

조차도 소멸될지 모르겠네요. 장래희망의 변화를 부정적으로 얘기한다면, 순간 반짝하고 마는 겉모습에만 집착하고 삶에 대해 깊이가 없어 보인다, 정도가 되겠죠.

장래희망대로 풀려나가는 인생이 몇이나 있겠습니까. 나이들면서 강제 자동조정 당하지요. 초등학생일 때 저의 장래희망은 클래식 지휘자였고, 고등학생 이후로는 정주영 회장님처럼 나라를 위하는 사업가가 되는 것이었는데, 개뿔 지금 보니 무늬만 지휘자에(머리 스타일), 정 회장님의 유훈인 근면, 검소, 친애와는 먼 나태와 사치를 몸소 실천 중입니다. 그나마 친애정신은 있으니 다행이라고 할까요.

구인공고를 올리면서 제가 가족 같은 분을 찾는다고 했습니다. 요즘 회사에서 '우리는 한 가족이야'라는 얘기가 나오면, 아마 직원들 속마음은 '내가 왜 니 가족이냐. 내 가족은 따로 있고 넌 그냥 남이야 남' 이럴 겁니다. 보통 상사나 동료가 자기 아쉬울 때 '우리가 남이가' 하죠. 그럼 속으로 '너는 울트라캡쑝킹 왕짱삐박 남이야 남' 이렇게 말하겠죠. 지극히 맞는 말입니다. 필요할 때는 가족처럼 굴고 필요 없을 때는 완전 남처럼 돌변하느니 처음부터 쭈욱 남인 게 백 번 낫습니다.

제가 말한 가족이란, 심정적인 유대감을 얘기한 겁니다. 진정

29

회사와 브랜드에 애정을 갖고, 한배를 탄 마음으로, 이제 막 태어난 아기를 함께 키워간다는 스피릿 말입니다.

사실 저희 회사는 회식도 거의 안 합니다. 제가 직원들과 점심 함께 먹는 건 연중행사입니다. 지극히 남 같이, 개인 플레이에, 알아서 일하고 알아서 출퇴근합니다. 우르르 몰려다니는 거 전혀 없습니다. 주말에 모여서 야유회 가는 일은 회사가 열 번 망해도 벌어지지 않을 일입니다. 다만, 앞서 얘기한 그 스피릿만은 진정 가족 같습니다. 다들 회사 걱정에 진심 회사가 잘되기를 바라고 그만큼 열심히 하고 또 동료를 서로 유야무야 챙깁니다. 그런 관점에서의 가족을 말한 것이지, 진짜 가족처럼 엉겨 붙고 마음대로 선을 침범하고 불필요한 오지랖에 으쌰으쌰 하는 건 극혐입니다.

'새옹지마塞翁之馬'라. 무슨 뜻인지는 알 테지만 자세한 내막은 모를 겁니다. 어떤 마을에 한 노인이 있었는데 애지중지하던 말 한 마리가 도둑맞은 건지 도망간 건지 어느 날 없어졌습니다. 마을 사람들은 참 안됐다고 노인을 위로했습니다. 그런데 며칠 뒤 사라진 말이 다른 말 한 마리를 데리고 노인 집에 나타났습니다. 전화위복이 된 거죠. 그런데 그 후 노인의 아들이 새로 들어온 말을 타고 달리다 낙마해서 한 발을 저는 장애인이 되었습니다. 그 말이 들어온 게 화근이 된 거죠. 그 후 나라에 전쟁이 났습니다. 이에 동네 젊은이들 모두 전쟁터로 끌려갔고 대다수는 못 돌아오는 신세가 되었습니다. 허나 노인의 아들은 다리 불구로 인해 징집을 면했고 생명을 부지할 수 있었습니다. 또 전화위복이 된 거죠. 여기서 '인생지사 새옹지마'라는 말이 나왔다 합니다.

경제학의 제1법칙, 얻는 게 있으면 잃는 게 있다. 살아 보니 그 반대도 맞는 말이더군요. 잃는 게 있으면 순전히 잃기만 하지 않고 분명 얻는 것도 생깁니다. 잃고 또 잃기만 하는 것 같은 상황에서는 전화위복이 되리라는 믿음을 갖는 낙관적인 자세가 필요합니다. 옛 어르신들 말씀이나 경제학 제1법칙은 예외 없이 맞거든요.

대형 마트에 왔더니 반가운 코나 맥주Kona Brewering 시리즈가 있네요. 하와이에서 6병 들이를 1만 원 정도 줬는데 한국에서는 한 병에 5천 원(2024년 8월 현재 약 4천 원)입니다. 대략 세 배 비싸네요.

두 가지 관점이 겹쳐 흐릅니다. 첫째, 구매 원가가 얼마 되지도 않는 거 한국 들여오면서 (원체 세금이 많이 붙기도 하지만) 왕창 마진을 갖다 붙였구나. 아무리 그렇더라도 세 배는 좀 심한 거 아니야. 둘째, 고생해서 수입해봐야 세금 떼이고 물류비 떼이고 인건비 떼이고 마트 마진 떼이고 코딱지만 한 한국 시장에서 몇 병 팔리지도 않는데 저 정도라도 붙여야 수지 타산이 맞겠구나.

둘 중 뭐가 팩트인지는 모르겠습니다만, 제가 보기에 둘 다 맞는 얘기입니다. 사실 옳고 그름을 판단할 일도 아니고 그저 시장에 맡기면 될 일입니다. 한쪽만 보면서 개거품 물지 말고 양쪽을 모두 볼 수 있는 시야와 지식과 그릇을 가져야 합니다.

그나저나 코나 시리즈 중 레몬그라스 루아우Lemongrass Luau 강추합니다. 진저와 레몬그라스가 들어가서 톡 쏘면서 상큼합니다. 시리즈 중 단연 최고로 맛있습니다. 상큼쾌적한 목 넘김이 기가 막힙니다.

이것은 착각입니다. 나이들수록 너그러워지고, 어른일수록 마음도 넓을 것이라는 생각. 그 반대입니다. 어른이란 작자는 그런 척하는 부류일 뿐, 실제 소갈딱지는 그들의 젊은 시절 크기의 반보다도 더 작게 쪼그라들었습니다. 한마디로 속 좁고, 잘 삐지고, 예민하고, 한없이 유리 멘탈이라는 얘기입니다. 누가 자기에 대해 얘기라도 할라치면 겁부터 집어먹습니다. 옳은 얘기, 도움되는 얘기를 해줘도 자존심 상해 합니다. 하물며 자기를 조금이라도 비판한다면 관계에 있어 큰 강을 건너는 일이 되고 맙니다.

왜 그럴까요? 살아오면서 받은 상처와 빠른 주제파악이 결합한 결과로 봐야 합니다. 풀어 얘기하면, 자기가 받은 상처가 어불성설이거나 말도 안 되는 건 아니더라는 겁니다. 그래서 날을 세울 수밖에 없다는 얘기지요. '나도 잘 안다. 그러니 니들은 떠들지 말아라. 나라고 그걸 몰라서 내버려두는 게 아니다. 내가 그리 생겨먹었든지, 의지박약이든지, 아무리 해도 잘 안 되든지 그게 무엇이든 나는 좋단 말이다. 더는 나를 상처주지 말아라.' 이게 대부분의 나이 먹은 어른이란 사람의 심리 상태입니다. 본인이 그런 줄 알고 있는 사람은 손에 꼽을 정도고 대다수는 자기가 마음도 넓고 너그러운 줄 압니다.

저를 포함해 어른에게는 나아가야 할 바람직한 방향이 있습니다. 자신의 부족함과 약점에 대해 포기와 인정의 미학을 갖는 것입니다. 약점을 감추고 포장하려는 자는 어른답지 못한 어른으로 퇴화합니다. 부족함을 인정하는 순간 너그럽고 여유 있는 어른으로 진화해갑니다. 저는 큰 어른이 되고 싶습니다.

사업은 혼자 뛰어나다고 성공할 수 있는 게 아닙니다. 외부 및 내부 파트너(직원)들이 훌륭하고 잘 도와줘도 성공할까 말까 입니다. 부족한 게 넘쳐나는 저에게 좋은 사람이 주위에 많은 건 매우 다행입니다. 이 또한 운이든 역량이든 일종의 경쟁력이란 생각이 듭니다.

경영학의 끝은 복잡한 수학이나 좋은 말 짜집기한 이론이 아니라 결국엔 사람 경영으로 귀결됩니다. 드라마 〈나의 아저씨〉에 나오는 이선균 씨의 명대사가 떠오릅니다. "회사는 기계가 다니는 뎁니까? 인간이 다니는 뎁니다."

언제부터인가 횡단보도 앞에 원두막이 서 있더군요. 어느 날은 날개인 듯 양쪽으로 막을 펼치고 있었고요. 유심히 보니, 덥거나 비올 때 보행자들이 신호 기다리면서 잠시나마 휴식을 취하도록 만들어놓은 시설물이었습니다. 사람들이 잘 이용하는 모습을 보니 저도 기분이 좋더군요. 특히 햇볕에 취약한 어르신, 유모차에 아기를 태우고 다니는 부모들, 얼굴에 기미 생길까 봐 노심초사하는 아주머니, 무거운 짐 옮기는 아저씨에게는 더더욱 유용해 보였습니다. 무사안일, 복지부동에 앞뒤 꽉 막힌 공무원이 스스로(?) 기안하고 예산 받고 저런 기특한 것을 설치했다는 게 왠지 대견스럽기까지 했습니다.

그런데 볼 때마다 누군가는 이런 시설물을 곱지 않은 시선으로 보겠지 했는데 아니나 다를까 기대를 저버리지 않고 뉴스에 나오더군요. 논조는 한마디로, 돈 많은 동네는 저렇게 좋은 거 있고 돈 없는 동네는 저런 거 없거나 천막 쓴다.

우리나라 기자는 억하심정에 속이 배배 꼬인 사람 같습니다. 성장 배경도 매우 우울했던 이들 같습니다. 뭐든 비판거리로 만듭니다. 게다가 그게 의무인 줄 압니다. 생각하는 수준과 폭이 딱 우리나라 땅덩이만 합니다. 그래서 뭐 어쩌자는 거지요? 저거 다 때려 부수고 똑같이 공평히 균등히 정의구현 하자는 건가요? 그냥 좀 좋은 거 있으면 좋다고 쿨하게 가면 안 되나요? 저거 예산 얼마나 든다고 저리 꼬아서 봅니까? 구조조정하고 흉측한 청사 신축 및 증축에 들어가는 비용만 줄어도 저런 거 설치하고도 남을 겁니다. 제가 기자였으면, '별 거 아닌 것 같지만 참 좋아 보인다. 잘했다. 아직 시행 안 한 동네도 한번 검토해봐라. 예산이 부족하면 단계적으로라도 도입해나가면 좋겠다'라고 보도했을 겁니다.

무조건적인 획일화를 평등의 개념으로 오도하고, 사촌이 땅을 사면 배가 아프다는 고질적 사고방식은 언제쯤 재개발될지 기대난망입니다.

미국이나 일본에 가면 세대 간에 적어도 문화적 단절은 없습니다. TV나 라디오를 켜면, 1950~1970년대 출생의 어르신들이 어릴 적부터 보던 영화, 드라마, 음악이 지겹도록 나옵니다. 크리스마스나 기타 명절에는 대를 이어서 고전물을 함께 봅니다. 일본만 해도 할아버지가 한국인인 국민가수 쿠와타 케이스케는 지금도 공연하면 표가 매진되는 인기 절정의 국민 영웅입니다. 재일이라 해도 아무도 못 건드립니다. 수상이라도 함부로 못 합니다. 팬덤이 워낙 두텁고 강력해서요. 할머니, 할아버지부터 꼬맹이 나이대까지 세대 간 단절이 없습니다. 부럽기 그지없습니다.

한국은 세대 간에 문화부터 완벽하게 단절되어 있습니다. 요즘 젊은 세대 중 누가 조용필의 노래를 진지하게 듣나요? 그런 관점에서 저 같은 아재가 나와서 옛날 얘기도 꼰대스럽지 않게, 재미있게, 역사와 함께 젊은이들에게 전해줄 수 있다면 나쁠 건 없다고 봅니다. 세대 간 화합과 소통은 '잘하자'는 구호로만 되는 게 아니죠. 서로 이해하려 노력해야죠. 그래서 저도 하이프비스트(hypebeast: 유행하는 옷만 입는 사람)가 되어 수프림(아니 슈프림이라고 쓰더군요)도 입어봅니다. 그리고 옷 입어보기에 그치지 않고 그 밑에 깔린 젊은이들의 생각과 문화도 이해하려고 노력하고 있습니다.

삼천포로 빠졌는데, 아무튼 현재의 모든 것은 역사와 전통과 선대의 피땀으로 이루어진 것입니다. 물론 자랑스러운 것도 있고 숨기고 싶은 것도 있습니다. 미국, 일본, 중국, 한국 어느 나라나 마찬가지입니다. 그 중에서 가치 있고 훌륭한 것을 발전시키고, 또 그런 유산에 감사와 존중을 표하는 것은 기본 예의입니다.

가장 가난한 나라에서 세계 10대 경제대국, 문화대국이 되기까지의 여정과 업적을 특정 목적과 이념을 내세워 부인하고 흑백논리로 단죄 및 단절시킴을 넘어 전통과 가치와 유산을 부정하는 것은, 족보도 근본도 없는 지극히 천한 행위이고, 상식적으로도 합리화할 수 없는 만행입니다. 빈티지를 사랑하는 마음의 근저에는 물건의 아름다움 자체도 중요한 이유로 작용하지만, 전통과 역사를 리스펙트하고 소중하게 생각하는 정신이 있습니다.

저는 일본을 남보다 늦게 갔어요. 2006년 36세 나이로 처음 갔지요. 그 전까지 특별히 갈 일이 없었거든요. 그런데 제가 죽어도 2006년에는 일본에 가야겠다고 마음먹었습니다. 이승엽 선수가 요미우리 자이언츠(일본에서는 거인을 뜻하는 교진きょじん으로 불림)에서 4번타자가 된 순간 내가 그 모습은 내 눈으로 보고 죽겠다고 생각했습니다.

일본에서의 야구는 한국과 미국에서의 야구가 아닙니다. 신성시되는 일종의 종교입니다. 그리고 거인의 4번타자는 1대, 2대, 3대…75대 이렇게 족보로 기록됩니다. 거인의 4번타자는 일본의 얼굴과도 같습니다. 그 자리를 하라 감독이 이승엽 선수로 발탁했습니다. 그리고 수많은 반대를 뒤로 묻고 이 선수가 홈런을 빵빵 쳐댔습니다. 저는 눈물을 흘렸고, 매 경기를 한 번도 놓치지 않고 TV로 봤습니다. 그러다 도쿄돔에 가기로 결정했습니다. 도쿄돔에서 일본 생맥주를 코가 삐뚤어지도록 마시면서 교진 팬들과 쌩짱을 외치며 응원했습니다. 왜 그런지 아세요? 제 세대는 일본을 생각하면 미움과 동경이 뒤섞였고, 겉으로는 경멸하고 속으로는 절대 넘사벽으로 생각하며 자랐어요. 일본에 대해서 열등감 그 자체였어요.

1980~1990년대 초반 일본은 미국도 먹어버릴 기세였고 너무나도 잘나가는 나라였습니다. 우리가 절대 따라잡을 수 없는 나라라는 패배주의가 깔려 있었죠. 그래서 더더욱 권투 경기나 축구 경기에서 일본에게 지면 세상 무너지는 줄 알았어요. 나에게도 우리 국민에게도 최후의 자존심이었죠.

오늘날 BTS가 세계를 휩쓸고 일본 어딜 가나 한류가 보이고, 삼성 핸드폰이 애플과 맞장 뜨고 있습니다. 그런데 대체 왜 아직도 우리 젊은이들은 저희 세대보다 더 반일 감정을 갖는지, 왜 적개심을 갖는지, 왜 열등감을 갖는지 이해가 안 갑니다. 적어도 저희 세대보다는 덜 해야 하는 게 사리와 이치에 맞는데요. 그 이유를 찾는다면 당연히 교육밖에는 없습니다.

026 돈만 있으면 콜렉터가 될 수 있다고 생각하면 오산입니다. 취향을 정립하고 오랜 시간에 걸쳐 뒤지고 찾고 네트워크도 만들고 사기도 당하고 사방팔방 국제전화와 이메일도 돌리는 등 시간과 노력, 즐거움 등이 함께 어우러져야 비로소 어떤 콜렉션

이 만들어집니다. 한편, 솔직한 얘기로 세상에 돈으로 해결 안
되는 건 별로 없습니다. 매장을 통째로 사버리던지, 〈대부 1〉에
서 나오는 대사처럼 '거절할 수 없는 제안'으로 빅머니를 배팅
하면 한 큐에 가능하겠죠. 다만, 모아가면서 느꼈던 즐거움과
뿌듯함, 아끼고 소중해 하는 마음은 억만금을 줘도 얻지 못할
겁니다. 돈도 적당히 있어야지 너무 많지는 말아야 할 별로 많
지 않은 이유 중 하나입니다. 갖고 싶다고 다 갖고, 그냥 통째
로 사버린다면 재미도 보람도 없지요.

상권 보러 연남동에 다녀왔습니다. 역시 싼 게 비지떡이고, 좋
은 건 비싸고, 비싼 데는 이유가 있더군요. 재미있었던 것은, 위
치와 건물 상태, 유동 인구, 내부 구조, 평수 등이 모두 반영돼
가격이 매겨진다 하더라도 슈퍼컴퓨터로 계산한 것도 아닌데
부동산 가격이 가치에 맞게 꽤 정확히 차별화되어 있었다는 겁
니다. 놀라울 정도였습니다. 그게 바로 시장 원리죠. 누가 이래
라저래라 해서 그렇게 되는 것이 아니라 가치에 맞게 가격이
형성되고 또 차별화되는 것. 그리고 시장 원리가 슈퍼컴퓨터만
큼 정확하다는 것.
이 시장 원리에 이상한 짓을 하면 컴퓨터가 오작동하기 시작
합니다. 이상한 짓의 대표적인 예가 과도한 공공 개입입니다.
공공 부문(정부나 국가기관)이 가격, 수요, 공급을 '인위적'으로
움직이려고 시도하는 행위입니다. 시장과 대결해서 정부가
이긴 사례는 역사상 단 한 번도 없었습니다. 공권력으로 시장

을 좌지우지하겠다는 생각만큼 무식하고, 교만의 극치는 없습니다.

저희 동네 24평짜리 아파트 한 채가 20억 원이 넘습니다. 이게 대체 말이 됩니까? 그 돈이면 LA에 대저택을 짓습니다. 서초구만 그럴까요? 어디든 서울이면 기본 10억 원은 넘습니다. 집 값, 전세 값, 월세 값을 그리 만들고 놓고 이제사 청년을 위한답시고 백만 번 떠들어봐야 씨알이 먹히겠습니까? 소 잃고 외양간 고쳐본들 잃은 소가 돌아올까요? 최소한 외양간이라도 고치길 바라봅니다. 그래야 송아지라도 다시 키우지요. 급조한 엉터리 규제들 철폐하고 시장 경제의 순환고리에 맡겨야 한다는 말입니다.

비오는 날 한번 들어보세요. 메탈리카의 'Phantom Lord'. 이들이 유명해지기 전 하고 싶은 거 다 할 때 고삐 풀린 망아지처럼 자유로운 에너지와 창작력으로 가득 찼던 시절의 빛나는 명반 〈Kill 'Em All〉에 수록된 노래입니다. 이 노래를 택한 이유는, 메탈리카가 위대한 이유 한 가지를 설명한다는 것과 1960~1980년대 태생의 락그룹과 1990년대 이후 태생의 락그룹을 대략 구별 짓는 한 가지 이유를 담고 있기 때문입니다.

Phantom Lord는 그렇고 그런 스래시 메탈Thrash Metal로 시작해 흘러가다가 2분 30초부터 놀라운 국면 전환과 변박 연주와 사이드 스텝과 비장미를 1분 가량 흩어놓고 다시 평범한 스래시로 돌아갑니다. 그리고 마지막 절규는 꽤 처절한데, 어딘가 낯익은 그런 느낌을 줍니다. 도대체 이 느낌이 뭘까 하다가 순간 깨달았습니다. 그것은 베토벤에서 나던 냄새였습니다. 네, 그거였습니다. 베토벤 그리고 클래식. 이 점이 메탈리카를 포함해 1960~1970년대 및 1980년대 초중반까지 전성기를 보냈던 밴드들이 그 이후 밴드들과 다른 점입니다.

그들이 어릴 적에는 인터넷도, 락도, 팝도 없었습니다. 클래식 음악을 듣고 컸을 겁니다. 그래서 그들의 기본 바탕은 클래식 음악일 수밖에 없습니다. 그 깊이가 심지어 1970년대 디스코 음악에서도 충만하게 배어서 흘러나옵니다. 옛 음악이 지금의 음악보다 음악성 면에서 훌륭할 수 있다는 데 대한 개인적 고찰이었습니다.

그건 그렇고, 음악 듣는데 음악성이고 나발이고 논리고 나발이고 떠드는 놈이 제일 한심한 놈인 거 아시죠? 그냥 자기 좋은 게 제일 음악성 좋은 겁니다.

사무실 복장이 꽤 간소해졌어요. 처음 회사 시작할 때는 정장 원칙이었죠. 그러다가 비즈 캐주얼에서 셔츠는 꼭 입자 하다가 폴로티까지 왔습니다. 복식의 예를 논하는 한 사람으로서 저는 여기가 마지노선이고, 등산복과 라운드티, 청바지는 안 되고 적어도 상의는 칼라가 있어야 한다… 라고 말하고 싶었지만 결국 전면 자유화로 갔습니다. 편한 데 장사 없습니다.

잔소리입니다. 사진 좀 보세요. 하와이에 있
는 흡연 장소입니다. 바닥이 깨끗하지요. 침
안 뱉습니다. 우리나라 흡연소는 백이면 백
담배 피면서 계속 침을 뱉습니다. 정말 더러
워 죽겠습니다. 어떤 어린 친구는 한 모금 빨
고 침 뱉고 한 모금 빨고 침 뱉고. 그냥 대구
통 한 대 갈기려다가 저보다 덩치가 커서 두
대 더 맞을 것 같아 참았습니다.

저희 아파트 흡연소도 마찬가집니다. 나이 지
긋하고 사회적 지위도 있는 멀쩡하게 생긴 어
른이 침을 한가득 뱉고 일어납니다. 담배 피
면 침 나오는 거 당연하고 공기도 안 좋으니
더더욱 침 뱉고 싶은 마음 이해 못하는 건 아
닙니다. 저도 그러니까요. 그렇다면 최소한
잔디밭이나 하수구 구멍에다 뱉읍시다. 주위
에 잔디밭, 가로수, 하수구가 널렸습니다.

저 같은 흡연자에게 잠깐의 꿀 같은 끽연 시
간을 남이 뱉은 더러운 침이나 보면서 즐기기
는 싫습니다. 그리고 너무 궁금한 게, 침 뱉는
본인은 본인 앞에 보이는 침이 더럽게 안 보
이나요? 자기 침이니까 괜찮다? 만약 그렇다
면 그건 이기주의의 안드로메다 수준이겠습

니다. 하나를 보면 열을 압니다. 저는 그런 사람과 친분 관계도 없거니와 있다면 바로 끊을 겁니다. 타인에 대한 배려심이 1도 없는 사람이니까요.

한 가지 더. 만약 제가 외국인인데 그 장면을 본다면, 저는 속으로 분명히 이랬을 겁니다. "미개한 인간이 사는 곳이구나."

면허증을 분실해서 증명사진 들고 강남 면허 시험장에 갔습니다. 보나마나 한참 기다리게 한 후에 이것저것 잡다한 서류를 제출하라 할 것이고, 접수하고 나면 또 한참 기다리게 한 후에 한 일주일 뒤에 찾아가세요, 할 줄 알았습니다. 웬걸. 접수했더니 10분 뒤 면허증 찾아가랍니다. 또 10년마다 받아야 하는 적성검사도 작년의 건강검진 결과를 어디에선가 데이터베이스로 끌어와 검진 생략하고 바로 운전면허증을 갱신해 주더군요. 아, 제가 깜빡하고 있었네요. 우리나라 사회 인프라와 사회법규 체계는 이미 선진국 중에 선진국이라는 걸.

이러한 행정 처리를 신기해하고 격세지감이라고 느끼는 세대가 있는 반면 당연하고 대수롭지 않게 받아들이는 세대가 있을 겁니다. 두 세대 간 차이는 어쩌면 근래에 보이는 세대 갈등의 원초적인 심지입니다. 전자는 후진국에서 막 개발도상국에 진입한 대한민국에 태어나서 10~30대를 보낸 사람들이고, 후자는 선진국이 된 대한민국에 태어나 10~30대를 보내고 있는 사람입니다.

선진국과 개발도상국의 차이는 실로 엄청납니다. GDP는 물론이고 의식 수준, 인권 수준, 법규 수준, 위생 수준, 민주화 수준, 개인화 수준, 세계화 수준 모두 다릅니다. DNA마저 달라질 정도의 차이입니다. 이렇게 이질적인 두 종족이 한 공간에 묶이면서 갈등이 생기는 듯싶더니, 점점 개발도상국형 인간들이 꼬랑지를 내밀며 선진국형 키즈들의 비위를 맞추는 모양새로 화합해가는 형국입니다. 이렇게 하지 않으면 이상한 낙인이 찍합니다. 개꼰대라고. 요즘의 40~60대입니다. 선진국형 키즈는 요즘의 10~30대입니다. 선진국에서 태어나서 선진국에서 자라난 사람입니다.

개발도상국형 인간은 자기들끼리 모였을 때 곧잘 신세 한탄을 합니다. '라떼는' 어쩌고저쩌고 하면서 선진국형 인간의 무책임, 무희생, 무협조를 경멸합니다. 그러나 이미 대한민국은 개발도상국이 아니고 선진국이 되었습니다. 개발도상국형 인간이 뒤에서 라떼는 하고 떠들어봐야 아무 의미도 없습니다. 선진국형 인간은 무엇이 무엇이든 당연한 건 줄 알 뿐이니까요. 절이 싫으면 중이 떠나든지 절에 맞춰 살아야지 어쩌겠어요. 기성세대들의 대구통이 유연해져야 세대 간 소통이 더 원활해질 것입니다. 기성세대의 책임이 더 크다는 얘깁니다.

〈더 글로리〉 시즌 2를 정주행했습니다. 결론이야 뭐 빤한 권선징악, 정의의 승리죠. 얼마나 사이다인가가 관건인데 그건 시청자 평가에 달린 거고요.

학폭이라, 참 나쁜 거죠. 저는 개인적으로 인간 중에 개새끼는 타고난다는 생각을 갖고 있는데, 그런 개새끼가 생각보다 많습니다. 누굴 때리는 것만 학폭이 아닙니다. 정신적으로 협박하거나 약점 잡고 이용해먹는 것도 학폭이죠. 아니 오히려 그런 게 질이 더 나쁘죠.

저도 초등학교 2학년 때 어떤 개자식한테 약점 하나 잡혀 한 학기 동안 협박당했던 경험이 있습니다. 별것도 아닌데 괜히 알려질까 봐 그 자식한테 고분고분했었는데, 어느 날인가 더는 못 참겠더라구요. "야, 이 새끼야 가서 이를 거면 니 맘대로 해"라고 이판사판 던졌더니, 그 새끼는 별짓도 못하고 그냥 물러나더라구요. 전 후회했지요. 괜한 공갈에 혼자 오랫동안 맘고생하며 전전긍긍했구나. 초등 2학년 시절 기억이 아직도 어렴풋이나마 남아 있는 건 그만큼 학폭이란 게 나쁘다는 반증일 수 있겠습니다.

그런데 과연 저도 남을 저렇게 괴롭힐 수 있을까요? 생각해보니, 거의 0퍼센트인 것 같습니다. 착한 척하려는 게 아니라 저는 그냥 그렇게 태어난 것 같습니다. 남을 괴롭히는 잔인한 놈이나 년은 남을 괴롭히는 것이 가능하게 그렇게 태어난 겁니다. 그런 년놈들을 나쁜 x 혹은 못된 x 혹은 개 같은 x라고 부를 수도 있겠죠. 근데 걔네는 나름대로 억울하기도 할 겁니다. 자기가 그리 생겨먹은 게 자기 의지도 아니고 DNA가 그런 거니까요. 부모 탓을 해야죠.

더 무서운 건, 학폭을 저지르는 애들이 학교에서만 그 짓을 하겠냐는 겁니다. 안에서 새는 바가지 밖에 나가면 안 샙니까? 그 인간성이 어디 크게 변한답니까? 그들은 사회 나가서도 그럴 겁니다. 다만 대놓고는 못하죠. 근데 그게 더 무섭죠. 이간질, 뒷담화, 음해, 이지메 그리고 대표적인 짓으로 갑질.

학폭 가해자란 학폭으로 걸리는 극소수만을 지칭하는 게 아닙니다. 꼭 물리적 폭력만이 아니라 약자를 무시하고 함부로 대하는 것도 마찬가지로 학폭입니다. 제 경험에 국한하면 대략 학교 다닐 때 약 25퍼센트 이상이 그런 성향을 띠었습니다.

자원봉사자는 공짜봉사자가 아닙니다. 외국에서의 자원봉사자는 '자원'했다 뿐이지 임금, 노동시간, 인권, 기타 부수적인 보호사항 모두 적용받는 일반 노동인격과 1도 다르지 않습니다. 행사가 자선이든 영리이든 스포츠 경기든 공연이든 아무 상관이 없습니다. 유독 우리나라가 자원봉사자를 공짜봉사자로 잘못 알고 있습니다. 그리고 함부로, 마구, 쉽게 대합니다. 그냥 거저인 줄 알고. 선진국에서 자원봉사자는 자원했다는 특징이 있을 뿐 다른 노동조건은 일반 직장과 같습니다. 오히려 시간당 페이는 대개 평균 이상입니다.

혹시 우리나라 어딘가에서 자원봉사자 모집한다고 하면서 '자원'이니까 임금 안 준다거나 반값 준다거나 하는 양아치가 있으면 노동부나 경찰청에 신고하기 바랍니다. 언어를 교묘하게 속여서 이득 보려는 무리일 뿐이니까요.

노동이 있으면 그에 걸맞는 임금이 당연히 따라야 합니다. 다만 노동도 안 하면서 임금만 먹는 임금님은 여기서 제외해야 합니다. 둘 다 사라져야 할 '악'입니다.

테니스에 관심 있는 사람, 아마 10명 중에 1.5명. 윔블던을 직접 찾아가 볼 사람, 그 1.5명 중에 0.5명. 10명 가운데 0.1명이면 1퍼센트네요. 그러니까 테니스는 나머지 99퍼센트에게는 흥미로울 게 전혀 없고 본인과 아무 상관도 없는 스포츠일 뿐입니다. 한마디로, '그들만의 리그'인 거죠.

여기에 단 하나 예외가 있습니다. 먹방 리그. 다들 먹는 데는 관심이 많습니다. 인스타도 유튜브도 과장해서 반할이 먹방입니다. 잘못된 식습관으로 현대인 건강이 심각하게 위협받는 중이건만 자극적인 과식 콘텐츠가 독보적 1위라는 게 웃픕니다. 어차피 존재 자체가 외로운 것이니 자기의 리그가 외로운 것에 대해 크게 개의할 필요 없겠습니다. 1퍼센트의 동조자가 있다는 사실에 오히려 감사해야 하겠지요.

물욕이란 것도 단계가 있고 라이프사이클이 있습니다.

첫째, 경험치에 반비례한다. 어려운 말 같은데 쉬운 얘기입니다. 갖고 싶은 거 갖고, 해보고 싶은 거 해볼수록 물욕은 점점 낮아진다는 겁니다. 물욕이 크다는 건 어찌 보면 어떤 욕구 불만일 수 있습니다. 둘째, 물욕은 40대에서 정점을 찍는다. 왜냐? 20, 30대는 물욕을 서포트할 정신적·지식적·경제적 여유가 부족하거나 발전 단계에 머물지만 40대는 여러 조건이 만개하는 시점입니다. 그럼 50대 이후는? 그때는 해볼 거 웬만큼 해보고 삶의 덧없음을 깊이 체감한 뒤라 물욕이 자기의 우울증에 해답이 아니라는 걸 깨닫는 때입니다.

번외로, 40대 초반에 사고 많이 칩니다. 제2의 고딩입니다. 조심하세요. 비단 물욕뿐이 아닙니다.

내 명패.

YOU ARE DOING
a great fucking job

시장을 무시하면 언제나 참사입니다. 이것은 인간 자체를 무시하는 겁니다. 시장은 인간 자체입니다. 시장은 인간의 이기심, 합리성, 두려움 같은 특질과 감정까지도 비빔밥처럼 섞어 담아 놓은 적나라한 인간 그 자체입니다. 그런 시장을 무시하는 건 진정 오만의 극치입니다. 인간 사회에서 인간을 있는 그대로 받아들이지 못하고 무시하는 처사입니다. 고작 한줌의 정치권력으로 세상을 좌지우지하겠다는 것은, 건방질 뿐만 아니라 인격적으로 미숙한 사람이라야 상상할 수 있는 헛짓일 뿐입니다. 어찌 순리에 역행하는 강제 정책으로 인간을 자기 맘대로, 사회를 자기 맘대로 움직일 수 있다고 생각하는지, 아집과 독선

없이는 불가능합니다. 진정한 의인은 인기에 집착하지 않고 시장 기능을 최대한 활성화하는 가운데 시장의 단점을 보완하고 뒤처진 자를 보조할 장치를 고민합니다.

까먹을 만하면 시장을 무시하는 정책을 들고 나와서 또 절대 예외 없이 무참히 깨집니다. 듣기 좋은 사회주의 명분은 달콤하기 그지없지요. 무지한 망상이거나 적당히 사기치려는 시도, 둘 중 하나라고 밖에는 해석이 불가능합니다. 제대로 된 지식인은 다 알고 있는 상식일 뿐입니다. 누구 같이 고함치며 소음을 안 낼 뿐이지.

노팅힐 포토벨로 마켓에서 구한 세계지도입니다. 양피지(?)에 손으로 프린팅했다고 합니다. 45파운드 줬습니다. 제작년도가 충격적이어서 세 번을 물었습니다. 정말 1799년 8월에 영국에서 만들어진 지도입니까? 네, 네, 네.

이 나라 사람들은 우리의 대동여지도(1861년 제작)가 나오기 전에 배 타고 다니면서 저걸 그렸네요. 저는 인간 달착륙보다 이게 더 경이로웠습니다. 곧 경외로 바뀐 건 이 나라 사람들은 200년 전에 이미 눈을 미래로 돌리고 앞서나갔다는 겁니다. 그

리고 세계를 제패했고, 정치적 지배를 넘어 제도, 경제, 과학, 문화, 예술, 스포츠를 포함한 수많은 분야에서 큰 진보

를 가져왔습니다. 한국에 돌아와 보니 비단 어제오늘 일이 아니지만, 뉴스도 대화도 사람들의 화젯거리도 죄다 과거에 대한 얘기뿐입니다.

100의 20~30이라도 미래에 대한 얘기, 세계로 나가는 얘기, 특정 민족이 아닌 전체 인류에 대한 얘기, 진짜 진보(progress, pro는 앞으로라는 의미의 접두어, gress는 가다의 의미)에 대한 얘기로 떠들썩하고 토론이 불붙는 때가 왔으면 좋겠습니다. 이렇게 되길 바라는 데는 개인적인 이유가 있는데, 일단 너무 지겹고 재미없고 빤한 스토리라서 감흥도 도움되는 것도 없어서요. 껄껄.

《리처드 도킨스의 진화론 강의》(리처드 도킨스 저, 김정은 역, 옥당,
2019)를 읽었는데 재미있습니다. 우주과학과 생명과학을 열심히 파다 보면 결국 인류학과 신학, 종교와도 연결됩니다. 그렇게 진리를 탐구하다 보면 궁극적으로 모든 이론이 어딘가 한 지점을 향해 달려가 수렴이 된다는 걸 알게 됩니다. 그 수렴되는 심오한 진리가 뭔지 감이 잡히는 분을 두고 우리는 도가 트다 혹은 깨달았다 라고 표현합니다. 그런데 실제 그런 분을 보기란 무지 어렵지요. 아니 무지 어려운 수준이 아니라 인류 역사상 몇 명 안될지도 모릅니다. 그 수준까지는 바라지 않습니다. 그냥 우주와 세상 만물(생물이건 무생물이건)이 존재하고 돌아가는 '이치'를 코딱지만큼이라도 이해할 수 있다면, 현실을 사는 미생 수준에서는 누구보다 담담하고 현명해지지 않을까 하는 생각이 듭니다.

51

앞으로 어떡하죠? 이 길이 맞는 건가요? 저에게 이런 고민으로 조언을 구하는 분이 많습니다. 저는 훈계하고 조언할 만한 레벨의 사람이 아닙니다. 다만, 두 가지는 말씀드릴 수 있습니다. 제가 직접 체득한 것이니까요. 하나는, 월급 많이 주거나 돈 더 버는 일보다는 좋아하는 일을 선택하십시오. 나머지 하나는, 무엇이든 하나는 제대로 열심히 해보고 자빠지든지 말든지 하십시오. 가만 앉아서 불평만 하지 말고.

제 대학교 1학년 성적표입니다. 학점이 한 0.8 정도 되겠네요. D와 F로 시원하게 깔았습니다. 1학년 1학기 때는 아예 중간고사를 보이콧하고 부산으로 놀러갔습니다. 미친놈이지요. 중2병이 대학 1학년 때 와서 세상 등지고 철학자가 되려고 했습니다. 대학이 인생에서 뭐가 중헌디 하며. 잘 보시면 1학점짜리 A+ 하나는 있습니다. 배드민턴 실기. 50명 수강생 다 이기고 제가 일등했습니다.

제가 다닌 대학교는 고등학교라 불리는 곳이었습니다. 어머니

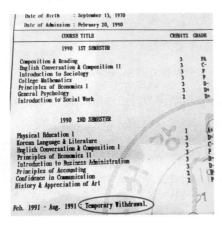

가 교무실로 불려오셨습니다. 아니 어머니 스스로 교무처를 찾아가셨지요. 아들이 학교 잘 다니는 줄 아시고. 맨 밑에 보시면 Temporary Withdrawal이 있습니다. 학사경고. 그걸 달고

쭉 2학년까지 다녔습니다. 그러다가 어느 순간 이렇게 살아서는 안 된다 싶었고, 어머니도 어딘가 저를 유배 보내 고생을 겪게 해서 사람 만들고 싶어 하셨습니다. 그래서 미국 몬타나주로 어학

연수를 갔습니다. 한국인 거의 없고 미국의 강원도라는 외진 곳에 가서 영어도 배우고 혼자 고생도 하면서 정신 차리려고요. 프레임몬타나의 몬타나가 이렇게 태동한 것이지요.

한국으로 돌아와서 마음먹었습니다. 그래, 공부 한번 해보자. 처음부터 다시 시작했습니다. 경제학 원론부터 시작했습니다. 힘들었는데, 열심히 하니 A가 나오더군요. 신기했습니다. 헉, 내가 A를 받다니. 하니까 되는구나. 여기서 얻은 자신감으로 3학년 2학기 때는 공부로 덕후질했습니다. 웬걸 과수석을 했습니다. 학점 3.87. 저희 학교는 A 받으려면 얄짤없이 상위 10~15퍼센트 안에 들어야 합니다. B 하나 빼고 모두 A를 받았습니다.

가만 보니, 지 자랑 같은데 지 자랑 맞습니다. 뭔가 메시지가 있으니 한 겁니다. 흔히 의기소침해 있는 사람에게, '야, 자신감 좀 가지고 해 봐. 넌 할 수 있어'라고 말합니다. 정말 바보 같은

얘기입니다. 자신감이 어디 맡겨놓은 건가요? 이리 오너라 하면 달려오는 건가요? 그것도 공짜가 없습니다.

열심히 하다 보면 비로소 뭔가가 달라지고 성과가 나오고, 거기서 자신감이 싹트고, 그런 자신감과 노력이 시너지가 되어 더한 발전이 이루어지는 거죠. 그러다가 요즘 개나 소나 떠드는 '자존감'이란 놈도 눈에 안 보이게 조금씩 생겨나는 것이고요. 열심히 하면서 되어가는 겁니다. 일단 부딪혀보고 담그면서 나아갈 때 비로소 길이 보인다는 얘기입니다.

열심히 하다 보면 얻게 되는 것이 또 있습니다. 자신이 다마네기라는 것을 깨닫게 됩니다. 양파 결 하나하나 벗겨질 때마다 새로운 속살을 봅니다. 자신도 모르던 자신을 발견합니다. 나쁜 면도 발견하지만 자기가 모르던 능력과 장점도 알게 됩니다. 저는 대학 때 국어 작문 과목에서 A를 받았습니다. 내가 글을 쓸 수 있고 또 어느 정도 쓸 수 있는지 45세까지 잘 몰랐습니다. 지금 저에게 진로 관련 충고를 구하신다면 한마디만 드리겠습니다.

좋아하는 일을 찾아서 한번 열심히는 던져보세요.

₀₄₁ 저는 BMW 미니를 타고 다니는데, '미니 빈티지'라고 해야 할까요, '미니 클래식'이라고 해야 할까요. 어떻게 처음 만들 때 그리 아름다운 미학적 직관을 현실화하였는지 신기하고 존경스럽습니다. 빈티지와 클래식은 자동차에 있어서도 범접할 수 없는 아름다움과 아우라를 지니고 있습니다. 그리고 심플합니

다. 멋져지는 데 굳이 복잡할 이유가 없지요.

언론사들과 인터뷰하면서 자주 받는 질문 중 하나가 '왜 빈티지와 클래식을 좋아하고 집착하느냐' 입니다. 단순히 전통을 중시하는 귀족 마인드이거나 헤리티지의 빛나는 가치를 몸으로 체감한다거나 세월이 빚은 아름다움을 영혼으로 인식한다거나 등의 닭살 돋는 이유가 아닙니다. 그냥, 그 빈티지가 지금의 물건들보다 더, 어떤 경우는 가장 이쁘고 아름답기 때문입니다. 군더더기 없이. 제 눈에는.

동물 다큐멘터리를 자주 봅니다. 생존에 필요한 열량과 에너지를 얻기 위해 그들이 벌이는 치열한 전쟁이 이야기의 7할이 넘지요. 비쩍 마른 북극곰이 성공 확률 10~20퍼센트에 불과한 물개 사냥을 목숨 걸고 시도합니다. 한 마리만 잡으면 한 달은 버틸 수 있죠. 물개가 도망가버린 후 북극곰의 멍한 표정… 짠해집니다. 새끼 두 마리를 달고 있는 표범이 보름째 굶어서 사냥할 힘도 없습니다. 죽을힘을 다해 한 마리 잡았더니 저기서 하이에나 한 마리 어슬렁거립니다. 먹이를 빼앗기고 돌아서는 발걸음… 짠해집니다.

앉아서 몇 마디 주문하면 육해공의 각종 먹이가 소스를 뒤집어 쓰고 우리들 코앞으로 대령합니다. 다른 동물들이 볼 때는 그야말로 천국입니다. 살기 위해 먹는다는 분도 있고 먹기 위해 산다는 분도 있는데, 뭐가 되었건 하루 두세 번 편하게 앉아서 골라 먹는다는 행위는 동물생태심리학적(?)으로 잠시나마 천국에 와 있는 듯한 힐링을 선사합니다. 그런 감사한 마음으로 털 빠진 북극곰과 자식 걱정 한가득인 표범을 생각하면서 매 끼니를 대한다면 한 번에 2천 칼로리씩 섭취하지 않아도 충분히 고마운 식사가 되겠지요.

젠트리피케이션으로 말이 많지요. 어떤 동네가 뜨면 대자본이 들어와 임대료를 높임에 따라 소규모 업자와 개성 있는 상점이 떠나가고 결국 트래픽 자체도 감소하면서 동네가 망할 수도 있다는 얘기지요.

경제 정책이나 현상에는 무조건 선과 악으로 갈리는 것은 절대 없다고 장담합니다. 물론 젠트리피케이션 그 자체로는 좋을 게 없습니다. 저만 해도 대규모 브랜드로 매장화된 가로수길 대로를 걸을 이유가 없습니다. 그럴 바에는 차라리 쇼핑몰을 가지요. 단점은 앞서 얘기했고, 이런 현상의 장점 또는 긍정적인 부작용으로는 상권을 넓혀준다는 아이러니가 발생한다는 겁니다. 홍대 같은 경우가 대표적인데, 젠트리피케이션으로 오히려 연남동, 상수동, 망원동 등이 더 발전하는 계기가 되었지요. 자본주의의 괴물 현상이라고 개거품 물고 편 가르고 여론몰이

할 법도 하지만, 실질적 이득은 그다지 잘살던 동네는 아니었던 망원동, 상수동, 연남동의 주민에게 대부분 돌아가고 있다는 것이 결과이자 팩트입니다. 젠트리피케이션의 주체인 대자본이 아니고요. 대표적인 저소득층 달동네이던 해방촌 지역도 마찬가지입니다. 물론 건물주가 득을 많이 보겠지만 오랜 기간 노력해서 해당 동네에 조그만 집이라도 마련하신 분의 재산 가치도 증대됩니다. 그리고 그 동네에 많아지는 일자리도 생각해보십시오.

뭐가 정의이고 뭐가 비정의인가요? 젠트리피케이션이 옳다는 얘기가 아닙니다. 선과 악, 정의와 비정의로 구분해서 사고할 문제가 아니라는 겁니다. 절대선이나 절대악이란 존재하지 않습니다. '한 쪽'만 보면서 본인의 생각만 옳고 본인의 신념만 정의롭다는 큰 목소리들 속에서 한 발짝 떨어져 '전체'를 볼 수 있는 시각이 늘고 더 인정받기를 바랍니다.

솔직히 어릴 적부터 브랜드 참 좋아했습니다. 아버지, 어머니, 형 모두 근면검소가 몸에 배어 있고 겉치장이나 허례허식에 전혀 가치를 안 두는 분들입니다. 어느 집안에나 꼭 주워온 자식 같은 넘 한 명 있지요. 외모, 겉치레에 신경 쓰고, 비싼 거 좋아하고, 좋은 거 좋아하고. 누구겠어요.

그런데 그렇게 태어난 걸 어쩌라는 겁니까. 조상 중에 비단옷이나 금비녀 좀 쟁여놓던 분이 계셨나 보지요. 아무튼 획일적인 사고와 가치가 강요되던 제 어릴 적에 금기로 분류되는 그

044

날
라
리
레
벨

러한 성향이 이제는 제 아이덴티티를 만들고 때로는 동기부여로 역할하는 효자 성향이 되어 버렸습니다. 모든 일에는 명암이 있기 마련이니 암도 만만찮지요. 도무지 늘지를 않는 통장 잔고, 날라리 이미지 등. 그래도 후회는 없습니다. 그냥 그렇게 생겨먹은 것을 허벅지 꼬집으면서 억지로 근검절약하며 살았으면 과연 제가 행복했겠습니까?

이제 브랜드를 좋아하는 본질이 바뀌었습니다. 어릴 적에는 딱 봐도 어디 건지 아는 브랜드나 로고에 집착했지요. 과시하려는 의도가 속마음에 깔려 있었죠. 나이들면서는 반대로 딱 보면 아는 브랜드는 피해야 할 리스트에 올립니다. 대신 내가 좋아하고 즐길 수 있는 감성 아이덴티티가 있는 걸 찾습니다. 이 아이덴티티는 클래식 브랜드에서는 핏이나 패턴이 될 수 있겠고, 캐주얼 브랜드에서는 디자인이나 색감 등이겠고, 빈티지 브랜드에서는 그냥 그 오리지널 감성일 수 있겠지요. 브랜드 선호 취향이 '남에게 보여주기'에서 '나의 만족'으로 전환되었다는 얘기입니다. 날라리 세계이지만 그 안에도 엄연히 레벨은 존재합니다. 수준 낮은 날라리와 진짜 날라리. 전자는 제 과거 모습이고요.

의식하는 대상이 남이냐 자신이냐의 비중이 3 대 7 정도면 딱 좋아 보입니다. 남의 눈만 신경 쓰는 것도 바람직하지 않지만 그렇다고 0 대 10도 피해야 합니다. 그 정도 가면 바라보는 것만으로도 괴로운 분이 등장합니다.

남들 다 가는 두오모라지만, 갈만 한 이유가 있네요. 저도 넋 놓고 바라봤습니다. 대리석 하나하나를 손으로 일일이 깎아서 이런 건축물을 만들다니 기적이라고밖에 할 말이 없습니다. 인간. 정말 대단한 존재라 칭해도 저는 별 이견 없습니다. 그리고 우리 개개인도 인간인 만큼 누구나 큰 잠재력이 숨어 있는 대단한 존재라고 믿습니다. 그 잠재력이 잘 발현될 수만 있다면.

어떻게 하면 속지 않고 뒤통수 안 맞고 사회생활을 잘할 수 있을까요? 질문에 나름의 답을 해봅니다.

사람 보는 방법에 대해 정리해보니 크게 두 가지입니다. 하나는, 톱다운 접근법Top-down Approach. 성선설에 기반 한 방식으로, 사람들 대부분은 선량하고 괜찮다고 생각함. 다만, 상황 논리에 따라 나빠지거나 혹은 악한 모습이 나온다고 봄. 일반적으로 사람을 잘 믿고 좋게 봐주다가 상황에 따라 상대의 본색을 유심히 살펴서 못 믿을 사람을 가려냄.

다른 하나는, 바텀업 접근법Bottom-up Approach. 성악설에 기반하며, 일단 누구든 제대로 알기 전까지 '저 놈은 개새끼다'에서 출발. 만나는 사람 대부분은 계속 개새끼 혹은 못 믿을 놈이고, 함께 지내다 신용 있고 성품 좋은 사람을 발견하면 간혹 특별히 인간계로 승진시켜줌.

두 가지 방식을 극단적으로 비교해봤는데, 과연 누가 뒤통수를 잘 맞고 사기를 잘 당할까요? 답은 초딩도 알겠지요. 저는 개인적으로 전자 성향입니다. 그래서 유야무야 못된 인간들에게 이용도 당하고 뒤통수도 맞으면서 살아왔건만, 그 성향이란 게 쉽게 바뀌지는 않네요.

여러 사람을 두루 만나 본 저의 결론은, 정도의 차이는 있지만 사람은 다 똑같다 입니다. 돈 많이 벌고 싶고, 큰 권력 갖고 싶고, 가능하면 세금 덜 내고 싶고, 자기 자식에게 좋은 교육시키고 싶은 건 어떤 유형의 인간이든 비슷합니다. 교육평준화 외치는 사람이 자기 자식은 미국의 보딩 스쿨에 보내고, 재벌 타파와 공정 거래를 외치는 사람이 탈세에 능합니다. 이러한 인간 성향은 조직 차원에서도 크게 달라지지 않습니다. 정의로운 척하는 언론과 시민단체들의 특기가 뭔지 아십니까? 기업들 약점 잡아서 뺑뜯는 것입니다. 많은 시민단체의 사무총장과 언론사 편집국장의 핵심역량은 여러 정보로 기업 협박해서 돈 받아내는 데 있습니다. 저 울산에 있는 큰 노조단체의 노조위원장이면 에쿠스에 기사 달고 다니는 거 아시나요? 일도 안 하고, 출근해서 고스톱이나 치면서 회사돈 꽁으로 루팡질하는 전임노조원이 몇 백 명입니다. 비정규직 무시하고 갑질 가장 심하게 하는 사람은 경영진이 아니고 노조원들입니다. 심지어 공공연히 그 꿀보직을 대물림하고 있지요. 그런데 이상하게도 아무도 이런 얘기는 꺼내지 않습니다. 아마도 대한민국의 진정한 갑 중의 갑인가 봅니다.

제 요지는 다음과 같습니다.

① 사람 다 똑같습니다. 교육평준화 외치면서 본인 아가는 일 년에 1억 원 드는 미국 학교에 보내는 거, 인간적으로 백 번 만 번 이해합니다.

② 사람은 믿을 게 못됩니다. 야당이건 여당이건, 경영자건 노동자건, 기득권자건 서민이건 다 똑같습니다. 더 많이 가지려 하고 더 큰 힘을 휘두르고 싶어 합니다. 왜냐고요? 인간이니까. 여기까진 이해하지만 위선을 떠는 놈은 싫습니다.

③ 그래서 전 누군가가 맨 위의 질문을 하면 바텀업 접근법을 선택하는 것이 너에게 좋으리라고 조언합니다.

④ 그리고 민주, 정의, 평등을 외치는 위선에 속지 말라고 덧붙입니다.

제 진짜 결론은, 사람이 아닌 제도, 프로세스, 시스템을 믿으라는 겁니다. 점점 나아지고 있습니다. 과거에는 어느 회사 오너나 사장을 개인적으로 알면 일이 일사천리로 진행되었습니다. 요즘은 사장이건 뭐건 실무진 의견이 반대면 사장도 쉽게 번복하지 못합니다. 그게 제도, 프로세스, 시스템의 힘입니다. 내부 견제, 외부감사, 비즈니스 프로세스 전산화 내지 투명화, 정보 공유의 힘이기도 하고요. 그런 곳에서 민주화와 정의가 나오는 것이지 위선적인 구호와 선동에서 나오는 것이 아닙니다.

047 서빙하는 자와 처먹기 기다리는 자. 인생 사는 데 편히 앉아서 대우만 받으려 하면 대성 못합니다. 서빙하  는 자세로 겸손히 살았으면 지금보다는 분명히 훨씬 나은 사람이 됐을 겁니다. 제 얘기예요.

048 해외 다녀오면서 드는 생각들 몇 자 남깁니다.
① 한국에서 미세먼지가 앞으로 더 큰 문제가 될 듯: 발리에는 담배 피는 사람도 침 뱉는 사람도 거의 없음. 저도 거기서 마찬가지였음. 서울 오자마자 가래 끓기 시작.

② 한국이란 나라 자체는 초일류: 자꾸 헬조선 헬조선 하는데 여러 나라 나갔다 와보시길 추천. 한국만큼 잘살고 깨끗하고 편리하고 속도 빠르고 안전한 나라 전 세계에 몇 군데 없음. 다만, 낮은 행복지수를 유발하는 문화와 국가 위상보다 낮은 정치·사회·국민 수준의 지속적인 개선은 필요함.

③ 차이니즈 세상: 십 년 전 발리에는 일본인밖에 없었는데 지금은 중국인밖에 없고 비단 발리에 국한된 얘기만은 아닌 듯. 그들의 숱한 비매너와 불쾌함을 받아줄 수밖에 없는 이유는 엄청나게 돈을 쓰기 때문. 현실은 냉정.

④ 동남아 사람들 수준 높음: 국제화된 의식 수준 면에서 동북아 사람보다 높아 보임. 상류층 문화는 우리보다 더 기품 있는 측면 많음.

⑤ 서울 음식문화 수준 높아짐: 해외 나가도 우리나라에서 꽤 잘하는 집의 파스타, 피자, 스시, 햄버거, 스테이크보다 나은 곳 발견하기 쉽지 않음. 초일류 호텔 식당을 가더라도.

⑥ 영어를 잘하는 건 중요: 예상치 못한 상황에서 자신을 보호할 수 있고, 외국인에게 무시 당하지 않고 더 나은 대접을 받을 수 있는 무기임.

영화 〈대부〉가 왜 명작인 줄 아시나요? 저에게 베스트 씬은 네 049 개입니다.

① 2편에서 알파치노의 마지막 표정 씬. 그 회한 뒤섞인 '주마등'과 함께.

② 1편의 거절할 수 없는 제안 씬. 죽기 전 한 번 해보고 싶음.

③ 3편의 라스트 테마곡 씬. 마스카니의 오페라 〈카발레리아 루스티카나〉의 인터메조가 흘러나옴.

④ 2편에서 말론 브란도가 아들 알파치노에게 인생 조언을 해주는 씬. "친구는 가까이 두고, 적은 더 가까이 둬라."

확실히 요즘 젊은 세대가 저희 세대보다 뭔지 모를 분노가 크다는 것을 느낍니다. 입장 바꿔 생각해볼 요량으로, 삶의 과정을 시간 순으로 비교해보겠습니다.

① 초등 및 중학생 시절: 저희 세대는 공부도 하면서 잘 놀았고 학원이래 봐야 피아노, 서예 등 주로 과외활동. 요즘 세대는 학교 다녀오자마자 영어, 수학, 논술 등 그저 빡셈.

② 고등학생 시절: 저희 세대도 대학 가는 부담은 똑같았는데 학원보다는 독서실 가서 공부함. 요즘 세대는 앞과 동일.

③ 대학생 시절: 사실 문제는 이때부터임. 저희 세대는 대학만 가면 이제 노는구나 했고 1, 2학년은 놀다가 3학년부터 재수강도 하면서 공부함. 학점 3.0만 넘기면 상위권 대학은 대부분 대

기업 취직에 성공. 스펙? 그런 단어도 없었고 그런 거 쌓을 필요도 없었음. 요즘 세대는 더 잘 아시니 생략.

④ 취업: 이게 가장 큰 문제. 저희 부모 세대는 평생직장이란 개념도 있었고 흙수저가 금수저되는 건 그때도 어려웠지만 좋은 직장에 다니면 안정적으로 살았음. 저희 세대는 앞에서 말했듯 취직은 다 제때 했음. 금융권 가면 잘 갔다 했고 현대나 삼성 가면 평타는 쳤구나 했음. 취업재수 같은 말도 없었음. 요즘 세대 얘기는 더 잘 아시니 생략.

⑤ 취업 이후: 저희 세대나 지금 세대나 별반 차이 없음. 오히려 직업 안정성이 계속 낮아지고 있는 현실은 은퇴 시기가 가까워오는 저희 세대에게 더 위협적.

⑥ 기득권: 기득권자의 부정과 횡포는 저희 세대에 비하면 지금은 거의 이상사회 수준임. 저희 때는 돈이나 빽 쓰면 안 되는 일 빼고 다 됐고, 부정이나 부조리가 훨씬 많았음. 지금은 오히려 기득권자들이 눈치 보기 바쁨. 돈과 빽으로도 안 되는 일이 더 많아졌음. 통신 발달로 한 번의 잘못으로도 훅 감. 부조리는 줄었지만 대신 언론에 대한 노출과 디테일에 대한 요구는 더 커져서 젊은이들 보기에 분노할 요인은 오히려 더 커짐.

⑦ 신분 상승: 저희 세대도 흙이 금되는 일은 거의 없었음. 그나마 저희 부모 세대는 급성장기라 부동산으로 큰돈 벌 기회가 있었고 저희 때는 잠시 주식으로 돈 벌 기회가 있었는데 지금 보면 번 사람들 많이 까먹었고 그런 기회마저 요즘은 없음. 저희 세대나 요즘 세대나 마찬가지.

결론. 제 생각엔 취업이 제때 되어야 하고 근무 조건도 좋아져야 합니다. 포퓰리즘 정책으로 지원해 공짜돈 여러 모양으로 주는 게 중요한 것이 아니고 좋은 일자리를 많이 만드는 수밖에 없습니다. 그러려면 좋은 기업이 더 많이 생겨야 하고 기존 기업은 더 성장해야 합니다. 제가 생각하는 최고의 애국자는 길거리에서 머리띠 두르고 소리 지르는 사람이 아니고, 일자리 하나라도 더 만들고 부가가치를 늘리는 사람입니다. 젊은이들로 하여금 '무조건'적인 반기업·반기업인 정서를 갖게 하는 건 부적절합니다. 지금의 한국을 만들고 밥을 먹여준 건 정치인이나 길바닥에서 투쟁하던 사람이 아니고 어찌 됐든 기업인의 공이 가장 큽니다. 기성세대는 더 투명하고 더 좋은 일자리를 만들어야 이 나라가 살고 젊은이들의 분노도 조금이나마 줄 것으로 생각합니다.

흔히 사랑을 예찬합니다. 사랑 자체로는 맞습니다. 그러나 사랑이 이루어지는 관계 레벨로 내려오면 사뭇 다릅니다. 사랑으로 맺어진 관계만큼 잔인하고 위태로운 건 없습니다.

둘만 모여도 강자와 약자로 나눠지는 게 인간입니다. 살아 있는 모든 존재가 그러합니다. 문명화되면서 권력의 서열을 표면 아래로 숨기는 것이 미덕이 됐지만 여전히 적나라하게 드러나는 관계가 있으니, 연인과 부부입니다. 이 둘만큼 갑과 을이 철저히 구분되고 강자와 약자가 분명한 인간관계는 없을 겁니다. 주먹 한번 휘두르지 않아도 얼마든지 상대방을 굴종시킬 수 있지요.

더 많이 사랑하고 더 깊이 사랑하는 사람이 을이고 약자입니다. 둘 간 균형을 이룰 수도 있으나 지속적으로 유지하기란 하늘의 별 따기입니다. 균열이 발생하고 틈은 점차 커집니다. 그 사이로 불안과 초조의 쓰나미가 엄습합니다. 둘은 누구보다 긴밀하기에 권력과 감정에서 자유로울 수 없습니다.

사랑은 세상 그 무엇보다 아름답지만 사랑이란 관계는 그렇지 못합니다. 아름다울 수 없다는 게 맞겠지요. 그러하니 사랑을 막 시작했다면 환상은 환상대로 품되 실상을 바로 보고 깨지기 쉬운 도자기처럼 사랑의 관계를 조심스럽게 다루기 바랍니다.

뱃살 한번 없애 보자는 목표로 근 한 달간 야식 끊고 운동했더니 4킬로그램이 줄었고 체지방 지수도 떨어졌습니다. 수차례 감량과 요요를 겪다 보니 이제 사람 몸이라는 게 어떤 메커니즘으로 돌아가는지 이론이 아닌 실제 경험으로 조금은 알 것 같습니다.

① 몸은 지금까지 도달했던 최고 체중으로 돌아가려고 함: 따라서 금연과 마찬가지로 체중도 평생 관리 대상이며, 잠시 정신줄을 놓으면 금방 자신의 최고치로 되돌아가 버리는 게 몸이 생겨먹은 구조임.

② 가장 무식한 게 굶어서 빼는 것: 장담하건대 요요로 복구할 확률 100퍼센트. 계속 식욕 참기도 어렵거니와 몸이 굶어 죽겠다는 신호를 뇌로 보내 기초대사율을 최소화하기에 몸이 더 망가짐.(체중은 다시 늘고 근육량보다 지방량이 더 큰 비율로 늘어 있음)

③ 두 번째로 무식한 게 유산소 운동만 하는 것: 지방과 더불어 근육도 빠지니 기초대사량도 줄고 점차 ET 체형화됨. 운동 잠깐 쉬면 요요 올 확률 100퍼센트.

④ 답은 역시 교과서: 근육 운동을 필수로 하면서 유산소 운동 병행하고, 배고플 때는 뭐라도 조금씩 먹어서 기초대사량이 줄어드는 걸 방지해야 함. 저녁은 배불리 먹더라도 야식만 끊어도 큰 효과 있음.

⑤ 개인적으로 1일1식을 하고 있음: 아침 점심을 아예 안 먹는 건 아니고 간단하게 먹고 저녁은 맛있게 많이 먹음. 그간 야간 군것질을 했더니 실질적으로 1일2식이 되어버려서 몸이 불었는데 야식 끊으니 바로 효과가 있음. 그리고 한때 단백질 위주 식단에 탄수화물 안 먹기도 해봤는데 이 또한 굶어서 빼는 것과 다름 없음. 탄수화물 참기가 매우 고통스러워서 유지하기 힘듦. 뭔가를 끊고 괴롭다는 형태의 감량이 되면 절대 오래가지 못하기에 몸도 적당히 즐겁게 하면서 가는 게 나은 방법. 뭐, 결론은 이미 다 알지만 실천은 잘 안 되는 얘기였습니다.

아무도 당신에게 당신의 단점, 약점, 부족한 점, 이상한 점, 보기 싫은 점, 얄미운 점을 얘기해주지 않습니다. 굳이 당신과 척을 져야 할 이유도 없고 여차 하면 안 보면 그만이기 때문입니다. 이 현상은 나이들수록 심해집니다. 결국 스스로 나를 탐험하고 파악하는 수밖에 없습니다. 센스 있고 겸손하고 역지사지할 수 있는 사람이라면 누가 얘기하지 않아도 자신의 취약점을 하나둘 깨닫고 고쳐나갑니다. 식당에서 '내가 누군데'하며 거들먹거리는 사람은 자기가 아는 자신과 실제의 자신이 완전히 다르지만 이 사실을 모르는 사람이라고 보면 됩니다. 자신을 몰라도 너무 모르고, 남이 자기를 어떻게 생각하는지도 모르는 사람입니다. 가망이 없습니다. 죽기 바로 직전까지 그러다 눈을 감겠지요.

한편, 우리는 자신의 장점과 잠재력도 단점만큼 잘 모를 수 있습니다. 저는 사람마다 자신만의 진주가 있다고 생각합니다. 진주는 흙 속에 묻혀 있어서 파고 캐내야 합니다. 누군가는 진주를 고대로 묻어두기만 합니다. 제가 바로 그런 사람이었습니다. 저는 45세까지 내 재능은 수학적 사고에 있고 머리가 지배적인 사람이라 믿고 살았습니다. 그러다 인터넷에 글을 쓰기 시작하면서 깨닫게 됐습니다. 나는 그다지 나을 바 없는 수학적 재능을 가졌고 오히려 훨씬 뛰어난 문학적 재능을 가졌구나. 반백이 되어서야 어딘가에 깊이 묻혀 있던 진주 하나를 캐낸 것입니다. 그리고 지난 45년 동안 저는 지극히 보수적이고 남 앞에 서는 것을 좋아하지 않으며, 여타 관련된 활동에서 재능과 끼가 전혀 없으리라고 단정 짓고 살았습니다. 그런데 막상 스포트라이트를 받고 무대에 올라가 보니 제가 중심에 서는 것을 즐기고 또 잘하는 어떤 기질이 있음을 알게 됐습니다. 또 다른 진주였던 거지요.

저는 감히 얘기할 수 있습니다. 직접 경험해봤으니까요. 당신에게는 당신만의 진주가 있습니다. 자신을 과소평가하지 마십시오. 남이 당신을 과소평가하는 것도 용납하지 마십시오. 당신은 더 큰 잠재력을 갖고 있습니다. 다만, 흙을 파고 헤쳐야 합니다. 가만히 있는데 진주가 튀어나오지는 않습니다.

운동의 가장 큰 효과는 궁극적으로 정신 건강 개선에 있습니다. 운동은 마음의 병을 불러오는 자아에 대한 불만을 상당 부분 해소해줍니다. 곧 외모와 성격과 능력에 대한 본인 만족도를 높여줍니다. 흔히 체중 10킬로그램만 줄이면 인생이 달라진다고 하는데 빈말이 아닙니다. 외모가 바뀌면 자신감이 생기고 매사 적극성이 붙습니다. 경험하지 않은 사람은 모릅니다.
이 사회가 아무리 고상한 척해봐야 외모지상주의는 없어지지 않습니다. 운동으로 자신을 바꿔보면 세상의 대우가 달라집니다. 다른 건 둘째 치고, 우선 몸에 달고 살던 지병이 없어집니다. 우울증과 정신 쇠약에서 벗어날 수 있는 가장 확실한 방법이라고 생각합니다. 내적으로 달라지면 자연스럽게 외적으로도 달라지는 자신을 발견하게 될 겁니다. 내외가 서로 분리된 것이 아니기 때문입니다. 운동 하나로 모든 것이 해결된다는 얘기가 아닙니다. 열심히, 꾸준히 한다면 인생을 180도는 아니더라도 90도는 쉽게 바꿀 수 있다는 말입니다.
운동의 힘은 강력합니다. 우리는 한시도 쉼 없이 움직이는 생물로 진화됐기 때문입니다. 현대에 들어와 갑자기 움직이지를 않으니 몸에도 마음에도 이상이 생기는 것은 지극히 당연합니다. 위험신호를 보내는 중입니다, 유전자 속에서. "제발 좀 움직이라고."

지금껏 살면서 보고 경험한 테크트리.

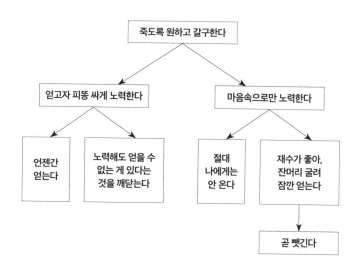

제가 좋아하는 칼 세이건 박사가 1980년대부터 계속 크게 외
치다 돌아가신 메시지는 하나입니다. 우주고 나발이고 지구를
지켜라. 지구가 우주고 우주가 지구이고, 너가 지구이자 우주
이며, 우주가 지구이자 너 자신이다.

지난 백 년간 할아버지 세대부터 지금의 우리 세대까지 내 새
끼 끔찍이 생각해서 재산 탕진해가며 투자한 결실이 조금씩 나
타나고 있습니다. 이대로 한 20~30년 더 노력하면 대재앙을
제대로 크게 한방 물려줄 듯합니다. 지금 금성은 이산화탄소의
온실효과로 지표면이 300~400도 됩니다. 불지옥이지요. 그
래서 밤에 그리 이쁘게 반짝이면서 아름다운 비너스란 이름을
얻었다니 아이러니합니다. 10억 년 전에는 금성이 지구 같았
을 것이란 학설도 있습니다. 그렇다고 우리가 다 환경운동가
가 될 수도 없고 무엇인가를 바꿀 힘도 미약하지요. 다행이라
면 이제 길거리에 전기차도 보이면서 조금씩 달라진다는 것
이고, 불행이라면 온갖 공해 산업이 그저 후진국으로 이동했
을 뿐이라는 것이지요.

자연을 그냥 자연스럽게 놔두고 (다들 얘기는 안 합니다만) 아끼고
지킵니다. 여름의 해운대나 광안리, 경포대처럼 쓰레기와 담배
꽁초, 빈병, 플라스틱으로 넘쳐나게는 하지 맙시다. 마음이 모
이고 커지면 적어도 지금 우리 자식대에는 재앙의 규모를 조금
이라도 줄일 수 있지 않을까요?

과학자들 말로는 어차피 4~5만 년 주기로 빙하기가 지구에 온
다고 합니다. 대재앙이 지금 오든 나중에 오든 언젠가 온다는

얘기지요. 이렇게 보면 우린 그냥 잠깐 살다가 없어지는 탄소 덩어리에 불과합니다. 그렇더라도 굳이 우리 자식에게 이 꼴을 애써서 미리 보여줄 필요가 있을까요?

시가라. 사실 시가는 입 크고 입술도 두텁고 수염도 덥수룩한, 그리고 폐활량도 큰 서양인에게 어울리는 기호품이란 건 부인할 수 없습니다. 어린 나이보다는 얼굴에 팔자주름이 선명해지는 나이대가 더 어울리는 것도 사실이고요. 담배 끊으려는 인간들이 이것은 담배가 아니야 라고 정신승리하면서 침 묻히는 대상이란 것도 맞지요.

시가에도 골디락스 존Goldilocks Zone이 있습니다. 처음 불붙이면 상표 종이 둘러싸인 라인 위로 한 2센티미터 위부터 상표 종이 밑 부분 타버리는 순간까지는 황홀합니다. 밟는 대로 나가는 자동차처럼 흡입하는 대로 빨리지요. 두세 번 내지 서너 번 빨면 연기와 향이 확 퍼집니다. 진한 맛이 느껴집니다. 그때야 비로소 시가의 진가가 느껴집니다.

골디락스 존은 천문학 용어로, 생명체가 존재할 가능성이 있는 우주 공간을 뜻합니다. 대략 금성에서 화성까지의 범위, 너무 뜨겁지도 너무

차갑지도 않은 거리 그 존을 일컫습니다. 그런데 400도의 불지
옥인 금성과 영하 300도인 목성과 토성의 위성인 엔셀라두스,
유로파, 타이탄, 이오 등에 생물이 나타날 가능성이 높은 게 정
설이니 이제는 꼭 골디락스 존이 대단한 의미도 아니겠습니다.
그래도 전 이 단어가 좋습니다.

시가의 골디락스 존이 뭔지 알고 그걸 느끼고 즐기는 것도 인
생의 맛을 알아가는 것이고, 내 주위에 있는 놈 중 어떤 놈이
매우 가까이 있지만 실상은 나에게 불지옥인 금성이고, 어떤
놈이 적당히 떨어져 있지만 나에게 생명의 존재를 일깨워주는
목성의 한 위성인지 알아가는 것도 인생의 재미입니다.

뱅
공
화
국

중고딩은 물론이고 대딩까지 왜 다들 그 이쁜 이마를 숨기고
뱅 스타일 머리를 하는지 이해가 안 갑니다. 뭘 몰라서 그러는
듯한데, 뱅 머리라는 게 남자나 여자나 소화하기가 무척 어렵
거니와 얼추 소화를 하더라도 모델 수준이 아니면 맹해 보이거
나 머리 나빠 보이는 룩입니다. 패션 스타일에서 난이도로 치
면 초중상급반 다 마치고 마스터 과정에서나 수강하는 과목이
고, 여성이라면 우마 서먼이나 아만다 사이프레드 정도 되어야
봐줄 만한 고난이도, 고위험군 종목입니다.

천편일률적인 뱅 머리. 지겹고 멋있지도 않지만 제가 가장 안
타까워하는 것은 그 몰개성함입니다. 스타일과 멋내기의 시작
과 끝은 남과 다르고자 하는 욕망과 자신만의 개성을 찾아가는
여정이건만 거의 한 명의 예외도 없이 동일상품을 '스스로' 복

제하다니, 이거 무슨 큰 사회심리적 문제가 있는 게 아닐까 덜컥 겁마저 납니다.

이쁜 이마 좀 보여줘요. 멋지게 가르마 타서 넘긴 헤어스타일도 보여주고요. 프론티어가 되어 천편일률을 깨부수는 '용기' 있는 아이도 한두 명 나와 주면 좋겠습니다. 제 아들놈 뱅도 반 강제로 확 넘겨버립니다. 역시 이마 드러나니 훨씬 낫네요.

바지 허리, 품, 기장 모두 수선하는 대공사를 맡겼는데 다행히 결과물이 마음에 듭니다. 해놓고 보니 이건 뭐 브랜드 딱지만 남았지 원래 패턴도 사라지고, 아예 새로운 창작물이라 보는 게 맞을 듯. 브레이커Breaker가 크리에이터Creater가 된다는 진리가 하찮은 바지 수선에서도 나오네요.

퀸, 아바, 딥 퍼플, 런던 보이즈, 홀리오 이글레시아스. 이들 뮤지션의 공통점은 뭘까요? 세계 시장에서 얻은 명성에 비해 미국에서는 시원찮았다는 점입니다. 마초의 나라에서 멜로디 위주의 감성과 딱 붙는 바지를 입은 남자는 아무래도 어색했을 겁니다. 미국 스타일은 블랙 사바스, 레드 제플린, 도어스, 모터헤드, 레냐드 스킨야드, 데릭 앤 더 도미노스, 지지 톱, 그레이트풀 데드, 지미 헨드릭스, 그랜드 펑크 레일로드 등이죠. 유럽과 아시아 스타일은 딥 퍼플, 게리 무어, 잉위맘스틴, 레인보우, 디오, 퀸, 오지 오스본, 스콜피온스, 필 라이넛Phil Lynott, 마이클 쉥커 그룹 등이고요.

음악을 아시는 분은 제 얘기가 뭔지 명확히 아실 텐데, 쉽게 분류하면 이렇습니다. 비인간적인 리듬 변박자는 미국인이 좋아하고, 인간적인 스무드 정박자에 감성 건드리는 연주는 유럽인과 아시아인이 좋아합니다. 음악성 면에서 개인적으로 전자가 더 깊다고 느낍니다. 왜냐고요? 감정을 직접 안 건드리면서 건드리니까요. 두 가지 스타일에 공통적으로 끼어 있는 인물이 있습니다. 오지 오스본. 블랙 사바스는 철저히 미국인 취향의 락이었고, 오지 오스본 밴드는 철저히 일본·한국·유럽 공통 취향의 락이었지요.

퀸은 훌륭한 밴드이지만 미국에선 그다지 인정받지 못했습니다. 미국에서 인정받고 아니고가 성공의 척도는 아닌데, 사실 그때는 그랬습니다. 개인적으로 안타까웠습니다. 중3인가 고1인가 〈라디오 가가〉 앨범이 발매됐죠. 퀸이니까 빌보드차트 1위 하기를 바랐지만 거기까지는 안됐고, 결국 퀸의 거의 마지막 앨범이 되었습니다. 네, 맞습니다. 지나치게 멜로디 중심의 락, 감성어린 락은 앵글로색슨에게는 잘 안 먹힙니다.

서론이 길었네요. 제 결론은, 레드 제플린의 7집이야말로 최고 명반 중 하나라는 겁니다. 30년 넘게 레드 제플린을 접한 저 개인의 의견입니다. 대부분 7집을 안 좋아합니다만 제가 7집을 꼽는 이유는, 완전 비인간적이고 감성 없는 사운드임에도 사람의 생각을 그 의도대로 뉴트럴하게 만듦과 동시에 차분한 희열을 느끼게 하기 때문입니다. 그것도 블루스틱하게, 어떤 조미료도 없이 3개 악기로. 레드 제플린의 음악적 성숙도와 연주력과 에너지가 응집된 마지막 폭발이 아닐까 합니다.

덴마크 영화 〈어나더 라운드Another Round〉. 한국어로 한잔 더.
덴마크 원제는 음주, 만취를 뜻하는 〈드루크Druk〉. 군이 설명
안 해도 될 제목. 한잔 마신 주인공 모습이 마치 허약한 내 모
습을 보는 듯해서 심취해 봤습니다.
스토리가 묘합니다. 우리가 늘 혈중 알코올 농도 0.05퍼센트
정도로만 취해 있으면 일에서도 인간관계에서도 다른 무엇에
서도 일상의 성과를 능가할 뿐만 아니라 중년의 위기도 능히
극복할 수 있다는 주장과 이론을 담고 있습니다.
술의 힘은 위대합니다. 술의 힘은 피폐합니다. 그 둘을 다 보여
주지만 영화는 술을 재단하지 않습니다. 당신 스스로 판단하라
고 합니다.

저에게 도서 추천을 요청하는 젊은 친구가 꽤 됩니다. 곰곰이
생각하다가, 특정 도서를 언급하기보다는 독서 흐름에 대한 경
험을 몇 자 적어볼까 합니다. 독서가 너무 좋아 일상이 된 분이
아닌 의무 같이 느껴지는 일반인 기준으로 생각해봅니다.
20대 이전에는 학교 숙제 때문이든 부모님 잔소리 때문이든
억지로 위인전, 고전, 명작, 베스트셀러를 읽었지요. 스스로 찾
아보는 건 만화책과 그렇고 그런 책. 싹수 노란 넘은 그렇고 그
런 책에 꽤 어릴 적 입문하지요. 이젠 책이 아닌 디지털로 가
겠네요. 20대로 넘어가도 역시 독서란 자발적인 자기계발이나

취미 활동이라기보다는 학업, 취직, 자격증을 위한 필요악이 대부분. 30세가 넘어가면 애매해집니다. 남들은 책도 많이 읽고 똑똑한데 나는 뭐지, 뭘 봐야 하지 하는 생각이 듭니다. 여태 그냥 주어지는 것들이었으나 이제는 본인이 선택해야 하는 시점에 직면합니다. 영역을 구분해서 분석해 봅니다.

① 전문지식 영역: 대기업 직장인이건 자영업자건 전문직 종사자건 사업가건 밥 벌어먹고 살기에 관련된 기술적 지식이 필요함. 나에게 무엇이 필요한지는 내가 제일 잘 알 테니 서점 가서 사보면 되는 거고.

② 취미활동 영역: 우주를 좋아하면 우주 책을, 운동화가 좋으면 운동화 책을, 패션을 좋아하면 패션 책을, 낚시를 좋아하면… 등등. 내가 무엇을 좋아하는지 내가 제일 잘 알 테니 서점 가서 사보면 되는 거고.

③ 문학 영역: 소설, 시, 수필 등. 문학을 접하는 것 자체가 심심풀이거나 취미거나 마음의 힐링임. 내가 어떤 작가와 어떤 장르를 좋아하는지 내가 제일 잘 알 테니 서점 가서 사보면 되는 거고.

④ 자기계발 영역: 여기가 참 취약. 인문, 경제경영, 처세, 역사,

시사 시류, 철학 등등. 안 읽음만 못한 얄팍한 베스트셀러부터 시대를 초월하는 고전까지 포진. 여기서 저 같은 인간에게 뭘 추천해 달라고 하면 제가 뭘 할 수 있겠습니까. 단지 제 경험은 이랬습니다. 저의 30대는 시사 시류는 대부분 신문을 정독하는 것만으로도 차고 넘쳤습니다. 간혹 흥미로운 주제가 있으면 부연해서 책을 사 본 정도. 경제경영 분야는 제 직업과 관련돼 있어서 오히려 ①번 관점에서 취사선택해 읽었습니다. 인문 및 철학 계열은 거의 못 봤고요.

제가 올인한 영역이 딱 한 군데 있습니다. 로지컬 씽킹, 논리적 사고. 살아가는 데 핵심은, 어떻게 생각하고 어떻게 분석하고 어떻게 접근하고 어떻게 싸우고 어떻게 설득하고 어떻게 이야기할 것인가를 결정하는 기본적이고 근본적인 사고방식이라고 보았기 때문입니다. 관련 책을 닥치는 대로 사서 읽고 훈련했습니다. 지금 되도 안 한 글을 쓰고 있지만 이렇게 제 나름대로 정리해서 쓰는 방법도 지난 10년간 논리와 사고에 천착해 독서하고 훈련한 것이 밑바탕된 것이라 믿습니다. 저의 그러한 올인이 옳은 선택이었다고 지금도 생각합니다.

그런데 40대가 넘어가면 독서의 패러다임이 또 달라집니다. 30대에는 논리적 소양과 지식이 중요했지요. 남보다 보고서 잘 쓰고, 일도 잘 처리하고, 토론과 협상에서 똑똑하게 얘기하는 방법에 관심이 많았지요. 40세가 넘어가고 조직 내 사다리 위로 올라갈수록 지식보다는 지혜가 더 큰 힘을 발휘하게 됩니다. 가령, 늘 논리로 상대를 깔아뭉개기보다 가끔은 져주기도 해야 하는 거지요. 젊을 때는 못돼 처먹어도 똑똑하고 일 잘하는 게 진리이나 나이들어 인성이 저급하면 사면초가에 빠지기 십상입니다. 잘났다고 떠들 게 아니라 납작 엎드릴 줄도 알아야 합니다. 게임의 법칙이 완연히 달라집니다. 저는 이제 논리책은 더는 보지 않습니다. 지식이 아닌 지혜를 배울 수 있는 책을 읽으려 합니다. 그런 관점에서 저도 젊은 세대와 다를 바가 없습니다. 좋은 책 있으면 서로 추천합시다.

주위에서 자주 물어봅니다. 넌 왜 니네 안경 안 쓰냐고. 제 답은 '그냥 나한테 커서' 입니다. 내 몸에 안 맞고 핏이 안 맞는 것은, 아무리 내 것이라 해도, 1억 원짜리를 줘도 안 합니다. 어찌 보면 스타일 가이들의 곤조라 할 수도 있겠습니다. 안경 사업을 시작했을 때 제 모토가 '내가 쓸 수 있는 안경을 만들자' 였는데, 판매를 위한 사업적 의도와 고객을 위한 배려가 뒤섞인 결과 이렇게 물거품이 됐습니다. 프레임몬타나의 안경을 작다 작다 하시는데, 제 모토도 곤조도 다 버리고 타협한 면도 있으니 너무 타박마세요.

저에게 안경 핏에 대해 질문을 많이 합니다. 결론을 말씀드리

면, 답은 없습니다. 자기가 좋은 방식이 답이지요. 그러나 제 관점에서의 추천 방식은 있습니다.

양쪽 눈은 림(Rim: 안경 렌즈

를 둘러싼 부분)이 정확히 커버해야 합니다. 안경이 미적 도구이기 전에 건강 보조기구임을 잊어서는 안 됩니다. 그리고 두 다리가 '직각'이 아닌 '사선'으로  귀에 걸리는 핏, 그게 가장 빈티지스럽습니다. 제 기준에서 봤을 때 두 다리가 직각으로 귀에 걸리는 것은 이미 큰 안경을 쓴다는 의미입니다. 그 결과 얼굴보다 안경이 먼저 보이고 두드러져 보입니다.

프레임몬타나 안경은 아세테이트 플라스틱입니다. 마음대로 구부리고 펼 수 있고 더 중요한 건, 계속 쓰다 보면 점점 내 얼굴에 적응하고 그 형태로 변해간다는 겁니다. 안경도 신발처럼 길들이는 것입니다. 너무 벌어지면 안경사를 찾아가 재피팅하고 어딘가 헐거워지면 주기적으로 손도 보면서 그렇게 오래 함께하다 보면, 가죽처럼 자연스럽게 기스도 나고 변색도 오면서 에이징되는 거죠. 잘 관리해서 쓰면 백 년도 쓰는 것이고, 잘 쓰다가 아들딸에게도 물려주는 것입니다. 그게 빈티지 안경에 대한 저의 생각입니다. 절대 유행 타는 물건이 아닙니다. 그렇게 대물림하려고 하는데 아무 안경이나 고르겠습니까? 물론 특별한 가치가 있어야 두고두고 대물림도 하는 것이고요.

생각해보니, 버질 아블로(스트리트웨어 브랜드 '오프화이트Off-
White' 창립자, 2021년 향년 41세 나이로 사망)가 인간적으로 참 안됐
더군요. 돈도 많고 재능도 뛰어나고 인물도 좋고 다 갖췄는데
난데없이 불치암 선고를 받으면 어떤 기분일까요? '인생 짧고
굵게 산다'를 대표 사례로 보여주고 떠났네요.

삶에는 여러 유형이 있습니다.

첫 번째 유형: 굵다 / 굵지도 얇지도 않다 / 얇다

두 번째 유형: 길다 / 길지도 짧지도 않다 / 짧다

세 번째 유형: 초기형 / 꾸준형 / 말기형(인생의 잠재력 발휘 시점)

세 가지 유형 각각 3개의 하부 항목이 있으니 대략 인간 삶의
경우의 수를 계산해보면 3×3×3=27개 유형이 있습니다. 27
개 중 가장 좋은 유형은 누가 뭐래도 '굵다+길다+꾸준형' 조
합입니다. 그러나 이렇게(평탄히 잘되는) 실현될 확률은 제가 경
험해본 바에 따르면 거의 0.0001퍼센트 내지 0퍼센트입니다.
따라서 가장 이상적인 조합은, '굵다+길다+말기형'일 수 있습

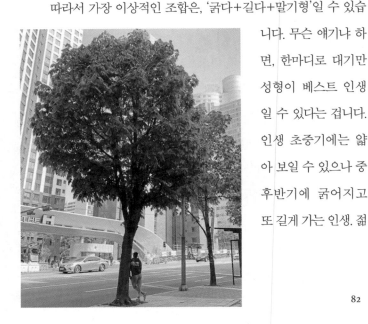

니다. 무슨 얘기냐 하
면, 한마디로 대기만
성형이 베스트 인생
일 수 있다는 겁니다.
인생 초중기에는 얇
아 보일 수 있으나 중
후반기에 굵어지고
또 길게 가는 인생. 젊

을 때 잘나간다고 승자가 아니고, 어릴 때 부모 잘 만나 잘나가는 게 복이 아니라는 얘기이기도 합니다.

백세 시대에 승자는 대기만성형 인간입니다. 인생이 그만큼 길어졌기 때문입니다.

외국과 비교해서 우리나라, 싱가포르 같은 나라는 심각한 감시사회, 구속사회입니다. 어딜 가도 CCTV가 지켜보고 있고, 운전할 때 액셀을 조금만 세게 밟아도 카메라가 사진을 찍습니다. 이렇게 일거수일투족을 지켜보고 감시하고 사진 찍는 나라는 거의 없을 겁니다.

감시사회의 장점은, 지갑이 길에 떨어져도 카페에 핸폰을 놓고 화장실을 가도 누구하나 가져가는 사람이 없다는 것입니다. 안전감을 준다는 거지요. 다른 나라에서는 상상도 못 합니다. 손에 있는 핸폰도 소매치기하는 게 유럽인데요. 단점은, 프라이버시와 개인의 자유가 침해될 가능성이 커진다는 것이지요. 기술이 발전함에 따라 감시 정도와 디테일은 더 심해질 겁니다. 장점과 단점 중 어떤 것이 더 커 보이십니까? 어떤 사회에 살던 최소한 똥인지 된장인지는 알고 살아야 하지 않겠습니까?

한국과 일본은 그냥 다른 게 아니라 전적으로 다릅니다. 어느 TV 강의 프로그램에서 한마디로 잘 표현하더군요. '한국은 튀어야 살고 일본은 튀면 죽는다.'

한국이든 일본이든 각자의 입장에서 피곤하겠습니다. 일본인은 꽉 막힌 규율과 규범, 단체문화를 준수하느라 그리고 본인의 끼를 숨기느라 답답해서 죽을 것 같겠고, 한국인은 가뜩이나 경쟁도 심하고 스트레스도 많은데 또 무엇을 남보다 잘해야 하나 고민하려니 머리털이 다 빠질 것 같겠고. 둘 중에 뭐가 낫냐고 혹자가 묻는다면, 글쎄요 저는 그래도 숨막히는 안락함보다는 자유로운 괴로움을 선택하겠습니다.

만약 국가 MBTI가 있다면 한국과 일본은 아마 정반대로 나올 겁니다. 가령 한국이 ENFP라면 일본은 ISTJ입니다. 이렇게 다른 두 나라인데 서로의 생각과 커뮤니케이션 방식을 제대로 이해할 수 있을까요? 어렵죠. 일부 지한파(일본에서)와 지일파(한국에서)를 제외하고는 매번 서로가 "저 시키들은 대체 왜 저래"라는 생각이 들 겁니다. 상대가 무슨 생각을 하고 무슨 얘기를 하고 싶은지, 그 강도는 어느 정도인지를 해독하려면 상대방의 이면을 잘 알아야 합니다. 이면이라는 의미에 대표적으로 '문화'가 포함되는 것이고요.

우리나라 국민은 일본과 일본인에 대한 최소한의 지식도 없습니다. 더 큰 문제는, 이 최소한의 지식에 관심을 갖거나 공부할 생각이 전혀 없다는 겁니다. 막연히 우리 스스로 잘 알고 있다고 착각할 뿐이지요. 우리나라 사람이 가장 많이 가고 좋아하는 해외 여행지가 어디인가요? 일본입니다. 우리나라와 경제 교역이 가장 많은 나라 중 하나가 어디인가요? 일본입니다. 중국, 러시아, 북한 벨트에 대항해서 미국과 연합할 우방은 어디인가요? 일본입니다. 굳이 이런 얘기를 뜬금없이 하는 이유가 바로 여기에 있습니다. 우리는 일본을 몰라도 너무 모르는 것 같습니다. 게다가 일부 젊은 사람에게 일본은 전교조의 세뇌 교육 탓인지 무조건 전범국 나쁜 놈입니다. 현재까지도.

그럼 질문이 나올 겁니다. 일본을 어떻게 알 수 있나요? 서점에 가보시면 관련 서적이 차고도 넘칩니다. 제가 굳이 한 권 추천한다면 이원복 교수의 〈먼나라 이웃나라〉 일본 편을 권합니다. 쉽고 재밌습니다.

가성비. 한국에서 참 많이 쓰이는 잣대입니다. 어디에나 가성비를 들이댑니다. 이젠 사람에게까지 들이댈 기세입니다. 가성비라는 단어는 최저가Low-end 또는 가격경쟁력으로 승부하는 무언가에 들이대는 잣대이지, 가치와 무형의 것으로 승부하는 대상을 평가하는 기준으로는 적합하지 않습니다.

가치에 대한 가치를 인정하는 어느 나라의 소비자들은 안경을 평가할 때 맨 먼저 모양새와 전체적인 밸런스, 감각에 와 닿는 아름다움을 봅니다. 반면 한국에서는 아름다움과 같이 표현하기 힘든, 그러나 분명히 느껴지는 무형의 가치를 평가하는 의견을 거의 본 적이 없습니다. 그저 마감이 어쩌고, 힌지의 내구성이 어쩌고, 이가 잘 맞고, 재질이 어쩌고, 코받침이 높고 낮고를 말할 뿐이죠.

숲을 넘어 숲과 어우러진 하늘과 땅을 함께 보는 것까지는 기대하지 않습니다. 그러나 적어도 숲을 본 후에 나무를 보는 건 당연하리라 기대했는데, 이마저도 시기상조인 듯싶습니다. 처

음부터 끝까지 죽어라 나무만 보고 장작을 팹니다. 안경의 가치는 안경 자체의 아름다움과 밸런스가 핵심이지, 5중 경칩이냐 7중 경칩이냐(둘 사이 원가 차이도 없고 기술 차이도 없어요. 그저 템플이 넓으면 15중 경칩도 달 수 있어요)는 따질 계제가 아닙니다. 안경 평론가든, 안경 덕후든, 평범한 일반 고객이든 이제는 예술작품을 평가하듯 그것의 아름다움에 대해 우선적으로 평가하는 모습을 보고 싶습니다. 웃긴 건, 안경을 잘 모르는 고객이 오히려 아름다움의 가치에 대한 표현을 더 많이, 더 정확히 한다는 사실입니다. 그리고 가식 없어 핵심을 찌릅니다.

무형의 가치에 대한 또 다른 예로, 남성 정장 브랜드 '체사레 아톨리니'가 있습니다. 우리나라의 옷 전문가, 패션 전문가 분들께 아톨리니가 왜 좋냐고 물어보면 제대로 답하는 분을 거의 본 적이 없습니다. 대다수는 '입어 보면 뭔가 다르다'라고 대답할 뿐입니다. 한마디로, 그냥 좋다 입니다. 그런데 그게 사실 답입니다. 그냥 아름다운 겁니다. 거기다 대고 손바느질이 비뚤다느니 팔자뜨기가 엉성하다느니 그런 얘기를 하는 분은 같이 얘기할 수준의 대상이 아닙니다.

어떤 것의 본질, 전체를 보는 힘은 저는 '여유'라 봅니다. 돈의 여유가 아니라 마음의 여유. 한 발짝 떨어져 보는 여유가 저를 포함해 다들 부족한 것이 우리의 현실입니다. 여유가 있고 전체를 볼 줄 알아야 비로소 '진실'을 볼 수 있습니다.

삶을 역동적이게 만드는 3요소가 있습니다. 일, 운동, 취미. 적어도 셋 중 둘 이상에 자의든 타의든 열정이 있어야 인생이 제대로 굴러가든 돌아가든 흘러갑니다. 그런데 제 나이쯤 되면 열정이 셋 중 고작 하나 또는 하나조차에도 없는 사람이 점점 늡니다. 이를 두고 혹자는 갱년기라 하고 혹자는 나이듦이라 하고 혹자는 선진국병 내지 부자병, 혹자는 호르몬 감퇴증, 혹자는 무기력증, 혹자는 밑도 끝도 없이 중년의 위기라 말합니다. 뭐라고 부르던 간에 삶에 대한 에너지와 열정을 나이나 호르몬 탓으로 돌리는 건 어쩐지 나약하게 느껴집니다. 허나 저 역시 그런 현상을 겪고 있음을 부인할 수 없습니다.

청소년기에 사춘기가 있듯이 중년기에 중추기가 있나 봅니다. 중추기와 사춘기 사이 다른 점이 있습니다. 사춘기가 시간이 흐르면 자연스럽게 치유되는 현상이라면, 중추기는 시간이 흐른다고 뭔가가 바뀌거나 개선되지 않는다는 사실입니다. 스스로의 노력이 필요하다는 얘기입니다. 내일이라도 헬스장 가서 러닝머신이라도 뛰기 시작하고, 십 년간 먼지 쌓여 있던 테니스 라켓을 닦고 레슨도 끊고 새로운 일도 만드는 등 사지를 움직여야 치유가 되는 병인 듯싶습니다.

프랑스 파리의 먹자골목 식당은 저마다 테라스를 갖고 있어 골목만 지나가도 기분이 좋아집니다. 제 생각에 파리의 가장 큰 매력은 테라스 문화입니다. 여러 나라에 가봤지만 파리만큼 테라스가 많고 사람들로 북적이는 곳은 별로 없었습니다.

파리에 테라스 문화가 자리 잡은 건 날씨의 영향이 큽니다. 한국은 테라스를 즐길만 한 계절이 길지 않습니다. 여름은 하와이보다 덥고 겨울은 시베리아 뺨칩니다. 요즘 와서 보면 뚜렷한 사철을 가진 게 과연 교과서에서 말하듯 자랑할 일인지 의문스럽습니다. 무엇보다도 급격한 날씨 변화와 극단적인 기후가 건강에 좋을 리 없고 특히 노약자에게는 더더욱 그렇습니다. 야외에서 햇빛을 쬐며 즐길 수 있는 계절도 봄, 가을 잠시뿐이죠. 반면 프랑스는 일 년 내내 덥지도 춥지도 않은 날씨가 이어집니다.

우리는 어릴 적부터 한국은 아름답고 다채로운 사시사철을 가진 살기 좋은 땅이라는 세뇌된 관념을 갖고 있는지도 모르겠습니다. 사실은 그다지 살기 좋은 날씨도, 바람직한 사시사철도 아닐 수 있는데요.

우리나라처럼 메달에 집착하고, 1980년대 공산주의 국가처럼 메달 색깔로 연공서열 따져서 차별하고, 고작 해봐야 20~30대인 선수에게 성인군자의 도덕성을 요구하면서 메달을 바라는 국가도 흔치 않을 겁니다.

저는 어느 때부터 올림픽도 안 보기 시작했습니다. 냉철하지 못하고 지식 전달도 서툴면서, 얄팍한 감성을 자극해 인기를 얻기 위함인지 계속 소리 지르고 울먹이면서 억지 감정을 강요하는 중계를 제가 왜 시청해야 하나요. 바로 채널을 돌립니다. 막 성인딱지 뗀 꼬맹이 선수에게 어느 사회 조직에서나 있을 법한 실수 한 번 했다고 전 국민이 무자비하게 돌을 던져대니 더는 못 보겠습니다. "너 새끼가 진정 돌 던질 자격이 있으면 마음껏 던지십시오."

스포츠는, 스포츠로서 위대한 겁니다. 경기 안에서 룰을 지키고 매너를 갖추며 최선을 다해 승리를 얻고자 싸우기 때문에 위대한 겁니다. 경기 밖에서 누구를 왕따시키고 누구에게 발길질을 하는지 저는 관심 없습니다. 그건 어차피 어디에서나 벌어지는 우리 모두의 사는 얘기일 뿐이니까요.

우리 사회도 이제 노빌리티Nobility를 배워야 할 때가 왔습니다.

불필요하게 감정적이고 불필요하게 남에게 돌팔매질하면서 진정한 가치를 외면하는 행태는 비겁하고 무책임하고 무식하고 천박한 것입니다.

071 어버이날 아빠랑 돼지갈비 + 한잔

072

주4일제

주4일 근무라, 근로자 입장에서는 와이낫이죠. 사측 입장에서는 아무래도 불안하죠. 하루의 근무 로스는 당장의 손실로 이어질 수 있다고 보는 거죠.

제가 볼 땐 업종, 업태, 업황, 업무 등에 따라 적합한 근무제는 천차만별입니다. 주6일 근무제이어야 하는 직무도 있겠고, 주4일 근무제로도 충분히 생산성을 보전하며 행복 수치를 높일 직무도 있겠습니다. 그러하니 이 사안도 무조건적 잣대를 들이대며 니가 맞니 내가 맞니 싸우는 코리안 스타일은 옳지 않습니다. 자유민주주의 시장 원리에 따라 개별적으로 조정할 사안일 뿐입니다.

다만 지향점은 저도 주4일제에 동의합니다. 제가 20여 년 전 MBA 유학 중이었을 때 수업이 월요일에서 목요일까지였습니다. 금토일은 스스로 시간을 보내야 했습니다. 그러면서 숙제는 산더미 같이 줬었죠. 그래도 3일을 주니까 공부도 하면서 자기시간도 갖고, 때로는 여행도 할 수 있었습니다. 물론 대부분은 도서관에서 보냈지만요. 그때 기억을 떠올리면 주4일 근무에 대한 제 선입견도 나쁘지 않습니다. 삶에는 일 외에 너무도 많은 것이 있습니다.

제가 경영하는 회사도 안정적인 시기에 접어들면 주4일 근무를 고려해볼 생각입니다. 다만 주4일 근무를 일을 덜하고 더 논다는 의미로 착각한다면, 예전 같이 주6일제로 가는 게 맞겠습니다.

불경기는 심화되고, 달러 값은 치솟고, 각종 세금고지서는 계속 날라 오고, 대출이자는 달마다 점프를 합니다. 반면 돈은 들어오기는커녕 나가기만 하죠. 저도 겪고 여러분도 겪는 얘기입니다. 게다가 저는 아들내미 유학도 시키는데 말이죠.

다들 죽겠다 죽겠다 하는데도 신기한 건, 명품 매장에는 대기표도 못 받을 만큼 사람이 몰리고, 맛있다는 음식점은 아무리 비싸도 연말까지 예약이 꽉 차버리고, 공항엔 해외 여행가는 인파로 인산인해입니다. 원인이 뭘까요? 첫째, 경기에 그다지

073

납득이

영향 안 받고 잘사는 사람이 꽤 많다. 둘째, 살기 힘들어도 할 거는 하고 즐길 거는 누리고 사는 사람이 많다. 둘 중 하나던지 둘 다겠죠.

이제는 소비 패턴 자체가 변했습니다. 예전엔 불경기면 지갑 닫고 호경기면 지갑 여는 단순한 패턴이었다면, 지금은 불경기건 호경기건 상관없이 소비자는 어떤 대상에 대해 '납득'이 가면 비싸더라도 지갑을 엽니다.

납득이란 단어가 키워드입니다. 어떤 물건 혹은 서비스에 대한 인정, 그에 상응하는 대우appreciations 정도로 해석할 수 있는 단어입니다. 납득이 긍정적으로 이루어지면 경기에 상관없이 지갑을 열고 줄도 선다는 얘기죠. 다만 그 납득이라는 인지적 프로세스는 무차별한 상품과 서비스에는 쉽게 적용되지 않는다는 사실이 중요합니다. 그저 그런 상품과 서비스에 대해서는 필수적 '선택'이 있을 뿐이죠. 그렇다면 무엇이 소비자를 성공적으로 납득시킬까요? 결론적으로, 고가 명품이나 하이엔드 제품, 최고가 서비스밖에는 없습니다. 그래서 이렇게 불경기는 지속되고 시장은 빈익빈부익부 현상으로 치닫고 있는지도 모릅니다.

양극단화의 피해자가 되지 않으려면, 선택을 받든지 납득을 시키든지 해야 합니다. 기왕이면 고부가 가치로 납득을 시키는 것이 더 멋지겠지요.

다녀오면 아쉬운 게 여행입니다. 여행지에 있을 때는 잘 모릅니다. 시간도 빨리 가고, 좋기도 하고, 싫은 것도 있지만 행복한 듯싶기도 하다가 어쩐지 쫓기는 것 같기도 하고, 즐기면서도 막연한 불안감을 느끼는 게 여행 당시의 심정입니다. 훗날 이 모든 것이 추억이 되고 그리움이 된다고들 하지만 실상 시간이 흐르면 대부분 희미해지고 맙니다. 더 시간이 흐르면 무슨 여행이었는지조차 잊습니다. 우리가 기억하는 건 여행 자체가 아닙니다. 여행 속에 있었던 순간적인 번쩍임flash 입니다. 인상적인 번쩍임이 많을수록 그 여행은 값진 것입니다.

자기가 갖고 있는 지식 중에 직접 경험 내지 직접 파악해서 얻은 것은 얼마나 될까요? 10대, 20대는 20퍼센트 미만일 겁니다. 80퍼센트 이상은 책이나 인터넷, 귀동냥 등 외부 소스로부터 얻은 것이지요. 공부만 죽어라 했으니 무언가를 실제 경험해 볼 기회가 얼마나 있었겠습니까. 반면 60대, 70대에 접어든 사람이라면 50퍼센트 이상은 직접 경험 내지 체득한 것일 겁니다. 몇 십 년을 헛살지 않았다면 이것저것 해보고 당해보고 접해보고 스쳐보고 했겠죠. 저는 직접 경험을 많이 해본 사람의 생각과 의견이 훨씬 더 (평균적으로) 지혜롭고 타당하다고 믿습니다. 간접 경험 열 번이 직접 경험 한 번을 당해낼 수 없다고 생각하기 때문입니다. 간접 경험이란 제3자에 의해 이리저리 휘둘리기 딱 좋은 물건과도 같습니다. 허나 직접 경험은 제3자가 간섭할 수 없는 자기만의 고유한 것입니다. 그런 면에서 저는 노인의 생각이 젊은이의 생각보다 한참 앞서 있다고 생각합니다.

노인은 꼰대적이고 수구적이고 보수적이고 뭐 그렇지 않나요? 이런 질문이 나올 수 있겠죠. 그건 선입견이고 하나의 프레임일 뿐입니다. 그들은 수구적이고 보수적이고 꼰대적이지 않습니다. 그저 사안에 있어 좀 더 사려 깊고 현명하고 지혜로울 뿐이죠. 시간이 갈수록 원로, 멘토, 시니어에 대한 리스펙트와 입지가 흐릿해지고 경험 일천한 아이를 낙하산 태우는 것을 두고 개혁이니 혁신이니 하는 행태가 이곳저곳에서 무슨 유행처럼 번지고 있습니다. 망가진 Let it flow, Let it be라는 두 사조가 다시 자리잡기를 바랍니다.

어려 보인다. 얼굴 작아 보인다. 다리 길어 보인다. 날씬해 보인다. 네 개 문구에 이렇게 예민한 나라는 우리 대한민국이 세계 최고가 아닐까 합니다. 제가 가 본 대부분의 나라는 그런 개념조차 인식 못 하고 살더군요. 비단 다리 길고 소두인 서양 국가뿐이 아닙니다.

한 해 외모지상주의에 따른 성형 수술과 다이어트 산업, 치아 라미네이트에 쏟는 비용은 과연 얼마일까요? 소득 대비 가장 높은 수준의 지출을 기록할지도 모르죠. 다리 길이는 수술로도 어쩔 수 없으니 깔창 시장 규모도 전 세계 톱 수준이 아닐까요? 왜 우리나라만 유독 그럴까요? 외모의 값어치가 다른 곳보다 높게 인정받기 때문이고, 그렇기에 그만한 대가를 지불할 뿐이라고 할 수 있습니다. 그렇다면 외모의 값어치는 무엇일까요? 사는 데 대접이 크게 달라지는 것인가요? 아니면 사는 데 차별을 덜 받는다는 것인가요? 돈 벌거나 승진하거나 취직하는 데 강력한 경쟁무기가 된다는 것인가요? 좋은 배우자를 만나는 데 유리한 조건이 된다는 것인가요? 아니면 이 모두가 다 맞나요?

사실 어느 나라나 전부 다 맞을 겁니다. 다만 두 가지 차이가 있습니다. 하나는 정도의 차이. 즉 우월한 외모가 영향을 끼치는 정도에 차이가 있습니다. 다른 하나는, 가장 중요한 차이일 수 있는데, 외면의 아름다움과 내면의 아름다움에 가중치를 어떻게 부여하고 배분합하여 외모의 값어치를 매기느냐에 차이가 있을 수 있습니다. 외모라는 것이 단순히 외적으로 드러나는 생김새만으로 완성되는 것이라고 생각하면 오산입니다. 내적인 곳에서 흘러나오는 개성, 아우라, 표정, 말투, 분위기, 지적 수준, 매너, 사람됨 등이 외모 값어치에 큰 비중을 차지합니다. 이런 관점에 기초해 제가 만든 초등 방정식은 다음과 같습니다.

> 외모의 값어치=외면의 아름다움 지수(=외면 가중치)×기초 외면 값어치+내면의 아름다움 지수(=(1-외면 가중치))×기초 내면 값어치

여기서 외면 부분의 비중과 내면 부분의 비중, 둘의 상대적인 비중이 각 나라마다 다릅니다. 다리 길이, 얼굴 크기, 나이보다 어려 보임 등을 신경 쓰고 중요시할수록 외면 부분의 비중이 높아지겠죠. 그리고 단순하지만, 후자 쪽 비중이 클수록 레벨 높은 국민과 나라라는 결론도 상식적인 관념에 위배되지는 않을 것 같습니다.

국가건, 사회건, 조직이건, 모임이건, 친구건, 가족이건 궁극적으로 자기 자신까지 내려와 이 모든 것의 구성요소가 '인간'임을 명확히 해야 할 시점이라고 생각합니다. 어떤 물질의 구성요소가 분자, 원자임을 확인하듯이 말이죠. 인문학의 중요성이 재발견되는 요즘 단순히 논어, 맹자 읽고 사자성어 많이 알아

서 유식해지자는 차원이 아닙니다. 인문학이란 궁극적으론 인간을 잘 이해하자는 의미를 담고 있습니다.

인간이란 존재는 불완전할 뿐만 아니라 흠집과 실수투성이에 이기심으로 가득 차 있고 예측 불가의 돌발변수로 가득한 분자 덩어리입니다. 허나 모든 분자 하나하나가 일반 물질과는 다르게 고유하고 독립적인 자유의지를 가지고 있는, 거대하고 이상하기 그지없는 존재입니다. 그런 인간을 이해 없이, 불완전함에 대한 겸허함 없이, 흠집에 대한 자비 없이, 이기심에 대한 고려 없이, 지능과 자율의지에 대한 예측 없이 획일적인 힘에 의해 굴리려 하는 것은 '교만'입니다.

인간을 이해하고 인간을 우선시하면, 순리에 가장 근접할 수 있습니다. 순리에 따르면 모든 것이 상식이 됩니다. 인문학을 왜 가까이 해야 하는가에 대한 질문에 한 가지 답은 되지 않을까 합니다.

저는 아직도 '창의력', '창의성'의 정확한 정의를 모르겠습니다. 정확히 이들 단어의 뜻이 무엇인지 한마디로 정의를 내릴 수 있는, 관념적으로라도 명확히 알고 있는 사람을 100명 중 1명도 못 본 것 같습니다.

제 경험을 토대로 말씀드리면, 창의성에 대해 한 문장으로 요약할 수 있습니다. ① 청개구리의 눈으로(100명 중 99명이 보는 방식이 아닌 다른 방식으로) 보고 ② 맨땅에 헤딩이 아닌 세상 및 주변에 있는 재료를 ①번의 시각으로 조립하되 ③ 단순 주접이

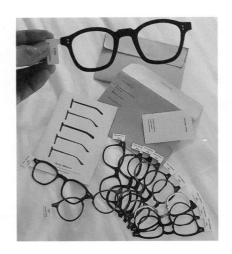

거나 다른 사람에게 민폐 끼치는 결과를 내는 것이 아닌 기존의 것을 효과적·효율적으로 만들거나 아예 새로운 것을 만드는 것.

이제 모범생식, 군대식, 공무원식 사고방식에 젖은 영혼은 설 자리가 없습니다. 틀에서 벗어난 자유로운 영혼이 박수 받는 시대가 되었습니다. 마음과 영혼 영역에서는 누구보다도 자유롭게 유영하시길 바랍니다.

인풋이 있어야 아웃풋이 나오지요. 인풋의 주동력인 기업 활동 및 자유경제 활동의 흐름과 사기는 다 막아놓고 안에 고여 있는 돈만 요리조리 옮겨보려 한다면, 그게 그렇게 옮겨지기라도 하면 다행인데, 늘 그렇듯 억지 정책에는 반드시 반작용이 쓰나미로 덮칩니다. 알바 자리 없어지고, 기계화로 대체되고, 자영업 사장들의 노동은 심화되고, 거래는 끊기고, 폐업 속출, 자산 가치 하락, 소비 위축, 부동산 거래 절벽이 이어집니다. 악순환의 고리를 타고 피해는 예외 없이 없는 자에게 돌아갑니다. 하버드대 박사 출신 책상머리보다 은행에서 30년 근무한 부지점장이 한국 경제를 더 잘 알고 어떻게 대처해야 하는지 더 잘 압니다. 은행 부지점장 왈 "그딴 포퓰리즘 정책으로는 안 된다. 사회 전반의 자산 가치가 상승해야 소비와 일자리가 늘고 부도 커진다. 내가 30년간 두 눈으로 본 것이다."

그러면 자산 가치가 상승하려면 뭐가 필요한가요? 인풋이 있어야지요 당연히. 부가가치입니다. 해외에서 들어오건 국내에서 창출되건 부가가치를 만들어야 합니다. 1+1=2가 되는 것이지, 1+0=2가 될 수 없는 것입니다. 부가가치는 누가 만드나요? 잘난 정부도 아니고, 안타깝지만 소시민들도 아니고, 정부어용 시민단체나 노조들은 더더욱 아닙니다. 그 주체는 그리 못 잡아먹어 안달인, 그렇게 욕보이고 불명예를 뒤집어씌우는, 지독한 세무조사에 권력의 갖은 횡포의 주 대상이 되는 바로 '기업'입니다. 그럴 일은 없지만 제가 만약 권력자가 된다면 내각 구성 시 1순위로 기피할 인물은 학자와 대학교수일 겁니다. 자기 돈으로 사업도 한 번 안 해본, 자기 돈으로 누구 월급도 한 번 줘본 적이 없는, 선생질·갑질하는 입장에만 있어 봤지 을병정으로 한 번도 실물 '사회생활'을 해보지 못한 사람에게 나라의 중대사를 맡기는 것은 도박입니다. 세상은 이상이 아닙니다. 저는 이상론자라고 얘기하는 사람은 믿고 거릅니다. 크게 사고칠 사람이니까요.

이상이란 현실 세계에서는 잡힐 수 없는 허구의 개념이란 걸 분명히 인지해야 합니다. 이상론자에는 두 종류가 있습니다. 한 종류는 세상물정 모르는 덜 떨어진 돈키호테. 다른 하나는 듣기 좋은 소리하며 순진한 사람들 속여 먹는 사기꾼.

지금 나라에 중요한 건, ① 어떻게 하면 부가가치를 글로벌 차원에서, 미래 차원에서 경쟁력을 갖추면서 더 많이 만들어낼까 ② 청년실업과 중장년 빈곤 문제를 어떻게 해결할까(①번과 연계해 해결해야 하고, 특히 중장년 빈곤 문제에는 엄청나게 긁어모은 초과 세수를 투입해 새로운 프로그램을 개발하기를 바람) ③ 미세먼지 줄이고 환경문제 개선할 방법은 무엇인가(자식 세대가 가엽지도 않나)에 대한 답을 찾는 것입니다.

이런 것이 중요한 과업인데도 여전히 쌍팔년도 시절의 이념과 북한 얘기만 잡고 있는 것을 보면, 진정한 레트로인가 싶기도 하고 반反진보의 정수를 제대로 보여준다는 생각밖에 들지 않습니다. 사고방식이 아직도 1980년대 학생운동 시절에서 벗어나지 못하고 정체되어 있습니다. 진보가 아닙니다. Progressive한 면이 없는 정도가 아니라 골수 Retrospective의 끝을 보여줍니다. 당파, 이념 그런 것이 중요한 것이 아닙니다. 미래지향적이고 옳은 목표에 나라 전체가 하나되는 것이 꼭 필요한 시점으로 보입니다.

대학까지는 인생에서 첫 번째 준비에 불과합니다. 이제는 40대 중후반에 턴어라운드 하기 위한 두 번째 준비가 당연하고 필수입니다. 참 살기 힘들어졌죠. 40대 중후반에 전환 내지 새로운 시작을 성공하지 못하면 남은 40~50년은 비참해진다는 얘기입니다. 두 번째 준비는 개인 사업이든, 벤처든, 직업 변경이든, 전문직 도전이든 30대부터 목표를 정해 실행해야 합니다. 마치 10대 때 목표 대학 정하고 준비하듯이 말이죠.

10대 때는 부모가 주는 모이 먹고 공부나 하는 게 준비였다면, 두 번째 준비는 지식적·자금적·인맥적으로 다차원적인 계획이 필요합니다. 그러나 사실 그것보다 힘든 게 명확한 목표를 찾는 일입니다.

또 예상을 빗나가는군요. 안경을 고른다면 당연히 블랙을 가장 많이 찾으리라 짐작했는데, 웬걸요, 브라운과 핑크가 압도적으로 인기가 많습니다. 에코 토트백도 기본 캔버스색이 인기일 거라 예상했는데, 까보니 네이비가 더 금방 나갑니다. 기본에 대한 판단 즉, 소비자가 뭘 좋아할지에 대한 판단에서 계속 틀립니다. 자뻑 모드 따위 쓰레기통에 쑤셔 넣었고 다시 겸손 모드로 스위치 바꿉니다. 다른 것에 대해서는 혁신이니 창의니 떠들면서 막상 수요 예측이나 고객 니즈에 대해서는 혁신·창의 마인드 없이 과거 사례와 히스토리 데이터, 상식적인 감만 따라간, 아주 타성적이고 무엇보다도 용기 없는 판단이었습니다. 반성합니다.

제가 깨달은 또 하나의 교훈은, 요즘 데이터 시대라고 하는데 그 데이터라는 것의 실체가 그저 과거 얘기들의 분석이라는 겁니다. 데이터라는 건 지금 이 시간에도 과거형으로 변하는 물건입

니다. 그럼 어떻게 의사결정하나요? 제 생각을 정리하면 이렇습니다.

① 현실을 보면 과거와의 비대칭성이 더 커지고 있다. 즉 과거 패턴이 미래 패턴으로 이어지지 않는 현상이 빈번해진다. 점점 예측가능성이 낮아지고 공이 어디로 튈지 모른다.

② 따라서 과거 데이터는 단지 참고용이다.

③ 소비자, 더 나아가 시장이 나와 내 브랜드에게 원하는 게 무엇인지를 깊이 생각해라. 그리고 마음으로 읽어라.

기승전마음의소리입니다. 이 메커니즘을 안다면 노벨경제학상 받을 겁니다. 저로서는 그저 기 벌어졌던 현상들에 기대지 않고 제로베이스에서 더 고민할 뿐입니다. 그리고 요즘 세상은 예측 못하는 돌발변수 투성이라는 것도 인정하고요. 그나마 시간이 지나면서 제가 들은 마음의 소리가 하나 있습니다. 소비자들이 저와 제 브랜드에 요구하는 것은, '뭔가 다른 것', '뭔가 없었던 것'이라는 겁니다. 소비자는 그렇고 그런 일반형을 저에게 원하는 게 아니었습니다.

082 미국 근대사(어찌 보면 세계 근대사)를 그리 압축해서 잘 표현했던 영화로 〈포레스트 검프〉만한 건 없다고 단언합니다. 불현듯 검프가 베트남전에 파병되었을 때 흐르던 지미 핸드릭스의 음악이 그 시대의 희망과 아픔을 너무나도 적절히 표현했다는 생각이 드네요. 로버트 저메키스 감독은 저에게 최고의 감독입니다. 〈백 투 더 퓨처〉, 〈콘택트〉, 〈베오울프〉 그리고 〈포레스트 검

프〉. 저도 감동적으로 보았던 〈국제시장〉은 아마도 한국판 포
레스트 검프겠지요.

영화 〈보헤미안 랩소디〉 관람기. 한마디로 좌뇌와 우뇌가 동시
에 돌아갔습니다.

① 좌뇌: 왜 우리는 많은 것을 가진 사람을 걱정하고 가여워하
고 감정이입 하나요. 왜 다 가진 사람의 2퍼센트 결핍에 눈물
흘리고 외로운 사람이라고 가슴 아파 하나요. 기실 돈과 명예
가 있으면 인생의 90퍼센트는 해결되는 세상 아닌가요. 그러
나 누군가의 마음, 외로움, 결핍을 다른 사람의 것과 비교하는
일 자체가 웃긴 거죠. 있는 그대로 이해하면 되는 겁니다. 쟤는
돈도 많은데 왜 저러고, 누구는 다 가졌는데 왜 저러냐 하는 식
의 사고는 유치한 거지요. 그런 관점에서 저는 그냥 한 사람의
고통도 봤고 위대함도 봤습니다. 그걸로 좌뇌에 설명이 채워졌
습니다.

② 우뇌: 처음부터 기대 이상이었습니다. 1970~1980년대 모
습들, 제 어릴 적 아날로그적이고 빈티지스러움, 프레디의 난
닝구와 아디다스 그리고 주옥
같은 노래들. 그런데 퀸도 모
르고 라이브 에이드(Live Aid:
1985년 7월 13일에 열린 대규모 록
페스티벌로, 에티오피아 난민을 돕
기 위해 기획됨)가 뭔지도 모르

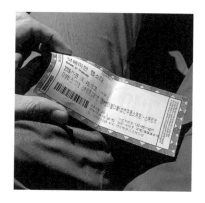

103

는 사람이 눈물을 흘릴 정도의 구성은 아닌 듯한데… 그리 생각하는 것도 웃긴 거죠. 다른 사람의 감성에 대해 제가 무슨 말과 평가를 하겠습니까. 저도 엔딩에 와서는 그냥 눈물이 나더군요. 논리적으로 설명할 길이 없고 설명할 필요도 없겠습니다.

한때 롱패딩이 유행했습니다. 외국인들이 보면 이 나라는 동계올림픽을 맞아 전 국민이 일심동체로 자원봉사하는 줄 알겠다고 착각할 정도였습니다. 어떤 유행이 불면 너나 없이 똑같이 하고 다니는 모습을 보고 좋다 나쁘다 할 건 없다고 생각합니다. 아직 소비와 패션에서 자기관과 시장성숙도가 완성되지 않아 생긴 과도기적 현상일 뿐이니까요. 물론 이런 현상에는 문화적인 요인도 있지요.

유행 말고 '역유행'이란 패턴도 재미있습니다. 가령, 루이비통 가방이 유행을 타고 전 국민이 들기 시작하자 트렌드세터와 패션리더들은 오히려 안 들기 시작했지요. 희소성이 없다는 건 더는 그 물건에 큰돈 들일 이유가 없다는 거니까요. 제 주위에도 이젠 루이비통 백을 든 사람 찾아보기가 어렵습니다. 이름도 성도 모르는 이상한 백들 들고 다니지요. 딱 이럴 때, 루이비통을 다시 드는 겁니다. 광풍이 불었고 누구나 들지만 이탈자도 생겼고 그렇게 몇 년 지났으니, 이젠 트렌드세터가 다시 들어도 그리 이상하지 않을 듯하고 오히려 또 새로운 느낌이지 않을까요.

그것을 저는 굳이 역유행이란 단어로 이름 붙였는데, 이 단어가 몇 번 회자될 때쯤 시장은 성숙해갈 겁니다. 유행 따라가는 층 한 30퍼센트, 유행이고 나발이고 그냥 내 스타일대로 가는 층 한 30퍼센트, 적당히 눈치 보면서 부분적으로 유행도 따르지만 그래도 자기 스타일이 있는 층 한 30퍼센트, 그냥 엄마와 애인이 사주는 거 뒤집어쓰는 층 한 10퍼센트로 나눠질 테죠. 10년쯤 지나면 우리나라 시장도 그리 되리라 기대합니다. 그래야 장인정신과 덕후정신을 가진 사업자도 밥 먹고살게 되지요. 남의 것 발 빠르게 카피해 파는 사업자만 돈 버는 게 아니고.

사진을 보다 보면 문득 아, 내 옆모습이 저리 생겼구나 싶습니다. 대부분 자신을 잘 안다고 생각하는데, 잘 알고 싶은 부분만 잘 아는 거죠. 자기 실제 목소리도 모르고, 자기 옆모습도 모르고, 엉덩이 처진 자기 뒤태도 모르고, 거짓말할 때 표정 변화도 모르고, 나쁜 짓 할 때 콧구멍 커지는 것도 모르고, 술 마시면 목소리 커지는 것도 모릅니다.

착한 척 해봐야 못된 거 남들은 다 알고, 자상한 척 해봐야 괴팍한 거 다 알고, 너그러운 척 해봐야 속 좁은 거 다 알고, 잘나가는 척 해봐야 허세인 거 다 알고, 고상한 척 해봐야 돈과 권력과 욕망 앞에 약한 거 남들은 다 압니다.

다행인 건, 나이들면서 '정상'적인 사람은 조금씩이나마 자신을 알아간다는 겁니다. 물론 그것도 대부분 스스로 자각하기보다는 여러 차례 인생의 쓴맛을 봐서 또는 주위 사람들이 이러저러한 이유로 얘기해줘서 알게 되는 것이지요.

그런데 자신을 알아가는 과정은 고행입니다. 알면 알수록 실망스럽기 때문이죠. 내가 보고 싶은, 내가 잘 아는 내 모습이 아닌 내가 보고 싶지 않은, 내가 잘 모르는 내 모습을 알게 되는 과정이니까요. 나이들수록 점점 더 소심해지고 상처도 잘 받게 되는 이유가 그래서인 것 같습니다. 소크라테스 말대로 너 자신을 너무 잘 알다가는 우울증에 걸릴지도 모릅니다.

미련 없음

TV 다큐멘터리 중 우주와 과학 소재는 더는 볼 게 없고, 동물이나 인간을 다룬 내용을 많이 봅니다. 책도 마찬가지고요. 이렇게 보고 읽다 보니 문명 발달로 인간에게 생겨난 매우 부자연스러운 두 가지 주요 현상이 정리되더군요.

첫 번째, 식습관. 다 아는 얘기지만 ① 인간이 인간 이전부터 즉, 6천만 년 전 공룡 시대의 쥐 같은 포유류에서 지금의 인간으로 진화해 온 여정 동안 ② 배불리 먹고, 먹고 싶을 때 먹게된 시대는 백 년도 안 됨. ③ 인간을 포함한 대다수 동물의 몸은 극한의 식량 부족을 겪어온 결과 남는 칼로리는 최대한 지방으로 저장해 굶을 때 사용하게 만들어졌음. ④ 문제는, 식량이 남아도는 상황은 59,999,900년 동안 경험해본 적이 없어 어찌 대처해야 하는지 방어기제가 전혀 없다는 것임. 그 결과가 당뇨, 고혈압, 고지혈증, 뇌경색, 통풍 등등임. ⑤ 다시 말해, 무방비 상태로 당하는 것임. ⑥ 아침, 점심, 저녁을 규칙적으로 챙겨 먹어야 건강해진다고 하는데, 내가 듣기엔 거짓말 같음. 동물 중에 하루 세 끼 먹는 동물 본 적 있나? 야생에선 이틀에 한 끼 먹으면 다행. ⑦ 요지는, 이렇게 섬세하고 기적 같고 우주와도 같은 위대한 인간의 몸인데, 과잉섭취에 대해선 제대로 대처해 본 적도 없고 어떻게 대처해야 하는지도 전혀 모르고 있음. 덜 먹고 더 움직이는 것밖에 방법이 없다는 얘기.

두 번째, 인간관계. ① 사실 이게 재밌는 주제. ② 진화 과정에서 생존에 위협이 되는 상황을 맞으면 극한 스트레스를 받도록 인간의 몸은 프로그래밍되었음. ③ 배고프면 짜증나고 스트레스 받는 것도 그 일례. ④ 주위에 사람이 없거나 홀로 남게 됐을 때 스트레스 받는 것도 마찬가지. 혼자 남는다는 건 옛날에는 죽음을 의미했음. 혼자 사냥할 수도 없고 맹수와 싸울 수도 없기 때문임. ⑤ 지금의 인간에게도 그 성향이 남아 있어서 주위에 친구 많고 사람이 북적이면 행복을 느끼고, 떠나가거나 왕따라도 당하면 극도의 스트레스를 받는 것임. 생존의 위협에 대한 방어기제가 그런 스트레스였던 것임.

첫 번째 섭생에 대한 얘기는 비자연스러움으로 인한 부작용이 큽니다. 자연스러움이란 매일 사냥 나가서 10킬로미터 걷고 뛰고 들어와 한 끼 먹는 겁니다. 이렇게 살면 굶어죽기는 해도 성인병을 구경하기란 힘들죠. 두 번째 인간관계와 생존을 위한 진화의 관계는 재미있습니다. 문명 발달이 주는 이점이 있습니다. 혼자 남아도 안 죽는다는 것이죠. 혼자서도 나름 재밌게 살 수 있고, 꼭 필요한 한두 명만 있어도 할 거 다하고 살 수 있습니다. 이렇게 보면, 우리는 필요 이상으로 관계 스트레스를 받고 사는지도 모릅니다. 비위 맞추기 까다롭고 뒷담화나 늘어놓는 친구들 안 만나도 사는 데 아무 지장 없고, 보기만 하면 술 사달라고 졸라대는 후배들 모른척해도 별 문제 없고, 잔소리만 하는 선배들 안 만나도 됩니다. 그런 관계들 끊는다고 사는 데 불편 없습니다.

가치 없고 행복에 도움되지 않는 관계에 연연하지 마십시오. 차라리 시간과 돈을 본인에게 투자하는 게 현명한 처사입니다. 열 명과 관계 유지한다고 했을 때 나한테 도움되고 나의 행복에 기여하는 관계는 기껏해야 두세 명입니다.

087
이
건
아
니
잖
아

가만 생각해보니, 저는 그동안 수집을 위한 수집을 했지 음미하며 즐기는 여유로운 수집을 한 게 아니었습니다. 눈에 띄는 대로 사재기만 하면서 양적 확대, 있어 보이는 수집가가 되는 것만 생각했습니다. 그러다 불현듯 '이건 아니지' 싶더군요. 운동화 놓고 제사지낼 것도 아닌데 내가 좋아하는 것만 남기고 나머지는 처분하는 게 맞다 판단했고, 앞으로도 정말 좋아하고 실제로 신을 것만 구입하기로 다짐했습니다.

즐기려고 수집하는 것이지 수집가가 되려고 수집하는 게 아니죠. 일하는 것도 그렇고 노는 것도 그렇습니다. 내가 왜 이

일을 열심히 하는지, 내가 왜 그렇게 망가지면서 노는지를 한 번쯤은 되새겨 봅시다. 일하다 죽으려고 일하는 게 아니잖아요. 인정받고 잘살기 위해서 일하는 것입니다. 노는 것도 재충전하고 행복하기 위해 노는 거지, '소주 각 2병에 직진'하려고 노는 게 아니잖아요.

외국인이 한국에 와서 놀라는 것 하나가 타인의 외모에 대해 거리낌 없이 말하고 심지어 조롱도 서슴치 않는다는 겁니다. 가령, 길거리에 누가 지나가면 한국에선 "저기 뚱뚱한 사람 또는 머리 큰 남자 또는 잘 빠진 여자가 지나가네"라고 아무렇지 않게 얘기합니다. TV 프로에서도 심심찮게 특정인의 외모를 비하합니다. 이는 해외에선 인종차별과 같은 무게로 받아들여질 만한 일입니다. 지극히 무례하고 또한 무식한 짓입니다.

그런데 이를 곰곰이 따져보면, 한국만큼 외모에 대해 민감하고 또한 외모를 숭상하는 나라도 없다는 얘기일 수 있습니다. 인구 대비 성형수술, 뷰티상품 시장 규모만 봐도 알 수 있지요. 그런데 착각하는 게 있습니다. 얼굴 예쁘고 몸매가 늘씬하면 된다는 생각 말입니다. 외모와 스타일은 정작 상관관계가 크지 않습니다. 어릴 때 제가 믿고 있던 한 가지 미신이 있었습니다. 한국 여자가 제일 멋있다는 것. 세계 어딜 가도 이렇게 평균적으로 이쁘고 늘씬한 여성은 찾아보기 어려웠으니 가질 만한 미신이었죠. 진정한 멋과 스타일에 눈 뜨기 시작할 무렵 저는 일본의 청담동이라는 도쿄의 롯폰기 지역에 갔다가 쇼크를 받았

습니다. 카페에 들고나는 수많은 여성의 헤어스타일, 패션, 화
장, 외모가 모두 제각각이라는 사실에 놀란 거죠. 그리고 그들
모두 나름대로의 멋이 있다는 사실에 또 한 번 놀랐고요. 각자
개성이 있었던 겁니다.

한국으로 돌아와 어느 날 청담동에 갔습니다. 열이면 열 비슷
한 모습이더군요. 분위기, 외모, 패션에 이렇다 할 차별점이 없
었습니다. 그 순간 나의 오래된 미신은 종말을 고했습니다. 더
는 한국 여자가 멋있게 느껴지지 않았습니다.

우정은 생물입니다. 변합니다. 죽기도 하고 죽었다 좀비로 나
타나기도 합니다. 이 정도면 다행인데, 이상하게 뒤틀리기도
합니다. 누가 당신을 가장 시기 질투합니까? 누가 당신 뒤에서
가장 많이 욕합니까? 누가 당신을 가장 많이 실망시킵니까? 누
가 당신에게 가장 큰 스트레스를 줍니까? 가족도 아니고 나와
상관없는 남도 아닙니다. 바로 친구입니다. 어찌 보면 당신에
게 가장 사악한 존재입니다. 어쩌면 없는 게 나은 존재일 수 있
습니다. 그러나 아이러니하게도 저는 친구 없이는 못 삽니다.
이 마음은 대체 뭐랍니까?

힘들 때 옆에 있어 주면 가족보다 더 가족 같은 존재가 친구입
니다. 내가 좋은 시절을 지나고 있을 때 옆에 있어 주면 가족보
다 더 가족 같습니다. 내가 무료할 때 옆에 있어 주면 가족보다
더 가족 같습니다. 제게 친구란 가족보다 더 가족 같은 탈을 쓴
악마입니다. 그 악마에게 쉽게 영혼을 바쳐 사랑을 약속하기도

하고, 영원한 우정을 맹세하기도 합니다. 친구란 사랑하고 아끼지 않을 수 없는 악마입니다. 저에게 친구를 사랑하는 건 논리가 아니라 본능입니다.

물가가 올랐음이 몸소 체감됩니다. 안 오른 곳이 거의 없습니다. 잠잠하던 원자재 가격마저도 너도 올리고 쟤도 올리니 나도 올리자 마인드가 돼버렸고요. 돈의 가치가 하락한 만큼 우리의 실질소득은 가만히 있는데도 쭉 떨어졌습니다.

이렇게 된 데는 크게 두 가지 원인이 있습니다. 첫 번째, 전 세계적인 거시경제적 어려움. 즉 전쟁, 환율 등의 요인으로 인한 가격 상승입니다. 두 번째, 돈을 너무 풀었습니다. 지난 몇 년간 정부가 돈을 과도하게 찍어내서 사람들에게 왕창 뿌렸습니다. 그것도 경제 논리보다는 상당 부분 정치 논리에 근거하여. 첫 번째는 어쩔 수 없다 하더라도 두 번째는 그런 정책을 펼 때부터 이런 사태가 언젠가는 오리란 예상을 했어야 합니다.

경제 정책은 정치 논리 내지 얄팍한 민주주의(대중의 인기투표)에 의해 결정되고 집행되어서는 안 됩니다. 중장기적 관점하에 포퓰리즘의 유혹을 배제하고 욕을 먹더라도 목표를 달성해가는 테크노크라트의 신념과 소신이 필요한 영역입니다. 물론 방향성과 방법론은 이상한 이념이 아닌 자유민주주의 시장경제에 기반해야 하겠고요.

물가가 오른 만큼 연봉도 올라야 정상화가 될 터인데, 현실 세계는 그리 잘 안되지요. 실질소득 하락으로 지갑은 닫힐 테고 그렇게 경기침체가 오면 회사는 회사대로 어려움이 증가될 테니 말입니다. 이런 현상을 가리켜 스태그플레이션이라 하죠. 안타깝게도 지금입니다. 하루하루가 위기이자 기회라는 마음을 품고 있으면 쉽게 지지는 않을 겁니다.

밀라노를 여행하면서 인상적인 것은, 한국이란 나라의 국가 브랜딩이 삼사 년 전과 비교하더라도 확연히 달라졌다는 것입니다. 제가 짧은 기간 밀라노에서 경험한 에피소드 네 가지만 말씀 드리겠습니다.

첫 번째, 택시기사가 뒷자석에서 주고받는 한국말을 듣고 바로 한국인인 줄 앎. 한국어인지 어찌 알았노? 두 번째, 생김새를 보고 한국인임을 구별함. 중국인과는 다르다고 함. 세 번째, 가족 중에 한국 문화에 빠진 사람이 있다는 이탈리아인 많이 만남. 네 번째, 이게 압권인데, 단체관광객으로 온 서양 학생들이

기념사진을 찍는 중이었는데, 지나가던 백발의 백인 어르신이 그들에게 '김치'라고 가르쳐줌. 코리안 미소라고.

개인적으로 무슨 K 갖다 붙이는 거 꽤나 싫어하는데(자화자찬 같음), 실제 그런 게 있긴 있나 봅니다. 부분적인 경험일 수 있고 그들 사회의 지배적인 정서가 아닐 수 있습니다. 다만 Nobody에서 갑자기 Somebody가 되지 않았다면 코리아라는 존재가 긍정적인 측면에서 커가고 있는 것은 확실합니다.

세계에서 영향력이 커지는 만큼 우리나라 젊은이들은 미래지향적이고(반대는 과거사 갑론을박), 세계주의적이고(반대는 그놈의 민족이 어쩌고), 자유주의적으로(반대는 사회주의적 통제, 규제) 사고하고 행동하기를 바랍니다. 그런 개개인이 모여 더 강력한 코리아를 만드는 것입니다. 좁디좁은 나라에 좁디좁은 이념에 좁디좁은 민족에 갇혀 에너지 낭비하며 말싸움만 벌이는 편향적 마인드는 이 시대에 어울리지 않습니다.

"오심도 경기의 일부다." "오심이 연속되면 고의다." 제 생각엔 둘 다 맞는 말입니다. 프로 야구·테니스처럼 사람 눈으로 빠른 볼을 판정하다 보면 오심이 생기기 마련입니다. 그걸 일일이 시비 걸고 뒤로 자빠지면 경기가 진행될 수 없고 결국엔 자기 손해일 뿐입니다. 억울하더라도 때론 오심도 경기의 일부라 생각하고 임해야 합니다. 사실 이런 태도는 거의 모든 스포츠에 적용됩니다. 왜냐? 심판이 사람이기 때문이고, 사람은 실수할 수밖에 없기 때문입니다.

프로야구나 프로테니스는 일 년 열두 달 수도 없이 경기가 열리는 종목입니다. 그 중 오심 한두 개가 누구 한 사람의 인생을 좌지우지하지는 않습니다. 말그대로 경기의 일부일 뿐입니다. 물론 올림픽 같은 경기는 얘기가 달라지죠. 오심 하나가 단순 경기의 일부가 아니라 '인생의 일부'로 각인되는 빅 이벤트가 됩니다. 2022년 중국 베이징 겨울올림픽 남자 쇼트트랙 1000미터 결승에서 파울로 실격 당한 헝가리 선수는 오심 하나로 인생이 뒤바뀌었습니다. 국민 영웅+올림픽 금메달리스트+타이틀에 따르는 수입과 부상+자손 대대로 내려가는 명예를 오심 하나로 송두리째 날려버리고 고작 실격 패자로 남았습니다.

올림픽의 가장 큰 정신은 세계 평화와 화합입니다. 그 다음은 스포츠맨십입니다. 공평, 정의, 신사도, 페어플레이를 담고 있지요. 그런데 어느 때부터 제가 가장 싫어하는 두 가지가 올림픽을 지배하기 시작합니다. 이상한 민족주의와 스포츠맨십의 훼손.

제가 말하는 이상한 민족주의란 예를 들면, 도쿄올림픽 때 '범 내려온다'고 어쩌구 한 것, 이순신 장군 플래카드를 내건 일입니다. 올림픽은 전쟁 중인 나라들도 휴전할 만큼 평화를 중요시하는 국제 제전입니다. 화합하며 인류애를 기리는 축제에 전쟁하러 가는 듯한 캐치프레이즈를 내거는 못난 짓은 어떤 사람 머리에서 나온 건지 궁금합니다. 게다가 스포츠는 스포츠일 뿐인데 갓 스물 내외의 어린 선수를 마녀사냥하고 난리치는 것도 이상한 민족주의의 과열 현상 중 하나입니다.

두 번째, 스포츠맨십의 훼손. 이건 제가 굳이 설명을 안 해도 되겠지요. 올림픽 경기 때마다 일어나는 수많은 시시비비들, 개연성 없는 의혹들, IOC와 FIFA의 비리와 부도덕성만 봐도 알 수 있습니다. 스포츠맨십이 가훈인 저로서는 스포츠맨십이 결여된 올림픽을 보는 것이 어느 순간부터 그저 고문이 돼버렸습니다. 상기의 이유들로 저는 올림픽을 안 보기 시작했습니다. 10년이 넘어가네요.

그리고 우리나라가 못살 때는 금메달 획득이 국민에게 큰 힘을 주기도 했지만, 선진국이 된 지금 그놈의 메달 경쟁 순위에서 한두 단계 더 올라가는 게 무슨 큰 의미가 있습니까. 세계 사람들이 대한민국 위대하다고 칭송하지도 않습니다. 극소수 엘리트 체육을 보며 울고 웃는 것도 좋지만 제발 일반 국민들이 찾는 허접한 체육시설 인프라를 보면서도 좀 울었으면 좋겠습니다. 인구 천만 도시에 실내 테니스장이 열 개도 안 되는 나라가 금메달 세계 5위 안에 들면 뭐합니까.

진짜 애국자는 말로 떠들기보다는 늘 행동으로 보여줍니다. 창업, 수출, 고용, 기부, 납세… 그리고 헌신.

몇 차례 인문학 책 추천 요청이 있었는데 이제 답합니다.
저는 초등학생 적부터 신문사설을 읽어 왔고 30대까지
상당 양의 독서를 한 것도 사실입니다만, 마흔 넘고 스
마트폰을 쥐고부터는 책 읽으라고 잔소리하는 입장에
서 들어야 할 입장이 되었습니다. 저도 지식의 평준화
를 위해 달려가고 있나 봅니다.

인문학의 정의를 찾아보니 '자연과학에 반대되는 개념
으로 인간에 대한 학문'이라는 두루뭉술한 설명이 나
옵니다. 인간에 대해 배움이라면 인간 문화, 역사 그
리고 사상만큼 중요한 건 없을 겁니다. 이원복 교수의
《먼나라 이웃나라》시리즈야말로 이 모든 걸 포함하면
서 쉽고 재미있게 전달하는 당대 인문학 걸작 중 하나
라고 확신합니다. 칼 세이건의《코스모스》와 더불어 제

인생책이고 그야말로
수십 번을 봤습니다.

'남들이 인문학 인문학
하는데 나도 뭔가는 해
야 하는 거 아냐' 하는
분들, 잡다한 지식 모아
놓고 장사하는 멍청한
책에 돈 쓰지 마십시오.

곰곰이 생각해 봤습니다. 현시대 다윗은 과연 얼마나 있겠는 가? 그리고 누구인가? 글쎄요. 다윗은 그냥 저인 것 같습니다. 그리고 수많은 다윗이 제 주위에 버티고 서 있습니다. 큰 부상을 당했을지언정.

IMF, 외환위기, 옆 대륙의 쪼잔한 경제 보복, 코로나 등 수많은 골리앗이 쇠몽둥이를 휘두르며 우리의 대구통을 호시탐탐 박살내려 덤벼듭니다. 빗겨 맞기도 하고 정통으로 내려맞기도 했지만 어찌되었건 우리는 버티고 서 있습니다. 내가 다윗이고 우리가 다윗이라 생각합니다. 앞으로 또 얼마나 많은 골리앗이 나타날지 저는 모릅니다. 그러나 무섭지 않습니다. 저는 IMF 한창 이전 오일쇼크 시기부터 살아온 세대입니다. 산전수전 다 겪어봤습니다. 정주영 회장님의 한 말씀을 매우 좋아합니다. "담한 마음을 가져라." 그런 마음 자세로부터 결코 무너지지 않는, 한 대 맞고 넘어지더라도 다시 일어서는 그런 군상이 우리 시대 다윗이 아니겠습니까.

쇼룸을 열고 오프라인으로 직접 고객을 만나 보니, (제 개인적 기준으로) 자기 사이즈에 핏되게 안경을 쓰고 오신 분은 한 분도 없더군요. 1밀리미터라도 큰 안경을 쓰고 오십니다. 그래서 처음 얼굴을 대하면 잘생기고 이쁜 얼굴이 아닌 안경이 먼저 보입니다. 얼굴과 안경이 세트로 녹아든 모습이 아니라 사이 나쁜 관계처럼 따로따로 노는 모습이 많습니다.

옷이나 액세서리는 착용자를 빛내줘야 하는 것이지 착용자를

작곡가 쇼스타코비치

앞서거나 가리거나 심지어 주인공이 되어서는 안 됩니다. 10년 전만 해도 신체사이즈 46/36인 분이 50/40 양복사이즈 입고 잘 맞는다고 생각하는 시절이 있었습니다. 그렇게 양복 입던 시절의 안경 버전이 현재 같습니다.

개인 선호와 관련된 사안은 본인의 만족이 가장 중요하고 정답이란 없습니다. 또한 안경은 패션 아이템이자 동시에 의료 보조 기구라는 점에서 보면 미적 감각을 최우선으로 할 필요도 없습니다. 선택은 본인 몫입니다. 다만, 선택 옵션에 무엇이 있는지 아는 건 손해볼 것이 없다는 게 저의 생각입니다. 왜냐구요? 삶에서 옵션이란 많으면 많을수록 좋고, 옵션 하나 더 만드는 것만큼 어려운 일도 없으니까요.

이 성 에 대 해

남자와 여자. 이 둘에 대해 몇 가지 얘기하고자 합니다.

첫째, 대체로 남성과 여성은 공통점이 없다. 생각하는 구조, 사물을 인지하는 방식, 커뮤니케이션의 의미와 방법, 감정의 표현법 등에서 확연히 다르다. 둘째, 대부분의 남성과 여성은 생각·감각·감정·표현 프로세싱(뇌와 몸에서)이 상이한 이성을 대함에 있어 무지하고, 제대로 알려고 하지도 않는다. 셋째, 따라서 이혼율이 급상승하는 건 당연한 일이다. 사회적 속박도 없어진 마당이니 더더욱 그렇다. 결혼과 이혼 여부를 떠나 20·30대 커플이 매일 다투면서도 영문을 모르는 것도 당연하다.

넷째, 그렇다고 40·50대의 남성과 여성은 서로를 잘 이해하는가? 그렇지 않다. 여러 번 경험하다 보니 상대가 어떻게 반응할지 아는 것뿐이다. 진정으로 상대방을 이해하는 사람은 드물다.

저 또한 별반 다를 게 없습니다. 경험을 통해 이제야 여성이 나와는 다른 존재임을 깨닫고 그에 맞게 대하려 노력합니다. 여전히 이해가 안 될 때가 많습니다. 한 가지 예로, 언젠가 레스토랑에서 여성과 식사하면서 있었던 작은 에피소드가 떠오릅니다. 저는 오롯이 상대방과의 대화에 집중합니다. 상대방 여성은 우리 주위를 둘러싼 다른 테이블에서 오가는 대화를 다 듣고 있습니다. 심지어 저쪽 두 명은 어쩌고저쩌고 해서 싸웠는데 너무 웃겼어, 뭐 그런 얘기도 합니다. 제가 나중에 물어봅니다. "왜 나랑 대화하는데 딴 얘기를 들어? 내 얘기가 그렇게 지루해?" 돌아오는 대답은, "아니 너무 재밌었어. 그냥 옆쪽 대화도 들려서 들은 거야. 그거야."

아무튼 카사노바라는 인물, 훤칠한 외모가 물론 기본조건이었겠지만 그가 희대의 매력남 내지 난봉꾼이 된 이유는 아마도 여성을 누구보다도 잘 이해했기 때문일 겁니다. 그는 저처럼 여성에게 불필요한 질문을 던져서 그녀가 얼굴 붉히게 하는 시간낭비는 하지 않았을 테지요.

미니쿠퍼 컨버터블S. 저는 이 차로 '자동차 10년 타기 운동'을 실천할 듯싶습니다. 좁은 길 잘 다니고, 걸리적거리는 앞차 쉽게 추월하고, 빨리 출발하고, 가속 및 코너링할 할 때 최상급의 퍼포먼스를 보여 주고, 무엇보다 주차가 쉽습니다. 플러스 알파로 다소 속물적인 얘기지만, 꼴에 외제차라고 마냥 장난감 미니카 취급을 안 받는 것도 없잖아 있습니다. 지붕 뚜껑 열어 보는 재미도 있고요. 저에게는 이만한 차가 없습니다. 카레라 911로 바꿔준다 해도 크고 운전하기 부담스러울 것 같아 No할 거고, S600으로 바꿔준다면 제가 오히려 돈봉투 싸들고 좇아다니며 사양할 것 같습니다.

단짝을 만났다가 맞는 표현이겠지요. 이 놈은 물건이라 사람처럼 배신하거나 뒤통수치는 습성도 없어 더 좋습니다, 라고 쓰려다 보니 아직 게임이 끝난 건 아니네요. 지금까지는 잔고장 하나 없이 의리를 지켰는데 남은 몇 년 동안 얼마나 진국인지 좀 더 지켜보겠습니다. 제가 10년을 더 탈지 몇 년 더 타다가 싫증나서 바꿀지는 저도 모르고 님도 모르겠으나, 저의 넥스트 카에 대한 목표는 정해졌습니다. 퍼스트 카는 애스턴 마틴 중

가장 작은 모델. 세컨드 카는 현대 제네시스 중 가장 작은 모델.

애스턴 마틴을 타고 싶은 이유는 단 하나밖에 없습니다. 007의 찐팬(특히 숀 코네리와 로

저 무어 세대)인 저에게는 명확한 이유인, 007의 자동차이기 때문입니다. 세컨드 카는 우리의 자랑스런 제네시스이니까 라는 이유도 있습니다만, 지금도 이렇게 깜짝 놀라게 하는데 몇 년 뒤면 또 얼마나 더 멋져질까가 가장 기대되는 자동차 브랜드이기 때문입니다.

밤하늘의 화성과 목성과 토성을 봅니다. 지금까지 알려진 바로는 생명도 없고, 다른 생명에게 별 도움도 안되고, 앞으로도 생명이 생겨날 가능성은 없어 보이는 행성입니다. 그런데 왜 저렇게 몇 억 년을 계속 돌고 또 똑같은 궤도로 크게 돌고 왜 그럴까요? 큰 죄를 지은 영혼들이 갇혀 있는 곳이라면 고문도 저런 상고문이 없을 듯하고, 그게 아니라면 무의미함도 저런 무의미함이 또 없을 듯합니다. 도무지 존재의 의미를 찾기 힘든 거대한 중원소 내지 경원소 덩어리가 수조×수조×수조 개 둥둥 떠 있는 이 우주라는 곳은, 진정 거대한 공간의 낭비 현장이란 말인가요.

생명 이외에 다른 무슨 의미가 있을까요? 우주가 이만큼 크고 별이 셀 수 없는 숫자로 존재해야 하는 이유가 무엇일까요. 이 지구가 있는 밀키 웨이 갤럭시Milky Way Galaxy에 생명이 사는 행성이 10개만이라도 존재한다면, 다른 큰 의미가 없더라도 은하계의 존재 의미는 어느 정도 합리화가 되겠지요. 밤하늘에 별이 빛나야 살아 있는 생명이 길도 찾고 아름다움도 느낄 수 있을 테니까요. 그만큼 생명이란 말로 표현할 수 없이 소중

하고 진귀하고 놀라운 기적입니다. 생명의 기적 중의 기적은, 그러한 별빛을 보고 길을 찾고 아름다움도 느낄 수 있는 인간 Human Being이라는 존재입니다. 신을 떠올리지 않고는 설명이 안되는 수준의 기적입니다.

근래 들어 최고의 기적인 우리 인간만이 가질 수 있는 인간성 Humanity, 휴머니즘Humanism에 대한 훼손과 경시의 정도가 심해서 안타깝습니다. 휴머니즘은 인간 사회에서 그 어떤 것보다 위에 있어야 합니다. 우리가 만들어낸 욕망의 문명과 우리의 이기심이 어떠한 이유에서든 우리의 본질을 지배해서는 안 됩니다.

100
———
피
해
자

대기업 규제를 강화하자고들 얘기하는데 현실을 제대로 파악해 봅시다. 지금 현대차그룹 직원을 20만 명이라 가정하면, 현대차 덕에 먹고사는 인구가 적어도 20만 명×30배=600만 명 정도라 봅니다. 2만 개가 넘는 부품 공급, 각종 용역, 물류, 서비스 등을 고려하면요. 제 친구도 조그만 거 하나 납품하는데, 내수가 30만 대 팔리다 20만 대로 줄면 그 친구 버는 돈도 3분의 1이 줄어듭니다. 이런 상황에서 대기업 성장을 압박하면 도대체 누가 피해를 입을까요?

① 정직원은 그 '잘난' 강력한 노조가 망하지 않는 한 그럭저럭 잘 버틸 거고 ② 오너와 대주주는 이미 죽을 때까지 잘먹고 잘살 돈 갖고 있습니다. 실제 오너들 만나보면 잡스런 돈 욕심 별로 없습니다. 이미 차고 넘치는데요 뭘. 결국 성장 정체와 실적

악화는 ③ 그 밑에서 을 또는 병으로 고생하는 협력업체 구성원이 가장 직접적으로 큰 피해를 입는 결과로 나타납니다. 다시 말해, 현대차 경영이 악화되면 600만 명이 넘는 사람의 생계가 어려워지고, 그나마 지금 누리고 있는 낙수효과마저 더 줄어든다는 얘기입니다. 그러니 삼성, 현대나 미워하고 때려잡을 생각만 하지 말고, 각종 갑질과 과도한 부의 집중으로 인한 문제 해결방안에 대해 건전한 비판과 의견도 제시해 보십시오. 더불어 국가 경제의 큰 축을 담당하는 기업이 성장하고 경쟁력을 갖출 수 있도록 정치권은 힘써 주십시오.

〈하트시그널〉이란 관찰 예능을 재밌게 봤습니다. 젊은 남녀 네다섯 쌍이 두세 달간 한 공간에 모여 서로 마음에 맞는 상대를 찾아가는 연애 프로그램입니다. 보다가 흥미로운 장면이 있어 유심히 지켜봤습니다. 상이한 매력의 두 남성 참가자가 한 여성 참가자를 좋아합니다. 그들은 각자만의 방식으로 어프로치를 시도합니다. 한 명은 돌다리도 두드려 건너는 식으로 수많은 계산을 거쳐 마음을 전달했고, 다른 한 명은 마음 가는 대로 직진해서 의사를 표현했습니다. 결과는 후자의 승리.

둘의 승부를 가른 요인은 무엇일까요? 두 사람의 인간적인 매력이나 어프로치 방식은 결정적 요인이 아닙니다. 마음이란 사랑이란 인위적일 수 없고 스스로도 거스를 수 없는 소용돌이와도 같기 때문에 방법론으로 접근할 문제가 아닙니다. 해당 여성은 한 남자와 대면할 때 유달리 이뻐 보였습니다. 눈이 빛났고 미소가 자연스러웠고 자기도 모르게 얼굴이 상대편 가까이로 가고 있었습니다. 저는 상대 남성이 나름의 방식으로 마음을 전하기 전에 이미 여성의 이런 모습을 보고 결말을 예상했습니다.

사랑은, 내가 사랑하는 그리고 나를 사랑하는 그를 가장 이쁘게, 가장 멋있게 만들어줍니다. 나도 모르게 그에게 얼굴이 가까이 다가갑니다.

1만 시간

1만 시간의 법칙이라고 꽤 각광받던 이론이 있었지요. 어떤 분야에서 성공하려면 최소 1만 시간을 투자해야 한다는 주장을 담고 있죠. 최근에는 1만 시간 무용론이 회자됩니다. 1만 시간 노력하고 훈련했건만 동료 집단과 별 차이도 없고 되긴 뭐가 되냐는 거지요.

제 생각으로는 둘 다 맞습니다. 다만, 남이 발견 못 한 뭔가를 발견해 1만 시간 투자 대상을 차별화하던가 아니면 애초에 본

인의 재능과 능력을 감안해 동료 그룹을 능가할 수 있는 대상을 선택해야 한다는 전제조건이 붙습니다. 인간이든 제품이든 튀지 않으면 설 자리가 없습니다.

1만 시간을 분해해보니, 하루 8시간씩 3년 5개월을 쉬지 않고 투자해야 하는 시간이네요. 일주일에 56시간 투자하라는 얘긴데, 제가 테니스에 일주일에 5시간 투자하니까 계산하면 최소 37년 넘게 뛰어야 테니스 고수라는 소리를 듣겠네요. 오래 살아야 할 또 하나의 이유가 생겼습니다.

예전에 석촌호수에 슈퍼문을 띄운 적이 있습니다. 저도 구경차 갔는데 사람이 백 만 명은 있더군요. 그런데 뻥 하나 안 보태고 다들 슈퍼문 배경으로 힘겹게 자리싸움하면서 사진만 찍고 있었습니다. 셀카, 단체카, 커플카, 설정카, 뒷대갈카, 옆대갈카, 엽기표정카, 브이샷카, 어깨동무카 등등 종합선물 카 세트를 한눈에 봤습니다. 정작 귀여운 슈퍼문이 색을 바꾸며 유유히 떠있는 걸 감상하는 사람은 거의 한 명도 없었고요. 쉐이크쉑 버거 매장도 마찬가지였습니다. 다들 음식 사진 찍으려고 기다린 건지, 먹으러 기다린 건지 헷갈릴 정도입니다. 정치라고는 쥐뿔도 관심 없고 자기 동네 출마자가 누군지도 모르는 애들이 인증샷 찍는다고 투표하러 가는 것도 같은 경우지요.(그런 분 차라리 투표 안 하는 게 나라 돕는 겁니다.)

퍼거슨 감독을 추종하는 안티 SNS족은 이렇게 얘기하겠죠. 관종들이 시간 낭비하면서 진정한 본질을 못 보고 한심하게 잡짓만 하는구나 라고. 반대로 SNS족은 이렇게 응수하겠죠. 이런 소통과 관심 또한 인생의 즐거움 중 하나다, 보여줄 거 없는 열등감으로 오지랖 떨지 말고 너나 잘하세요 라고.

제 생각은 간단합니다. 둘 다 맞는 얘기입니다. 그러니 둘 다 잘하면 됩니다. 석촌호수 가서 한 5분은 아무 생각 없이 귀여운 슈퍼문 즐겁게 감상하고, 떠나기 전에 앞대갈이던 옆대갈이던 뒷대갈이던 사진 한 장 박고 오면 되는 거지요.

우리나라에서는 계량화되거나 물리적 측정 실체가 있어야 가치를 인정받습니다. 제품의 경우 크기는 얼마이고, 배기량은 얼마이고, 스피드는 얼마이고, 처리 속도는 얼마여야 합니다. 사람은 몇 평에 살고, 몇 등 하고, 몇 천 cc 타고 다니는지로 평가받지요. 기업은 유령 회사건 우량 기업이건 상관없이 매출액 얼마로 평가받고요. 보이지 않는 지적재산권에 대한 침해는 명백한 도둑질인데 대부분 양심의 가책이 없고, 손에 잡히지 않는 지식과 무형의 가치에 대한 세일즈는 세상에서 제일 어렵고 그나마 값어치도 인정 못 받습니다. 그게 우리나라 현실입니다.

애석하게도 이제 계량화된 가치보다 보이지 않는 가치가 더 중요해진 시대가 되었습니다. 크기, 속도, 성능 같은 요소는 진즉에 글로벌 평준화에 들어섰고, 진짜 승부는 계량화하기 힘든 감성·브랜드·이미지·경험 가치에서 판가름납니다.

왜 한국이 계량의 화신이 됐는지 생각해보니, 지금의 우리에겐 지배적인 정신적·유산적 가치가 텅 비었다는 게 보이더군요. 과거엔 아니었을 겁니다. 선비정신처럼 돈으로 살 수 없는 가치가 존중받았고, 인격으로 사람을 평가하는 등의 고귀한 정신적 유산이 있었으나 일제시대와 6.25를 겪고 고도성장기를 숨가쁘게 통과하면서 그러한 특질을 잃어버렸습니다. 그 결과 돈이 인격이 되었고, 뭐가 좋다고 하면 다들 따라하고, 뭐가 나쁘다 하면 다 뛰쳐나가고, SNS에 잘나가는 사람들 보면서 불필요한 열등감을 갖게 되었습니다. 그러한 물질적 가치만 추구하니 일확천금 욕심에 눈멀어 쉽게 속고 속이는, OECD 국가 중 사기범죄수 넘사벽 1위인 거짓말 공화국이 되었습니다.(2013년 기준 한국 27.4만 건, 일본 3.8만 건입니다. 참고로 일본이 인구 2배 이상입니다.)

개인의 자존감이 높고 지배 가치(가령, 앵글로색슨의 청교도정신 등)가 확고한 일부 선진국 국민은 그런 세속 가치에 크게 동요되거나 영혼을 팔지 않습니다. 이탈리아 패션의 우아함, 프랑스 디자인의 화려함, 영국 자동차의 고귀함은 그 나라의 가치관과 문화 수준에서 나온 것이고 미국의 스마트폰도 무형가치를 존중하는 정신에서 나온 것입니다.

호텔을 평가할 때 여러 요소가 있는데 제가 가장 중요하게 보는 건, 시설도 서비스도 장소도 아닙니다. 브랜드도 아닙니다. 그냥 그 호텔에 묵는 손님이 어떤 사람인지를 가장 유심히 봅니다.

제가 인상 깊게 본 영화 중 하나가 덴젤 워싱턴 주연의 〈아메리칸 갱스터〉입니다. 주인공인 갱스터 대부가 사업가로 위장해 '튀면 절대 안 된다'는 현명한 철학으로 조용히 사업체를 잘 운영하다가 단 한 번 부인이 선물한 값비싼 친칠라 코트를 입고 공공장소에 나가지요. 이로 인해 FBI의 주목을 끌게 되고 결국엔 타겟 수사의 대상이 되어 망하는 이야기를 담고 있습니다.

보면서 이야기의 배경이 딱 대한민국을 보여주고 있다고 생각했습니다. 튀거나 잘난 척하거나 거들먹거리면 보이지 않는 손과 입에 철저히 파괴당하는 곳이니까요. 한국 같이 훌륭하건 안 훌륭하건 남 잘되는 거 못 봐주기 세계 일등인 나라에서 좀 잘나간다고 튀는 것만큼 무식한 짓은 없을 겁니다.

이집트의 피라미드가 왜 위대할까요? 수십만 개의 무거운 돌을 정확히 쌓았으니까요. 즉, 중력을 거슬렀으니까요. 아폴로 11호의 인간 달착륙이 왜 위대할까요? 지구 중력을 뚫고 나가 달 중력까지 계산해서 네 다리를 뻗었으니까요. 한 가지 재미있는 사실을 알려드릴게요. 이공계생은 다 아는 얘기지만, 땅에 서 있을 때 본인의 무게감을 느끼는 것 자체가 중력가속 현재진행중인 것을 보여주는 것입니다. 쉽게 말해, 딛을 땅이 없다면 자유낙하한다는 뜻입니다.

중력이 없었으면 지금의 우주도, 갤럭시도, 별도, 태양도, 지구도, 생명도, 인간도, 분자 및 원자도 생겨날 수 없었습니다. 현실 세계에서 중력이 우리에게 미치는 영향 몇 가지를 말하자면, 아찔한 고소공포증, 나이들면 어쩔 수 없는 수전증, 또 나이들면 어쩔 수 없는 "에이구 다리야. 어데 궁디 좀 붙일 곳 없노" 하는 현상을 들 수 있습니다. 그런 중력에 대해 인간 기술의 현주소는, 큰 로켓이 지구 중력을 거슬러 스페이스로 나가려면 우주선의 90퍼센트를 차지하는 연료통을 달아야 하고 대략 몇만 리터의 고농도 화석연료를 탑재해야 하는 수준입니다. 게다가 연료 연소 과정 역시 완전히 제어하지 못한 단계에 있습니다. 한마디로, 상당히 무식한 수준에 머물러 있다는 얘깁니다.

만약 인간이 중력을 마음대로 만들고 없애고 컨트롤할 수 있다면 어떻게 될까요? 우주를 마음대로 조종할 수 있을 겁니다. 웜홀을 만들어 공간이동도 하고, 타임머신도 만들 수 있고, 블랙홀을 만들어 파괴의 신이 될 수도 있습니다. 언젠가는 중력가

속기라는 기계가 결단코 만들어질 겁니다. 성능이 어느 정도일지는 모르겠으나 그것만이 우주의 비밀을 캐는 유일한 열쇠일 것입니다. 안타깝지만, 제가 사는 동안에는 못 볼 듯하고요.

부자가 되는 방법 중 제 기억에 가장 남는 말은 "돈은 사람이 벌고 자산도 동시에 벌어야 한다"입니다. 다시 말해, 근로소득과 자산소득이 병행되어야 돈이 모인다는 말인데, 지극히 공감합니다. 사실 월급, 근로소득은 늘 부족합니다. 연봉 1억 원이래 봐야 월 600~700만 원 정도입니다. 2억 원이래 봐야 월 1,100~1,200만 원 정도고요. 많으면 많다고 할 수 있지만 적다면 또 적습니다. 많을수록 씀씀이도 커지고, 연봉 2억 원으로는 빚 없이 자식 조기유학 보내기도 힘듭니다. 빛 좋은 개살구지요.

실제 세금 제대로 내고 국고에 기여하는 층은 대략 연봉 7천만 원 이상입니다. 연봉 5천만 원 이하는 내는 것도 별로 없습니다. 복지 높이자고 머리띠 두르고 소리 지르는 사람들 실제 별로 세금도 안 내고 있고, 복지 높인다고 증세한다고 하면 또 이율배반적으로 개거품 무는데(프로 촛불러), 사실 제일 피 보고 제일 많이 세금 내는 사람은 부자도 거지도 아닌 어정쩡한 연봉 7천만~2억 원 받는 사람입니다. 2억 원 받는다 해도 월급쟁이라 언제 잘릴지도 모르고요.

국가의 정책이란 장점과 단점이 있고, 파급효과 내지 파생효과가 있습니다. 이런 것은 쉬쉬하고 부자 증세, 기업 증세가 마치

무슨 정의 구현인 듯 말하는 포퓰리즘이 득세하고 있는 세태가
심히 걱정스럽습니다.

안경이란 상품이 라식, 라섹 등의 의학 발전과 더불어 풍전등

화의 운명이 되리라 생각한 적이 있었습니다. 예상과 달리 전
자책 등장에도 살아남은 종이책처럼 안경 또한 고유의 감성으
로 생존하고 있습니다. 안경은 단순히 시력 보정을 위한 의료
보조기구이기도 하지만 누구에게는 패션 아이템으로, 누구에게
는 얼굴의 일부이기도 한, 별도의 존재가치를 지닌 필수품이기
도 합니다.

안경 착용 관련 문화적 차이를 살펴보면서 제가 발견한 몇 가
지 사실이 있습니다. 첫째, 미국을 포함한 서양 국가의 남자들
은 안경 착용률이 북동아인보다 낮다. 이유를 숙고해 본 결과
미국인은 안경 쓰는 것 자체를 신체상의 결점 내지 단점을 드
러내는 것이라 생각하는 면이 없지 않은 듯합니다. 일종의 장
애라고 보는 거지요. 그렇기에 집에서는 안경을 써도 밖에 나
갈 때는 렌즈를 착용하는 경우가 많나 봅니다. 다소 마초적이
라고나 할까요. 반면, 한국 남자는 그런 의식 없이 그냥 쓰지요.
둘째, 여성의 안경 착용률이 남성보다 낮다. 마찬가지로, 안경
을 쓰면 미모가 죽거나 가려진다고 생각하는 경향이 강한 듯합
니다. 그래서 집에서는 못생긴 돋보기 안경을 써도 외출할 때
는 렌즈를 착용하는 비율이 높나 봅니다.

저는 대학생 때부터 안경을 써서 어언 20년 넘게 착용했습니

다. 안경을 벗으면 오히려 제 얼굴이 어색하고 낯섭니다. 그렇다고 라식 수술은 안 땡기니 아마도 평생 안경과 친구로 살아갈 듯합니다.

110 업자 만세

한국인의 이상한 점 중 하나는 속칭 '업자'를 개무시하고 천시한다는 겁니다. 업자의 정의는 뭘까요? 전 장사하는 사람이라 보고, 전 국민의 80퍼센트 이상은 업자라 봅니다. 대기업 직원은 업자 아닌가요? 대기업이 뭐하는 곳이죠? 장사해서 돈 버는 곳인데 규모가 큰 것뿐이지요. 거기에 다니는 직원은 어찌 보면 업자 반열에 있지도 않을 뿐더러 업자 밑에서 업자가 시키는 일을 하는 사람입니다. 그럼에도 왜 유독 옷 장사, 음식 장사 등의 분야에 계시는 중소사업자에게 업자업자 하면서 무시하는지 이해가 안 갑니다. 고상한 사람, 예를 들면 판검사, 의사, 대학교수 같은 월급쟁이도 업자이긴 마찬가지입니다. 변호사나 개업의가 되면 바로 업자되는 거지요. 예술가? 그들도 업자지요. 작품 팔아서 먹고사는 것이니까요.

조선시대 사농공상의 잔재가 아직도 이상한 형태로 남아 있고, 가족과 친척 중 대부분이 업자인데도 업자 타령하면서 업자들을 얕보는 바보가 많습니다. '비싸게 눈탱이 친다'라는 말이 있습니다. 업자를 비판하는 대표적인 문구인데, 저는 그 눈탱이 맞는 사람이 참으로 못났다고 봅니다. 인터넷으로 잠깐 검색하면 다 아는 걸 그 정도 수고도 안 하고 기어이 눈탱이를 맞고 투덜댑니다.

세상과 시장은 만만한 곳이 아닙니다. 눈탱이 쳐서 오래가고 성공하는 업자 본 적 있나요? 전 본 적 없습니다. 가치가 없으면 망하게 마련입니다. 제가 보기에 비판 받아야 할 업자는 성공 못하고 망하는 업자밖에 없습니다. 더 성공하고 성장했으면 자신은 물론이고 시장도 키우고 파이도 커지고 고용도 창출되고 세금도 많이 내고 소비도 증진시켜 사회에 기여할 수 있었을 겁니다. 유태인과 중국인이 강한 건 그들은 절대 상업과 상인의 가치를 낮게 보지 않기 때문입니다.

우리 몸은 늘 어떤 이퀼리브리엄equilibrium, 균형 내지 어떤 평균 상태를 유지하고자 하는 성향이 매우 강함을 새삼 느낍니다. 건강하다는 건, 스트레스나 염증, 감염, 과로 등의 잽이나 어퍼컷 공격으로 좀 처맞다가도 공 울리고 쉬면 회복되는 것입니다. 이 회복 메커니즘이 더는 감당 못하고 평상 시 상태로 돌아가지 못할 때 발생하는 게 병입니다.

제가 살아온 경험과 즐겨보는 책, 다큐 등을 종합한 제 생각일 뿐임을 전제하고 몇 가지 건강 정보를 정리해봅니다.

① 붉은 고기를 즐기면 심혈관 질환이나 대장암에 쉽게 걸린다? 적당한 섭취를 전제할 때 그럴 위험성은 길 가다 교통사고 날 확률과 다를 바 없다고 봅니다. 가공육(햄, 베이컨, 소시지 등)의 경우 화학첨가물이 변이되어 대장암 원인이 된다는 논문이 많습니다. 결론은, 일주일에 한두 번 생고기를 일인분 정도 먹는 건 나쁘지 않습니다.

② 불포화지방, 포화지방? 제 생각엔 둘 다 그냥 지방입니다. 각각의 역할이 있을 뿐이고요. 건강한 기름, 안 건강한 기름으로 구분할 문제는 아니라고 봅니다. 문제는, 그저 과다섭취 또는 비균형 섭취에 있을 뿐이라 봅니다.

③ 비타민 등의 영양제가 필요한가? 실제로 비타민, 오메가 등 많이 섭취했고 지금도 그리 하고 있는데 뭐가 좋은지 1도 느껴본 적 없습니다. 다큐를 보니 그런 인위적 합성물은 소화율도 낮고 몸의 항산화 지수를 잠깐 높일 뿐 금방 평균으로 내려간다 합니다. 저는 앞으로 영양제에 쓰는 예산을 대폭 줄일 생각입니다.

④ 슈퍼푸드가 그렇게 좋은가? 아닌 것 같습니다. 블루베리의 파란색이 항산화 성분인데 실제 몸에 들어가서 혈액으로 공급되는 양은 섭취량의 1퍼센트 정도밖에 안된다고 합니다.

⑤ MSG는 몸에 나쁜가? 개인적 경험으로, 조미료 많은 음식 먹으면 늘 뒤끝이 안 좋습니다. 불쾌해지고 속도 더부룩합니다.

⑥ 쥬스 다이어트는 효과적인가? 속 비우고 디톡스하는 데는 효과적이라 봅니다. 다만, 당분이 많습니다. 굶는다는 신호가 뇌에 접수되면 인정사정없이 지방으로 바로 저장될 것입니다. 체중은 주는데 체지방량은 늘 수 있다는 말입니다. 몸이 거북할 때 하루이틀 정도 짧게 해주고, 가능한 당 성분이 적은 것을 선택하는 게 좋겠습니다.

결론적인 얘기는, 첫째, 우리 몸은 자기가 알아서 어떤 본연의 상태 내지 균형을 이미 만들었고 항상 그 평균치를 유지하려고 노력한다. 골고루 적당히 음식으로 섭취하면 정상 건강인은 그것으로 충분합니다.

둘째, 유전자 결정론을 무시 못 한다. 의사들도 대놓고 혹은 비공식적으로 얘기하는데, 생겨먹은 게 거의 60~70퍼센트를 좌우한다고 합니다. 평생 술, 담배를 해도 90세까지 사는 사람이 있는가 하면, 둘 다 멀리하고 매일 운동하는데도 폐암으로 60세에 죽는 사람이 있습니다. 살찌는 것도 마찬가지입니다. 칼로리를 지방으로 더 잘 축척하는 유전자와 아닌 유전자가 있다 합니다. 한 끼만 먹어도 살찌는 분, 세 끼 충분히 먹어도 안 찌는 분이 있습니다. 본인이 관리를 잘하는 것도, 본인이 의지가 약한 것도 아닐 수 있습니다. 가계 병력과 신체적 특질을 파악해서 그에 맞는 섭생과 관리를 해나감이 매우 중요합니다.

"어떤 운동화 모델이건 사람이건 날 때부터 위대한 건 없을 겁니다. Sneaker is not born great, it becomes great."
제가 《1000 스니커즈》(마티외 르 모 저, 루비박스, 2019)를 번역하면서 만난 가장 인상 깊은 문장입니다. 이 문장을 대표하는 두 개의 운동화가 있습니다. 하나는 나이키 코르테즈. 제 인생 영화 중 하나인 〈포레스트 검프〉에서 에이즈에 걸린 제니가 검프를 떠나기 전 저 운동화를 선물

하지요. 제니가 떠난 후 검프는 답답한 마음에 이 신발을 신고 뛰어나갑니다. 그러다 마을을 벗어나 주 경계선을 넘고 전국으로 무작정 달립니다. 저 장면을 보면서 마음을 비우고 욕심을 버리고 회개하고 참선하고 명상하는 게 꼭 정적일 필요는 없다는 생각을 했습니다. 한 10년 후에는 코르테즈를 신고 모든 것 뒤로하고 어디든 도 닦으러 뛰어가는 게 제 다음 인생 목표입니다.

다른 하나는 아디다스 스탠스미스. 제가 이 신발을 처음 본 때는 1985년이었습니다. 중학생이었던 당시 박씨 성의 친구와 테니스를 많이 쳤는데 그 친구가 하드트레이닝 한다고 저 신발에 모래주머니까지 장착하고 운동했던 모습이 생생합니다. 그 때 제 눈에 참이뻐 보였습니다. 하지만 당시 한국에는 발매가 안되서 구하지도 못하는 신발이었죠.

당시 가죽운동화는 진짜 리얼 가죽이었습니다. 요즘 나오는 가죽 운동화는 대부분 생가죽이 아닌 가죽 같이 가공한 비닐입니다. 진짜 가죽이 닳아 갈라지고 헐어서 생긴 멋은 요즘엔 구경조차 힘듭니다. 어떤 물건이나 음악, 장소도 처음부터 나에게 위대한great 것은 아니었습니다. 그렇게 되어가는become 것이었죠.

클래식이란 단어는 클래스에서 나왔습니다. 그래서 클래스가 있다 없다 라는 말은 계급적이고 귀족적이고 배타적인 성향을 내포하기 마련입니다. 그런데 미국 트럭 운전기사의 패션이 클래식이 되었습니다. 이름하여 아메리칸 클래식. 20세기 들어 미국 문화가 대세가 되면서 기존 유럽 중심의 고정관념이 많이 허물어진 것도 사실입니다. 연장선상에서 이제는 귀족적이고 고상해보이고 비싼 것만을 클래스가 있다고 말하는 시대는 지났습니다. 노블하기보다는 쿨한 것이 요즘 세대의 클래스에 더 근사한 표현인 듯싶습니다.

새삼 태양에너지가 참 소중합니다. 추운 날에도 햇볕 있는 곳은 따뜻한 온기가 느껴집니다. 햇볕 없는 어둑한 곳으로 가면 금방 찬 기운이 뼈에 사무칩니다. 그거 아세요? 태양에 제일 가까운 행성이 수성인데, 늘 한 쪽 면만 태양을 바라보고 있습니다. 태양을 바라보는 면은 불지옥이죠. 온도가 몇 백 도에 달합니다. 그 반대편은? 영하 200도보다 더 춥습니다.

태양에너지가 왜 모든 생명의 근원인지 아시나요? 식물은 태양 빛을 에너지원으로 먹고 삽니다. 엽록소의 광합성 작용이죠. 이 식물을 초식동물이 먹고 삽니다. 이 초식동물을 육식동물이 먹고 삽니다. 결국 생물이라면 태양에너지를 먹고 사는 셈입니다.

세상만사 그냥 지나치면 모든 게 감흥 없기 마련이고, 아름답게 볼 거면 감탄할 일 천지지요. 가끔은 파란 하늘에서 내리쬐는 따뜻한 태양에너지에 깊이 감사하며 온몸으로 받는 것도 삶의 운치일 수 있습니다.

요즘에는 거의 집, 회사, 테니스샵 및 코트가 일정의 대부분이라 그닥 멋내고 자시고 할 게 없습니다. 이래저래 패션 열정이 많이 식었습니다. 열정이 피어오르려면 동기가 있어야 하겠죠. 패션을 포함해 매사 그렇듯 동기와 목표의식이 행동으로 이끕니다.

옷을 사고 싶고 멋을 내고 싶게 만드는 동기가 이제 저에게 많지 않습니다. 하고 싶은 거 거의 다 해봤고 있을 거 거의 다 있다는 이유에서 비롯된 것일 수도 있고, 이제는 멋을 내는 일이 더는 어떤 욕망을 만족시키는 행위가 되지 못하기 때문일 수도 있습니다. 자연스러운 단계라고 생각합니다. 모든 것에는 태동기, 성장기, 완숙기, 쇠퇴기와 같은 주기가 있고 개개인의 욕망 또한 주기설 범주에서 벗어나지 않습니다. 시작이 있으면 끝이 있고 전성기가 있으면 쇠퇴기가 있고, 화무십일홍 권불십년이죠. 그것이 자연의 섭리입니다.

허나, 열정이 식었다고 열정의 온도가 아예 없어지는 것은 아닙니다. 모든 것이 부글부글 끓다가 때가 되면 식어버리지만 온도가 제로가 되지 않는다면 그것 자체로도 대단한 의미가 될 수 있습니다. 그 의미란 '은은한 완숙미'를 가리킵니다. 평생 관심의 끈을 놓지 않고 열정의 가스불을 끄지 않는다면 이 단계에 이를 수 있습니다. 열정은 사라져갈 뿐 죽지 않습니다.

무신론자들은 이런 의문을 제기합니다. 예수가 진정 신인가? 그저 도를 깨우친 선지자나 예언자 정도가 아닌가? 하나님은 진정 존재하는가? 존재한다면, 왜 160억 광년 넓은 우주 속 미물단지 중에 미물인 인간을 상대로 화도 내고 기뻐도 하는가? 하나하나 따지고 들면 답이 없습니다. 결국 종착역은 믿느냐 안 믿느냐, 둘 중 하나입니다.

아인슈타인은 상대성 이론이 아닌 양자역학에 대한 기여로 노벨상을 받았음에도 끝까지 양자의 신출귀몰을 인정하지 않았고, 자기 이론으로 증명된 블랙홀을 공상과학으로 치부했습니다. 스티븐 호킹은 '신은 없다'라고 마지막 저서에 남기고 떠났습니다. 빅뱅을 신이 만들 수 없다는 이유를 들면서요. 빅뱅 이전은 완전 무無의 물리적 진공상태인데 어떻게 신이 존재할 수 있었겠냐는 얘기입니다. 역시 안 믿은 거지요. 반면, 지구 인구의 몇 십억 명은 뭔가를 믿습니다. 이를 두고 칼 세이건은 '사람들은 바보가 아니다. 뭔가를 그냥 턱없이 믿지 않는다. 그렇게 많은 사람이 믿는다는 것은 뭔가가 있는 것이다'라고 말했습니다. 그는 믿었던 거지요.

무언가를 믿고 안 믿고는 개인의 자유이고 선택입니다. 허나 비록 신은 안 믿더라도 뭔가에 대한 믿음이 있고 없고는 중요하다고 생각합니다. 믿음의 대상이 어떤 인간이든 어떤 이론이든 그저 어떤 철학이라도 말입니다. 내가 믿는 대상이 맞건 틀리건 존재하건 안 하건, 믿음이란 일종의 마음의 중심추 역할을 하기 때문입니다. 어떤 믿음도 없는 사람은 자기중심이 없어서 이리저리 휩쓸립니다. 믿음이란 옳고 그름의 문제라기보다는 있고 없음의 문제이고, 어떤 믿음이 있다면 내면적으로 더 안정적일 수 있는 옵션을 갖고 있는 셈입니다. 중심추이니까요. 혹자는 이를 신념이라 부르기도 합니다.

저에게 세상에서 제일 아름다운 게 뭐냐고 물어보면 안드로메다 은하라고 답합니다. 영화 〈콘택트〉를 봤다면 조디 포스터가 웜홀을 통과하다가 안드로메다 은하를 보면서 감동하는 표정이 기억날 겁니다. 그때 전 "if I were her", 정말 돌아가셔도 여한이 없을 것 같다는 조금 과장된 생각을 했습니다.

일상에서 통상 수준을 벗어나면 안드로메다로 갔다고 표현하는데, 사실상 우리 은하와 가장 가까이에 있고(250만 광년), 서로의 중력으로 대략 40억 년 후에는 충돌한다고 합니다. 근데 충돌해도 일반 별들은 워낙 사이 공간이 넓어서 거의 영향이 없을 거라고 하네요.

그런데 저런 은하가 우주에 몇 천억 개가 있다니 외계 생명 이론을 안 믿을 수가 없습니다. 그러나 인간의 두뇌로 밝혀낸 현재까지의 이론으로는 빛의 속도를 넘어가면 모든 물리법칙이 망가지는 한계속도에 이르기 때문에, 만약 외계인이 지구를 방문했다면 단순히 빨리 달리는 우주선으로는 불가능하고, 대신 차원을 넘나들던지 웜홀을 뚫어서 공간을 접던지 해야만 가능한 일입니다.

그리고 우리 지구는 안드로메다 은하 중심에서 대략 3만 광년 떨어진 변두리(반지름이 5만 광년이니)에 위치하고 있어 무서운 블랙홀과 우주방사선을 피해 이리 살아있는 것인데, 얼마나 대기오염과 빛 공해가 심한지 저 은하수 한 번 보는 게 인생에 한 번 있을까 말까한 일이 되어버렸습니다.

제 꿈 중 하나는 돈 많이 벌어 놓고 나이 60대에 천문학부 학생이 되어 전 세계 유명 천문대를 돌아보는 것입니다. 여기에 하나를 더한다면, 〈콘택트〉를 능가하는 SF 소설을 쓰고 이것을 영화로 만들고 싶습니다. 영화 〈노잉〉, 〈에이아이〉, 〈인터스텔라〉, 〈클라우드 아틀라스〉, 〈미션 투 마스〉, 〈프로메테우스〉 등을 보면 뭔가 5퍼센트 부족함을 지울 수가 없습니다. 그나마 〈콘택트〉가 2퍼센트 정도의 부족함으로 끝났지만.

어릴 적부터 이래저래 참여했던 모임이 스무 개는 넘었건만 5년이라도 지속된 것은 거의 없네요. 모임 자체가 흐지부지됐거나 제가 안 나갔지요. 생각해보면, 모임이란 것도 계산적이고

모
임

냉정한 특성을 지니고 있습니다. 바쁜 시간 쪼개서 나갈 만큼 의미 있고 오랫동안 그런 만남이 유지되려면 다음의 세 가지 요인 중 적어도 하나는 충족해야 합니다. 첫 번째, 모임이 금전 적 또는 사업적 또는 업무적 또는 사회적으로 도움이 될 것. 두 번째, 앞의 조건을 충족하지 못한다면 재미있거나 편해서 힐링 이 될 것. 세 번째, 취미생활 영위에 필요할 것.

각 요인 관련 모임을 들여다봅시다. 세 번째는 골프, 테니스, 낚 시, 사이클 등의 동호회 성격으로 목적이 뚜렷하니 비교적 유 지가 잘됩니다. 두 번째는 성인이 되서 만나는 새로운 사람에 게서 정서적 만족을 채우기란 어려운 만큼 대개 어릴 적 친한 동창이나 친구들 모임으로 귀결되지요. 결국 사회적 성장과 인 맥 확대를 위해 시도하는 모임은 대부분 첫 번째인데, 그 특성 상 수많은 모임이 생겨나고 또 쉽게 사그라들곤 합니다. 이해 관계가 주 목적이니 득 될 게 없다 싶으면 흐지부지되면서 끝 나는 거지요.

어찌됐건 살아보니, 일해서 먹고사는 사람은 밖에 나가서 이 사람 저 사람 만나는 게 중요하더군요. 혼자 힘으로 되는 일도 많이 없거니와 일이나 사업에 대한 영감이나 기회와 도움도 그 러한 만남 속에 우연히 발견되거나 발전되는 경우가 많습니다. 그래서 문득 드는 생각이, 각 목적에 맞는 모임이 한 개씩만 있 어도 괜찮겠다 싶네요. 힘들고 힐링이 필요할 때 뭉치는 모임 한 개, 취미생활하는 모임 한 개, 다양한 분야의 사람들과 친분 을 도모하는 모임 한 개.

흔히 워드롭에 완성이란 없다고 말합니다. 인간의 욕심이란 끝이 없어서 갖출수록 더 많이 탐내게 되어 있기 때문에 그렇습니다. 하지만 제가 보기에 워드롭에도 종착지가 있습니다. 이 종착지는 옷장이나 신발장의 크기와는 무관하며, 본인의 마음과 욕망에 따라 결정됩니다. 단순히 필요에 의해서만 물건을 수급하는 단계에 이를 때 이를 워드롭의 종착지라 할 만합니다. 무언가를 채우거나 바꿔야 한다는 강박에서 자유로운 단계죠. 워드롭의 끝을 본 사람은 두 부류밖에 없습니다. 모든 것을 내려놓은 고수거나 옷과 신발에 별 관심 없는 일반인이거나. 극과 극은 일맥상통합니다.

뒤태만으로 어떤 회사의 자동차인지 알아볼 수 있다면 이미 훌륭한 아이덴티티를 가진 자동차 회사입니다. 망하지 않았으니 제품이 보이는 것이고, 누구나 알아본다는 것은 그만큼 브랜드 파워가 크다는 얘기이니까요. 그런데 이런 디자인 아이덴티티를 가진 자동차 회사는 독일 3사와 몇몇 프리미엄 사 외에는 없지요. 렉서스는 아이덴티티를 통일시킨다고 어거지로 마징가 느낌 나는 엄한 디자인을 밀고 있고, 모회사인 세계 1, 2위의 토요타도 별다른 전략은 없는 듯하네요. 현기차도 노력은 하나 들쑥날쑥이고요. 나름 제네시스 라인은 독창성 있고 성공적인 듯하지만요.

디자인에 있어 그 자체로 아름답고 아이덴티티도 드러나는, 그야말로 두 마리 토끼를 다 잡는 건 힘든 일입니다. 성공적인 디자인이란 한마디로 '딱 보니 어디 건지 알겠고 게다가 이쁘기까지하다'라는 의미입니다. 이런 평가 기준은 비단 자동차뿐만 아니라 대부분의 상품에 적용됩니다.

심지어 디자인 개념은 개개인에게도 적용됩니다. 스타일의 정의가 디자인과 관련되어 있기 때문입니다. 저에게 스타일이 뭐냐고 물어본다면 '그 사람의 Design된 Identity다'라고 대답하겠습니다. 사람에게 적용되는 디자인이란 선천적이든 후천적이든 본인이 가꾸어 온 외모, 지식, 인품, 언행을 조각하는 것을 말하고, 아이덴티티란 이들 조각이 모두 합체됐을 때 나오는 그 사람만의 이미지를 의미합니다. 상스럽다, 멋스럽다, 천해 보인다, 신사 같다, 사기꾼 같다, 귀해 보인다, 날라리 같다, 깡패 같다 등의 표현은 결국 어떤 이의 궁극적인 이미지이고, 그 것이 그 사람의 스타일인 것입니다.

고로 멋진 스타일을 갖기 위해선 그 개개의 조각이 잘 다듬어 져야 합니다. 옷과 외모는 이탈리아 모델인데 입에서 나오는 얘기는 머리 텅 빈 소리나 하면 확 깨는 것이고, 그런 사람은 아무리 겉모습이 멋져도 결코 멋진 스타일의 사람으로 불릴 수 없습니다.

사람을 분류하는 기준 중 하나는, 필요해서 물건을 사느냐 물건 자체가 좋아서 사느냐 입니다. 전자는 흔히 물욕이 없는 사람이겠고, 후자는 저를 포함해 대부분 패션 좋아하는 사람일 겁니다. 좋고 이쁜 것들을 모으고 싶고 필요 이상 보유하면서 만족감도 느끼는 부류지요.

한 가지 드는 생각은, 물건을 손쉽게 얻을 수 있으면 재미가 없다는 겁니다. 가령, 제가 떼돈을 번 중국 갑부이고 조 말론 매장 가서 모델별로 싹쓸이를 한다고 해봅시다. 한 500만 원 쓰면 될 테지만 과연 그렇게 하는 게 무슨 재미가 있을까요. 예산 제약하에 하나하나 따져보고 기회 되면 한 개씩 사면서 콜렉션을 늘려가는 게 재미이고 만족인데 말이죠. 그래서 갑부들은 가구, 오디오, 자동차를 수집하다가 결국엔 비행기나 그림을 수집하나 봅니다.

물욕이 있고 없음을 가치판단할 생각은 없습니다. 그냥 그렇게 사람이 생겨먹은 건데 부모를 원망할 수도 없는 것이고요. 다만 분수를 크게 오버하지 않는 선에서 물욕을 갖는 것은 좋다고 생각합니다. 삶의 소소한 즐길거리이고 낙일 수 있습니다. 그리고 그러한 욕심이나 욕망도 삶에 대한 열정과 에너지가 마르지 않았다는 반증 아니겠습니까. 제 아버님과 여러 어르신을 지켜봐보면, 젊을 때 심취했어도 어느 순간이 되면 물건에 더는 집착하지 않으시더군요. 그리고 평생 수집 및 소장하셨던 것도 팔거나 누구 주거나 자식과 손주에게 물려주거나 그냥 무관심 창고행 시켜버리십니다. 공수래공수거가 되는 수순이 자연스러워 보이기도 하지만 마음 한편 어딘가 안타까움도 있습니다.

일본 갔다가 한국에 오니 새삼스러운 모습이 있습니다. 한국 사람들 거의 다가 똑같은 생김새와 표정을 지니고 있다는 것. 다시 말해, 전 세계 거의 유일한 단일민족계의 넘사벽 나라라는 것.

일본만 봐도 한국인 닮은 꼴, 전형적인 이치로 스타일의 일본 얼굴, 서구인 느낌의 얼굴, 남방계 얼굴 등 같은 동양인이지만 다민족 국가라는 느낌이 듭니다. 일본도 이런데 미국, 유럽은 말할 것도 없고, 중국도 몇 백 개 민족이 뒤섞여 있지요. 다 똑같아 보이는 아랍도 이 종족 저 종족 뒤섞여서 서로 총질할 정도고, 아프리카도 부시맨 스타일이니 뭐니 해서 제각각입니다.

146

온갖 인종이 섞인 남미는 말할 것도 없고, 동남아에 가도 중국계, 말레이계, 인도계 등으로 뒤섞여 있습니다.

지금 시대에 어느 나라의 정치인도 "우리 앵글로색슨 내지 우리 (중국) 한족의 영원한 발전을 위하여"라고 떠들다가는 총 맞습니다. 유독, 거의 유일하게 한국만 유구한 역사의 한민족을 떠들고 있지요. 뒤집어 생각해보면, 전 세계 거의 유일하게 남은 종족민족주의 국가에, 완벽하게 공공연한 인종 차별주의 국가입니다.

야구 경기에서 일본을 이기면 '도쿄 정벌', 한류가 휩쓸면 '한민족의 우수성'으로 멍청한 기자들이 더 멍청한 제목을 뽑는데, 꼭 제2차세계대전 때 제국주의 발상이지요. 이런 마인드라면 우리나라가 제2차세계대전 시 강대국이었다면 독일, 일본, 이탈리아 못지 않았을 수도 있었겠다는 생각도 듭니다. 강자 입장에서의 민족주의는 파시즘과 제국주의로 발전했고, 약자 입장에서의 민족주의는 독립과 주체를 위한 방어기제로 작용했지만 21세기 현 시점에서 민족주의는 바람직한 이데올로기가 아닙니다.

요즘 젊은이들 중 일부는 민족주의와 애국주의를 동의어로 생각하는 듯한데 둘은 분명히 다릅니다. '우리 민족'의 자존심, 독립, 자립, 번영 등의 개념을 고집하는 것이 꼭 '우리나라'의 발전과 같은 방향이 아닐 수 있습니다. 과거에 집착하기보다 미래를 우선해야 하고 지키고 막기보다 합리적인 개방과 경쟁을 유도해야 하며, 조선시대마냥 명분에 갇혀 세월아 네월아 갑

론을박하기보다 민생에 대한 실사구시를 앞세워야 합니다. 또
한 하향평준화가 아닌 인재양성을 중시해야 하고, 우리 민족
만의 이익과 자존심이 아닌 글로벌 국가들과 파이를 나누고
키우고 협상하면서 좋든 싫든 득과 실을 따지며 거래해야 합
니다. 다시 말해, 우리 민족의 발전이 아닌 대한민국의 발전을
얘기해야 합니다. 제가 볼 때는 이런 개념이 진짜 진보입니다.
한국은 폐쇄적 수구 민족주의를 진보라는 두 글자로 줄여 부
르고 있습니다.

아인슈타인이 말한 시공간의 보이지 않는 연결구조가 우주의
모습을 결정하듯이, 사람의 운명 또한 주위 사람과의 보이지
않은 구조에 의해 좌우됨을 느낍니다. '나'라는 하나의 별이 다
른 별의 중력에 의해 빙빙 돕니다. 혜성에 부딪히기도 하고 초
신성 폭발로 인해 데기도 합니다. 자체 중력으로 위성을 거느
리기도 하고 파편을 모아 새로운 별을 만들기도 합니다.
한 사람 한 사람이 우주라는 말을 조금은 알 것 같습니다. 이
연결구조가 운명론적인지 아닌지는 모르겠습니다. 분명한 것
은, 우리 또한 우주의 별과 마찬가지로 제각기 떨어져 있지만
내가 어떻게 하느냐에 따라 연결구조를 바꿀 수 있다는 사실입
니다. 이기심을 줄이고, 공생을 도모하고, 남 상처 주는 말을 조
심하고, 진정성 있는 선한 마음을 가지면 목성의 한낱 위성이
었던 별이 어느 순간 태양처럼 많은 별을 아우르고 에너지를
공급하는 큰 별이 될 것입니다.

제가 주구장창 드리는 메시지는 일관됩니다.

① 이제 100세까지 산다.

② 50세 1막이 끝나면 나머지 100세까지가 2막이다.

③ 2막 준비가 없으면 노년이 극도로 불행해지는 환경이다. 그것도 50년간.

④ 이건 청년실업보다도 더 풀기 어려운 사회문제이자 모든 사람의 현실이다.

⑤ 2막 준비에 여러 길이 있지만

⑥ 자기가 잘 아는 분야에서의 길이면 성공 확률이 높다. 또 좋아하는 것이면 행복감도 높아진다.

⑦ 따라서 덕후질에서 길을 찾는 것도 주요한 대안이다.

제 기억에 세종문화회관이 대중음악 공연을 허용한 것은 1990년대쯤 패티김 공연부터였습니다. 한때 매우 보수적인 곳이었고 미국 카네기홀처럼 무대에 한번 서보는 것으로 영예인 시절이었습니다. 장르에 상관없이 공연이 가능한 지금의 운영이 권위주의적 시대 종말과 더불어 바람직한 현상이라 봅니다. 운영 측면과는 별개로, 과연 우리나라에 격식 있고 고상해보이는 가치나 문화가 과거엔 존재했었나요? 지금도 보존되는 것이 있나요? 지금까지 이어온 가치는 의미 있는 건가요?

몇 년 전 예술의전당에 주말 클래식 공연이 있어 풀정장을 하고 갔다가 청바지 부대 속에서 삘줌했던 기억이 있습니다. 그 이후로 제가 다시는 클래식 공연장에 정장 입고 안 갑니다. 그런데 가만 생각해보니, 어쭙잖은 지식으로 복장을 논하는 저만 해도 제 옷장에 턱시도 한 벌 없고 그거 없어도 사는 데 아무 지장이 없더군요.

턱시도 문화가 서양처럼 과거부터 내려오는 전통도 아니고, 그렇다고 우리가 억지로 귀족티 내면서 차려입을 필요는 없겠지요. 다만, 재미 관점에서 정식 복장으로 가야 하는 공연과 이벤트가 종종 있었으면 좋겠습니다. 살아가면서 일 년에 한두 번 제대로 멋을 내 가는 곳이 있고 턱시도와 드레스를 입고 좋은 사람과 어울리는 외출의 기회가 있다면, 따분한 일상에 활력소가 되리라 생각합니다. 뭔가 존재감을 느껴보는 기회이기도 하고요. 유럽, 미국, 남미는 말할 것도 없고 심지어 동남아와 일본도 그러한 문화가 꽤 발달되어 있는 것으로 압니다. 어찌 보면 한국 사람은 꽤 실용적이면서 마초적입니다. 먹고 마시는 일은 귀족적으로 하려고 하면서 차려 입고 격식을 갖추는 일은 낭비거나 간지럽거나 혹은 재수없다고 보는 듯합니다.

대중 문화 발전과 더불어 격식 문화도 발전했으면 좋겠습니다. 왜냐고요? 왠지 저도 옷장에 턱시도 한 벌은 있어야 진정 워드롭의 완성이 될 터인데 지금으로서는 도무지 구입해야 할 이유가 없기 때문입니다.

넥타이를 왜 매지? 본질을 이해하는 데 '왜'라고 묻는 것만큼 좋은 방법은 없습니다. 사실 저도 넥타이를 왜 매는지 잘 모르겠습니다. 그냥 정석이고 인습이고 해야 하니까가 저의 답입니다. 그나마 의미를 부여한다면, 아마도 넥타이가 남성 복장에서 화룡점정이니까 맨다고 할 수 있겠죠. 정장에 넥타이가 없으면 허전하고 멋도 없고 정중하지도 않고 비즈니스 자리에서 예의도 아닌 것 같고 그렇죠. 마지막 한 획이 넥타이 같습니다. 매야 할 이유가 그것만으로도 충분하다고 생각합니다. 저는 겨울 되면 거의 울타이만 맵니다. 왜요? 특별한 이유는 없습니다. 겨울에 만지는 실크는 마음 돌아간 연인 같이 차갑고 서늘해서 목에 두르기 망설여지기 때문입니다.

프랭크 시나트라를 포함해 수많은 가수가 리바이벌했지만 저는 데이비드 보위의 '마이 웨이'가 제일 좋습니다. 중저음에 영국식 악센트도 매력적이지만 그  보다도 젊을 때부터 단 한 번도 초점을 잃은 적 없이 강렬하게 빛났던 그의 눈빛이 맘에 듭니다. 심지어 죽을 때까지도 그의 눈빛은 그대로였습니다. 불꽃 같은 삶을 살다가 저리 떠난 사람이 인생 막바지에 읊조리니 더 깊이 와 닿습니다.

외양과 본질

나이 든 아저씨가 젊은 감각을 잘 소화하는 경우 두 가지 요소가 작용합니다. 첫 번째는, 마인드와 라이프스타일 자체가 젊어야 한다. 삶과 사고방식이 국정원 원장 같은 분한테 귀여운 니트를 입혀 놓으면 그건 모욕을 주는 일일 겁니다. 두 번째는, 타고나기도 해야 한다. 나이들어도 어떤 옷이든 잘 소화하는 사람이 있는가 하면 뭘 입어도 주책바가지로 보이는 사람이 있습니다. 마인드와 라이프스타일이 젊다면 타고남의 불리한 조건도 극복 가능합니다. 어쨌거나 나이에 맞게 입든 나이보다 젊게 입든 옳고 그른 건 없습니다.

결론적으로 생각을 정리해보면, 말과 행동, 스타일이 '어울린다'는 것은 외양이 그 사람 자체에서 나오는 기와 아우라와 무난하게 잘 섞인다 라는 의미로 해석될 수 있습니다. 그리고 기와 아우라는 그 사람이 어떤 생각을 하고 어떻게 살고 있느냐를 드러내는 표식이기에 궁극적으로는 한 사람의 본질과 연관이 있습니다.

옷뿐만 아니라 모든 면에서 본인에게 어울리는 게 무엇인지에 대해 남들의 얘기를 역으로 따라가다 보면, 객관적인 내가 어렴풋이 보일 겁니다.

자기 단점을 더욱 크게 부각시키는 분들이 많습니다. 가령, 다리가 짧은데 7부 스키니진을 입는 경우가 그렇죠. 옛날에는 그런 분들 보면 꽤 안타까웠고 한편으론 조언도 해주고 싶었는데, 이제는 그냥 그게 편한가 보네 그러고 맙니다. 혹은 다 내려놓은 분인가 보다 훌륭하시네 라고 생각합니다. 패션에 답이란 없으니까요.

이제는 개성과 다양성 그 자체로 존중받는 시대입니다. 어떤 정형화된 일반론이나 프레임에 무언가를 끼워 맞추는 행태는 이제 고루하고 언패셔너블합니다. 단순히 겉모습과 복장에 관해서만이 아닙니다. 생각에 있어서도 정확히 똑같은 관점이 적용됩니다. 생각과 사상 분야에서 패피와 패테가 있다는 얘기입니다. 누군가가 "짧은 다리에 7부 스키니진을 입는 건 아름답다. 다리가 길고 짧음이 미를 결정하지 않는다. 이 스키니진을 입을 때 나 자신이 가장 자연스럽다"라고 말했다 가정해봅시다. 이때 생각의 패피는 말뜻 그대로 받아들이든 말든 동의하든 안 하든과 별개로 그 사람의 개성과 선택을 존중합니다. 반면 패테는 지긋지긋한 오지랖을 떨던지 아니면 눈 버린다는 둥 테러를 가합니다.

우리 주위에 온오프를 가리지 않고 너무도 많은 패테가 존재합니다.

찰리 채플린의 어록 중에 이런 말이 있습니다.

"나는 돈을 벌려고 사업을 시작했고, 하다 보니 예술이 나온 것뿐이다."

"인생은 욕망이지, 의미가 아니다."

그분에 대해 잘은 모르나 꽤 시니컬하고 가식 없고 솔직한 분 같습니다. 저는 두 말에 깊이 공감합니다. 어느 누가 시작부터 성인군자, 불멸의 예술가가 하듯 의미 있는 업적과 작품을 만들어내겠습니까. 대다수는 업을 위해, 입신양명하기 위해 발버둥치다가 난놈이 되거나 도가 트는 거지요. 그렇게 생각하니, 채플린 옹의 말씀에서 모순이 발견됩니다. 그래서 제 나름의 어록으로 재해석합니다.

"인생은 욕망에서 시작해 욕망으로 끝나거나 어쩌다 의미를 찾거나, 둘 중 하나다."

바닷가에. 혼자 와서. 책 보는 사람. 멋짐.

저는 책을 많이 읽는 사람이 좋습니다. 그들의 일반적 특징은 많이 알아도 크게 아는 척 안 하고, 목소리 크게 높이며 개거품 물지도 않고, 언행에 가벼움이 없습니다. 무엇보다도 다방면에 말이 잘 통해서 좋습니다. 물론 아무리 책 많이 읽고, 말 잘 통하고, 성숙하고, 배울 점 많은 사람이라도 재미없으면 절대 안 봐요.

사실 저는 다른 사람보다 유리한 상황에서 사업을 시작했습니다. 이미 다른 사업체도 경영하고 있었고, 온라인에 많은 팔로워가 있었고, 무엇을 어떻게 할 것인가에 대한 방향성도 매우 확고했습니다. 그렇더라도 내 이름 걸고 목숨 건다는 자세로 긴 시간 달렸다는 것 또한 사실입니다. 상황이 유리하건 아니건 새로운 길을 찾아나가는 모습을 보여주고 싶었고, 내가 말하는 길이 빈말이 아닌 실제 실현 가능한 길이란 것을 증명하고 싶었습니다.

요즘 제가 느끼는 건, 학생이건 은퇴를 앞둔 부장님이건 '내가 하고 싶은 게 무엇인가'에 대한 자기 답을 갖고 있는 비율이 5퍼센트 미만 같다는 겁니다. 누가 저에게 네가 가진 유리한 조건 중 단 하나만 가진다면 뭘 가질래 물어본다면, 저는 1초도 주저 없이 대답합니다. 뭘 할지를 확실히 알고 있었다는 것이라고.

마술은 밸런스에서 나옵니다. 안경 모양새와 더불어 제가 가장 심혈을 기울이는 것이 밸런스입니다. ① 브릿지(Bridge: 두 림을 다리처럼 연결하는 부분)의 길이와 형태 ② 림의 쉐입과 크기 ③ 안경 특성에 맞는 적절한 엔드피스(End Piece: 전면부 양쪽 끝에 튀어나온 곳으로 템플(다리)과 연결된 부분) 길이. 이 세 가지가 한 몸으로 어색하지 않은 균형을 이루는 것이 최적화된 밸런스입니다. 저보고 프레임몬타나의 가장 큰 장점이 뭐냐고 묻는다면, 저는 숨도 안 쉬고 밸런스라고 대답할 겁니다.

맨 구닥다리 빈티지만 끼고 사니까 시대에 뒤쳐지는 것 같은
기분이 들었습니다. 냉정히 생각해보니, 옛 것과 클래식과 빈
티지를 사랑한다는 것은 잘 아는 게 옛날 것밖에 없다는 얘기
일 수도 있겠더군요. 요즘 노래나 신발과 안경도 나름 가치가
있을 텐데 어느 순간부터 듣지도 보지도 사지도 않게 된 저를
발견했습니다. 그러고선 주구장창 빈티지만 좋다고 떠들어대
니 신종 하이브리드 꼰대질이 아니고 뭐겠습니까.

프레임에 갇히지 말고 오픈하자는 마음으로 요즘 인기 있는 신
발을 둘러보다가 제 스타일을 발견했습니다. 베이퍼맥스와 에
어맥스97. 두 개를 들이면서 몇 가지 사실에 놀랐습니다.

첫째, 리셀가가 발매가의 3~4배가 되더군요. 왜 로또라고 하
는지 이해가 됩니다. 눈 돌아가서 그 돈 주고 사는 멍청한 놈이
있으니 그리 파는 거겠죠.

둘째, 실제 신는 사람이 길거리는
물론 SNS상으로도 잘 안 보입니다.
다들 리셀러인가? 신발은 신으라고
있는 건데 다들 아까워서 진열만 하
나 봅니다. 전 마구 신으려고요.

셋째, 짝퉁이 범람하는데 그 수준이
놀랍습니다. 어떻게 포장 속지까지
똑같이 베낄 수 있는지. 도대체 어
떤 메커니즘으로 짝퉁이 만들어지
는지 궁금합니다. 전문 공장이 따로

있는 건가요. 돈 되는 일에 불가능이란 없어 보입니다.

운동화 시장도 꽤 다이나믹하고 재미있습니다. 나중에 '운동화의 경제학'이란 제목의 책을 써도 꽤 시사점이 있을 듯합니다. 책 번역하다 알게 되었는데 역사상 약 15억 원에 리셀된 운동화 쪼가리도 있습디다.

영화 〈이터널 선샤인〉을 봤습니다. 이터널 러브는 왜 그다지도 보기 어렵고 흔하지도 않고 사실상 불가능해 보일까요? 왜 연인이란 관계는 처음 스파크가 튀면 죽기 살기로 물고 빨다가 일 년쯤 지나면 그다지도 침착해져 있나요? 왜 싫증이 나나요? 왜 질리나요? 왜 의무감으로 만나야 하나요?

어차피 인간은 생물학적으로나 심리학적으로나 싫증내게 만들어졌습니다. 생물학적으로 종족 번식과 생존이 삶의 가장 큰 이유였던 진화 단계를 통과하던 시절, 한 명의 배우자에게 만족하는 것은 가장 죄악시되는 행위였을 겁니다. 참 아이러니하지요? 문명의 발전과 생물적 본능의 반비례 상성. 그 속성을 현시대는 도덕이라고 정의하지요. 심리학적인 관점에서는, 인간의 시조 때부터 고립이란 곧 죽음임을 알아야 합니다. 무리로부터 왕따를 당하는 것은 생존과 직결되는 문제였습니다. 혼자서는 맹수의 공격, 기근, 추위를 이길 수 없기에 단 한 명과의 유대보다는 가능한 많은 상대와 긴밀한 정서적·감정적 관계를 맺어야 했습니다. 그리고 아직까지 우리에게는 이 본능이 남아 있습니다. 그러니 인간의 이성과 참을인 자에만 의지할 것이 아니라 나름의 어떤 노력이 필요할 수 있습니다.

제가 결론적으로 하고 싶은 얘기는, 좋으면 좋을수록 아끼라는 겁니다. Don't abuse your love. 두 가지를 제안 드립니다. 첫째, 매일 만나지 마라. 일주일에 한 번, 많아야 일주일에 두 번 만나라. 둘째, 서로 존댓말을 써라. 반말을 쓰는 순간 행동도 반말 같이 변한다. 이 두 가지만 지켜도 사랑의 유효기간은 길어지거나 혹은 이터널해질 수 있을 겁니다.

토성의 위성 엔셀라두스Enceladus. 하얀 달. 태양계에서 생명이 존재할 가능성이 있는 곳 중 하나죠. 영하 200도가 넘는 표면에요? 지구인 대구통 상식으로는 이해가 안되죠. 저 얼음 표면 밑에 바다가 있고 또 바다 밑에는 열 에너지원이 있기에 생명의 가능성을 조심스레 예측합니다.

지구로 돌아와 바닷속 깊이 내려가 봅시다. 그러면 태양에너지는 아예 존재도 없고, 수압만 해도 우리가 1초 만에 오징어가 될 정도이고, 춥고, 어둡고, 먹잇감도 없죠. 어떤 수중 생물이 진화를 거듭해 그 깊은 곳까지 내려갔을리도 없겠죠. 허나 그 깊은 곳에 열수공이란 게 있지요. 지구 속 열에너지가 틈새로 뿜어져 나오는 곳. 네, 거기에는 새우 같은 생물도 있고 괴상한 물고기도 살아 움직입니다. 아마도 그곳에서 생명이 잉태됐

을 겁니다. 또한 옐로우스톤의 펄펄 끓는 황 가득한 물에도 생명이 산다고 하고, 우주로 데려간 어떤 미생물은 몇 년간 우주 방사선을 온몸으로 받아내고도 무사귀환했다고 합니다. 이런 팩트를 종합해보면, '어쩌면' 생명이란 우리 생각보다 꽤나 쉽게 생겨나고 또 쉽게 소멸하지도 않는 그런 것일 수 있습니다. 그러나 유기물이 어떻게 복잡·다난·정교한 생명으로 변할 수 있는지 인간 대구통으로는 해독 불가입니다.

얘기의 본론이자 결론은 이렇습니다. 그래 좋다, 여기도 생명 저기도 생명이 있다고 치자. 그러나 두 가지 조건을 충족하지 못한다면 대체 뭐가 그리 대단하겠나? 첫째, 물속이 아닌 땅 표면 위에서의 진화여야 한다. 둘째, 팔(손 포함)이 있는 진화여야 한다. 똑똑한 돌고래가 물속에서 진화해서 아이큐 200이 되면 뭐하나, 물속에서 물고기나 잘 잡겠지. 똑똑한 공룡이 진화해서 아이큐 200이 되면 뭐하나, 사냥이나 잘하겠지. 결국 이 '팔'의 있고 없음이 단순 생존을 위한 존재와 문명을 만드는 존재를 가름한 것 같습니다. 기승전팔입니다. 팔이 있고 나서 머리가 발달한 것이지, 인간이 머리가 똑똑해서 인간이 된 게 아니라 봅니다. 오늘 테니스 단식을 세 시간 쳤더니 팔이 빠질 것 같습니다. 팔을 아껴야겠습니다.

¹³⁷
갑
속

아인슈타인도 개발 못한 시간을 천천히 가게 하는 공식을 제가 개발했습니다. 문과 출신으로서 수학 없이, 인문학적 관점으로요. 진리는 늘 애매모호합니다. 수학처럼 딱 떨어지지 않습니다. 그리고 진리는 대부분 말과 글로만 접할 수 있을 뿐입니다. 직접 그 세계로 가서 실체를 볼 능력이 있는 사람은 거의 없다고 봐야 합니다. 본 사람이 있다고 한다면, 인간 세계에서는 그를 지존 또는 성인, 신으로까지 추앙하지요. 그만큼 현실의 3차원 세계를 넘어 4차원 이상을 들여다보는 게 어렵다는 얘기입니다. 본론으로 돌아와, 제가 인문학으로 최소한의 수학을 이용해 개발한 공식으로 노벨물리학상을 타고 싶습니다.

인지적 시간 속도=(나이×뇌세포 숫자 감소)^2-((공상적·자율적·괴기적·전지적 자유 작가 시점 레벨×무대포 실행지수)$^{\wedge}exp^{\wedge}2$))

공식에서 마이너스 부분이 커지면 현실적으로 시간이 천천히 갑니다. 1년이 3년 같이 천천히 갑니다. 타임머신은 분명히 존재합니다. 지난날 실수를 되돌릴 수는 없지만 앞으로의 시간을, 늙어가는 시간을 충분히 느리게 조절 가능합니다.

언제부터인가 〈나는 솔로〉라는 연애 프로그램을 즐겨 보기 시작했습니다. 시청할 때마다 두 가지 생각이 듭니다.
첫 번째, 출연자들은 저리 위험천만한 캐스팅에 왜 자원했을까? 조금만 잘못해도 전 국민이 손가락질 해대고 빌런 취급을 할 텐데. 출연으로 끝나는 것도 아니고 영상에 박제되어 천년만년 남을 텐데. 과연 무엇이 그들을 움직였을까요? 대단한 자신감 내지 대단한 무지가 아니고서는 저 전쟁터에 참가하기란 쉽지 않습니다.

두 번째, 아무리 정신 무장해도 은연중에 본인의 참모습이 드러날 수밖에 없겠다. 5박 6일 합숙 내내 마이크를 매단 채 잠도 제대로 못 자고 음주에 새로운 사람 만나면서 온갖 스트레스를 받다 보면 망가지거나 실수하는 모습이 안 나올 수가 없습니다. 제가 출연했어도 내 모습이 어떻게 그려지고 무엇이 드러날지 장담 못 하겠고, 솔직히 자신도 없습니다.

한편, 시청자의 군중심리도 보입니다. '하나만 딱 걸려 봐, 너 결국 어떻게 되는지 한번 지켜보겠어'하면서 누구 하나 망가져야 재미있다고 아우성칩니다. 비난받을 만한 언행이나 빌런 짓이 없으면 노잼이라고 깝니다. 참으로 잔인하고 섬뜩한 모습입니다. 참가자가 크게 욕먹을수록 시청률이 올라갑니다. 그는 그저 평범한 일반인인데요.

소위 '리얼' 프로그램 이면에 깔려 있는 무서운 본질을 깨닫고 보니 생각이 많아집니다. 나 또한 군중 속에 숨어서 누군가 망가지거나 욕먹는 모습을 보며 즐기는 건 아닐까? 힘 없는 사냥감을 앞에 놓고 물어뜯는 하이에나와 뭐가 다를까? 이게 과연 정신적으로 건강한 모습일까? 이런 배경까지 알면서 굳이 계속 봐야 하나? 답은 잘 모르겠습니다. 예능 프로그램 하나 보면서 생각이 많은 건가요? 그냥 재밌으면 보고 재미없으면 안 보면 될까요? 그게 답일지도요.

무엇을 보면서 즐거워하기보다는 무엇을 하면서 즐거워함이 더 커야 할 듯합니다.

탁월의
1mm

1mm

makes

a difference

2010년 월드컵이 열리기 바로 직전 시기 박지성의 폼을 기억하는 분이 있을지 모르겠습니다. 저는 제발 월드컵이 열리지 않기를, 그래서 지성 박이 그 폼 좀 계속 유지해주기를 바랐습니다. 아니나 다를까 월드컵 이후 박 선수 무릎도 안 좋아졌고, 다시는 그 전의 모습으로 못 돌아가더군요.

2010년 월드컵 직전의 그 때는 박지성이 팀 리더이자 모든 공격의 매개체이자 창의적인 플레이어로서의 시작이었습니다. 공이 일단 박지성에게 가면 무슨 일이 벌어졌습니다. 그 잠시 동안 그는 맨유의 넘버원이었습니다. 그런 수준 높은 공간 확보, 침투 패스, 드리블 앤 대시 등 요즘 어떤 유럽축구를 보더라도 그 때의 박지성 수준으로 축구를 잘 아는 선수를 찾기란 쉽지 않습니다. 물론 한국의 유럽 축구 개척자이자 레전드인 차범근 선수, 더욱이 손흥민 선수는 믿을 수 없죠. 영국에서 득점왕에 팀 주장에 만화 같은 캐릭터입니다. 다만, 드리블 잘하고 골 많이 넣는다는 것과 어떤 경지에 이르는 것은 다를 수 있습니다. 2010년 월드컵 전 시기 박지성 선수는 일종의 경지를 찍은 것으로 제겐 보였습니다. 그건 아마도 중계를 보는 사람이 그에게 공이 갔을 때 그가 어떻게 해줬으면 좋겠다고 생각했는데, 진정 그렇게 플레이를 해주는 경지일 겁니다.

노박 조코비치는 나에게 평생의 적이었건만 그는 나로 하여금 결국 본인을 원하게 만드네요. 뭐든 최고로 잘하면 멋져지는 것입니다. 적일지라도.

간지 없어 보여도 간지 나는, 핏이 없어 보여도 핏이 사는, 티를 내지 않아도 티가 나는 이런 현상을 뭐라고 불러야 할까요? 아마도 그걸 아우라라고 하겠지요.

아우라가 나는 사람. 아우라가 나는 물건. 멋의 종착역이 아닌가 싶습니다.

성공한 CEO들을 인터뷰해 보니 공통점이 한결같네요.

첫째, 평탄히 성공가도에 오른 사람이 없다. 열이면 열 모두 몇 번씩 실패하고 좌절을 경험했습니다. 상장하기까지, 기업가치가 증폭하기까지 적어도 10년의 세월을 버텼습니다.

둘째, 정말 열심히 한다. 대충 하는 사람 없습니다. 진짜로 자기 두 손 두 발로 열심히 움직입니다.

셋째, 선구자적 기질이 강하다. 남이 먼저 간 길이나 유행으로 번진 길을 따라 간 사람이 없습니다. 자기 분야에서 새롭게 도

전하거나 아예 새로운 길을 찾습니다.

넷째, 좋게 말하면 곤조, 험하게 말하면 또라이 기질이 있다.

성공은 결단코 쉽게 주어지지 않습니다. 네버 에버.

저는 안경 디자인 개발할 때가 세상 제일 재밌고 즐겁습니다. 다른 일은 지겹고 하기 싫은 것투성이지만 이 일만은 가슴이 움직입니다. 제가 안경 만들어 파는 일을 할 수 있는 원동력이 여기에서 나옵니다.

그런데 안경 사업하면 앉아서 즐겁게 안경 디자인이나 하고 매일 재밌을 것 같죠? 그 일은 전체 일의 20퍼센트도 안됩니다. 나머지 80퍼센트는 죄다 골치 아픈 일입니다. 돈, 사람, 거래처, 고객, 매출, 비용 등의 문젯거리가 눈앞에 있습니다. 덕후질에서 길을 찾든, 자기 좋아하는 것으로 업을 삼든 마냥 환상적이고 늘상 행복감을 느끼는 일이란 없습니다.

그럼에도 제가 왜 자꾸 덕후질에서 길 찾으라 하고, 자기 좋아하는 일을 찾으라 할까요? 가장 큰 이유는, 행복이고 나발이고

를 떠나 '경쟁력' 때문입니다. 진심 즐기고 좋아하는 분야를 파는 사람은 억지로 하는 사람보다 깊이가 다르고 성장 속도도 빨라 남다른 실력

을 가질 수 있습니다.

두 번째 이유는, 그것이 '차악'이기 때문입니다. 일은 누구에게나 일입니다. 일이 막 즐겁다는 사람들, 저는 솔직히 비정상이라고 봅니다. 상식적으로, 일하는 게 뭐 그리 재밌습니까? 어쩔 수 없이 밥 먹고살기 위해 하는 게 일이죠. 이게 80~90퍼센트 세상사람 마음속 생각이죠. 기왕 하는 일 20퍼센트라도 가슴 뛰는 구석이 있다는 게 얼마나 다행이고 큰 힘입니까. 제가 직접 경험한 일입니다. 왜 내가 좋아하는 일을 찾아야 하는가에 대한 근본적인 대답입니다.

써놓고 보니 누구나 다 아는 교과서 얘기네요. 그런데 제가 사업을 해보니, 돈 잘 벌고 일이 성공적으로 굴러가면, 좋아서 하는 일인지의 여부에 상관없이 행복하고 열심히 하게 되기도 합니다. 그러하니 꼭 자기가 좋아하는 일을 찾는 것만이 답이 아닐 수 있습니다. 가장 잘할 수 있는 일을 찾는 것도 답일 수 있겠네요. 정리하면 이렇습니다.

① 성공하면, 좋아하는 일이든 아니든 상관없다. 다 행복하다.

② 좋아하는 일을 업으로 할 때 성공가능성이 높아진다.

③ 좋아하는 일과 잘하는 일이 꼭 같지는 않다.

④ 최선은, 좋아하는 일을 하면서 성공하는 것이다.

⑤ 최악은, 좋아하지 않은 일을 하면서 성공도 못하는 것이다.

따져 보니, 자기가 좋아하는 일을 하면 적어도 최악인 다섯 번째는 피할 수 있다는 얘기네요. 그거 하나만으로도 내가 좋아하는 일을 찾아야 할 명분은 성립되지 않나요?

뉴욕 1가부터 99가까지 즐비하게 서 있는 초
고층 빌딩 사이를 아무리 돌아다녀봐도 뉴욕이
라는 도시의 최고 랜드마크는 크라이슬러 빌
딩과 엠파이어스테이트 빌딩 같습니다. 너무
나 많은 스토리를 담고 있는 빌딩이니까요. 게
다가 저리 이쁘기까지 하고요. 스토리, 역사, 명
성은 하루아침에 만들어지지 않습니다. 인생사
매한가지이고요. 쌓고 쌓고 쌓아야 인정받기
시작합니다.

일정 수준의 기술을 구사하는 상대끼리의 단식 승부는 결국 체력에서 결판나곤 합니다. 체력이라는 바탕이 단단해야 정신력도 바로 서고 움직임과 집중력도 유지됩니다. 그렇다면 운동만 하면 체력이 좋아지나요? 생각해보니, 체력 또한 삶의 거울입니다. 내 생활, 내가 먹는 것, 내 건강 상태, 내 루틴 등 내 모든 것의 좋고 나쁨 상태가 모두 반영되어 결집된 것이 바로 체력입니다. 테니스를 잘 치려면 기술 습득만으로는 안 됩니다. 잘 살아야 합니다. '반듯이' 살아야 합니다. 좋은 삶을 살아야 경기에서 이길 수 있습니다.

구찌 사가 '가옥'이라 명명한 이태원 플래그십에 초대받아 간 적이 있습니다. 인테리어부터 제품, 고객 서비스까지 어느 하나에도 스토리와 정성과 역사와 돈 투자가 있더군요. 한순간에 명품이라는 제국을 쌓는 게 아님을 새삼 느꼈습니다. 한 가지 더. 이탈리아 본사가 한국을 특별히 배려하고 신경 쓰고 있음이 느껴졌습니다. 한국만큼 명품 장사 잘 되고 성장하는 곳도 드문데다 K 연예스타·인플루언서가 글로벌 명품 시장에 끼치는 영향력이 크다고 판단해서인 듯합니다.

이것저것 다 떠나서 소품부터 의류, 신발, 가방, 액세서리까지 군침 흘리도록 이쁘더군요. 물론 가격 보고 나면 우이쒸지만. 좋은 게 좋고 이쁜 게 이쁜 건 사실입니다.

이제 명품은 투자 자산이지 소비재가 아닙니다. 훗날 중고가 되더라도 언제든지 리셀 시장에 70~80퍼센트에 되팔 수 있는 자산이죠. 심지어 어떤 것은 구매가보다 비싸게 팔 수도 있지요. 일반 회사원, 평범한 학생도 돈 모아서 구매하는 대상이 되었습니다. 상류층만의 전유물이 아닌 겁니다. 그 결과 샤넬 같은 곳은 매장 한 곳 연매출이 평균 1천 억 원 이상을 기록합니다. 중견기업 실적과 맞먹는 숫자입니다. 그러니 가격을 그렇게 올리죠.

거두절미하고, 일단 이쁘고 아름답습니다. 누구나 갖고 싶게 만듭니다. 둘째, 이게 정말 중요한데, 소비재를 소비재가 아닌 자산으로 격상시켰습니다. 우리나라 브랜드와 물건 중에 실컷 쓰다가 시장에 내놔도 감가상각 거의 없이 되팔수 있는 게 몇 이나 될까요? 명품이 뭐 어쨌느니 험담만 할 게 아니라 명품이 왜 명품이고 왜 누구에겐 선망의 대상인지, 어떻게 자산의 지위까지 오르게 되었는지 생각해봅시다. 배울 건 배워야 하고 부러워해야 할 건 부러워해야 합니다.

신기하게도, 오직 삼성 계열 호텔에서만 느낄 수 있는 게 있습니다. 호텔 직원의 완벽성입니다. 말투, 표정, 선을 넘지 않는 최대의 친절, 외모(잘생김 못생김을 말하는 게 아님. 얼마나 단정하고 인상이 좋은가를 얘기하는 것임), 청소의 무결성 등에서 저들만의 무엇이 있습니다.

언젠가 조선호텔 옆에 있는 L호텔에서 저녁을 먹었습니다. 딱히 나쁜 건 없었는데 조선의 직원이 풍기는 분위기와 동급의 서비스 느낌은 없더군요. 어딘가 거칠고 센스가 떨어진다고 해

172

야 할까요.

저는 궁금합니다. 조선과 신라의 인력 선정 기준, 더 중요한 비밀인 직원 서비스 트레이닝 노하우가 무엇인지 알고 싶습니다. 그리고 배우고 싶습니다. 해외 포시즌스 호텔보다도 나으면 나았지 떨어질 게 없습니다. 제가 이렇게까지 극찬하는 이유는, 오랜 시간동안 보여준 일관성과 실수 없음 때문입니다.

"나는 살아 있는 사람 중 가장 현명한 사람이다. 왜냐하면 나는 한 가지를 알고 있기 때문이다. 그것은 내가 아무것도 모른다는 것이다."

아인슈타인의 이 말은 허세적 겸손함이 아닙니다. 더닝크루거 실험이라고 있습니다. 학부생 대상으로 이해력 테스트를 받게 한 뒤 본인이 받을 성적을 예상해보라고 합니다. 하위 25퍼센트 성적을 낸 학생들은 자기가 상위 40퍼센트 안에 들 것이라 과대평가합니다. 반면 상위 25퍼센트는 상위 30퍼센트 안에 못 들 것이라 과소평가합니다. 그 외 추가적인 내용을 생략하고 결론을 얘기하면 이렇습니다.

첫째, 무식할수록 자신을 높게 평가한다. 둘째, 무지하면 자기가 무식하고 무능한지 잘 모른다. 셋째, 무식하면 다른 사람의 능력과 업적을 제대로 평가하지 못한다. 넷째, 능력과 지식이 어느 정도 갖춰진 뒤라야 자신과 주변을 제대로 보고 평가하기 시작한다.

무식하고 무지한 것 자체는 죄가 아닙니다. 그러나 무식과 무지에 근거한 과도한 근자감으로 남을 힘들게 하거나 남이 힘겹게 쌓은 업적과 역량을 비하하고 우습게 보는 건, 제가 보기에 심각한 죄입니다.

자신감이란 건 근거 없는 착각에서 나오는 것도, 자기계발서 몇 권 읽는다고 툭 튀어나오는 것도 아닙니다. 지속적인 노력과 경험에서 서서히 차오르는 것입니다. 내가 비어 있다는 사실을 알아야 채울 길이 보입니다.

참 대단합니다. 노박 조코비치와 라파엘 나달. 둘 다 나이가 30대 중반을 넘어가건만 20대 초반보다 더 잘 뜁니다. 심지어 5세트 풀로 갈수록 지구력과 집중력이 강해집니다. 타고난 게 있고 훈련의 결과이기도 하겠지만 먹는 것 하나도 얼마나 철저히 관리했을까 싶습니다. 실제 조코비치는 거의 육고기를 안 먹는다 합니다. 술·담배 다 하고 정크푸드 먹고는 저런 몸 상태가 나올 수가 없습니다. 실로 자기 절제의 왕입니다.

돈도 많이 벌고 명예도 얻었고 아쉬울 것도 없는데 왜 한창 혈기왕성한 나이에 저렇게 수도승 같은 삶을 살까요? 로저 페더러를 포함해 이들 정상급 선수는 삶의 90퍼센트 이상을 테니스에 바치고 있습니다. 테니스를 진정 사랑하지 않고는 불가능한 일입니다. 그들은 테니스를 치고, 잘 치는 게 세상 무엇보다 행복한 겁니다. 이것말고는 다른 논리적인 설명이 전무합니다. 그만큼 사랑의 힘은 위대합니다. 도저히 포기를 모르게 만들고 불굴의 의지를 샘솟게 합니다.

1940~1950년대 생산된 최소 70년 이상된 신품들입니다. 아직까지 제 손에 넘어올 수 있는 새것이 있다는 게 신기합니다. 제가 프랑스 빈티지안경 수집을 시작했던 수년 전만 해도 이들에 깊은 관심을 갖거나 다량 매수하려는 경쟁자가 별로 없었습니다. 제 눈에는 보석 같은 물건인데 경쟁자는 드물어서 수집하기 참 좋았죠. 눈에 띄는 대로 모았습니다. 그러다보니 자연스레 프랑스와 다른 유럽에 있는 빈티지안경 전문 취급상들과 친하게 되었고, 저를 위해 좋은 물건을 따로 구해주기에 이르렀습니다. 그렇게 몇 년이 흘러가니 어느덧 제가 세계적인 프랑스 빈티지안경 수집가가 되어 있더군요. 빈티지신발 수집도 같은 과정이고요.

최근 몇 년 전후로 세계 빈티지안경 시장도 사뭇 달라졌습니다. 매물이 줄기 시작했고, 매물이 나오더라도 이쁘고 적당한 사이즈는 매우 희귀해지고 가격 자체도 두세 배 높아졌습니다. 아니나 다를까 취급상 쪽 얘기를 들어보니 일본에서 물건을 꽤나 집어간다 합니다. 그때 실감했습니다. 프랑스풍이 재조명을 받고 있구나. 세계 시장에도 새로운 트렌드가 불어오겠구나. 아무래도 지금 시대는 일본이 세계 안경 제조와 트렌드를

주도하니까요. 그 후 모든 게 현실이 되었습니다. 지금 하이엔드 안경 시장에서 아메리칸 스타일은 뒤로 물러섰고 프랑스풍의 감성과 디자인이 시장을 지배하고 있습니다.

한국보다 5년은 앞서가면서 패션 트렌드를 리딩하는 일본, 그 일본보다 한 발 앞서 제대로 된 프랑스풍 안경 브랜드를 론칭하고 유행시킨 나라는 다름 아닌 우리 한국입니다. 적어도 이번만큼은 우리나라가 일본을 앞섰습니다.

저는 조그마한 성취에 머무를 여유가 없습니다. 프레임몬타나는 크라운 판토 디자인의 안경을 시장에 내놓았습니다. 안주하면 망합니다. 경쟁력 유지와 브랜드 성장을 위해서는 끊임없이 비교우위와 차별화를 시도하고 만들어내야 합니다. 영광은 순간입니다. 경쟁자들이 호시탐탐 이빨을 가는 정글에서 그들보다 강해지지 않으면 도태될 뿐입니다.

〈이태원 클라쓰〉를 보다가 소름 돋았습니다. 회사(자기 자신 포함)냐 가족(아들)이냐를 놓고 결단 내려야 하는 장 회장을 보고 말이죠. 예를 들어, 한 15년 후 제가 프레임몬타나를 엄청 큰 글로벌 브랜드로 키워 놓았고 제 아들이 상무로 들어와 있는 경우를 생각해봅시다. 프레임몬타나는 저의 분신 그 자체인데 제가 회사에서 쫓겨나는 상황이 벌어진 겁니다. 비즈니스 세계에서 충분히 가능한 얘기입니다. 이 상황에서 망나니 아들 하나 지키자고 경영권을 포기하는 오너는 열에 아홉이 아니라 열에 열로 없을 겁니다. 드라마에선 드라마틱하게 연출했지만, 현실에서는 좀 더 세련된 방식으로 아들을 자리에서 내려오게 하겠지요.

웃긴 건, 장 회장이 프레임몬타나 안경을 쓰고 나와선지, 같은 경영자라는 입장이라서 그런지 일정 부분 장 회장이라는 인물에게 감정이입이 되더란 겁니다. 수많은 자기 직원들 먹여 살리고, 협력 기업과 관련 산업 종사자도 챙기고, 일자리도 만드는 가운데 자기를 보전하면서 이익도 창출하려면 때론 누구보다 냉혈한이 될 수밖에 없는 자리가 경영자입니다. 물론 비열한 방식으로 그리 해도 된다는 의미는 아닙니다.

경영자라는 책임자 어깨에 얹힌 의무를 다하려면 모든 사람에게 착하고, 모든 사람으로부터 좋은 사람이란 말을 듣는 건 애당초 불가능합니다. 오히려 그런 사람이 되려 하고 그런 이미지로 포장하려는 경영자가 있다면 사기꾼 느낌이 날 수도 있겠습니다.

올드머니 룩. 말이 쉽지 쉬운 스타일이 아닙니다. 대대로 부를 151 일궈온 가문만이 지닐 수 있는 특유의 미니멀함과 품위가 풍겨 나와야 합니다. 대단한 아우라가 필요한 룩입니다.

문자 그대로의 올드머니가 이런 룩을 보여 주는 경우를 주위에서 본 적이 있나요? 쉽게 볼 수는 없지만 분명 있기는 있습니다.

근래 케이블 채널에서 〈스파르타쿠스〉를 방영해주더군요. 이미 두어 번 정독한 미드인데, 다시 봐도 재밌네요. 예전에 볼 땐 드라마의 눈요기 거리에 탐닉했다면 이번에 마지막 회를 보면서는 어떤 메시지와 영감을 받았습니다. 작품의 의도가 그제야 보였습니다. '사람을 진정 위대하게 하는 것은 무엇인가?' 아니, 좀 더 쉬운 말로 '사람을 진정 스스로 움직이게 하고 앞으로 나아가게 하는 원동력은 무엇인가?'를 묻고 있었습니다.

돈? 명예? 권력? 이런 것은 인간으로 하여금 스스로 움직이게 하는 게 아닙니다. 그것의 노예로서 마지못해 움직이게 할 뿐입니다. 스파르타쿠스를 주체로서 움직인 것은 두 가지였습니다. 신념과 사랑. 그의 신념은, 노예로 사느니 자유인으로 죽겠다는 겁니다. 그의 사랑은, 주검이 된 그의 연인을 향한 영원한 마음입니다. 신념과 사랑 없이 대체 뭘 할 수 있을까요? 이 둘을 가지면 대체 뭐가 두려울까요?

간만에 실력 발휘 좀 하려 했더니 엘보가 말썽입니다. 사실 제 엘보 상태가 말이 아니었습니다. 주사도 맞고 쉬어줘야 하는데, 스포츠 테이핑 감고 보호대 찬 채 공을 쳤으니 미친 거죠. 아니나 다를까 팔에 통증이 느껴지니 더블 폴트 양산하고 빠른 볼 대처가 늦어지더군요. 시합 깨지고 나서 엘보가 아파서 졌다고 핑계 대기도 뭣해서 그냥 얘기 안 했죠. 안 하기 잘했죠. 꺼냈으면 두 번 진 거였을 겁니다.

2018년 호주오픈에서 정현 선수한테 3 대 0으로 졌던 조코비치 생각이 나더군요. 경기 후 인터뷰 때 어떤 기자가 물었습니다. "아직 부상에서 회복 안 되서 정현 선수에게 진 거 아닙니까?" 웬만하면 정색 안 하는 조코비치가 이 질문에 얼굴 붉히면서 "전혀 그렇지 않다. 정현 선수가 잘해서 이긴 거다. 그리고 그런 질문은 승자에 대한 예의가 아니다"라고 딱 잘라 말하더군요. 그게 스포츠맨십이죠. 지면 진 거죠. 패자는 깨끗이 승복함과 동시에 승자를 축하해주고, 승자는 패자에 대한 예우를 지키는 것이 스포츠맨십입니다. 물론 공정한 룰에 따른 승부라는 전제에서요. 우리가 배울 만한 쿨함 아닌가요? 스포츠맨십은 상식적인 예의의 문제이기도 합니다.

어떤 스포츠 종목이건, 어떤 예술 분야건, 무슨 직업이건 가령 중식당 셰프라도 일정 수준의 경지를 넘어서면 손짓 하나, 동작 하나가 그저 아름다워서 그 자체가 예술로 보입니다. 굳이 로저 페더러의 발레리노 같은 수려한 동작을 떠올리지 않아도, 어느

달인 중식 셰프가 보여주는 부드럽게 강한 웍질과 마술사처럼 면을 뽑아내는 기술만 봐도 그 자체로 아름다운 예술일 수 있습니다. 사람 자체가 아트입니다. 제 사진이야 얻어걸린 거지만요.

예술은 정의하기 어려운 단어입니다. 누군가는 고흐의 그림을 보면서 눈물을 흘리지만, 누군가는 뒷다리 들고 볼일 보는 강아지 모습을 아름답다고 넋 놓고 볼 수도 있습니다. 진정 개인 취향의 영역입니다. 저는 자의반 타의반으로 앤디 워홀전에 몇 번 갔습니다. 깡통 그림을 볼 때마다 내가 어떤 감동을 받아야 하는 건지 심히 고민하곤 합니다. 무식한 건지, 감성 고자인 건지 제 눈에는 발상의 혁신을 보여주는 증거가 그저 만화 같이 보입니다. 결론적으로, 워홀의 작품은 저에게 예술이 아닙니다. 저희 쇼룸에 두 개의 영화 포스터가 걸려 있습니다. 하나는, 1972년에 발매된 〈대부 1〉의 오리지널 포스터입니다. 술 한잔 걸치고 물끄러미 바라보고 있으면 깊은 감상에 젖어듭니다. 영화 속에서 가족들이 왁자지껄 행복했던 모습, 아버지가 아들에게 인생 조언 한 마디를 건네던 장면, 순수한 대학생에서 세상 짐을 어깨에 얹고 차갑게 변해가는 한 남자가 떠오릅니다. 당시 그 시대 아날로그 극장 앞에 줄 선 사람들, 길가의 재즈음악, 갱들이 으스대던 모습, 베트남전의 참상, 마약과 히피와 락앤롤, 포레스트 검프와 나이키 코르테즈 신발 등 여러 역사와 시대의 장면이 오버랩되면서 가슴 뭉클해집니다.

또 하나는, 〈스카페이스〉의 1983년 오리지널 빈티지 포스터입니다. 단 한 장면이 인상 깊게 뇌리를 스칩니다. 돈으로 쌓은 탑 꼭대기에서 그리도 허무하게 총과 약을 난사하며 절규 속에 죽어가는 주인공. 난 사람 좀 죽였고 약 좀 팔았지만 난 나름 정의롭고 난 가족에게 잘했고 난 열심히 살았고 죽을 개고생해서 여기까지 왔어. 난 최고야. 니들이 뭘 알아. 다 죽여버리겠어. 이 개 같은 세상아. 왠지 가슴이 먹먹해집니다.

이것들이 제게는 예술입니다.

회사에서 성공하는 사람은 똑똑한 놈이 아니라 끝까지 남는 놈이라고 하지요. 농담 아니고 진짜입니다. 똑똑한 놈은 다른 좋은 데로 옮기든, 공부한다고 유학가든, 너무 빨리 올라가다 자빠지든, 지 사업 한다고 뛰쳐나가든, 잘나간다고 안하무인이다가 적에게 밟히든 대다수 조직에서 사라집니다. 임원되고 올라가는 놈은 평균 이상 끈질긴 놈이 많습니다. 물론 똑똑하면서 차근차근 성공하는 사람도 있지요. 절대적으로 그렇다는 건 아니니 오해 마십시오.

사업가나 운동선수나 회사원이나 성공하는 유형은 대체로 비슷합니다. 사기치고 잔재주 부려서 초반에 앞서가는 놈보다는 끝까지 열정적으로 뛰는 놈이 위너가 될 확률이 높습니다. 마지막까지 뛰려면 의지만으로는 안 됩니다. 체력이 받쳐줘야 합니다. 성공의 기본 전제지요.

파트너사 선정 시 가장 중요한 건 두 가지입니다. 제품 및 서비스 퀄리티 그리고 가격. 이 외 경험 사례, 신뢰도, 성의, 적극성 등은 부차적인 기준입니다. 핵심은 저 둘이지요.

프레임몬타나의 파트너사 선정은 어떻게 이뤄졌을까요? 후보 3개 업체에게 프로토타입을 요청해 받았고 심층 미팅을 거쳐 결정했습니다. 저희는 어떤 업체를 선정했을까요? 평가표입니다.

A. 유명 하이엔드 브랜드를 보유한 큰 업체

① 회사: 신뢰도 점수는 단연 1등. ② 성의 및 적극성: 꼴등. 첫 대면부터 불쾌했고 대응 방식이나 비즈니스에 대한 의지가 공무원 같음. 커봐야 구멍가게 수준임에도 대기업병에 걸린 듯. ③ 가격: 꼴등. 타사보다 월등히 비쌈. ④ 퀄리티: 위의 세 가지 항목에서 그 정도 되면 뭔가 대단한 프로토가 나올 줄 알았음. 나쁘진 않았으나 영혼과 정성 없는 샘플. 2등.

B. 소규모 회사

① 회사: 신뢰도에서 의문. 처음엔 꼴등. ② 성의 및 적극성: 사장 한 명이 직접 뜀. 한국인 특유의 정도 있어 보이고 매달리지는 않지만 차분하고 꾸준히 노력. 2등. ③ 가격: 세계 3대 안경 생산지인 일본 사바에시市의 높은 제작단가와 비교해 합리적이라고 얘기하기는 뭣하지만 예상했던 가격대. 공동 2등. ④

182

퀄리티: 함께 간 두 명의 덕후파트너는 보자마자 이거다, 라고 찍음. 가공·연마 상태, 디테일, 응용력, 착용감 등 모두 1등.

C. 중간 규모 회사

① 회사: 나름 브랜드 있고 국제 안경 페어에도 정기적으로 참여. 2등. ② 성의 및 적극성: 단연 1등. 사장이 영어를 잘해서 의사소통이 편했고 가장 적극적이고 성의 있는 대응. 퀄리티만 어느 정도 되면 확 밀어주고 싶었음. ③ 가격: 중간 업체와 비슷. 공동 2등. ④ 퀄리티: 꼴등. 인상 좋게 본 업체이기에 더 아쉬움. 쉐입은 그럭저럭 잡았으나 왠지 중국산 모 클래식 브랜드를 연상시킴. 한마디로 싼 느낌.

비슷한 퀄리티면 C업체와 일하고 싶었고, 고가에 비호감이지만 퀄리티에서 다른 점을 보여줬으면 A업체를 선택하고 싶었고, B업체는 들러리 정도로 생각했는데, 결과는 B업체의 승리. 나중에 알고 보니 선정된 업체는 대규모 국제 안경 페어에서 그랑프리를 수상했더군요. 저력 있는 곳이었습니다.

이 경험을 통해 두 개 교훈을 얻었습니다. 첫 번째 교훈. 네임 밸류, 경험 사례, 규모, 친분관계 등이 중요할 수 있지만 이들은 다른 조건에서 우열이 가려지지 않을 때 작용하는 미미한 기제일 뿐이다. 결국은 본질이 거의 전부입니다. 제 아버지가 A업체나 C업체의 사장이라도 거기와 일 안 합니다. 아니 못 합니다. 두 번째 교훈. 선입견 가질 필요 없다. 크고 유명하다고 좋은 곳도 아니고, 작고 무명이라고 후진 곳도 아닙니다. 사람이 일하는 것이지 회사 자체가 일하는 것이 아니기 때문입니다.

친구 집에 왔다가 진짜 보물을 발견. 2006년 36세 때의 내 모습. 인스타는 개뿔, 인터넷 커뮤니티 한 곳에서도 활동 안 하고, 매일 밤 12시 퇴근하는 일중독에, 일주일에 5일은 술과 담배에 쩔어 있고, 폭식으로 80킬로그램(참고로 지금은 69킬로그램)에 제일 웃긴 건 얇은 금테 안경을 썼네요. 그나마 핏은 딱 맞아서 다행이지만요. 지금이 더 세련됐고 절제돼 있고 다 좋은데, 그놈의 세월은 어쩔 수 없나 봅니다. 아무리 2006년의 제 자신을 심히 학대했어도 지금보다 훨씬 풋풋하군요. 팔자 주름도 없고요.

인생에 젊음만큼 소중한 건 없습니다. 55세 1조 원 자산가 할래, 중산층 가정의 20세 대학생 할래? 대부분 후자를 선택할 겁니다. 1조 원 나누기 35세(55세-20세) 해보면 일 년 젊음의 가치가 285억 원이네요.

저한테 어드바이스 구하러 오시는 젊은이들, 최소한 저보다 200억 원 이상의 부자십니다. 그러하니 저를 가여워 여기시고 힘내십시오.

마이클 조던, 노박 조코비치, 타이거 우즈 같은 선수는 결정적인 순간에 오히려 심장박동이 차분해진다 합니다. 유전자가 그런 건지 훈련으로 그렇게 된 건지는 모르겠지만 결국은 초인인 겁니다. 이들은 시합 때마다 고비를 만나게 되고, 이때 믿을 건 자신밖에 없는 외로운 싸움을 마주합니다. 국내 챔피언만 해도 진정 강인한 정신력의 소유자라고 칭송할 만합니다.

이런 정신력은 비단 프로 스포츠에만 적용되는 게 아닙니다. 내기 당구시합, 고스톱, 취미 포커를 치는 경우부터 비즈니스 협상과 경쟁 PT 등의 상황에까지 두루 적용됩니다. 이때 얼마나 잘 버티고 실수 안 하고 강약조절 잘하느냐에 따라 성패가 갈립니다. 저도 그런 기질을 타고난 사람을 부러워하는 평범한 사람 중 하나입니다. 담력과 순간 집중력을 강화하고 싶어 나이들어 웅변학원도 다녀보고 마인드컨트롤 책도 읽어보고 단전호흡도 배워봤는데, 다 소용없었습니다. 그냥 죽어라 연습하고 준비하는 것밖에 없더라고요.

제가 안경에서 제일 중요하게 여기는 건 첫째도 둘째도 '밸런스'입니다. 완벽한 밸런스 같은 무형의 가치가 진정한 가치입니다. 힌지의 아구가 맞네 안 맞네를 따지면서 가치를 논하는 분을 보면 안쓰럽습니다. 아름다움을 논하는 대상에 지불하는 금액 중 8할 이상이 무형자산에 관한 것입니다. 밸런스도 무형자산입니다. 밸런스 좋은 안경은 써보면 압니다. 작은 안경도 작게 느껴지지 않고 큰 안경도 크게 느껴지지 않습니다.

이승엽 선수 말이 '땀은 배신 안 한다'고 했습니다. 저는 '가치 Value는 배신 안 한다'는 잡언을 남깁니다. 음식이건 옷이건 신발이건 부동산이건 사람이건 가치가 있으면 가격이 올라가는 게 명확한 세상의 이치입니다.

야근도 자주 하고 일도 열심히 하는데 연봉이 낮다고 생각하시는 분은 불평하기 전에 가치라는 단어를 깊이 생각해보십시오. '내가 없어도 이 일은 잘 진행될 건가?' '나의 일은 금방 대체될 일인가?' 답이 Yes면 가치가 낮은 겁니다. 입장 바꿔 사장이라고 생각해보세요. 쉽게 대체할 수 있는 인력이 줄을 섰는데 본인에게 높은 연봉을 줄 이유가 있을까요? 기술이든 인맥이든 지식이든 영업망이든 밤샘 체력이든 어떤 '무기'를 만들고 내가 없으면 일이 안 돌아가고 성공하기 어렵게 만드십시오. 그런 다음 높은 연봉을 부르면 그만한 대접이 올 겁니다.

저에게 '실용서 추천해주세요' 하면 1초도 지체 안 하고 이 책을 얘기합니다. 《전략적 협상력》(히라하라 유미·간온지 잇코 공저, 현창혁 역, 일빛, 2003)과 《협상의 법칙》(허브 코헨 저, 강문희 역, 청년정신, 2001).

인생은 협상과 네고의 연속입니다. 상거래에서 가격 흥정하는 것만이 협상이 아닙니다. 사람 간 부딪히는 모든 일이 협상의 상황입니다. 아버지, 어머니, 남편, 아내, 남친, 여친, 친구, 거래처, 고객, 직장 상사·동료·하사, 백화점, 콜센터와 하루에도 여러 번 네고를 주고받습니다. 협상 상황인지도 몰라서 유리한 조건을 놓치거나 대응을 잘 못해서 손해를 보기도 합니다. 그 과정에서 불필요한 마찰을 일으켜 힘과 시간을 낭비하는 일이 저를 포함 누구에게나 일어납니다.

두 책은, 무언가를 '인식'하고 그에 따라 사고방식을 한 끝만 바꿔도 이득을 보고 쓸데없는 싸움도 피할 수 있다는 인생의 주제를 다루고 있습니다.

약속은 돈을 빌리고 돈을 돌려받는 일과 흡사합니다. 약속을 내건 사람(돈 빌린 사람)은 이를 안 지키고도 기억 못 하거나 대수롭지 않게 생각하기 쉽습니다. 반면 약속을 받은 사람은 그것이 안 지켜지면 돈 빌려주고 못 받은 경우처럼 뇌리에 남아 두고두고 곱씹게 됩니다. 갑자기 경각심이 듭니다. 아무리 사소한 약속이라도 쉽게 해서는 안 되겠구나. 더욱이 나이들면 기억력도 나빠지는데 신중해야겠구나.

살다보면 애매한 경우가 많습니다. 큰일은 오히려 명쾌합니다. 기다 아니다가 중요하기에 쉽게 말을 던지지 않습니다. 오히려 소소해서 거절하기도 뭣한 경우 약속 아닌 약속을 내겁니다. 딱 잘라서 노우라고 말하기 힘든 거지요.

원칙이 있어야겠습니다. 아무리 사소한 일이라도, 빈말로라도 못 지킬 약속은 내걸지 말자. 상황이 애매할 때는 일단 말을 줄

이고 기다려보자. 입다물고 있으면 상대방이 먼저 이러쿵저러
쿵 결론을 내버릴 테니.

"최 대표님은 사람을 채용하거나 판단할 때 어떤 기준으로 그
렇게 하시나요?" 인터뷰에서 자주 받는 질문인데, 저의 대답은
시시합니다. "다 봅니다." 풀어서 얘기하면, A부터 Z까지 전부
다 보고 무의식적인 것까지 보려 한다는 겁니다. 저에게는 그
사람 자체가 한 박스의 데이터베이스 같습니다. 생김새, 말투,
쓰는 단어, 표정, 동작, 자세, 눈빛, 손짓, 인상, 옷차림, 습관, 식
성 등 한 사람에게서 드러나는 모든 것이 데이터입니다.
흔히 매너가 사람을 만든다고 얘기합니다. 보다 맞는 표현은
'사람이 매너를 만든다'입니다. 매너는 사실 어느 정도의 지식
과 테크닉으로 훈련 가능합니다. 매너 있는 척도 가능합니다.
허나 마음이 진정한 매너를 갖추지 못했다면 그깟 교양인 코스
프레 몇 번으로 자신의 밑천을 끝까지 숨길 수는 없습니다. 데
이터는 그 사람의 수준을 벗어날 수 없습니다. 의식적인 노력
과 상관없이 데이터는 튀어나오기 마련입니다. 배려심, 도덕
성, 정의감, 정직 등은 본인도 모르게 무의식중에 드러날 수밖
에 없습니다. 처음에는 속일 수 있고 실체가 드러나기까지 상
당 시간 걸릴 수 있습니다. 그러나 끝까지 진짜 자기를 감춘 사
람은 없습니다. 내면의 아름다움이 결여되고서 진정한 신사숙
녀가 되기란 요원합니다.

안경 사업한다는 인간이 자기 것 팔 생각은 안 하고 남의 것만 사대는군요. 이런 투자 혹은 소비, 낭비, 돈지랄은 언젠가 보상으로 돌아옵니다. 지식 넓히고 안목 높이는 데 도움 줄 뿐만 아니라 프레임몬타나 브랜드 제품 개발에 직접적인 R&D 자료가 됩니다. 세상에 공짜 점심은 없습니다. 한 만큼 될 수도 있고 안 될 수도 있습니다. 그러나 안 하거나 설렁설렁하면 뭐가 되는 건 불가능합니다.

살아보면 세상이 언뜻 불공평해 보이기도 합니다. 그러나 깊숙이 보면 세상은 꽤 공평합니다. ① 성공하는 사람은 반드시 이유가 있음. 부지런하든, 열심히 하든, 머리가 좋든, 거짓말과 정치에 능하든. ② 대충해서 성공하는 사람 본 적이 없음. ③ 돈과 권력이 많으면 그만큼 골칫거리, 사건사고, 책임감도 동반 비례함. 꼭 행복하지만은 않음. ④ 금수저로 태어나서 죽을 때까지 금수저인 비율은 내 경험상으로 25퍼센트 미만인 듯. 멍청한 애한테 공짜돈 줘봐야 대부분 날림. ⑤ 다시 강조하지만, 어떤 사람이 어떤 위치에 있는데는 반드시 이유가 있음. 설령 사기의 달인, 아부의 고수라는 이유더라도.

잘된 사람들 비난하고 깍아내릴 시간에

그 사람이 왜 그 자리에 있는지 연구해서 본받거나 반면교사 삼는 게 현명한 사람의 태도입니다.

166 스타트업, 벤처, 창업이 다 같은 말인가요? 무엇으로 불리든 이들 기업의 창업자 마인드가 본질보다 곁가지로 많이 치우치는 것 같습니다. 수익을 높여 돈을 벌려고 하기보다는 기업 가치를 어떡하든 높여 그것으로 돈을 벌려고 한다는 거죠. 교과서대로 한다면, 수익 높은 기업이 기업 가치도 높아져야 하는데 요즘에는 그렇지도 않더군요. 기업 가치에 무언가를 더하면 갑자기 팝콘도 되나 봅니다.
본질을 잘 보시기 바랍니다. 나중에 누구 탓해 봐야 소용없습니다. 참고로, 저는 주식 끊은 지 십 년도 넘었습니다. 절대 손안 댑니다. 도박장의 블랙잭과도 같습니다. 처음에는 따는 듯해도 결국에는 대부분 잃게 되는 게임 같습니다.

167 매몰 비용Sunk Cost. 주사위가 이미 던져졌다면, 뒤돌아볼 것도 겁낼 것도 없습니다. 둘 다 불필요하기 그지없고 아무짝에도 쓸모없는 '비용'일 뿐입니다. 스스로를 믿고 앞만 보고 가십시오.

'찍새'와 '딱새' 개념에 대해 말씀드립니다. 찍새는 물어오는 놈이고 딱새는 뒤처리하는 놈이지요. 안경 산업에 빗대어 얘기하면, 찍새는 일본 후쿠이현에 안경 생산을 의뢰할 만한 고객을 유치하고 고객과의 협상을 통해 공장에 생산을 맡기고, 그 후 물건 받아 납품하고 사후관리하고 또 오더 받아오는, 한마디로 '영업직'입니다. 본인은 안경 제조기술도 모르고 공장도 없습니다. 딱새는 찍새가 물어온 걸 받아서 열심히 생산하는 공장입니다. 흔히 얘기하는 후쿠이현의 장인이라는 분들이지요. 다른 말로 '딜리버리'라고도 합니다. 후쿠이현에 깔린 게 공장인데 대개 소규모 수공업입니다. 여기서 안경 만드는 아저씨는 그것만 할 줄 압니다.

실제 부가가치는 딱새가 창출하지만, 경우에 따라 찍새가 딱새보다 더 벌기도 합니다. 가령, 농수산물 시장을 보십시오. 농부가 힘들게 일 년 농사지어 20퍼센트 마진 남기고 유통업자에게 넘기면 유통업자는 한 것 없이 1분 만에 즉시 30퍼센트 마진 붙여서 다음 업자에게 넘깁니다. 그 의미는 첫째, 그만큼 찍새 역할도 중요하다는 얘기지요. 고객이 있어야 뭔가를 딜리버리할 수 있으니까요. 영업 및 마케팅이 생산·서비스 창출만큼 중요하다는 뜻입니다. 둘째, 이게 진짜 중요한 얘기입니다. 대부분의 딱새는 영업·마케팅 능력이 없습니다. 그냥 안경 깎고 폴리싱만 잘합니다. 농부는 농사만 잘 짓습니다. 딱새가 찍새의 역할까지 수행할 능력이 되면 수입이 2~5배는 늘 겁니다. 유감스럽게도 그런 양수겸장 딱새는 드뭅니다. 그래서 둘이 역할 분담해서 서로 돕고 먹고사는 거지요.

제가 살면서 배운 것을 짧게 적어봅니다. 첫째, 일반적으로 주니어나 초짜 시니어 레벨에서는 딱새 역할이 80퍼센트이고, 말짜 시니어 및 매니지먼트 레벨에 가면 찍새 역할이 80퍼센트입니다. 싫든 좋든 영업·마케팅 능력을 키우지 않으면 도태됩니다. 어느 회사건 임원이 되면 매출 얼마나 늘었고 신규 고객 얼마나 확보했는지 이 두 가지를 봅니다. 너 얼마나 분석적이고 얼마나 보고서 잘 썼는지로 평가하지 않습니다. 둘째, 정말 영업 싫고 남에게 아쉬운 소리 못하겠어, 그러신 분은 성공하려고 그렇게 싫은 짓 억지로 하지 마세요. 암 걸립니다. 그런 분은 장인이나 마스터, 딜리버리 전문가로 인정받는 진로 Career Path를 선택하세요. 이 또한 쉽지 않을 겁니다. 희소성 있는 기술이나 지식을 확보해야 하니까요. 셋째, 장인으로 성공할 정도의 희소성과 전문성 확보가 어려우면(사실 제대로 대접받는 영역 파악과 역량 확보가 쉽지 않지요), 답은 정해진 것입니다. 만능맨이 돼야죠.

돌고 돌아 뻔하고 슬픈 결론입니다. 저는 개인적으로 딱새 타입인데 나이들면서 찍새 일 하느라고 힘들었습니다. 그러나 인생=영업이고, 그건 누구에게나 똑같습니다.

169

판
가
름

테니스 코트. 사부님과의 단식 승부. 종목은 다르지만 타이거 우즈의 포스를 등에 업고자 빨간색 상의와 검은색 하의로 코디. 허나 패션은 경기력과 하등 상관없지요. 되려 기차게 차려

입었는데 실력이 꽐리면 한층 초라해집니다.

암튼, 이번 게임도 6-1, 6-4, 2 대 0으로 완패. 사실 이번 포핸드, 백핸드 등 모든 샷은 제가 더 좋았습니다. 그리고 빼먹지 않고 운동하니 체력도 제가 훨씬 나았고요. 그런데도 진 이유는 복기를 해보니 단 하나입니다. 멘탈. 조급할 이유 없고 경직될 필요 없는데, 상대가 나의 스승이라는 생각, 내가 넘기에 쉽지 않은 산이라는 잠재적 인식이 플레이에서 여유와 끈기와 템포를 앗아갔습니다. 스스로 조급하다 무너졌습니다.

비단 운동뿐 아니라 모든 분야에서 기교와 기술과 표면적인 실력은 결국 엇비슷해집니다. 승부는 정신력에서 판가름납니다. 마음이 여유로운 자와 자신감 있는 자가 이깁니다. 다음 승부엔 마인드컨트롤을 재세팅하고 임하겠습니다. 내가 전생에 로저 페더러 애비였다고.

'정체성'하면 저에게 떠오르는 건 막장 드라마에 나오는 대사입니다. (연로한 재벌 회장, 뚜껑이 열리며) "야, 이 xx야 대체 너 정체가 뭐야?" (잘생긴 남주, 비장한 표정으로) "당신이 30년 전 비정하게 버린 그 여인을 기억하나요? 그녀가 제 어머니입니다." 회장의 아들이라는 게 남주의 '변하지 않는 존재의 본질', 바로 정체성입니다.

경영학이란 게 사실 인문학, 철학, 공학 등에서 그럴싸한 단어를 다 갖다 붙여 놓은 잡학문이라 별 깊이가 없습니다. '브랜드 정체성'도 그 중 하나입니다. '니 브랜드를 차별화시키는 요소

가 뭔데?' 이 질문 하나로 끝나는 개념이죠. BMW의 앞코 그릴, 나이키의 스우시, 에르메스의 주황색, 보테가베네타의 가죽꼬임, 오프화이트의 플라스틱 태그 등 모두 브랜드 정체성의 확연한 예시죠. 이렇듯 정체성을 드러내는 요소는 디자인, 색, 기능, 상표, 부속물, 품질 등 다양합니다.

안경 브랜드 프레임몬타나에도 몇 가지 정체성 요소가 적용되어 있는데, 그 중 하나가 컬러입니다. 기능이나 디자인으로 정체성을 규정한 안경 브랜드는 간혹 있으나 특정 색을 정체성 요소로 삼은 브랜드는 제가 아는 선에서 없습니다. 그리고 프레임몬타나의 브랜드 컬러는 안경케이스와 안경클리너를 비롯해 포장, 브로슈어, 패키징을 포함해 다른 부속물에도 일관되게 적용됩니다.

브랜드 컬러가 얼마큼의 비즈니스 가치를 가져올지 알 수 없으나 분명한 것은, 특정 브랜드를 거론할 때 연상되는 요소 중 하나가 되리라는 점입니다. 또한 다른 정체성 요소와 통합되어 브랜드 이미지를 만들어갈 것이며, 이렇게 건실하게 구축된 브랜드 이미지는 브랜드 가치로 이어지리라 생각합니다.

제가 말하고자 하는 메시지는 단순합니다. 자기 '색'을 확실히 갖자는 겁니다. 물론 자기 색이 강해도 망하는 브랜드 있습니다. 그러나 성공하고 오래가는 브랜드 중에 자기 색 강하지 않은 것은 단 하나도 본 적이 없습니다. 단, 돈이 목적인value for money 브랜드는 제외하고요. 기업 차원의 브랜드뿐만 아니라 소규모 자영업에도 똑같이 적용되는 법칙입니다.

1970년대 조지 포먼은 무하마드 알리와 라이벌을 이루며 한 시대를 수놓았습니다. 그는 많은 다혈질 흑인 복서가 그러하듯 약물에 쩔거나 방탕하게 돈을 날리며 망가지지 않았습니다. 사람 좋게 생긴 빅대디로 돌아와 40대에 다시 세계 챔피언을 차지했습니다.

2018년 복귀해 2019년 마스터스에서 우승한 타이거 우즈를 기억하시나요? 이 또한 제가 태어나서 본 것 중 도저히 말이 안 되는 경우였습니다. 이룰 거 다 이뤘고, 돈은 만리장성을 쌓았고, 정신 상태는 폐인되기 일보 직전에 몸은 안 아픈 데가 없는 사람이 극도의 집중력과 멘탈과 순간 체력을 요하는 골프에서, 난다 긴다 하는 20~30대 핫샷들 데리고, 그것도 마스터스 (테니스로 치면 윔블던)에서 우승하다니요.

조지 포먼이나 타이거 우즈나 웹툰에서나 나올 법한 캐릭터지요. 현실에서 있을 수 없는 일을 한 겁니다. 외계인입니다. 그들을 다시 일으켜 세운 힘은 과연 뭘까요? 그건 아마도 존재감 없는 삶을 살기란 죽기보다 싫은 자존심일 겁니다. 진짜 자존심.

요즘 어디를 가든 '자존감'을 찾는데, 자존감의 원조와 근원과 본질은, 자기애에서 비롯된 진짜 자존심입니다. 진정한 자존심

195

이 자아를 움직이고, 바로 선 자아에서 자존감이 생겨납니다. 이것이 순서입니다. 그러하니 먼저 자신을 사랑하기에 힘쓰십시오. 자존감을 되찾고 싶다면요.

일에 대한 제 모토는 이렇습니다. '인생에서 일의 비중을 50퍼센트는 넘기지 않되 효율적으로 일하자.' 한국인의 노동 시간은 전 세계 톱 레벨인데 생산성은 거의 꼴찌 수준입니다. 무작정 70~80퍼센트 쏟아붓는다고 일을 잘하는 게 아닙니다.

저는 일이 생기면 맨 먼저 내가 할 일인지 직원에게 맡길 일인지 판별합니다. 둘을 구분하는 기준은 내가 시간을 투자하는 것이 일의 가치를 높이는가 아닌가 입니다. 내가 관여한다고 가치가 크게 올라가지 않을 일이라면 과감히 신경 끄고 직원에게 맡깁니다. 알아서 잘하라고. 이 구분만으로도 내 시간 투자에 대한 생산성은 엄청 높아집니다.

직접 할 일과 맡길 일을 구분한 다음 저는 제가 할 일들의 우선순위를 매깁니다. 우선순위의 기준도 시간 대비 가치상승분과 생산성입니다. 이렇게 정한 순위를 나래비(=줄) 세워 위에서부터 차례로 진행합니다.(일하다 보면 우선순위가 뒤바뀌기도 합니다.)

그렇게 일하다 보니 인생의 50퍼센트만 투자해도 내 할 일을 200퍼센트 달성한다는 만족감이 듭니다. 물론 일의 저변에 은혜로운 고객사, 유능하고 헌신적인 임직원, 제로섬보다는 윈윈 시너지 게임을 추구하는 훌륭한 파트너가 있기에 이 모든 얘기가 말이 되는 거고요.

수집을 한마디로 뭐라고 생각하시나요? 난감한 질문입니다. 잠시 생각하다가 이리 답했습니다. "끝내 종착역을 보기 위해 달려가는 기차 같다."

종착역에 다다르면 얻는 것이 있습니다. 전문성과 안목. 종착역에 다다르는 과정에서 잃는 것도 있습니다. 돈과 시간. 종착역에 다다르면 소멸되는 것이 있습니다. 호기심과 욕심. 종착역에 다다라도 소멸되지 않는 것이 있습니다. 공허감. 종착역까지 가는 여정에는 후회와 번민이 있으나 즐거움과 배움이란 것도 함께 합니다.

고가 아니면 저가만 살아남는 소비양극화가 근래 거의 모든 시장을 지배하고 있습니다. 양극화라는 구조적 함정에 빠진 중가 브랜드와 업체, 자영업자에게 솔루션은 무엇일까요? 제가 답을 알았으면 노벨상은 아니더라도 경영대학원 원장 정도는 했겠지요.

답은 몰라도 방법은 알 것도 같습니다. 밥값 아껴가며 명품만 사는 소비자를 위해 명품과 더불어 밥값 아껴 살 만한 중가품도 만드는 겁니다. 뭐 말은 쉽지요. 극단적인 예이긴 하지만 슈프림Supreme을 생각해봅시다. 제가 뉴욕 매장에 초·중·고등학생들과 섞여 20분 줄 선 후 들어가 놀랬던 건 가격 때문이었습니다. 그다지 안 비쌌습니다. 대략 중가에서 중상가 수준의 가격 포지셔닝이더군요. 그걸 사려고 학생들이 돈을 모으고 줄을 섭니다. 고가의 명품도 아닌데요.

베이프A Bathing Ape 같은 브랜드도 마찬가집니다. 중상가 정도의 포지셔닝인데도 학생들이 돈 모아서 사고 저도 이뻐서 삽니다. 그리고 국내 브랜드 중 제가 좋아하는 에이카화이트Aeca White도 중가 포지셔닝에 자리 잡고 있으나 매년 성장하고 있습니다.

제 답은, 중가라도 충분히 살아남을 길이 있다는 겁니다. 자기 색깔을 확실히 차별화시키고, 이 차별화가 소비자 입장에서 돈을 지불할 정도의 매력을 지니고 있다면 그것이 고가건 중가건 저가건 상관없습니다. 중가라서 매력적인 차별화가 어렵다는 건 핑계입니다.

중가라서 문제가 아닙니다. 전혀. 중가로 만들고 중가 시장에 위치해 있다는 이유로 제품과 브랜드마저 무미건조하고 중용스러운 게 진짜 문제입니다. 더 과감하고, 더 위트 있고, 더 시선을 끌고, 더 감동을 주고, 더 특별한 무기를 장착해야 제2의 슈프림, 베이프, 에이카화이트, 수트서플라이Suitsupply가 나올수 있습니다. 우선 사소한 것에서 엣지를 만드는 일부터 시작하는 건 어떨까요? 막말로 제가 베이프를 사는 이유는, 그들의 원숭이 로고가 이뻐서가 정말 유일한 이유입니다. 정말 딱 하나의 엣지죠.

마이클 조던 다큐멘터리 〈The Last Dance〉를 10화까지 완청했습니다. 수많은 찬사에 저까지 더할 생각은 없고, 그저 MJ라는 사람에 대해 간단히 개인적 소감 하나 남깁니다.

그는 나이가 들어서도 팩트만 얘기하고(물론 본인 관점이지만), '좋은 게 좋은 거'라는 식의 얘기는 단 0.1도 하지 않더군요. 정확하고, 명확하고, 징징거리는 거 없고, 기면 기고 아니면 아니었습니다. 제가 보기로, 그를 그렇게 깊이 있게 만든 기본 마인드는 네 가지였습니다. 최고의 경쟁심, 페어fair한 스포츠맨십, 스스로 세운 자존감, 누군가에 대한 존경심. 이 네 가지로 그는 단순히 훌륭한 농구선수가 아닌 그 이상의 MJ가 되었다고 생각합니다.

시청하는 동안 한편으로 드는 생각이, MJ가 미국에서 하듯이 한국에서 말하고 행동했으면 벌써 열 번도 더 나락 갔으리라는 겁니다. 누구 한 사람 성공하고 영웅되는 꼴을 못 보는 사람들이 살고 있는 나라니까요. 그래서 우리나라엔 먼 옛날 세종대왕과 이순신 장군 외에는 이렇다 할 영웅이 없습니다. 열등감이 많은 건지 자존감이 낮은 건지, 아니면 둘 다인지 저도 정확한 이유는 모르겠습니다.

$E=MC^2$. 아인슈타인은 에너지(E)는 질량(M)에 빛의 속도(C) 제곱을 곱한 결과물이라고 얘기했습니다. 만약 E를 삶의 에너지로 변환한다면 M은 '나 자신' 즉, 이미 정해진given 요소라고 할 수 있습니다. 다시 말해 성격, 아이큐, 특성, 특기 등을 포함하는 '현재 나의 실체'를 말합니다. 주요 변수는 C입니다. 물리에서는 속도를 의미하지만, 삶에서는 '욕구'로 해석할 수 있습니다. 희망은 플러스(+) 욕구이고, 절망은 마이너스(-) 욕구이며, 무망은 니힐(無) 욕구입니다. 그래서 사람은 절망이 아닌 무망일 때 자살을 택합니다. 공식상으로 E=0이 되기 때문입니다. 모든 것에는 상대성이 있고 상대가 있습니다. -가 있다면 어딘가에 마이너스의 기운을 균형으로 이끄는 + 기운이 존재합니다. + 기운을 찾아내서 점차 평형equilibrium으로 향해 가면 됩니다. 그래서 절망은 괜찮습니다. 무망이 되면 가망 없습니다. 우리는 C와 전쟁 중입니다. 욕구를 잃는 순간 죽어가는 것입니다.

욕구는 탐욕, 욕심과 다릅니다. 욕구는 무언가를 '많이', '지나치게' 소유하고 행사한다는 욕망의 개념이 아닙니다. 넘치고 과도한 것과는 무관한 그저 C일 뿐입니다.

욕망을 네 가지로 구분해 살펴봅시다. ① C=일(+권력, 돈) ② C=취미 ③ C=사랑(+섹스) ④ C=운동(②와 겹치나 굳이 구분함). 이들 욕망을 갖고 있는 사람은 언젠가 무너지기 마련입니다. 나이 때문입니다. 아니 노화 때문입니다. 특히 ③과 ④에서 급격한 감소를 가져옵니다. 그리고 ①은 60세만 돼도 결판이 납니다. 70세에 잘먹고 돈 더 벌어봐야 뭐가 그리 좋겠습니까. 70세에 권력을 안 놓으려고 아등바등해봐야 뭐가 그리 행복할까요. 연금 수급자를 포함해 은퇴 후 자영업에 올인했다가 쓴맛을 본 사람까지 모두 C=0으로 다가간다고 할 수 있습니다. 앞의 사례들은 ①에 대한 양극단 이야기일 뿐, ①은 결정적인 게 임체인저가 아닙니다.

그렇다면 남는 건 ②밖에 없습니다. 어릴 적 어쩌다 친가에 가면 할아버지는 늘 앉아서 글을 쓰고 계셨습니다. 딱히 읽어줄 사람도 없고 출판이 약속된 것도 아닌데 글을 쓰고 계셨습니다. 돌아가신 그 어느 날도 마찬가지셨습니다. 글을 쓰시다 점심을 드셨고 라디오를 켜둔 채 주무시다가 그대로 눈을 감으셨습니다. 편히 가셨습니다. 아흔 훌쩍 넘긴 나이에. 이제야 알 것 같습니다. 왜 그리 글을 쓰셨는지.

역삼동에 미팅 있어 나왔다가 옛 직장 빌딩 뒷편 커피빈에 왔습니다. 저에게는 이곳 커피빈이 나름 성지입니다. 회사에서 나와 농땡이 치는 주 장소이기도 했고 2014년 제가 난생 처음 세상 밖을 경험한 곳이기도 합니다. 2014년 전까지 저의 사회

활동은 죄다 오프라인 기반이었습니다. 인터넷이나 SNS와는 전혀 무관한 세상에 살면서 밤새 일하고 술이나 마시는 아저씨였지요.

당시 유심히 보던 한 네이버 카페가 있었습니다. 백마 카페라고도 불리던 클래식복식 카페였습니다. 그때도 눈팅만 했지 참여를 하고 어쩌고 할 생각은 전혀 없었지요. 날씨 좋은 어느 날 커피빈에 앉아 있는데, 유난히 제 구두가 이뻐 보이더군요. 그래서 사진 한방 찍었죠. 삭제하기엔 사진이 아깝더군요. 홀린 듯 아무 생각 없이 백마 카페에 게시물등록 버튼을 누르고 사진을 업로드하며 주저리주저리 글을 적어 올렸습니다. 이것이 저의 첫 온라인 활동이었습니다. 예상외로 댓글이 줄줄이 달리고 인기게시물이 되더군요. 괜히 기분 좋았습니다. 그래서 다음에는 양복을 올렸죠. 그렇게 일이 년이 지나니 제 이름이 백마 카페는 물론 남성 클래식복식계에 조금씩 알려지지 시작했습니다.

2015년쯤 되니 인스타그램이란 걸 다들 하더군요. 저도 자연스럽게 인스타그램으로 유입됐죠. 3~4천 명 되는 기존 클래식 팬들이 초기 때부터 팔로우를 해주셔서 나름 외롭지 않게 시작할 수 있었습니다. 당시 제 아이디는 c8910이었죠. 그리 시작한 SNS 생활이 이제 거의 10년 가까이 되는군요.

모든 일에는 미미한 시작이란 것이 있습니다.

박람회에 참가해 부스를 차리는 건 결코 가벼운 의미가 아닙니다. 고작 몇 평짜리 공간이지만 들이는 자원과 시간은 엄청납니다. 어떤 스토리를 담을 것인가부터 실제 공간 속에 실현하기까지 실로 많은 사람의 고민과 손길이 묻어 있습니다.

밀라노까지 와서 또 초록색 부스를 만들었습니다. 지금 어느 때보다 저 부스의 의미를 되새길 필요가 있다는 생각이 듭니다. 나약의 순간은 게임 속 함정처럼 끊임없이 다가옵니다. 그럴 때마다 초심을 잃지 말고 신념을 기억해야 합니다.

3일 동안의 연극이 끝나면 불 꺼질, 아니 가루로 분쇄될 3천만 원짜리 우리 부스를 사진 한 장 찍어 남겼습니다. 저 조그만 부스 안에 담긴 번민, 회한, 절망, 위안, 배움, 기도, 희망, 희열 모두 봉다리로 싸매 가지고 나왔습니다.

월간지 〈포춘코리아〉 '안경 쓴 CEO' 코너를 맡아 진행하면서 다양한 CEO를 만났습니다. 그 중 더존비즈온 지용구 대표와 이스트소프트 정상원 대표는 한 우물을 깊게 파서 훌륭한 경영자가 되지 않았나 싶습니다. 뒤돌아보지 않고 한눈팔지 않고 한 곳만 보고 가는 뚝심이 크게 와 닿았습니다.

여기저기 회사 잘 옮겨 다니고 워라밸 야무지게 챙기는 사람이 잘나가는 것처럼 보일 수 있습니다. 그런데 이런 태도가 본인에게 득이 될 수도 독이 될 수도 있음을 알아야 합니다. 성공하는 사람은 월등한 경쟁력을 갖고 있습니다. 남들처럼 해서는 월등하기 힘들죠.

"지금의 고난은 너의 지난날의 결과물이다." 한 기업의 주가 내지 어느 곳의 땅값은 미래 가치를 선 반영한다는 경제 법칙과 일맥상통하는 말입니다.

변명과 핑계를 댈 양이면 한도 끝도 없는 법입니다. 현재 내가

겪는 고난과 어려움은 지난날 내가 어떻게 했느냐에 대한 성적표이자 결과물임을 겸허히 받아들이고 반성합니다.

내 모습, 내 기업, 내 모든 것은 과거 내가 얼마나 노력하고 정성을 들였느냐에

따른 결과(현재의 위치, 상황)입니다. 현재는 과거의 거울입니다. 극히 상식적인 얘기지만 무서운 얘기입니다. 남 탓할 여지도 없습니다. 남이 내 과거를 만드는 것이 아닙니다. 현재는 미래의 또 다른 과거입니다. 현재를 바꾸면 미래 그림이 변하기 시작한다는 얘깁니다.

서울에서 한때 회전초밥집 붐이 일었던 적이 있었습니다. 동네마다 회전초밥집이 있었지만 예의 그렇듯 한국의 유행이란 믿을 게 못 된다는 것을 보여주었습니다. 이제 서울에서 맛있게 먹을 수 있는 회전초밥집이 몇 곳 없습니다. 냉동삼겹살집도 마찬가지입니다. 서울에 10곳밖에 없던 시절이 있었는데 갑자기 붐이 일더니 700~800곳이 경쟁하더군요. 요즘 안경계는 큰 안경 쓰는 게 유행이랍니다. 붐, 유행, 한때, 밀물, 대세 등 너무나 예민한 대한민국입니다. K-컬처 어쩌고 떠드는데 몇몇 엘리트가 이끄는 것일 뿐 우리의 평균적 문화 수준이 아님을 알아야 합니다.

일관성은 미덕입니다. 시류에 자기 자신을 잃고 떠다니면 결국 나라는 존재는 소멸됩니다. 한편 일관성 때문에 발목 잡힐 수도 있습니다. 시장에 유연하게 대응하는 것도 전략입니다. 고객이 큰 안경을 원한다는데 마냥 부정할 일도 아니라는 겁니다. 의사결정에 정답은 없습니다. 경영에서 정답이란 기존 성공사례 한에서의 결과론적인 얘기일 뿐입니다. 지금은 상황에 맞게, 아이덴티티를 송두리째 흔들지 않는 선에서 새로운 고객

니즈에 긍정적으로 대응해야 할 때라고 생각합니다. 고로 사이즈 큰 안경 라인업도 만들 필요가 있겠습니다.

위스키 브랜드 글렌피딕Glenfiddich VIP를 위한 신라호텔 호스팅에 다녀왔습니다. 글렌은 언덕, 피딕은 사슴, 그러니까 글렌피딕은 사슴이 있는 언덕이란 뜻이죠. 글렌피딕은 스코틀랜드에 대략 150개 위스키 공장을 갖고 있는데, 창립자가 지금도 운영하는 곳은 5곳밖에 없다네요. 나머지는 보잘것없거나 디아지오 같은 대기업에 넘어갔죠.

제 나름 선입견이 있었습니다. 12년산, 18년산, 26년산을 나란히 따라주는데, 연수가 적은 건 쓰고 독하고 맛없으리라고 생각해왔거든요. 그런데 아니더군요. 12년산임에도 부드럽고 풍미도 과실향이 났습니다. 오히려 18년산이 캐스크향 가득히 묵직하고 남성적이었죠. 편견은 깨지라고 있다는 걸 배웠네요.

그나저나 압권은 26년산. 물은 물이요 술은 술이로다, 순리대로 흐르는 느낌입니다. 고급 와인 마시면 아, 하는 그 느낌입니다. 목넘김부터 다르고 혀에서 입에서 코에서 위에서 느껴지는, 모든 것이 편안한 술이었습니다. 역시 좋은 게 좋더군요. 26년산 글렌피딕 '그랑쿠론'입니다. 발렌타인 30년 마시는 기분과 또 다릅니다. 발렌타인 30년이 와 너무 부드럽다 라면, 글렌피딕 그랑쿠론은 오 초콜릿 맛이네 입니다.

좋은 게 좋은 건지는 누구나 다 알지요. 그런데 18년에서 26년으로 8년을 건너뛰면 가격은 서너 배 확 비싸집니다. 럭셔리로 올라가는 계단은 가팔라지다가 어느 순간 기하급수로 치솟습니다. 명품 좇다가 가랑이 찢어질 수 있다는 얘기입니다.

외국에 나갈수록 깨끗이 차려입고, 예의도 지키고, 몸의 향 관리도 잘 하십시오. 늘상 제가 강조하는 얘기입니다. 그게 대접받는 방법입니다.

저는 해외 출장에 수트와 보타이도 챙겨갈 생각입니다. 이 또한 허영과 허세일 수 있으나 외국 나가서 사교계와 컨퍼런스, 박람회, 비즈니스 페어, 윔블던 테니스 대회를 다녀 보면 외양에서 풍기는 아우라만큼 대접도 달라집니다.

괜히 코리안 마초스럽게 '그까이꺼 뭐가 중요헌디' 툭툭대면서 한국 자기 집 안방에서 놀듯이 굴면, 딱 그만큼의 대접만 돌아올 겁니다.

차별화가 안 되면, 다시 말해 남과 확실히 다른 점이 없다면, 184 시장에 진입하더라도 대개 성공하지 못할 뿐더러 설사 성공하더라도 오래가지 못 합니다.

열에 열 모두. 결론은 동일합니다.

피터 슈라이어Peter Schreyer. 그렇고 그런 기아 차를 세계적인 브랜드로 올려놓은 일등공신. 뒤집어 얘기하면, 디자인이 얼마나 중요한지 보여준 사례. 하기야 성능이 전부라고 할 수 있는 테니스 라켓마저도 페인팅 디자인이 이뻐야 판매량이 확 는다고 하니, 갈수록 디자인이 곧 브랜딩 같은 느낌.

현대차그룹 내 수많은 반대와 견제와 감수해야 할 리스크에도 불구하고 슈라이어를 스카우트 해서 날개를 달아준 정의선 회장의 안목과 뚝심은 다시 생각해봐도 정말 리스펙트.
새로운 안경 디자인을 고민하는 나에게 자극을 준 책. 비단 나뿐만 아니라 많은 사업가와 예술가에게도 그러할 듯. 추천.

디자인
너머

Roots and Wings
Peter Schreyer:
Designer, Artist,
and Visionary

피터 슈라이어,
펜 하나로 세상을 만드는 사람들에게

어떤 이는 유치원생일 때, 어떤 이는 초딩 졸업식 때, 어떤 이는 직장생활하면서 구두를 처음 접합니다. 시기는 달라도 첫 구두는 99.9퍼센트 검정 구두였을 겁니다. 2000년대 후반부터 웬 클라시코(Classico: 클래식을 뜻하는 이탈리아어) 광풍이 불더니 신사, 동네 양아치 가릴 것 없이 재킷에 타이에 짧은 바지를 입기 시작했습니다. 다들 겉보기에는 매너 좋은 신사처럼 보이던 시절이었죠. 담배 필 때 보면 누가 누군지 금방 구분이 갔지만요. 양아치들은 정장 차림에 길에 침을 찍찍 뱉으며 담배를 피거든요.

2022년 이후, 냄비 성향 강한 한국이기도 하지만 전 세계적으로도 클래식 정장의 붐은 급히 사그라졌습니다. 시발점은 아마도 스티브 잡스였을 겁니다. 목폴라에 청바지에 뉴발란스 신은 사람이 최고의 비즈니스 리더라니요. 이탈리아 최고급 정장에 머리는 올빽으로 넘기고 프랑스 구두 신은 월스트리트 핫바디 스테레오타입 신화가 깨진 겁니다. 그 이후부터 캐주얼의 시대가 왔습니다.

저에게 가장 상징적인 사건은 현대자동차그룹의 변화였습니다. 대한민국에서 가장 공무원스럽고 관료적이던 기업이 수장이 바뀌면서 대대적인 인적 쇄신과 함께 기업문화를 전면 혁신하겠다고 나섰습니다. 과거의 어두운 외면을 탈피하려는 의지의 일환으로 출근복을 캐주얼로 바꿨습니다. 실로 쇼킹한 사건이었습니다.

클래식의 종말이 온 것일까? 이제 양복 입는 사람은 공무원과 여의도의 몇몇 금융인, 일부 영업맨이 전부일까? 복장 자율화라는 개념은, 정장을 안 입어도 된다는 의미가 아닙니다. 정장을 입고 싶으면 입어도 된다는 의미입니다. 복장은 나의 선택의 문제이고, 내 취향으로 결정할 일이라는 얘기입니다.

제가 하고 싶은 말은 간단합니다. 첫째, 클래식은 문자 그대로 클래식입니다. 클래식만의 근본됨은 영원히 지속될 겁니다. 얼마나 많은 사람이 추종하느냐가 클래식의 존폐를 결정하지 않습니다. 둘째, 힙하고 편하고 놉하고 칙하고 택하고 킥한 시대이니 거기에 맞게 클래식을 즐기면 됩니다. 그린색 구두, 블루시한 구두도 괜찮습니다. 셋째, 어떤 사람이냐에 따라 옷차림이 따라갑니다. 양아치는 양아치 같이 입고, 운동선수는 운동선수 같이, 신사는 신사 같이 입습니다. 다만 신사처럼 보이고 싶은 놈은 옷은 신사처럼 입되, 담배 피면서 길바닥에 침을 뱉음으로써 본질을 드러냅니다.

왜 세상일은 쉬운 게 없을까요? 테니스를 이리 열심히 치고 연구하고 고민하고 시간과 돈을 쏟아붓는데, 실력은 왜 이리 제자리걸음인가요?

실력 향상은 정의 비례함수가 아니라는 것쯤은 알고 있습니다. 완만히 올라가는 양상이 아니라는 거지요. 따라서 실력이 서서히 늘고 좋아지기를 기대해서는 안 됩니다. 꾸준히 하다 보면 어느 순간 한 레벨 점프해버리는 게 실력입니다. 계단식 그래프 형태를 띤다는 얘기입니다. 물론 '정말 죽도록 노력했을 때' 그런 점핑을 경험하죠. 제 경험으로 보면, 단순히 열심히 노력하는 수준으로는 점핑의 희열은 좀처럼 찾아오지 않습니다. 그러나 낙담하지 마십시오. 끈질기게 몰두 정진하다 보면 어느 날 실력이 한 수 위 점핑해 있는 나를 발견할 겁니다.

〈대부〉 시리즈는 감동이라는 말로 부족합니다. 저는 〈대부〉 3부작 전 사운드트랙 앨범, 〈대부 1〉 시나리오, 〈대부〉 오피셜 아카이브 북을 모았습니다. 〈대부 1〉 오리지널 1972년도 인쇄본 포스터도 갖고 있습니다.

〈대부〉를 10대에 봤을 때 20대, 30대, 40대 이후 봤을 때 이해도와 재미와 감동이 달랐습니다만, 확실한 건 나이들수록 그 강도가 더해진다는 사실입니다. 명화, 명곡, 명저의 한 가지 공통점을 발견했습니다. 20대 당시 듣고 보고 읽고 느꼈던 전율이 지금까지 남아 있고 아직도 음미하고 있으며, 그 감흥이 결코 줄지 않는다는 것입니다. 질리지 않는다는 얘깁니다. 제게는 그것이 '명'자가 붙고 안 붙고를 결정하는 가장 큰 요인입니다. 〈대부〉는 세월을 가로지르며 제 손을 떠나지 않습니다.

같은 서울이라도 동네마다 맥락context이 다릅니다. 정서도 다르고 풍경도 다르고 소비 패턴, 구매 성향, 사람 스타일, 이웃의 느낌마저도 다릅니다. 머리색만 다르면 조금 과장해서 딴나라입니다.

오프라인 매장을 연다면 아이템 선정보다 먼저 따져야 할 것이 입점 동네입니다. 동네의 컨텍스트를 잘 읽는 것이 오프라인 매장 출점에서 가장 중요합니다. 전략상 내가 가장 잘 아는 동네를 우선 지역으로 먼저 정해놓은 다음 아이템을 정하는 것이 자영업이나 소상공업에서 실패 확률을 낮출 수 있는 방법이라고 생각합니다. 내가 가장 잘 알고 있는 동네 컨텍스트인 만큼 무엇이 부족하고, 주민이 어떻고, 소비 성향은 어느 수준이고, 무엇으로 빈틈과 아쉬움을 채울 수 있는지 누구보다 잘 볼 수밖에 없습니다. 가령, 이 동네에서 오랫동안 살아보니 맛있는 짜장면이 없네 짜장면 전문점을 차려보자는 식으로 접근하는 것이 성공가능성이 높다는 겁니다. 내가 알 아는 동네라는 조건을 맨 앞에 딱 박아 놓은 다음 차근차근 가지치기를 해나가

는 귀납적인 방식으로 답을 도출한다는 거지요.

그러나 비즈니스가 이론대로만 되면 얼마나 좋겠습니까. 예상 못한 변수가 세상엔 너무나 많죠.

무엇이든 하면 할수록 알면 알수록 어려워집니다. 프레임몬타나를 만들고, 서브 브랜드인 스펙스몬타나 만들고, 각각의 브랜드 위치와 이미지를 포지셔닝하는 등 단계를 밟을 때마다 점점 더 어렵다는 걸 절실히 깨닫습니다. 그런데 제가 나이 먹으며 깨달은 교훈 하나는 "복잡하고 난해하고 어려울수록 심플하게 정의하고 그 원칙에 따른다. 그럼 의외로 쉽게 실마리가 풀린다"입니다.

다시 얘기하면, 브랜딩이건 다른 무엇이건 간에 ① 맞닥뜨린 대상의 정체에 대해 쉽고 명확하게 정의한 뒤 ② 나머지 액션은 ①에 부합하게, ①의 원칙에 맞게 판단하고 의사결정하고 실행하면 된다는 얘기입니다.

덕후질에서 길 찾기란 사실 쉬운 일이 아닙니다. 우선, 내가 뭘 좋아하는지 아는 것조차 쉽지 않고(가장 어려운 일), 천성적으로 뭐든 그다지 좋아하지 않는 사람도 많습니다. 둘째, 비즈니스는 다른 얘기입니다. 그래 좋다, 오타쿠처럼 좋아하고 지식도 많다. 그걸로 끝이냐? 아니죠. 비즈니스로 가야 하는데 그게 만만치 않습니다. 셋째, 그래 좋다, 비즈니스화도 했다. 그럼 끝이냐? 다 성공하냐? 평균 성공률 20퍼센트죠. 첩첩산중입니다.

저는 40대 중후반에 첫 번째를 깨달아 사업을 시작했습니다. 따라서 20대, 30대는 물론 40대인 분도 늦은 게 아닙니다. 또한, 한 가지에 편집증적 전문가가 될 필요도 없습니다. 막대한 돈과 등짝스매싱을 감수한 수집의 힘에 기댈 필요도 없습니다. 나에게 가장 친숙하고 내가 잘 아는 영역에서 어떤 바람과 부족함을 느낀다면 그것이 성공의 모티브가 될 수 있습니다. 제 경우도 정확히 여기에 들어맞습니다. 인터뷰할 때마다 받는 질문이 '왜 안경이냐', '수많은 패션 아이템이 있는데 왜 하필 안경이냐'인데, 제 답은 늘 간단하고 일관됩니다. "옷 가게 가면 내가 원하는 옷이 항상 있었고, 내가 직접 옷을 만든들 차별화할 자신이 없었다. 반면 안경은, 아무리 안경원을 다녀봐도 내가 쓰고 싶은 안경이 없었다. 프랑스 스타일도 없었고, 사이즈도 컸고, 빈티지 스타일도 거의 없었다. 큰 구멍 하나가 보였다. 내가 만들면 그 구멍을 채울 수 있고 차별화도 가능하겠다 싶었다." 안경 덕후로서 뭔가의 갈증을 느꼈고 그걸 채우고 싶었고 이를 비즈니스로 연결한 것이죠.

등잔 밑도 잘 보면 금반지라도 찾을지 모릅니다. 살아오면서 느껴온 갈증 중에 시장에서 구멍이 될 만한 것을 찾아보십시오. 그런 시도가 덕후질 혹은 '삶질'에서 하나의 길이 될 수 있습니다.

안경 사업을 시작할 때부터 제가 늘 되새겼던 생각은, 남과 달라야 한다, 남보다 창의적이어야 한다는 겁니다. 제가 처음부

터 안경업계에 있던 사람이
아니라서 불리할 수도 있지만
그래서 타성에 젖지 않고 새
로운 시도를 해볼 수 있다고
생각했습니다. 프레임몬타나
가 세계 최초로 시도한 종이
안경도 그러한 결과물 중 하
나입니다.

혁신과 창의란 거창하고 대단한 게 아닙니다. 부족한 것에 대
해 얼마나 고민해 봤는가? 얼마나 고정관념에서 벗어나 봤는
가? 이 두 가지에서 시작합니다.

테니스는 현실입니다. 건너편에는 당신의 약점이 보이는 순간
그걸로 게임을 끝내버리는 무서운 괴물이 서 있습니다. 그게
ATP 투어(프로테니스협회Association of Tennis Professionals가 주
관하는 최상위급 남자 프로 테니스 대회)의 진실입니다. 약자는 발붙
일 곳이 없습니다. UFC보다 더 잔인한 승부가 펼쳐지는 장이
ATP 투어입니다. 약육강식의 세계입니다.

그런 곳에서 최고 자리에 있는 노박 조코비치를 인정하지 않을
래야 안 할 수가 없습니다. 제가 그다지 좋아하지 않는 조코비
치지만 그는 위대합니다. 어찌됐건 그는 이깁니다. 그 의미는,
그는 강하다는 겁니다. 그래서 저는 그에게 고개 숙입니다. 인
정해야 할 것이 있으면 인정하는 것이 남자입니다.

스위스마쵸 스탄바브린카 선수가 이런 말을 했습니다. "나는 매주 루저loser가 된다." 대부분의 프로는 1년에 매주 1대회씩 대략 30번 출전하는데, 1년에 1대회 우승도 쉽지 않고 매주 1번, 총30주 30번 패배하는 게 일반적입니다. 톱 랭커쯤 돼야 30번 대회 중 네다섯 번 우승하니 그들 또한 우승하지 못한 나머지 25주는 매주 1번씩 패배하는 꼴입니다. 테니스 인생이나 우리네 인생이나 다를 바가 없습니다. 매주 한 번은 집니다.

안경 덕후님들, 후쿠이현 안경 장인을 둘러싼 전설적인 얘기 많이 들으셨죠? 미슐랭 별 세 개를 받은 대가의 아우라가 있다는 둥 사무라이 포스를 풍긴다는 둥 갖가지 얘기가 흘러나옵니다. 그런데 실은 그냥 할아버지 같은 분들이에요. 한 자리에 30년 앉아 계신, '체험 삶의 현장'에 나오는 분과 다름이 없습니다. 몇 십 년을 성실히, 열심히, 자리 바꾸지 않고 꾸준히 하시니 장인이란 호칭이 아깝지 않은 분들입니다.

중국에 공장도 많이 생기고 숙련기술자도 는다고 하지만 모든 건 한끗에서 갈립니다. 저분들의 노하우까지 따라잡기는 쉽지 않습니다. 일본 공장 방문 시 장인들 일하는 모습을 볼 때마다 일의 '경건함'과 '엄숙함'을 느낍니다. 주기적으로 나태해지고 넘어지는 저를 부끄럽게 합니다. 더 부끄러운 건, 방문 당시는 숙연해지고 자책하다가도 며칠 지나면 '내가 뭘 본거지'하면서 음속으로 잊는다는 겁니다. 그리곤 또 벌렁 누워버리는 게으름뱅이가 됩니다. 어쩔 수 없어요, 타고난 건.

플라스틱 쪼가리 하나 만드는 데도 혼을 담습니다. 앞면 곡률,
옆면 앵글, 노즈패드(코받침)의 높이 및 부착 위치와 모양, 음각
스타일, 리벳(Rivet: 안경 프론트의 양쪽 끝부분과 안경 다리(템플)에 박
아 넣은 금속 장식)의 연결 구조, 아세테이트 종류 및 색감 및 연

마 방법과 정도, 모델별 두께,
나사 모양, 힌지 구조, 브릿지
와 림 사이즈 간 최적의 밸런
스, 심지어 가라로 들어가는 렌
즈의 두께와 곡률까지. 제가 가
진 모든 심미안과 감식력을 아
낌없이 다 주입합니다. 내 이름
걸고 나가니까요.

2019년 마드리드오픈 16강. 로저 페더러의 3년만의 클레이
코트(흙이나 점토로 만든 코트) 경기. 상대는 가엘 몽피스. 인생이
담겨 있고 각본 없는 드라마가 연출되고 정신력·체력의 극한
을 시험하는 가혹한 두세 시간의 무대를 목도합니다. 첫 세트
는 6 대 0으로 페더러의 승리. 누가 봐도 금방 이기고 8강 가겠
지. 그런데 그렇지가 않습니다. 손쉽게 거머지는 승리나 성공
은 사회에도 없고 ATP 투어에서도 보기 힘듭니다.
분위기가 바뀌는 건 한순간입니다. 감의 운동이기도 하고, 전
략의 변경일 수도 있고, 몽피스 특유의 신들린 분위기 타기일
수도 있겠죠. 원인이 무엇이건 위세가 한번 넘어가니 판도가

변합니다. 2세트는 4 대 6으로 몽피스 승. 그래도 페더러인데 3세트에선 잘하겠지. 웬걸. 기세가 오른 몽피스의 천재성을 억누르기가 쉽지 않습니다. 마지막 세트 1-4로 밀립니다. 에휴 역시 안 되는구나 클레이 코트에선. 체력도 이제 밀릴 텐데, 또 지는 거 보기 싫은데 쩝.

관성의 법칙으로 보고 있는데, 페더러가 숫자를 끌어올리기 시작합니다. 허나 결국엔 5-6 매치포인트에 몰립니다. 보는 사람이 더 떨립니다. 심장 약한 선수는 저 시점에서 제풀에 무너집니다. 그게 톱 랭커와 로우 랭커를 구분하는 기준선 중 하나입니다. 기술은 어느 선수나 거기서 다 거기입니다. 저도 대학 때 전국 대회와 동아리 대회 모두 나가봐서 알지만, 진짜 살 떨려서 스윙이 슬로우 모션으로 나갑니다. 진짜 대회에서는 매트 넘기기에 급급하게 됩니다. 공 하나로 승부가 갈릴 때가 되면 머릿속은 불안, 초조, 긴장, 공포, 패닉으로 들어찹니다. 경험해 보지 못한 분은 모릅니다. 힘이 풀리면서 심장마비로 쓰러지기 일보 직전까지 몰립니다. 괴롭다도 아닌 뭔가 처절한 상태라고 할까요. 아무튼 OMG. 페더러가 극복합니다. 그리고 타이브레이크로 갑니다. 7-3으로 경기를 끝냅니다.

다음 상대는 차세대 흙신(클레이 코트의 강자) 도미니크 팀입니다. 산 넘어 산입니다. 누가 되었건 저렇게 큰 대회에서 우승한다면, 정신력과 불굴의 투혼만큼은 기립해서 인정할 수밖에 없습니다.

오리지널 1982년 한국생산 가죽 코르테즈. 인조가죽 아닌 진짜 가죽. 상태가 막 공장에서 나온 듯 짱짱합니다.

사진 속 신발은 제가 초등학교 4학년 때 한국에 처음 출시된 것으로 지금도 기억이 생생합니다. 세상에서 처음 보는 신발이었죠. 정체가 좀 애매했습니다. 러닝화도 아니고 테니스화도 아니고 그렇다고 축구화도 아니고. 그래서 당시 사람들은 저 코르테즈를 '레저화'라고 불렀습니다. 이것이 지금 우리가 부르는 '스니커즈'의 기원이 아닌가 싶습니다. 한국에서 처음으로, 운동화는 운동할 때 신는 게 아닐 수도 있다는 개념을 일깨워준 모델일 겁니다. 아무튼 이것은 러닝화입니다. 상식으로 알아두세요.

이런 신발을 신을 때마다 타임머신을 타고 과거로 여행을 간 느낌을 받습니다. 어떻게 내 어릴 적 신던 신발이 지금 내 발에 있는 거지 하면서 새삼 신기해합니다. 감동적이기도 한 경험입니다. 그래서 하나둘 모으기 시작했던 거죠.

살다보면 잘될지 안 될지 확신도 없고 게다가 언젠가는 불구덩이 속으로, 지옥문으로 들어가는 게 보여도 시작할 수밖에 없는 일이 있습니다.

어느 조직이나 별별 사람 다 있지요. 〈좋은 놈, 나쁜 놈, 이상한 놈〉이란 영화도 있지만 오랜 시간 회사생활을 해보니, 실제 조직은 좋은 놈과 나쁜 놈으로 확연히 갈리기보다는 이상한 놈이 대다수더군요.

착한 척하면서 뒤통수치는 놈, 남자다운 척하면서 제일 쪼잔한 놈, 공무원 뺨치게 복지부동인 놈, 조그마한 파워가지고 뒤로 접대와 돈 챙기는 놈, 머리는 나쁜데 부지런한 놈, 일 좀 한다고 남 무시하는 놈, 상사에게는 삽살개가 되고 하사에겐 셰퍼드가 되는 놈, 갑질이 몸에 배서 을에게 회장처럼 구는 놈, 아무 생각 없어 보이는 놈, 뒤에서 괜한 사람 이간질시키는 놈, 사적으로 경비 착복하는 놈, 언제 날아갈지 모르는 뒷배 믿고 안하무인인 놈, 술자리에서 혼자 떠드는 놈, 성공하려고 자아를 숨기는 놈, 여기서 한 얘기와 저기서 한 얘기가 다른 놈, 간에 붙었다 쓸개에 붙었다 하는 놈, 책임 전가하는 놈, 남의 공에 슬쩍 숟가락 얹는 놈, 챙겨준다고 하고서 안면몰수하는 놈 등등 온갖 이상한 놈이 모인 곳이 조직입니다. 웃긴 건 저 이상한 놈 중 하나가 때로는 본인이기도 하다는 거지요.

어쨌든 저 수많은 이상한 놈 속에서 사는 게 조직생활입니다. 심심치 않게 들리는 얘기가 진상 학부모 얘기인데, 잘 보면 진상 학부모 대부분은 조직생활 안 해본 사람입니다. 조직이라는 이상한 놈들 천지에서 지내봤으면 최소한의 눈치라도 배우기 마련이거든요.

저에게 신조가 하나 있습니다. 남에게 호의를 베풀어도 똑같이 돌아오지 않는 경험을 수없이 겪어 보고 깨달은 교훈입니다. "남에게 나쁜 짓은 하지 말되, 나쁜 놈에게 속고 당하지는 말자."

이렇게 임팩트 강한 한마디는 간만에 봅니다. 저 문구 보고 그냥 제 몸을 변기에 갖다붙이고 한몸 됐습니다.

하리모토 이사오. 한국명 장훈. 현재도 일본 토크 프로그램에서 패널로 활동하시지요. 각설하고, 제가 존경하는 몇 안 되는 인물 중 한 분입니다. 어릴 적 홀어머니 밑에서 히로시마 원폭 시절을 겪고 한쪽 손가락 불구임에도 일본프로야구(NPB) 타격왕 7회, 이치로에게 기록이 깨지기 전까지 3할8푼7리로 최고 타율 기록 보유, 이치로에게 깨지기 전까지 3천 개 이상의 최다 안타(NPB 기록만으로 보면 최다 안타 보유자), 500홈런 이상을 기록한 전설입니다.

당시 재일한국인은 속칭 '개돼지' 취급 받던 시절이었고, 수많

은 차별에도 일본으로 귀화하지 않았는데 이는 어머니의 당부를 끝까지 지키고 한국인임에 스스로 자부심을 가졌기 때문입니다. 일본은 일본대로 한국인이지만 훌륭한 선수인 그에게 지금까지도 고개 숙여 전설로 깍듯이 대우합니다. 누가 조금 잘되면 못 잡아먹어 안달하는 한국 사회에서 그런 수준 높은 모습은 분명히 배워야 할 점이라 봅니다.(솔직히 말해, 그 정도 국민 수준이 언젠가 되기는 할런지도 의문입니다.)

그런데 제가 가끔 하는 이런 독설 한마디(틀린 말도 아님)에 아무것도 모르는 한국의 어린 친구들이 똥인지 된장인지 구분도 못하고 인터넷상에서 마구 욕을 하더군요. 이러한 영웅에 대해 젊은층이 그리 무지한 것 또한 기성세대의 책임이자 잘못이라 생각하기에 저라도 이런 얘기를 굳이 말씀드립니다.

피카소도 사람이고 아인슈타인도 사람이라 매번 명작을 그리고 매번 상대성이론 급 논문을 발표하지는 못 합니다. 인간이 자기 역량과 전투력을 최고치로 올리고 유지하는 기간은 길어야 5년 정도입니다. 유명 팝아티스트도 10장 넘게 앨범을 발표해봐야 전성기에 나온 두세 장만 길이 남습니다. 밴드 ELP도 마찬가지입니다. 〈Pictures at an Exhibition〉이라는 명앨범으로 정점을 찍고 점차 쇠퇴했지요. 짧디짧은 전성기 동안 이런 업적을 남긴 이들을 두고 천재 내지 스타라고 부르니 복받은 축에 속합니다.

저 같은 범부도 전투력이 최고치에 다다르는 몇 년이 분명히 있을 테고, 그때가 온 것을 미리 인지할 수 있어서 황금의 시간을 허비하지 않고 뭔가를 성취한다면 얼마나 좋을까요. 어른들이 늘 그러지요. 공부도 다 때가 있다고.

'끼리끼리 논다'고 그랬습니다. 지금까지 저는 남녀 관계에 관한 한 어떤 예외도 본 적이 없습니다. 친구 관계, 선후배 관계, 동료 관계에서는 수많은 예외가 있었지요. 그러나 남녀 관계에 있어서만은 딱 자기 수준에 맞는 사람을 파트너로 만나게 마련입니다.

여기서 말하는 '수준'이란 돈이나 가방끈, 집안 배경만을 의미하는 것이 아닙니다. 그런 측면이 없다고는 할 수 없지만 더 큰 부분인 인품, 교양, 인격을 말합니다. 커플이 쉽게 헤어지는 근본적인 이유는, 수준 차이가 크기 때문입니다. 다툼과 갈등의 소재는 단지 그 위에 얹혀 있는 평계일 뿐이죠.

수준이 크게 차이나면 왜 헤어질까요? 제 나름의 답은 이렇습니다. 첫째, 둘의 인격·교양 수준이 비슷하지 않으면 오랜 시간 함께할 수 있는 동력과 의미를 상실한다. 둘째, 사람은 성격이 다른 건 감내해도 격이 다른 건 참지 못한다. 실연을 당하거나 어떤 사람과 인연이 이어지지 않는 경우를 잘 생각해보십시오. 가장 큰 이유가 본인일 수 있습니다. 즉, 본인의 격이 상대의 격과 맞지 않을 가능성이 높은 겁니다. 본인의 격이 너무 높을 수도, 낮을 수도 있다는 얘기지요. 높다는 것은, 사람 보는 눈이 삐었다는 얘기이니 빨리 잊으면 됩니다. 낮다는 것은, 격을 높일 기회를 맞은 것이니 본인 스스로 변하면 됩니다. 지금보다 나은 사람이 되면 다가오는 상대방도 달라집니다.

지금의 나를 만든 건 결국 '일'입니다. 일은 나를 지속적으로 성장시켰습니다. 일은 분석적 사고와 발표 역량을 키워주었습니다. 다방면에서 커뮤니케이션하는 기술도, 협상 방법도 알려주었습니다. 효과적으로 의사결정하고 사람을 움직이는 능력도 훈련시켜주었습니다. 경영 전반의 지식과 경험의 장을 제공한 것도 일입니다.

일은 수많은 좌절과 실패를 통해서도 나를 성장시켰습니다. 이것이야말로 일의 진정한 본질입니다. 계획한 일이 뜻대로 안될 때마다 겸손함과 더불어 패배의식에 굴복해서는 안 된다는 깨달음을 얻었습니다. 훌륭한 성취를 맛보게 해주었지만 그 전에 피눈물 나는 고통이 있음을 알게 했습니다. 나의 부족함과 약점을 극복하게 했고, 주어지지 않은 것을 원망하기보다 후천적인 노력으로 극복하게 했습니다. 일이 나를 자극하여 그렇게 만든 것입니다. 일이란 그런 존재입니다. '나를 지속적으로 시험에 들게 하는 냉랭한 친구.'

일이 없었으면, 일을 대충했으면, 제대로 된 일을 안 했으면 지금의 나는 다른 사람이었을 겁니다. 일은 아마도 나의 유일한 인생 성장 트레이너일 것입니다.

저에게 멋에 대해 영감을 준 인물이 몇 명 있습니다.

스포츠계에서는 우선 야구선수 장훈입니다. 유니폼만큼 멋진 복장도 없지만 일본의 정신적 심장부라는 요미우리 자이언츠 4번타자의 복장은 경지가 다른 것이었습니다. 타석에서 공을 기다리던 그 당당한 포즈를 본 순간 코흘리개 꼬마의 머릿속에 멋이라는 개념이 싹트기 시작했습니다.

두 번째는 스웨덴의 테니스 스타 비에른 보리Björn Borg(=비욘 보그)입니다. 그는 요즘 말로 쿨함과 스웩을 다 갖춘 아마도 첫 번째 글로벌 스포츠 스타일 겁니다. 운동복이 저리도 귀족적이면서 섹시할 수 있었던가. 저는 지금도 그의 복장을 빈티지로 구해서 따라쟁이를 자처하고 있습니다.

기업계에선 고 정주영 명예회장을 가장 먼저 꼽습니다. 그는 일반적인 멋내기와는 담을 쌓은 분인데, 극과 극은 통한다는 말이 딱 그에게 해당합니다. 늘상 공사판 막잠바를 입은

그 모습은 일에 몰두하는 남자만큼 멋진 남자는 없다는 사실을 일깨워주었습니다. 기업계 두 번째 영웅은 그리스 선박왕 아리스토틀 오나시스입니다. 저는 그의 업적, 성품, 생애에 대해선 관심이 없습니다. 노년의 그의 모습에 주목할 뿐입니다. 사진으로 보는 그의 노년기에는 세상 모든 걸 가져본 남자의 범접 못 할 카리스마와 깊이가 담겨 있습니다. 그리 행복해 보이는 모습이 아닌 것도 아이러니합니다. 그저 멋있습니다.

정치계에는 언급할 만한 사람이 단 한 명밖에 없습니다. JFK. 일할 때보다는 일 외적인 곳에서의 그의 모습이 시선을 사로잡습니다. 캐주얼하면서도 품위를 잃지 않고 무한한 여유

까지 느껴지니 멋있습니다. 문화예술계에선 건축가 르 코르뷔지에와 작곡가 쇼스타코비치를 꼽습니다. 둘은 안경이란 오브제를 단지 의료보조기구로 치부하지 않았습

르 코르뷔지에

니다. 단 1밀리미터의 오차도 허
용하지 않는 완벽한 핏을 보여주
었고, 다양한 디자인을 멋지게 소
화함으로써 안경이 패션아이템의
한 축으로 성장하는 계기를 만들
었습니다.

내면의 멋이라는 관점에서는 우선
베토벤을 꼽습니다. 청력을 잃었음에도 아름다운 합창 교향곡
을 남긴 것 하나만으로도 충분히 멋집니다. 저는 그가 음악의
끈을 놓지 않게 한 원동력이 '자신에 대한 지극한 사랑'이라고
믿습니다. 자신을 사랑한다는 것은 결코 쉬운 일이 아닙니다.
베토벤 다음으로는 나의 아버지입니다. '스포츠맨십'을 가훈으
로 만드셨고 솔선수범하셨습니다. 앞뒤 다르게 행동하지 않으
려고 애쓰셨고 매사 정직하고 공정하려고 노력하셨습니다. 저
는 스포츠맨십을 지키는 사람이 정녕 멋있습니다.

요즘 보면, 한 국가나 한 회사를 넘어 전 세계적으로 리더십의
위기인 듯싶습니다. 리더십에 관해 짧게 얘기하고자 합니다.
성공한 사람의 리더십 붕괴 요인으로 '4A' 바이러스가 있습
니다. 우선 Arrogance(오만방자)가 있습니다. 리더 내면에 있
는 어떤 열등감의 표출로도 볼 수 있는 요인입니다. 두 번째,
Aloneness(고독)입니다. 성공한 자의 숙명이지요. 견디지 못
하면 무너집니다. 세 번째, Adventure(모험)입니다. 무모하

고 파괴적인 모험에 나섰다가 위기에 몰립니다. 마지막으로, Adultery(성적 부정행위)가 있습니다. 부도덕한 성적 쾌락으로 욕구를 해소하다 몰락의 길로 갑니다.

그래서일까요, 리더십은 '성품'이라고 말하기도 합니다. 리더십 하면 보통 '능력'을 꼽는데, 능력만으로는 직무 수행에 한계가 있다는 의미지요. 겸손과 경청과 건실한 자기 존중 또한 리더가 갖춰야 할 자질이라는 겁니다. 리더를 훌륭하게 만들고 무너지지 않게 하는 지지대는 결국 인성이라는 얘기입니다.

<u>207</u> 하와이에 왔다가 사랑하는 사람을 위해 선물을 샀습니다. 매장에서 잠시 쉬고 있는데, 저리 서비스해주네요. 비싼 것도 아닌 최저급 은팔찌 하나 샀을 뿐인데도요. 그나저나 저 종이컵, 정말 훌륭하더군요. 재질, 색감, 감촉, 버리기 아까울 정도의 두께감. 솔직히 팔찌보다 더 황홀했습니다. 벤치마킹을 위해 갖고 올까 하다가 귀찮아 관뒀습니다.

하와이에 와서 또 다른 감동은 포시즌스 호텔에서 느꼈습니다. 와일레아 쪽으로 온 김에 포시즌스에서 점심을 먹었는데 그들의 남다른 서비스가 감탄스러울 정도였습니다. 발레파킹 하시는 분, 식당에

서 서빙하시는 분, 스몰 숍의 판매원 모두 호텔의 주인 같았습니다. 얼굴 표정, 몸짓 하나를 비롯해 모든 게 다른 여타 장소와 다릅니다. 정말 궁금합니다. 비결이 무엇인지. 구멍가게도 아니고 큰 조직, 그것도 글로벌 대조직이 어떻게 관리하는지. 한국의 포시즌스는 아직 잘 모르겠습니다. 거기는 이제 시작이니, 흉내 내기에서 그치지 않고 전통과 근본 마인드를 차근차근 숙지한다면 곧 그 수준으로 가리라 기대합니다. 포시즌스의 노하우까지는 모르겠지만 방향성만은 확실히 배웁니다.

참고로, 진심으로 깊이 사랑하는 사람은 저였습니다.

비즈니스 협상 관련 여러 책을 봤고 MBA 수업도 들었고, 무엇보다도 현장에서 수많은 실전 경험을 쌓았습니다. 길게 얘기할 건 아니고 주요 개념 몇 가지만 정리하겠습니다.

첫째, 협상 시 굳이 말을 많이 하지 말라. 협상 테이블에서 다변에 달변이면 협상 잘하는 줄 착각하는 분이 있습니다. 말이 많다 보면 은연 중에 직접적이든 간접적이든 상대방이 알아서 좋을 게 없는 정보와 힌트가 흘러나오기 마련입니다. 상대방의 협상력 강화에 이바지하는 행위인 거죠. 쓸데없이 얘기할 필요 없고 오히려 상대방이 말을 많이 하게 만드는 게 고수입니다. 이건 일순위로 명심하십시오.

둘째, 상대가 누구냐에 따라 스탠스에 변화를 주라. 앞으로 지속적인 관계가 없을 일회성 파트너에게는 최대한 강하게 밀어붙여 우리가 원하는 것을 얻는 데 집중하고, 지속적인 관계가 중요한 파트너에게는 우리가 많이 양보했다는 인상을 줘서 윈윈하는 방식을 취해야 합니다. 당연한 얘기인데 많은 분의 협상 방식이 무차별적인 경우를 자주 봅니다. 파트너가 누구든 모두 야박하게 군다거나, 굳이 양보할 필요 없고 상대방 입장을 헤아릴 이유가 없는데도 호혜적이어서는 안 됩니다.

셋째, 협상의 5가지 수단을 잘 활용하라.

① 감정: "내가 그동안 니들 발꼬락 얼마나 빨아줬냐 이 자슥아. 이번에 안 도와주면 나 디진다. 한 번만 봐도." 꼬레아노에게 없어서는 안 되는 방식.

② 논리: "A, B, C의 이유로 인해 니들은 우리를 선택하는 게 가장 잘하는 짓이야 이 무식한 놈아." 다 좋은데 꼬레아노에게 논리만으로 들이대다가는 100전 95패임. 지연, 학연 다 동원하고 발꼬락도 빨면서 들이대야 겨우 될까 말까임.

③ 위협: "이번에도 말 안 들으면 사람들 다 빼버릴 거야 이 xx들아." 당신보다 더 무식한 놈에게 들이밀었다가는 본전도 못

찾고 되로 주고 말로 받을 수 있음. 막장드라마 수준으로 갔을 때 최후의 수단으로 한번 고려해봄 직.

④ 흥정: "내가 이거 양보할 테니 너도 그거 하나는 내 말 들어줘라 이 얌체 같은 놈아." 어찌 보면 협상이론의 핵심이자 액기스. 가능한 뺑카(나는 양보해도 큰 타격이 없는데 그

게 상대방에게는 크게 느껴지는 것)을 잘 찾아서 이용하는 게 최선의 방법.

⑤ 타협: "아 짜증나. 다 됐고, 그냥 우리 중간점에서 합의하고 이만 끝내자." 흥정과 비슷한데 흥정은 무언가를 만들어 교환하는 개념인데 반해, 타협은 중간점에서 서로 적당히 손해보고 합의하는 것. 거의 모든 지루한 협상의 끝은 결렬 아니면 타협. 흥정은 기발한 거래 조건을 찾거나 만들어서 협상을 윈윈으로 승화시킴. 타협은 Lose-Lose 게임이라는 말.

기본만 정리해봤습니다. 협상 때 이런 개념이라도 탑재하고 자리에 앉는 게 조금이나마 도움될 겁니다. 한 가지 더. 속에 있는 말은 절대 밖으로 드러내지 마십시오.

협상에 동물적 감각이 있는 분들 있지요. 대표적으로 고 정주영 회장 같은 분이지요. 조선소도 없고 수주 실적도 없는 외딴 동양의 후진국 출신 기업인이 유럽 가서 대규모 선적인도 계약을 따 왔으니 한마디로, 제가 더블클러치 덩크슛하는 것보다 더 말이 안 되는 얘깁니다.

스즈키 이치로 선수가 한 말 중에 '성공은 남이 얘기하는 그렇고 그런 기준에 부합하느냐가 아니라 나 자신이 성공이라고 인정하느냐 안 하느냐의 문제다'라는 말이 와 닿습니다. 저도 겉보기에는 성공한 사람일지 모르겠으나 제 자신이 보기에는 성공과는 거리가 멉니다. 위안이 되는 건 조금씩 나아진다는 겁니다. 비교해야 할 대상은 남이 아니고 나 자신입니다.

왼쪽 아래부터 유일선 에리어플러스 대표, 김경호 테슬라코리아 전 대표(현 프레인핸즈 대표), 김범수 SSG닷컴 상무 그리고 나. 이분들과 얘기하다 보면 진심 세상에는 공짜가 없다 느낍니다. 그리고 남보다 두각을 나타내는 데는 다 이유가 있다고 새삼 깨닫고요. 인테리어계에서 잘나가는 유일선 대표는 집안 뜻대로 경영학을 공부하고 대기업을 10년 다녔지만 대학 때부터 미대생 아니냐 할 정도로 예술 공부에 빠져 지냈습니다. 사회생활을 10년 하는 동안에도 지속적으로 텍스타일, 소재, 아트를 공부했고 집안에서 부여한 의무기간을 끝내고는 본인의 덕질에서 길을 찾았습니다.

김경호 대표는 테슬라코리아 대표직을 맡기까지 인터뷰를 무려 11번이나 통과해야 했습니다. 물론 일론 머스크도 만나야 했지요. 그전에 한국테슬라동호인 회장을 맡기도 했고요. 이게 가능했던 이유는 그가 어릴 때부터 신기술, 자동차에 사랑과 열정을 쏟았기 때문입니다.

팻투바하pat2bach라는 이름의 미식 인플루언서로 익히 잘 알려진 김범수 상무는 굳이 설명할 필요가 없는 분이죠. 그가 얼마나 남다른지 이번 만남에서 또 알았네요. 제가 혼밥, 혼술 좋아한다고 은근 자랑했더니, 이 분은 이미 20여 년 전에 유럽에서 그냥 선술집도 아니고 파인다이닝 레스토랑에서 즐겨 혼밥했다고 하시더군요. 전 그냥 조용히 입을 닫았습니다.

무엇이든 내가 좋아하는 것에 대해 목숨 걸고 열심히 하면 NO, 목숨 걸고 좋아하면 YES입니다. 목숨 걸고 좋아하면 세계 어디 가서도 혼술·혼밥이 되고, 10년 결기도 지키면서 와신상담할 수 있고, 11번의 인터뷰도 통과할 만한 내공을 쌓을 수 있습니다. 세계적인 수집가 내지 안목가도 될 수 있습니다. 열심히가 아닙니다. 본능적으로 진심 사랑해야 합니다. 그리고 그 마음에 실행력이 더해져야 합니다.

스니커즈의 정의가 뭘까요? 운동화인데 정작 운동할 때는 안 신는 외출용 패션 운동화인가요? 가만 보면, 많은 스니커즈가 몇 십 년 전 실제 운동할 때 신던 신발의 복각인 경우가 많습니다. 요즘 출시된 기능성 운동화는 아마 몇 십 년 지나도 스니커즈가 못 될 겁니다. 그만큼 운동화 역사 초창기의 심플 담백한 디자인이 멋지다는 얘기입니다. 미학적 관점에서는 구관이 명관이고 옛것이 훨씬 멋진 분야가 너무도 많습니다. 어떤 물건을 만들 때 지닌 '기본에 충실한 디자인 마인드'가 '아날로그적 감성'과 만나면 작품이 탄생합니다. 디자이너만의 문제가 아닌 거지요.

저게 뭘까요? 안경클리너인데 살짝 재미를 주었습니다. 포켓스퀘어 겸용입니다. 캐주얼 복장인 분에게는 기존의 안경닦이 천과 별 차이가 없습니다. 정장 출퇴근하는 분이라면 재킷 프론트포켓에 꽂아뒀다가 안경도 닦고, 퇴근 후 데이트할 때는

 슬쩍 꺼내서 포켓칩으로 센스 업그레이드하기 좋습니다. 고급 포켓스퀘어에 비할 바는 아니지만 직접 꽂아 보니 그럭저럭 봐줄만 합니다.

별 거 아니지만 모든 것에 새로운 재미와 아이디어를 더하려고 노력합니다.

저를 찾아온 분이나 지인, 이래저래 만나는 분 중에 투자 유치에 대한 열망이 없는 사람을 거의 못 봤습니다. 자본만 생기면 내 사업을 하고 싶다, 그런데 자본을 구하기가 쉽지 않다고 고민을 털어놓습니다. 세컨드 브랜드 스펙스몬타나 투자 유치에 성공하기까지 그 과정에서 제가 느낀 몇 가지를 적어봅니다.

첫째, 뭐라도 제대로 만들어 놓아야 한다. 아이디어만 보고 투자하는 사람 거의 없습니다. 맨땅에 헤딩을 하던 집을 담보 잡히던 어떡해서든 아이템을 개발하고 만들어야 합니다. 그런데 그 아이템이 어떤 가능성을 보여주는 수준으로까지 나와야 합니다. 별것도 없는 회사가 몇 십 억씩 쉽게 잘만 투자받는 것 같이 보입니다만, 그렇지 않습니다. 세상에서 가장 어려운 일이 남의 돈 타먹는 겁니다. 뭐가 있으니까 투자받는 겁니다.

둘째, 미래 성장 가능성이 있어야 한다. 첫 번째와 이어지는 얘기인데, 과연 이 아이템이 미래에 기대수익을 가져올 것인가에 대한 답이 있어야 합니다. 가장 중요한 문제이지요. 그림이 보이는 미래 비전과 확실한 무기, 담보될 만한 실적이 있어야 합니다. 아이템을 아무리 잘 만들어봐야 결국 투자 의사결정의 평가 대상은 미래 성장 가능성입니다. 스펙스몬타나는 매스 마켓 진출이라는 비전과 가능성을 보여줬기에 투자 유치에 성공할 수 있었습니다.

셋째, 정직성과 신뢰성을 보여줘야 한다. 투자자가 사업 계획만큼이나 자세히 들여다보는 것이 사업 주체 즉, CEO의 사람 됨과 신뢰성입니다. 앞의 두 가지가 완벽해도 CEO의 자질과 진실성에 의심이 가면 백지화되기 십상입니다.

넷째, 조급해서는 안 된다. 저도 브랜드 론칭한 지 채 일 년도 안 된 시점에 무리하게 IR을 진행하면서 급히 서두른 적이 있었는데 진행이 꼬이더군요. 자본 시장을 쉽게 생각한데다(자만심, 교만함) 준비 부족에 조급함이 앞서니 빈틈이 생길 수밖에 없었지요. 이후 차분히 재정비하고 내실을 다지면서 준비 과정을 하나둘 제대로 거쳐나가니 제때를 맞게 되고, 담담한 마음으로 기회를 접하니 절로 훌륭한 인연이 맺어지게 되더군요.

다섯째, 저는 세 가지 사실을 다시금 깨달았습니다. 먼저, 세상 일에는 때가 있고 그 때를 만나야 함을 새삼 느꼈습니다. 물론 그 때는 그냥 오지 않으며, 필요충분조건을 만들기 위한 노력은 본인의 몫입니다. 그 다음으로, 될 일은 언젠가는 되게 되어 있다는 순리를 재확인했습니다. 마지막으로, 안 될 일(자격 미달)은 지랄발광을 해도 안 되게 되어 있다는 냉혹한 사실도 다시 인정하게 됐습니다. 세상은 결코 만만하지 않습니다. 거짓으로 어떻게 할 경우 처음에는 되는 듯해도 이후 반드시 사달이 납니다.

214 엘보가 아프니 저도 모르게 자세가 틀어졌나 봅니다. 어느 순간부터 포핸드 공이 잠자리마냥 둥둥 떠다니고 컨트롤은 안 되고, 그러하니 자신감은 급격히 저하되고 다른 것도 덩달아 잘 안 되는군요. 어느 때부터 좌절감도 몰려옵니다. 이렇게 열심히 하고 이만큼 투자하는데, 정체하고 퇴보하는 모습을 보니

화딱지 나서 라켓들 다 불태워버리려다 환경오염 생각해서 참아 부렸네요 껄껄.

테니스도 인생인가 싶습니다. 일보 전진을 위한 이보 후퇴도 있고, 잘나가다가도 돌부리에 걸려 넘어지는 순간도 있고, 해도 해도 안 되는 것 같다가도 어느 날 이겨내기도 하니 말입니다. 즐거움이 괴로움이 됐다가 다시 즐거움이 되기도 하고요.

살다보면 통념이 들어맞지 않는 경우가 생깁니다. 가령, '사람 절대 안 변한다'는 말만 해도 그렇습니다. 정리정돈이 완벽하신 부모님과는 정반대로 저는 '신생아실에서 뒤바뀐 게 아닐까' 싶을 정도로 정리와는 거리가 먼 아이였습니다. 옷은 아무 데나, 이부자리 제대로 개어놓은 적 없고, 책상은 이루 말할 수 없이 난잡하고 지저분하게(사실 이건 지금까지도) 해놓고 다녔습니다. 그런데 희한하게도 마흔 넘어서부터 물건이 제자리에 있지 않으면 신경 쓰이고 맘이 불편하더군요. 그렇게 하나둘 정리하다보니 습관이 됐고 어느덧 정리정돈 잘하는 사람으로 바뀌었습니다.

더 놀라운 변화는 결벽증적인 버릇까지 생겼다는 겁니다. 털털하기 그지없던 제가 요즘은 맨손으로 공중화장실 출입문 손잡이 잡는 것도 내키지 않아서 휴지로 감싸 열 정도입니다.

사람은 변합니다. 스스로를 너무 잘 안다고 자신하는 교만에 빠져 있거나, 아무 생각이 없거나, 나는 항상 옳고 정의롭다고 착각하거나, 나는 가해자가 아닌 피해자라 생각하거나, 나는 꽤 착하다고 오인하는 머리 나쁜 사람이 아니라면 변할 수 있습니다. 그러나 안타깝게도 대부분의 사람은 자신을 잘 안다고, 자신은 착하고 정의로운데 남이 나에게 해를 끼친다고 생각합니다. 그렇게 자기 착각에 갇혀 있으면 어떤 즐거운 변화도 경험하지 못한 채 살다가 고대로 눈감을 겁니다.

216 또 수집벽이 생겨 하나둘씩 모아온 1980년대 메이드인이탈리아 오리지널 필라 테니스복들. 아시는 분은 다 아시는 대로 비에른 보리 유니폼이었죠. 제가 빈티지 운동화를 모았던 이유와 정확히 똑같습니다. 어릴 적 향수를 되살리고 싶은 마음 반, 1980년대 테니스 패션이 제일 멋지게 느껴지는 마음 반.

본격 테니스 시즌에 접어들면 또 하나의 즐거움이 생깁니다. 테니스복을 요렇게 조렇게 매칭해서 신나게 입어주는 즐거움

이죠. 테니스를 100퍼센트 이상 즐기려는 노력의 일환입니다. 운동 자체를 즐기고, 여러 장비들 다루면서 즐기고, 다양한 패션도 즐기고, 좋은 사람들과 함께 하는 시간도 즐깁니다. 즐길거리도 스스로 만드는 것이지 공짜로 뚝 떨어지지는 않습니다.

한 미디어로부터 어려운 질문을 받았습니다. 당신의 '감각'을 나타내는 세 가지는 무엇이고, 그렇게 생각한 이유는 무엇인가요?

저 질문에 근거라도 있게 썰을 풀려면 세 가지가 필요하다고 느꼈습니다. 첫째, 좋아하는 것이 있어야 한다. 둘째, 그것에 대해 자신만의 히스토리를 가져야 한다. 셋째, 맞든 틀리든 그것에 대해 통찰하는 나만의 관점이 있어야 한다.

하루아침에 나오긴 어렵지요. 그렇다고 세월 간다고 저절로 나오는 건 더더욱 아닙니다. 당신도 자신의 감각을 나타내는 세 가지가 무엇인지 한번 답해보십시오.

아랫글 읽어 보십시오. 로저 페더러가 본인 인스타에, 2020년 프랑스오픈 13번째 우승과 더불어 본인과 같은 총 20회의 그랜드슬램 우승을 달성한 라파엘 나달에게 전한 메시지입니다.

"저는 항상 제 친구 라파(라파엘 나달의 애칭)에게 한 인간으로서, 그리고 챔피언으로서 무한한 존경심을 가져왔습니다. 오랜 세월 저의 최대 라이벌이었던 그와 함께 서로를 자극하며 더 나은 선수로 성장했다고 믿습니다. 그런 점에서 그의 20번째 그랜드슬램 우승을 축하하게 되어 큰 영광입니다. 특히 13번째 롤랑가로스(프랑스오픈) 우승은 그저 놀라울 따름입니다. 스포츠 역사상 가장 위대한 업적으로 손꼽을 만하죠. 라파의 팀에게도 축하의 말을 전합니다. 아무리 뛰어난 선수라도 혼자서 우승하기란 어려운 법이니까요.

바라건대, 메이저 20회 우승이 저희 두 선수가 앞으로 계속 이어나갈 여정의 작은 한 걸음이었으면 합니다. 잘했어, 라파. 넌 챔피언 자격이 있어."

경기에서 둘이 만나면 한 치의 양보도 조그마한 자비도 없습니다. 그저 승리를 위해 사력을 다합니다. 그렇게 On일 때는 숙적이자 라이벌이고, Off가 되면 서로를 리스펙트하는 우정 어린 친구로 돌아가서 서로의 건승을 진심 축하합니다. 제 눈에는 아름다운 관계입니다. 서로가 있기에 각자의 더한 발전이 있었겠고, 정글 같은 투어 바닥에서 외롭지 않았을 겁니다.

그런 친구가 주위에 있나요? 흔치 않습니다. 스포츠맨십(예의 지키기, 룰 지키기)이 밑바탕이 된다면, 라이벌이란 누구보다도 나에게 고마운 존재입니다. 라이벌이 없다면 동기부여도 어렵죠. 저도 평생을 이런저런 라이벌과 함께 부대껴왔고, 지금은 더 많은 라이벌과의 승부 세계 속에 살고 있습니다. 거기서 저도 진화 발전해왔다고 생각하니 그들이 적이 아닌 동반자, 동업자 같다고 느껴집니다.

페어플레이하에서의 경쟁, 경쟁의식은 삶에서 꼭 필요합니다. 그렇더라도 어떤 라이벌은 스포츠맨십이고 뭐고 주는 거 없이 그냥 싫지요. 안 그래도 싫은데 페어플레이도 안 한다면 콱ㅋㅋ.

219 포드 사 창립자인 헨리 포드의 말입니다.
"부는 행복과 같이 직접 추구한다고 얻어지는 것이 아니며, 타인을 위한 봉사와 공헌에 따른 부산물의 성격이 강하다."

"봉사가 이윤에 선행할 것."

"값싸게 제조하여 값싸게 팔 것."

"과거에 대한 존경도 미래에 대한 공포도 버려라."

근심, 걱정, 스트레스에 푹 절여 사는 일상입니다. 열심히 달려왔으니 이제는 불가항력에 믿음을 가질 뿐입니다. 안달해봐야 달라질 게 없으니까요. 조급해봐야 악수만 범합니다.

산업통상자원부와 함께 나랏일을 했습니다. 거창한 건 아니고 산업부의 유튜브 방송 〈산소통〉 25화 '스타 벤처기업가를 찾아서'편에 쏘울에너지 안지영 대표와 함께 출연했습니다. 스타는 안지영 대표이고, 저는 그냥 좌충우돌 주책바가지 사업가죠. 하도 안팎으로 나불대다 보니 빛 좋은 개살구인데도 얼떨결에 영광스런 자리에 참여하게 됐습니다. 인터뷰하면서 이래저래 잡소리 많이 떠들었는데, 마지막 질문이 젊은이에게 해주고 싶은 한마디였습니다.

"다들 자기가 좋아하는 것을 업으로 삼으려고 한다. 좋은 현상이다. 그런데 조급해하지 말아라. 나는 내가 좋아하는 게 뭔지 알아내는 데 자그마치 20년 넘게 걸렸고, 새로운 시작을 마흔 중반을 넘겨 했다. 무엇을 해야겠다는 목표가 서면 실행하는 건 그냥 하면 된다. 뭘 해야 하는지를 찾는 게 백 배는 더 어렵다.

그런 것이니, 조바심내지 말고 뒤처진다고 생각지도 말아라. 대신 눈 크게 뜨고 자신만의 무엇을 찾아나가라."

프레임몬타나를 창립할 때부터 제 머릿속에 확고히 자리잡은 두 가지 다짐이 있었습니다. 첫째, 힘든 곳부터 깃발 꽂고 점차 쉬운 곳으로 가자. 둘째, 제값 받자.

첫 번째 생각에 따른 저의 로드맵은, 유럽＞미국＞일본＞동남아, 중국 시장 순입니다. 남들처럼 중국 먼저 가려고 애쓰지 않습니다. 맨 마지막에 그들이 자기발로 찾아오면 비싸게 줄 생각입니다. 이미 유럽, 거기서 핵심인 프랑스 파리에 교두보를 성공적으로 확보했고, 뒤이어 밀라노, 뮌헨, 런던 등으로 계속 진출할 것입니다. 두 번째는 이미 성공입니다. 현재 프레임몬타나 안경은 파리의 최고 안경원에서 400유로 선에 팔립니다. 한국보다 비쌉니다.

인간사와 마찬가지로 브랜드도 내가 내 가치를 스스로 존중하고 높일 때 남도 리스펙트합니다. 디자인과 품질에 자신이 있었기에 아무리 초짜라도 머리 숙이며 덤핑가로 들어가기 싫었습니다. 편견 없이 가치를 알아보는 유럽 소비자들이 우리 가치를 인정해줬기에 그 가격에도 오더가 늘어갑니다.

제가 왜 이리도 해외시장에 집착할까요? 무엇보다도 어릴 때부터 받아온 세뇌교육 때문입니다. 라떼는 말이죠, 그다지 잘 살지 못했습니다. 외화를 잘 벌어오는 기업이 훌륭한 기업이란 공식이 어릴 적 이후 줄곧 제 대구통에 박혀 있습니다. 프레임몬타나 또한 해외매출이 국내매출을 뛰어넘는 날 정말 자부심을 느낄 것 같습니다.

둘째는 오기입니다. 해외 안경박람회에 나가 보니 신분 서열이 확실하더군요. 톱 브랜드는 일단 부스 크기부터 다르고, 대접이 다르고, 바이어도 줄부터 세우고, 자기들끼리만 놉니다. 그들만의 상류사회입니다. 대부분 유럽 및 일본 브랜드가 구성원이고요. 오기가 생기더군요. 저 같잖은 상류사회에 내가 좀 들어가봐야겠다. 거기서 내가 너희처럼 큰소리 좀 쳐봐야겠다. 스포트라이트도 내가 좀 받아봐야겠다. 들어갈 거 기왕 좀 빨리 가야겠다.

제 세대야 그렇다 치고, 왠지 요즘 젊은이들에게 호연지기, 야망, 대의명분, 국제화 이런 단어를 언급했다가는 민망해지는 시대가 돼버렸습니다. 저를 포함해 못난 기성세대의 잘못이죠. 이토록 살기 팍팍하게 만들어 놓았으니 저런 단어가 귀에 들어오겠습니까. 당장 취업 자리도 하늘의 별따기인데.

"나를 바꾸면 주위의 모든 것이 변한다. 시간이 걸리더라도 반드시 변한다." 222

제가 직접 경험한 삶의 진리입니다. 반대로 나는 변한 게 없이 그대로이면 주변을 바꾸려 아무리 노력해도 절대 바뀌는 건 없고 계속 우울할 겁니다.

2024년에 발매된 프레임몬타나의 모델 FM24 Arnel이 지금껏 존재하지 않았던 아넬(Arnel: 뿔테 안경의 하나. 1930~1940년대 프랑스 스타일 안경을 1950년대 타르트옵티컬이라는 회사가 미국 스타일로 재해석해 'ARNEL'이라는 모델로 출시한데서 비롯됨)로 불릴 수 있는 이유는 무엇일까요? 기존의 수많은 아넬과의 차별점은 무엇일까요?

① 전 세계 전 시대 처음으로 8mm 두께의 시트지를 사용하여 시도한 아넬 복각 ② 프레임몬타나가 보유하고 있는 실제 오리지널 아넬 빈티지들의 실사와 고증에 기반한 복각 ③ 8mm 시트지를 장인들의 수작업으로 연마하여 근육질의 골격 수립 ④ 정면과 측면의 다이아몬드 모양 리벳 모두 100퍼센트 순은으로 제작 ⑤ 리벳을 모두 1mm 볼록하게 제작하여 입체감 있는 조형미 구성 ⑥ 라운딩(Rounding: 굴림) 공법을 추가 적용

하여 평범한 각을 없애고 부드러운 선의 흐름으로 전체적인 바디를 일관되게 구성 ⑦ 7중 경첩과 1자 나사는 기본 ⑧ 림 안쪽에 사이즈 마크 표기(빈티지 고유의 특성) ⑨ 최고급 타키론 시트 자재 적용, 단 브라운 컬러만은 색감이 깊은 이탈리아산 마쭈켈리 시트 적용 ⑩ 아넬 안경의 밸런스에 있어 너무 좁아 보이는 22 사이즈 브릿지와 너무 넓어 보이는 24 사이즈 브릿지를 피하고, 최적의 23 사이즈 브릿지를 적용 ⑪ 코받침은 아시안 및 한국인에게 최적화된, 높고 타이트한 사이즈를 적용 ⑫ 전 세계 최고 브랜드만 생산하는 일본 후쿠이현 사바에시 최고의 공장에서 제작. 프레임몬타나의 퀄리티에 대해선 더는 강조할 필요가 없으나 첨언함.

흔한 안경일 뿐이지만 그 안에도 하나의 세계가 있고 미학과 아이디어와 노력이 존재합니다.

테니스 공 중에 화이트 볼 보신 적 있나요? 사진은 윌슨의 그 라스투어 볼(Grass Tour Ball: 잔디코트 전용볼)인데 흰 공이네요. 아주 클래식합니다. 테린이는 잘 모를 수 있어 말씀드리면, 원래 테니스 공은 1980년대 초까지만 해도 투어에서도 흰 공밖에 없었습니다. 노란 공이 나온 건 그 이후부터입니다. 시각성을 높이기 위한 반란 내지 혁신이었죠.

이뿐만이 아니죠. 1990년대까지만 해도 테니스 선수는 모두 칼라 달린 셔츠를 입어야 했습니다. 야광색 티셔츠는 상상도 못했죠. 안드레 애거시 선수 이후 야광색, 데님이 등장했고 뒤이어 칼라 없는 민둥티도 허용되는 등 격식이 완화되다가 이제 격식이 거의 사라지다시피 됐습니다.

제가 윔블던을 최고 테니스 대회로 꼽는 이유는 단지 역사와 전통뿐만이 아닙니다. 윔블던만이 반항적인 선수조차 격식에 자발적으로 따르게 만드는 권위를 갖고 있습니다. 윔블던은 헤리티지에 대한 존중을 불러오는 그 권위로 화이트 룩과 가능하면 칼라 있는 의복을 고수함으로써 리스펙트의 개념을 일깨워줍니다.

3년 만에 용평리조트에 왔는데, 1973년에 만들어져서 개관 50주년이 되었더군요. 그런데 '모나 파크'라고 리브랜딩을 하고 있네요. 모나라니. 중국관광객 모집을 위해서 중국인에게 친숙한 이름으로 했다나 뭐라나. 용평호텔 내 오래된 식당 '도라지'도 이름이 바뀐 지 꽤 됐네요. 50년 역사를 향수할 수 있는 헤리티지들이 보존되고 있다는 느낌이 없습니다. 용평은 그냥 용평으로 잘 지켜지면 좋겠습니다.

한국경제TV, 와디즈와 인터뷰한 내용 중 일부입니다.
사내연애를 찬성하는가 반대하는가? "뭐 적극 찬성한다. 사랑할 때 제일 행복한데, 그걸 왜 반대하나. 그리고 반대한다고 그거 안 하겠나? 다만, 기왕이면 들키지 마라."
MBTI가 사업 성향과 관련 있다고 보는가? "당연히 있다. 내가 본 J 중에 90퍼센트가 부지런하고 P는 대부분 게으르다. 내가 P다. 그런데 P들이 자유분방하면서 독창적인 면은 있더라."
회사 비전은 무엇인가? "향후 5년 이후 10년 안에 스펙스몬타나는 국내 시장점유율 1위, 프레임몬타나는 글로벌 톱티어 브랜드로 성장하는 것이다."

2022년 국가보훈처가 '제복의 영웅들'이라는 프로젝트를 기획
한 적이 있습니다. 그간 잊고 있던 우리의 영웅 6.25 참전 용사를 다시 찾고, 변변찮은 조끼 하나 걸치고 다니는 그분들께 제격에 맞는 제복을 입혀드리는 행사입니다. 앤디앤뎁에서 제복을 제작하고 저희 프레임몬타나는 부수적으로 안경을 지원했습니다.

지금의 자유민주주의 대한민국이 존재할 수 있도록 북한 공산당 괴뢰군에 대항해 자기 몸 바쳐 나라를 지킨 참전용사가 아직도 58,203명이 생존해 계십니다. 나라를 지킨 영웅에게 다시 한 번 예를 갖춰 감사함을 전합시다. 이런 행사가 많이 생겨서 우리 젊은 세대에게 무엇이 진정한 역사이고 무엇이 우리의 현재를 만들었는가에 대해 한 번은 정확히 생각해 볼 계기가 되었으면 좋겠습니다.

228

강
정
호

많은 코리안 메이저리거가 있었지만 개인적 잣대에서 강정호 선수만큼 멋졌던 인물도 없습니다. 물론 박찬호 선수, 김병현 선수, 이승엽 선수, 이대호 선수도 대단하지요. 그러나 피처가 아니면 생존 불가능하다는 메이저에서 동양인 야수, 게다가 핵심인 유격수 3루수를 보면서 수비는 명품수비, 타격은 클러치 타격에 시속 95마일 이상의 클로저들을 두들겨 빼는 임팩트, 게다가 정규시즌 다 뛰면 2할 후반대에 30개 홈런 이상이 가능한 타자. 이게 2015년, 2016년의 강 선수였습니다. OPS 0.7만 넘어도 수준급 타자인데 최소 0.8 이상이 보장된 선수였죠. 지금 기준으로 FA로 풀리면 최소 5년 1억 달러(약 1,450억 원)가

기본 스타트 금액입니다.

실력도 실력이지만 강 선수가 멋졌던 건 특유의 카리스마 때문입니다. 말도 안 통하고 경쟁도 심한 메이저리그에서 유일한 동양인. 웬만하면 기죽어서 적응에 열심인 착한(?) 모습을 보이기 마련인데 그는 어떤 표정 변화도 감정기복도 느껴지지 않을 정도로 당당하고 군건해 보였습니다.

요즘 메이저리그를 보면 정말 타자 친화적이지 않습니다. 대다수의 투수가 95마일 이상은 기본으로 던지고 100마일 어깨도 드물지 않은데다 커터, 체인지업, 슬라이더, 폭포커브, 슬러브, 싱커, 스플리터 등 다양한 구종과 구질의 공을 자유자재로 던집니다. 포수 미트에 꽂히는 모습을 보면 감탄스러울 정도입니다. 저런 볼을 대체 어떻게 타이밍 맞춰서 칠까요? 제가 볼 땐 진짜 답 없습니다. 그래서 요즘은 3할 이상 치는 선수가 거의 없습니다. 옛날에는 눈길도 안 줬던 2할5푼 정도도 대단합니다. 열 번 타석에 나와서 세 번은 안타를 쳐야 한다? 거의 불가능한 미션입니다.

이런 공을 보다가 한국 프로야구를 우연히 볼 참이면 투수 공이 기어갑니다. 상대적인 비교 격차겠죠. 그리고 그게 당연하고요. 메이저리그에 있는 인간들은 기본적으로 코카서스 인종 내지 아프리칸 인종이라 동양인보다 힘이 선천적으로 1.5~2배는 세죠. 그게 당연한 건데도, 일본프로야구를 보면 꼭 그렇지도 않습니다. 기본 구속이 한국보다 5~10킬로미터 이상 빠르고 변화구도 훨씬 예리합니다. 일반적으로 일본인과 한국인을 비교하면 한국인이 덩치도 크고 체형도 곧은 편인데 이상하게 일본 투수가 훨씬 더 우수하고 메이저리그 가서도 잘합니다. 그 이유로 한국의 야구인들이 늘상 하는 얘기는, 일본은 고교팀만 몇 천 개인데 우리는 몇 십 개밖에 없다 입니다. 맞는 얘기일 수 있죠. 그만큼 일본은 엄청나게 많은 잠재 인력이 경쟁하고 도전하니 천재가 지속적으로 나올 확률이 크죠.

그러나 한국 프로야구에서 TV 켜면 나오는 선수들, 그들은 공부로 따지면 전교 1등 수준을 넘어 전국 몇 등한 사람끼리 경쟁하고 또 경쟁해서 9명 엔트리에 들어간 수재라고 할 수 있습니다. 그렇다고 그 경쟁 뚫고 프로야구 주전선수 됐다고 돈을 엄청 버나요? 절대 아니죠. 그 중에서 난 선수 몇몇 즉, 스타 플레이어가 되어야 그나마 몇 십 억 벌 수 있습니다. 그게 현실이죠. 제가 하고 싶은 얘기는, 메이저리거와 비교해 한국 선수를 무시할 일은 전혀 아니라는 겁니다. 다만 한국인 천재 선수를 배출 못하는 국내 야구 환경이 안타까울 뿐입니다.

언제쯤이면 우리 야구도 일본 수준에 이를까요? 이 상태로는 불가능하겠지요. 돌연변이를 기대해야 할까요? 언제 다시 강정호 선수 같이 '임팩트' 있는 야구선수를 볼 수 있을까요? 그립습니다.

₂₂₉
공통점

옷이나 안경에 최애 브랜드가 있듯이 스포츠 장비도 마찬가지입니다. 제가 헤드HEAD사 라켓을 좋아하는 이유는 세 가지입니다.

첫째, 감이 좋습니다. 이건 주관적이라 일반화할 생각은 없습니다. 둘째, 혁신적입니다. 헤드 사는 일반 시판용 기성품 외 프로스탁(Pro Stock: 커스터마이징한 라켓)을 개발하면서 다양한 소재의 조합을 실험해보고 구조를 시험합니다. 몇몇 수작과 마스터피

스가 이렇게 만들어집니다. 셋째, 실용적입니다. 헤드 사 라켓이 커스터마이징하기 가장 쉽습니다. 손잡이 팔레트를 조립식으로 만듦으로써 수리를 용이하게 했고 사이즈별 별도 구매도 가능하게 하였습니다. 버트캡(Butt Cap: 손잡이 끝을 막는 마개)도 마찬가지고요. 그로멧(Grommet: 스트링을 매도록 만든 라켓 구멍) 또한 구하기 쉽고 상호호환도 잘 됩니다. 그러한 혁신적·실용적 스피릿이 독일 특유의 엔지니어링과 만나니 양질의 라켓이 만들어지나 봅니다. ATP 투어 톱100에서 선수 선호도가 가장 높은 브랜드 라켓으로 뽑힌 것도 헤드 사의 높은 품질력을 방증합니다.

테니스와 라켓 장비 세계를 깊숙이 들어가보고 또 배웁니다. 늘 위너들은 심플 담백합니다. 누구보다 혁신적이고 고객 친화적입니다.

박찬일 셰프를 인터뷰 차 만난 적이 있습니다. 셰프이자 경영
자로서, 다양한 음식문화에 대한 저술과 칼럼을 발표한 작가로
서 한국 식문화에서 크게 자리매김하고 계시는 분입니다. 심층
인터뷰를 해보니 이 분 인생도 청개구리 아웃사이더의 길을 가
셨더군요. 셰프가 되고자 한 때도 35세가 되어서였습니다. 늦
었다는 건 핑계일지 모릅니다.

평생 입을 결심으로 큰맘 먹고 장만한 몽클레르 잠바. 몽클레르의 기본템이자 가장 인기 있는 제품으로, 입고되면 순식간에 동나고 세일도 안 하고 아웃렛에서도 찾아볼 수 없는 모델입니다. 요새 하도 물가가 오르고 명품의 가격 인상 러시가 이어지길래 심심하던 차 가격 한번 검색해봤습니다. 아니나 다를까 10퍼센트 이상 인상. 그래도 날개 돋친 듯 팔려나간다니 할 말이 없네요. 25만 원짜리 호텔 케이크도 없어서 못 팔고 20만 원 육박하는 특급호텔 뷔페가 꽉 찬다니 할 말을 잃었습니다. 비싼 항공료에도 해외여행객으로 공항이 북적인다니 과연 불경기 맞나 싶습니다.

이제 우리나라는 세계 10위권의 경제 대국입니다. 경기와 무관한 상류층 기반이 두터워졌다는 얘기로밖에는 해석이 안됩니다. 다시 말해, 인구의 70~80퍼센트는 불경기에 힘들어지고 허리띠도 졸라매지만 20~30퍼센트는 경기와 상관없이 산다는 얘기로 볼 수 있습니다. 예전처럼 대다수의 국민이 한 방향으로 움직이는 게 아닙니다. 그러니까 명품, 하이엔드, 고가 시장은 활기를 띠고 나머지 시장은 죽는 거죠. 상위 계층만 구매력을 발휘하기 때문이고, 그 밑의 중상위 계층마저도 위 계층을 동경하며 무리해서라도 따라가기 때문입니다.

이런 상황은 브랜드들과 대다수 사업자에게 모두 큰 챌린지입니다. 누군가는 고급화해서 하이엔드로 가든지 가성비템으로 가든지 양극단을 공략해야 한다고 쉽게 이야기합니다. 그런데 무슨 수로 하이엔드화 하나요? 말처럼 쉬운 일이 아닙니다. 가성비템 시장으로 가자니 이미 그곳은 수익성 낮은 레드 오션입니다. 그럼 지금처럼 이도저도 아닌 포지션을 유지할까요? 소비가 아예 없는 지경도 아니니 말입니다.

제가 보기에, 짧은 역사에도 불구하고 고급화 전략으로 하이엔드 시장 또는 준하이엔드 시장에서 성공한 한국 브랜드가 꽤 있습니다. 꼭 어려운 일만은 아닙니다. 소비자 수준이 높아져서 제품 퀄리티가 높으면 유수의 메이드인프랑스가 아니더라도 충분히 대우하고 인정하는 소비문화가 확산되고 있습니다. 고급화 전략, 충분히 도전해볼 만하다고 생각합니다.

232 가장 구하기 힘든 테니스 라켓 두 개를 소개합니다. 전 세계적으로 시중에 몇 자루 안 나온 라켓입니다. 조코비치 스펙의 프로스탁이죠.

사진의 왼쪽 프로스탁 코드는 PT113B로, 조코비치가 2016~2017년까지 쓰던 스펙입니다. 오른쪽은 PT346으로, 조코비치가 현재 쓰고 있는 스펙입니다.

스펙이라 하면 대략 두 가지를 얘기할 수 있습니다. 하나는, 레이업Layup. 한마디로 라켓의 소재와 소재배합률을 말합니다. 다른 하나는 몰드Mold. 판때기 즉, 라켓이 생긴 구조를 말합니다. 레이업과 몰드에 따라 라켓의 감이나 기능이 달라집니다. 특히 레이업은 경우의 수만 수십만 개입니다. 두 라켓은 조코비치가 썼고 현재 쓰는 라켓의 레이업과 몰딩이 똑같습니다. 다만, 스트링 패턴(String Pattern: 라켓 줄의 세로줄×가로줄 수의 조합)은 16×19입니다. 조코비치가 쓰는 18×19는 헤드 사에서 조코비치만을 위해 만들기 때문에 진짜 조코비치 개인 라켓 아니면 구하기 어렵습니다. 이로써 저는 라켓 콜렉터로서 한 정점을 찍은 듯합니다.

왜 이렇게 점프수트가 좋은지 모르겠습니다. 인생말기에 어디서 뛰어내릴 기운이 강하거나 전생 중 1944년 6월 6일 노르망디 상공 총탄 비 속에 낙하산 매고 뛰어내렸나 봅니다. 남자 점프수트는 잘 없기도 하거니와 있어도 제대로 된 핏과 디자인을 가진 것이 드뭅니다. 운 좋게 찾더라도 싼 게 비지떡이라고 아주 비쌉니다. 제가 지금 니치마켓 하나 알려드린 겁니다. 누가 저보고 당장 옷 사업 시작하라고 하면 의류계 빈 구멍부터 찾을 겁니다.

첫 번째 빈 구멍이 바로 점프수트입니다. 저는 점프수트 전문 브랜드를 만들 겁니다. 남성용, 여성용 모두. 특히 남성을 위해서. 사실 점프수트는 워크수트입니다. 여성보다 남성에게 더 잘 어울리는 옷입니다. 남성에게는 점프수트에 대한 로망이 있습니다. 그런데 시장에 제대로 된 물건이 없습니다.

두 번째 빈 구멍은 남성 및 여성 고급 테니스복입니다. 시장이 크진 않지만 키울 수 있습니다. 우리나라 테니스 인구가 꽤 됩니다. 골프 쪽은 흥행을 거두는 고가 브랜드가 수도 없는데, 테니스에는 단 한 개도 없습니다. 수요가 없다고요? 수요는 만들어가면 됩니다. 골프는 뭐 사람들이 처음부터 린드버그 입고 쳤나요?

시장에는 반드시 빈 구석이 있습니다. 그곳을 찾아내서 집중 공략하십시오. 제가 〈세바시〉 강연에서도 한 얘기입니다. 그렇다면 저는 빈 구석을 어떻게 찾을까요? 옷도 이것저것 관심 갖고 유심히 살펴보면서 비싼 돈 들여 사 입어보고, 테니스도 이곳저곳 다니며 쳐보고 사람도 많이 만나보고 하니까 보이는 겁니다. 그래서 덕후질에서 길 찾기란 말이 나오는 것이고요. 가만히 앉아서 명상한다고 통찰력이 생기진 않습니다.

"럭셔리 안경의 대중화"

"모두를 위한 클래식"

프레임몬타나의 세컨드 브랜드인 스펙스몬타나의 모토입니다. 잘 보면, 위의 두 문장이 말이 안 됩니다. 귀족 계급만 누릴 수 있는, 특권 같은, 사치스러운, 격조 높은 등의 의미가 클래식의 근원입니다. 그런데 Classic for Everybody라니요? 로마 귀족이 들으면 기가 찰 노릇이죠. 우리 시대 귀족이라 생각하는 사람들도 절대 용납 안 되는 문구고요.

럭셔리와 대중도 안 맞기는 마찬가지입니다. 럭셔리란 단어의 근원을 찾아가면 '잉여'라는 의미가 나옵니다. 쓰다 남은 것. 거기서 낭비라는 개념이 나오고요. 인간 역사의 99퍼센트에 있어 대중은 굶주렸습니다. 남는 것이란 구경도 못했습니다. 극소수의 지배 계급만 사치를 누렸습니다. 그런데 럭셔리의 대중화라니요? 옛 프랑스 귀족이 들으면 기가 차지요. 현대 귀족인 척 촌스럽게 명품 두른 졸부들도 절대 용납 못 하는 문구죠. 허나, 비상식이 상식이 되는 시대입니다.

에일리언스트링워크샵은 제겐 사랑방 라운지 같은 곳입니다. 호기심 많은 유치원 아해 같이 수백 개 질문을 날리는 저에게 묵묵히 제 테니스 라켓 줄을 매주시면서 하나하나 꼬박꼬박 해

박한 지식으로 답해 주시는 친절하신 '김대장' 김종욱 님이 운영하는 스트링숍이죠. 여기에 오면 공짜 정보 한 보따리 챙겨가는 기분이 듭니다. 이보다 더 큰 건 즐겁게 쉬고 간다는 편안함

을 느낀다는 거죠. '라운지'라는 단어의 정확한 개념이 뭘까 궁금했는데, 누군가에겐 이런 곳이 딱 라운지의 정의가 아닐까 합니다. "편한 사람과 즐거운 얘기도 하고, 그냥 있는 것만으로도 휴식의 느낌이 드는 곳. 적당한 재미도 있으면서." 그게 라운지의 개념이라고 이제 정의합니다. 주색잡기를 꼭 곁들여야 하는 건 아니라는 것이 새삼 중요하겠습니다.

236 나의 부족한 곳을 채워주고 필요충분조건을 함께 만들어가는 팀을 꾸리는 일이야말로 일의 성패를 좌우하는 핵심입니다. 사업이든 뭐든 벌이려 하면 막막할 것입니다. 저 또한 그랬습니다. 사람이 모이고 힘을 합하면 계획이 실행으로 이어질 수 있습니다.
혼자 고민하지 마십시오.

237 요즘 전 세계적으로 뜨고 있는 브랜드 자크뮈스. 대세에 휩쓸려 후디 하나 입양. 신생 브랜드인 줄 알았더니 여기도 2009년부터 시작했음. 역시나, 세상에 이름을 알리기 위해선 인고의

시간이 필요하다는 걸 또 확인. 디자인 면에서 과감하고 다소 오버스럽기도 하지만 요즘 시대상과 MZ세대의 니즈에 부합하는 코드가 보임.

내 친구, 구정중학교 1학년 동창 뺑맨. 음식점 차려서 3년 버틸 확률이 20퍼센트, 5년 버틸 확률이 10퍼센트라는데, 뺑맨은 2015년 신사동에 '삼차집'이라는 음식점을 창업해 거진 10년을 지켰습니다. 그간 수많은 시련과 위기를 겪는 것을 제가 직접 봐왔습니다. 숱한 좌절을 경험하고도 지금까지 버텼습니다. 내공을 보여주듯, 창업 당시 걸었던 음식점 간판이 그대로 걸려 있습니다. 이 친구에게 여러 사람이 잔소리를 했습니다. 반찬 좀 줄여라, 메뉴 좀 줄여라, 모는 어찌해라 등등. 옆에서 뭐라 해도 신념대로 밀고 가더군요. 망할 위기도 넘기고 그러면서 이제 꽃을 피웁니다. 오늘 역시 손님이 많습니다. 친구지만 리스펙트합니다. 제가 배운 건 그의 변함없는 '일관성'입니다.

저희 집 앞에 커피숍이 하나 있는데, 개인적으로 반포사무실 또는 서초지사라고 부릅니다. 아들이 '아빠 어디야?' 연락 오면, '응 아빠 반포사무실' 이럽니다. 반포사무실에 앉아 아이스 아메리카노를 홀짝이면서 이어폰에서 귀 때리는 레드 제플린에 잠겨 두세 시간 죽인지 명인지 때리다 보면 갑자기 기발한 아이디어가 툭 튀어나오기도 합니다. 뜬금없이 니가 지난 여름에 한 일을 난 알고 있어 라는 환청이 뒤통수를 때리며 잘못했던 일 한 가지가 엄습하기도 하고요. 나름 고귀한 명상 내지 업무 내지 참회의 공간과 시간입니다.

자영업자이자 자유로운 영혼이자 피폐한 영혼이자 상사 없는 사장이라는 이유로, 이런 공간과 시간을 가질 수 있는 '자유'가 있다는 게 저에게는 다행입니다. 그 자유에서 극대화된 집중력, 생산성, 창의성, 초능력을 하루에 한두 시간 갖습니다. 저 같은 부류의 인간을 9 to 6 시스템 아래 책상에 잡아두면 병납니다. 누구에게나 자신에게 맞는 고유의 업무·사고 메커니즘이 있습니다. 이를 무시하고 획일적으로 일정 시간, 일정 공간, 일정 체계 속으로 밀어놓고 생산성을 강요하는 것도 어쩌면 군대식 문화일 수 있습니다.

제가 궁극적으로 하고 싶은 얘기는, 창의성과 생산성은 프리덤 Freedom에서 나온다는 겁니다. 이 자유를 단순히 시공간적·물리적 자유라고만 생각하면 오산이죠. '생각의 자유'가 더해진 4차원적 자유를 의미하는 겁니다. 생각에 '울타리'와 '겁'이 많을수록 자유도는 낮을 수밖에 없습니다. 그러한 4차원 자유를 우선적으로 제공하겠다는 마음 없이, 직원에게 창의적이 되어라 내지 생산성(양적 측면보다 질적 측면)을 높이라고 허구한 날 떠드는 기업을 볼 때 드는 생각은 하나입니다. '저들은 자유라는 단어의 정의 자체도 제대로 알지 못한다.' 저도 그런 사람 중 하나가 되지 말아야겠습니다.

지혜롭다와 현명하다. 비슷한 말입니다. 무엇이 지혜롭고 현명한 것일까요? 어떻게 하면 그리 될 수 있나요? 이들 단어에 대한 저의 정의는, '시시각각 바른 판단을 내리는 것'입니다. 그럼 바른 판단의 '바른'은 무슨 의미일까요? 바른이란 잘한, 좋은, 유리한, 보편타당한, 손해 안 보는, 똑똑한 등을 아우르는 의미입니다. 어떻게 하면 바른 사람이 될까요? 제가 훈계할 자격은 없지만 조심스럽게 제 경험에 비추어 보면, 딱 세 가지만 잘 지켜도 현명한 사람 소리는 듣습니다.

첫째, 남 얘기 안 할뿐만 아니라 남 얘기 자체도 귀담아 듣지 않기. 다시 말해, 남 일에 신경 끄고 내 일이나 잘하기. 그리하면 불필요한 분쟁, 파벌, 갈등에 휘말릴 가능성이 낮아집니다. 입이나 귀가 더러워질 일도 없습니다.

둘째. 소탐대실 안 하기. 눈앞에 있는 쪼마난 이익에 사로잡혀 의사결정하지 않기. 대다수는 사소한 거 먹겠다고 설치다 정작 중요한 것을 잃는다는 걸 모릅니다.

셋째, 자기 자랑 안 하기. 저녁 모임 나가서 실컷 떠들고 집에 와서 가슴에 손을 얹고 직접적이든 간접적이든 지 자랑이 30퍼

240
현
명
삽
도

센트 이상은 아니었는지 돌아보기. 자기 자랑 많은 사람은 주위에서 그걸 거북해 한다는 걸 모르는 경우가 대부분입니다.

세 가지에서 저도 자유롭지 못합니다. 다만, 인지라도 하고 있으니 다행입니다.

필라의 후원 선수였던 비에른 보리의 30년 넘은 옷은 지금 봐도 깜짝깜짝 놀랍니다. 아름다운 색 조합과 디자인, 오랜 세월이 지났음에도 견고하고 탁월한 소재와 조직감 그리고 핏이 감탄을 자아냅니다.

이탈리아인이 어쩌고저쩌고 하지만 미적 감각 하나만은 고개숙여 리스펙트합니다. 그들의 미적 감각은 문화, 교육, 역사, 자연, 건축을 아우르는 주변 환경에서 나온 것이지 돈과 조직 쏟아붓는다고, 하버드대 수재 백 명을 모아서 태스크포스팀 만든다고 나올 수 있는 게 아닙니다.

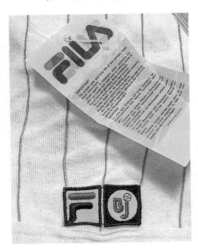

1911년 이탈리아에서 설립된 필라는 1970~1980년대 당시 중저가 브랜드도, 고가 브랜드도 아니었습니다. 초고가 브랜드였습니다. 지금의 스톤아일랜드나 오프화이트 이상이라 보시면 됩니다. 가격만 비쌌던 게 아니고 퀄리티가 30~40년이 지나도 놀랄

만큼 대단했습니다. 어떤 물건을 만들던 본받을 만한 퀄리티이고 배워야 할 교훈을 담고 있습니다. '역시 돈값은 확실히 해야 명성을 얻는구나. 시간이 지나면 모든 것이 밝혀지는구나. 꼼수 써봐야 역시 오래갈 수 없구나. 그리고 아무리 잘 만들어도 시대 변화에 발맞추지 못하면(1990년대 이후) 그리 망해서 타국에 팔려버리는 신세도 되는구나.' 참고로, 필라는 2000년대 들어 한국에 인수되어 중저가 브랜드로 성공적으로 재탄생했습니다.

한국의 1980년대 문화는 암울했습니다. 같은 시대 일본은 미국을 삼켜먹을 기세의 경제 성장과 자신감, 여기서 나오는 문화(영화, 애니메이션, 음악, 문학 등)가 세계 최고 수준이었습니다. 음악만 해도, 전 세계 최고 세션맨을 모아다가 최고 스튜디오에서 더빙만 다섯 번 넘게 할 정도로 앞서갔습니다. 다 돈이지요. 이렇게 나온 뮤지션이 튜브, 안전지대, 쿠와타 밴드, 엑스재팬, 라우드니스 등입니다.

명곡, 명반과 아닌 것의 구분은 의외로 쉽습니다. 백 번 들어도 또 들을 수 있고 30년, 50년이 지나도 꺼내 들을 수 있는가. 이 질문에 대한 답 하나로 갈립니다. 당시 일본 가수의 노래를 저는 지금도 찾아 듣습니다. 천 번도 넘게. 반면 한국의 옛날 노래 중에 다시 찾아 듣고 백 번 들어도 안 질리는 노래… 솔직히 거의 없습니다. 주관적인 의견임을 전제하고 냉정히 말하면, 음악성도, 카리스마도, 연주도, 예술성도 그리 뛰어나지 않습니다. 그럼에도 계속 듣고, 들을 때마다 좋고, 앞으로도 계속 들을 수 있는 몇몇 국내 수작이 있습니다. 그 중에서도 전 곡이 좋다고 할 수 있는 앨범을 하나 꼽으라면, 저는 장필순 1집을 얘기합니다. 들을수록 그 깊은 음악성에 취하게 됩니다. 당시 피처링에 참여했던 스무살의 김현철과 그의 1집 역시 다시 보고 듣고 싶은 아티스트(지금의 모습 말고)와 명반입니다.

다 각자의 전성기가 있습니다. 그 누가 평생을 100미터 달리기 속도로 뛸 수 있을까요? 한 번이라도 100미터를 좋은 기록으로 달렸던 사람이라면, 그 사람은 매우 드물게 꽤 훌륭한 사람일 겁니다.

저는 일하는 거 안 좋아합니다. 지난 15년간 평생 할 일 다 했을 정도로 일을 많이 했습니다. 거기서 몇 가지 깨달음이 있었습니다.

첫째, 특히 남자는 DNA에 일 안 하면 불안해지는 요소가 있는 듯. 사냥하면서 학습된 생계 책임의 습성이 10만 년을 거치면서 유전자에 기록된 듯. 일주일쯤 놀면 불안해지기 시작함.

둘째, 반작용으로, 일을 잘 마무리했을 때처럼 만족감과 평안함을 느낄 때도 없음. 고로 남자는 일이 없거나 있어도 제대로 잘한다는 느낌이 없으면 행복하기 쉽지 않음.

셋째, 예전엔 일이라고 하면 앞뒤 안 따지고 충성했지만 이제는 내가 원하는 일 아니면 행복감이 확 줄어듦. 일에 대한 무조건적 충성심이 없어졌고, 그래야 할 동기도 사라졌음. 과거엔 먹고사는 문제 자체를 해결하는 것, 자식 교육시키고 잘 키우는 것만으로도 충분한 동기였음.

넷째, 개인적으론 일이 인생의 반을 넘지 않기를 바람. 인생의 반 이상을 일로 채우기에는 인생이 너무 아까움. 아마 나는 안티워크antiwork주의자일지도. 여행, 운동, 만남, 사색, 가족모임, 취미, 아무것도 안 하기 등으로 반 이상 채우길.

그렇다면 일을 잘한다는 말은 무슨 뜻일까요? 여기서는 부하직원으로서, 에이전시로서 유능하다는 말의 의미를 말씀드립니다.

첫째, 상사와 클라이언트 사가 원하는 걸 주는 겁니다. 매우 쉬운데, 제일 잘 못합니다 답답하리만치.

둘째, 이유는, 상사와 클라이언트 사가 무엇을 원하는지 모르거나 알려고 하지 않거나 혹은 잘 안다고 착각하기 때문입니다.

셋째, 나에게 일을 맡긴 사람의 의중을 모르거나 안다고 넘겨짚는 이유는 결국 입장과 처지, 당면 과제와 눈높이, 고민의 깊이가 철저히 다르기 때문입니다.

넷째, 그걸 정확히 알면 일의 반은 끝난 겁니다. 나머지 반은 답을 찾아서 명확히 정리하면 됩니다.

마지막으로, 제가 만난 일 잘하는 사람들의 공통점을 말씀드립니다. 첫째, 보고서가 간단합니다.(말이 늘어지지 않음) 둘째, 정리를 잘합니다.(복잡하게 늘어진 것을 요약하는 논리력 뛰어남) 셋째, 내 생각을 잘 읽습니다.(내가 원하는 걸 파악해서 어떡해서든 답을 가져옴) 넷째, 그러하니 회의를 해도 금방 끝납니다.

재킷 라펠에 무의미하게 뚫려 있는 플라워 홀. 문자 그대로 꽃
한 송이 꽂으라고 만든 구멍인데, 아무도 쓰는 사람이 없죠.
저는 유용하게 씁니다. 재밌거나 이쁘거나 귀여운 브로치를 구
멍에 답니다. 다소 심심하고 건조한 클래식 분위기에 상큼한
위트를 주는 거지요. 센스 있어 보이기도 하고요.
어느 날 플라워 홀에 브로치를 달다가 뭔가 생각이 떠올랐습니
다. 이쁜 안경 모양 브로치를 만들어보면 어떨까? 왜 안경 브로
치는 잘 없을까? 생각은 현실이 된다고, 진짜 만들었습니다. 별
것 아니지만 모르긴 몰라도 전 세계 안경 브랜드 중 최초로, 안
경 패키징에 고급 안경 브로치를 포함시킵니다. 조그만 것이라
도 남과 달라지기 위해 계속 고민합니다.

CEO가 갖춰야 하는 덕목 중 하나는, 계속 큰 그림을 그려나가는 능력입니다. 무엇을 위한 큰 그림? PPT 전략보고서에 담길 큰 그림을 위한 큰 그림이 아닌, 회사와 직원을 성장시키고 무엇보다 월급 제대로 지급하게 할 큰 그림을 말합니다.

저는 계속 그림을 그려야 합니다. CEO에게 다른 명칭을 붙인다면 저는 화가라 하겠습니다. 개인으로서 제 취향은 지극히 과거지향적retrospec인데, CEO로서의 제 의무와 일은 미래지향적forwardspec입니다.

자동차회사에서 신모델이 나오지요. 그게 현재의 디자인 트렌드로 탄생된 걸까요? 아닙니다. 4~5년 전의 것입니다. 신차 개발에 그 정도 시간이 걸립니다. 5년 전에 기획한 현대의 팰리세이드가 엄청 팔리는 순간, 후속 모델의 디자인이 그려지고 있습니다. CEO가 그러한 미래에 대한 그림도 안 그리고 대비도 안 하고 눈앞의 현상과 실적에만 연연한다면, 직무유기 내지 무능의 극치 내지 하루살이 월급 사장이던지 아니면 그냥 딱 구멍가게 사장의 그릇입니다.

전략론이 아니라 CEO론으로 얘기가 흘러가네요. 이유가 있습니다. CEO는 전략 그 자체여야 하기 때문입니다. CEO가 아니면 누가 미래의 그림을 그립니까? 다른 사람에게 이 일은 자기 일이 아닙니다. 미래상 그리는 일을 내 일처럼 생각하고 생각대로 움직일 권력은 CEO에게 있습니다. 그런 권력이 주어지기에 의무와 책임도 마땅히 져야 합니다. 지속적이고 안정적으로 직원을 먹여 살려야 하는 그 의무와 책임 말입니다.

존경하는 분과의 저녁. CJ올리브영, CJ오쇼핑, CJ ENM 대표이사를 역임한 허민호 대표님입니다. 가장 부럽고 존경스런 부분은, 독서가 가장 큰 취미

이고 평생 공부하신다는 것. 저를 비롯해 보통 사람은 음주가무 주색잡기에서 희열을 느끼는데, 허 대표님은 책을 읽고 새로운 앎을 얻을 때 행복을 느끼십니다. 타고남이 크겠지만 조금이라도 닮아야겠다고 다짐합니다. 롤 모델이든 존경하는 분이든 멘토든 우리에겐 '그 분'이 필요합니다.

브랜드 브로슈어. 다른 말로, 기업의 자기소개서죠. "너 정체가 대체 뭐야? 그리고 뭘 잘하는데?"라는 질문에 대한 간략한 답안지라고 할 수 있습니다.

제가 경영컨설팅을 하던 시절 늘 쓰던 단어가 있었습니다. 가치 제안Value Proposition. 쉽게 설명하면, "너희가 비싼 돈 내고 우리를 선택해야 하는 이유 즉, 우리가 고객인 너에게 주는 가치와 장점은 이거야"라고 자신있게 건네는 얘기입니다.

제가 지금은 마음씨 좋은 동네형 같은 사장이 되었는데, 왕년에 필드에서 일할 땐 까칠하기로 회사에서도 첫째 둘째 손가락 안

에 꼽혔습니다. 주니어 중에 반복되는 상투적인 얘기를 짜집기 해서 가치 제안이라고 가져 오면, 저한테 거의 사망했습니다. 이것도 잘하고 저것도 잘하고 우린 다 잘해요. 이런 건 가치 제안이 아닙니다. 가치 제안은 딱 한 가지라도 고객이 진정 원하는 것에 대해 확신을 주는 겁니다. 취직할 때 쓰는 자기소개서, 유학갈 때 쓰는 에세이, 비즈니스 현장에서의 제안서, 장사나 자영업할 때 고객에게 던지는 한마디 모두 가치 제안이고 그 원리는 앞에서 얘기한 것과 대동소이합니다.

브로슈어 안에 브랜드 탄생 배경과 철학, 가치 제안이 담겨 있습니다. 프레임몬타나의 가치 제안은 두 가지입니다. 첫째, 프랑스와 미국 빈티지의 통합 및 확대 재생산. 둘째, 최적의 밸런스 구현을 통한 미학적 완성입니다. 좋은 공장에서 좋은 재료로 잘 만들었다는 건 기본 디폴트지요. 비전은 '모던 클래식의 가치 창조자 및 시장 리더십 확보'입니다.

전략은 계속 바뀝니다. 이를 유식하게 Moving Strategy라고 248 합니다. 시장과 사업 환경은 예상대로 착착 맞아 들어가는 경우가 거의 없습니다. 새로운 의사결정의 연속입니다. 예측불허의 현실에서 가장 기본적인 사업 본질조차 확립하지 못한다면 배가 산으로 갈 수도, 호수로 갈 수도 있습니다. 저는 '내가 쓸 안경을 만들자' 이 하나를 꽉 붙잡고 풍랑을 맞습니다. 이 하나가 맞을지 틀릴지는 모릅니다. 최소한 일관된 기준 하나는 가슴에 품고 뜁니다.

"20세기 들어 단순히 '사람이 사는 집'에서 '더 많은 사람이 더 효율적인 공간에서 함께 살 수 있는 집'으로 건축 개념이 바뀐 것에 르 코르뷔지에Le Corbusier가 있었다."

"그는 단순히 아름다운 건축물을 남긴 건축가에 그치지 않고 기존의 건축 관념을 깨고, 오늘날 현대 건축에 적용되는 많은 이론을 만들어낸 건축 이론의 선구자이기도 했다."

코르뷔지에는 혁신가, 아티스트, 고독가이면서 안경 러버로서 저에게 여러모로 많은 영감을 준 영감입니다. 그는 마지막도 그답게 예술적으로 갔습니다.

1965년 8월 27일 오전 11시, 코르뷔지에는 통나무 작업실을 나와 눈부신 지중해를 바라보며 산책길을 걸어 내려갔다. 수영복 차림의 그를 본 이웃은 걱정스러운 표정을 지었다. 그러나 그는 지그시 미소를 지으며 말했다. "보시다시피 저는 바보 같은 늙은이입니다. 그러나 아직 머릿속에는 적어도 100년 분량의 계획이 있죠. 그럼 나중에 봅시다!" 코르뷔지에는 바위 사이로 천천히 내려갔다.

그의 피부는 지중해의 햇빛을 받아 구릿빛으로 적당히 그을려 있었고, 몸은 78세라는 나이답지 않게 곧고 단단했다. 오솔길로 내려간 그는 곧장 은빛 파도가 반짝거리는 바다로 걸어갔다. 의사는 그에게 해수욕을 하다가는 심장이 멎을 수도 있으니 절대 바닷물에 들어가서는 안 된다고 경고했다. 하지만 그는 의사의 경고를 무시하고 찬란한 햇빛이 쏟아지는 짙푸른 지중해 속으로 헤엄쳐 들어갔다. 그것이 마지막이었다. 잠시 후 해수욕을 하던 관광객이 그의 시체를 발견했다.

안경케이스 발주를 완료했습니다.
안경케이스 때문에 안경 사는 사람
은 0명이지만 판매를 떠나 사소한
것에도 최선을 다했습니다.

무엇보다 인조가죽 아닌 천연가죽이
라 너무 아름답습니다. 버리기 주저

될 정도입니다. 트레이로 트랜스포머되어 여행 파우치로 혹은
책상 위 소품 수납함으로도 쓸 수 있습니다. 무엇보다 빈티지
스러운 안경과 함께 늙어가면서 자연스럽게 파티나(Patina: 원래
의미는 오래된 금속 표면에 생기는 녹청. 가죽 소재 제품에 특수 염료를 입
혀 독특한 색감을 내는 작업)도 입고 세월도 묻는 동반자를 만들고

싶었습니다.

남들 하는 대로 아무 생각 없
이 따라가는 건 단 하나도 용
납하지 않습니다. 뭐가 됐든
남과 달라야 성공하든지, 혹
은 망해도 그럴싸한 핑계거리
라도 생깁니다.

MLB와 NPB 준전문가라 자부하는 제가 보기에, 한국 일류타
자는 일본보다 오히려 미국에서 더 성공하기 쉬우리라 생각했
습니다. 일본 투수의 놀라운 제구력과 구속은 둘째 치고 볼 끝
위력, 거의 모든 투수가 갖고 있는 포크볼(스플리터)의 높은 완

성도, 상대 약점을 끝까지 공략하는 집요함을 이기지 못하리라고 판단했기 때문입니다. 결국 이승엽 선수도 초반 반짝하다 철저하게 당하고 돌아왔지요. 반면 미국은 구속은 빠르지만, 구종도 비교적 단순하고 쥐약 같은 포크볼 구사도 별로 없고 제구력이나 약점 분석도 일본보다는 못하다는 게 제 나름의 평가였습니다. 그러나 제 예측은 보기 좋게 빗나갔습니다. 아시다시피 많은 한국 타자가 MLB에서 뛰고 있으니까요.

제가 생각을 바꾼 주된 요인은, '힘Power'입니다. MLB 선수 평균키가 188센티미터이고(한국으로 따지면 거인), 비슷한 체구 기준으로 미국인의 힘은 한국인의 1.5배 이상이라 보면 되는데 체구까지 더 크니 거의 2배의 힘을 가졌다고 봐도 무방할 것입니다. 이 파워에서 나오는 위력이 제 생각보다 훨씬 강력하고, 그 파워를 뚫기가 여간 어려운 게 아님을 느꼈습니다. 그렇다고 미국 투수의 제구력이 나쁜 것도 아니고 약점 분석도 일본 못지 않다는 점도 새삼 깨달았습니다. 그리고 상대적으로 많은 경기 횟수와 먼 이동거리도 무시 못 할 요인임을 알았습니다. 이래서 메이저리그구나 라는 생각을 다시금 하게 되었습니다.

마지막으로 한국 야구를 볼 때 개인적으로 프로페셔널리즘에서 다소 실망을 느껴왔습니다. 일본 선수들의 플레이를 보면 목숨 걸고, 도 닦듯, 수행하듯 경기에 최선을 다합니다. 미국 선수들은 마이너에서 메이저로의 승격이라는, 정말 바늘구멍(대기업에서 임원되기보다 더 어려움)을 통과할 만큼의 죽을 고생을 합니다. 또 강등되지 않기 위해서도 전력을 다해 경기합니다. 이런 자세를 보다가 한국 야구를 보면 유치한 배트플립에 각종 쇼맨십에 바람든 연예인 보는 느낌이 일부 선수들에게 없지 않습니다. 야구를 대하는 선수들의 불성실한 태도, 무한 경쟁이 못 되는 얕은 저변에서 나오는 집중력의 해이함 등이 보여 개인적으로 아쉽습니다. 현재 MLB에서 저리 버티고 나름 선전하는 선수들에게 큰 존경심을 표합니다.

안경 생산 주문서를 넣어야 합니다. 대략 10개 모델인데, 일본 측은 1개 모델당 미니멈 300개를 오더해야 한답니다. 상대방 요구를 그대로 받으면 협상이 아니지요. 10개 모델을 대략 A, B, C등급으로 구분해 A는 300개, B는 250개, C는 200개로 생산량을 던지고 협상하기로 했습니다. A, B, C등급의 기준은? 그냥 겐또(けんとう: 어림짐작)지요. 셋이 앉아서 투표로 결정했습니다. 과거 판매 데이터가 있는 것도 아니고 유용한 벤치마크가 있는 것도 아니니까요. 생산관리 수업에 나오는 멋진 수리적 모델은 다음에 써보는 걸로 해야죠.

한 대기업 임원의 말이 생각납니다. "아무리 논리적 분석 들고 가봐야 결과를 보면 회장님 판단을 당할 수가 없네. 회장님은 무슨 투자를 하건 실제 자기 지갑에서 돈 나간다는 심정으로 판단하는 거고, 대부분의 전문경영인은 책임 뒤집어쓰지 않는 선에서 결정하니까 말일세." 맞건 틀리건 시사점은 다분히 있는 얘기입니다.

아무튼 지금으로는 감, 겐또, 느낌밖에는 믿을 게 없습니다. 그

렇더라도 한 가지는 분명해야
합니다. 내 물건이지만 다른
경쟁대상과 비교해 선택하래
도 진심으로 내 것을 고르겠
다 정도의 자신감은 확실해야
합니다. 그런 자신감을 갖는
다고 다 성공하는 것도 아니

지만, 이 자신감마저 없으면 성공을 기대해야 할 근거가 도대
체 뭘까요. '신기'밖에 더 있겠습니까. 그럼 〈곡성〉에 나오듯 굿
판이라도 신명나게 벌여야 하겠네요.

무슨 의사결정이던 자기 지갑에서 생돈 나간다는 위기감, 내
것이지만 진정으로 내 것이 가장 좋다는 자신감 이 두 가지가
저예산과 주먹구구식 창업자에게는 유일하게 믿는 구석입니다.
남 훈수 두는 게 아니고 제가 직접 해보니 깨닫는 사실입니다.

옷질은 나를 잘 아는 유능한 퍼스널 테일러와 함께 가는 길입
니다. 저에게 그 분은 수선사 '비스포큰' 사장님이고, 비단 저뿐
만 아니라 이미 많은 분의 퍼스널 테일러시지요. 이 분을 보며
저는 '영업은 이렇게 하는 것'임을 배웁니다. 실력 있고, 거짓이
나 과장 없이 진솔하고, 고객 입장에서 봐줍니다. 더 무엇이 필
요한가요? 추가적으로, 저 같이 잡스러운 소리 일체 없고 조용
하십니다.

젊은 분들이 흔히 착각하는 게, 영업은 외향적이고 술도 잘 마

시고 언변도 뛰어나야 잘할 수 있으리라 생각하는데 맞는 말이기도, 틀린 말이기도 합니다. 말이 많아지면 누구나 과장과 뻥과 실수가 조미료처럼 섞이기 마련입니다. 술자리에서 접대 잘한다고 계약서에 사인해주는 쉬운 인간은 이제 드뭅니다. 요즘은 고객이 약아서 거짓말을 하는 건지 정말 내 입장에서 조금이라도 생각해주는 건지 압니다. 물론 화려한(?) 영업도 때로는 필요하지요. 짧은 기간 가시적인 성과를 내는 데 도움이 되고요. 제가 그동안 20여 년간 쭉 봐오니 일회성으로 끝나지 않고 계속 고객과 연을 이어가며 성과를 내는 영업맨은 의외로 조용하고 솔직하고 소심해보이는 사람이 많았습니다.

그나저나 영업은 영업맨만 하는 건가요? 절대 아니죠. 대리나 과장일 땐 엑셀 잘 돌리고 분석 잘하면 되지만 임원 이상 가면 무조건 영업입니다. 고객 늘리고 파이 키울 수 있는 역량이 없으면 임원 자격도 없습니다. 사장은? 당근 영업의 최고책임자죠. 밑의 사람이나 쪼면서 앉아 있는 사람들, 사장 되지도 못할뿐더러 되더라도 금방 쫓겨납니다. 과거 고속성장 시대에는 관리 중심의 CFO가 CEO되는 경우가 많았지만 이제 아닙니다. 최고기술책임자인 CTO가 CEO가 되는 세상입니다.

영업 마인드는 영업자, 인사담당자, 재무책임자 가릴 것 없이 누구나 키워가야 할 역량입니다. 덧붙여, 어떤 영업이든 '센스'라는 건 필수 항목입니다. 센스 또한 타고남이 있지만 후천적으로 어느 정도 개선이 되니 센스 없다고 욕 드시는 분도 경험 많이 쌓으면 좋은 결과 있을 겁니다. 센스 없는 분의 진짜 문제는 본인이 어디서 센스가 없는지를 도통 모르는 데 있지요. 소크라테스 명언을 실천하기가 이렇게 힘이 듭니다.

일반적으로 무테 안경은 매우 비쌉니다. 금속을 꽤나 세밀하고 정교하게 가공해야 하기 때문입니다. 무테는 사실 고객 스스로 만들 수 있는 창작 안경과도 같습니다. 안경알에 정해진 모양이 없기 때문입니다.

구입할 때 장착되어 있는 안경알의 모양은 참고용일 뿐입니다. 안경원에 가서 똑같이 만들어주세요 할 수도 있겠죠. 허나 꼭 그 모양을 따를 필요는 없습니다. 사각이건, 원이건, 육각이건, 둥글건 원하는 모양을 본인 사이즈에 맞춰서 제작하면 그만입니다. 그런데도 디폴트로 달려 있는 모양 그대로 알을 만드는 경우가 태반이더군요. 내 식대로 새롭게 만드는 게 골치 아픈 거지요. 모든 일에 디폴트라는 것이 쉽게 받아들여지는 이유입니다.

Boys Be Ambiguous. 아니 Ambitious.

새로운 걸 시도하려는 용기. 계속해서 배우려는 열정. 자신의 부족함을 깨닫는 지혜. 이 세 가지만 잃어버리지 않는다면 영원히 젊은 청년으로 살 수 있습니다. 보톡스보다 더 확실한 젊음의 유지 비결이지요.

나이키 캐나다 퀵4 Canada Quick4 모델의 1973년도 제작품 가격은 300만 원. 사실 가격은 부르는 게 값입니다. 1천만 원이라고 해도 되고 800만 원이라고 해도 상관없습니다. 나이키 역사의 일부분이고 사진에 있는 상태로 보존된 것은 전 세계에 거의 없을 겁니다. 제가 300만 원으로 책정한 이유는 제가 그정도 가격에 저 신발을 구했기 때문입니다. 또한 한국에서 저 신발을 몇 백만 원 주고 사갈 분은 없으리라 생각했고, 어차피 저희 쇼룸 뮤지엄 피스 진열대의 전시용일 텐데 터무니없는 가격을 붙여놓기도 싫었습니다. 일본의 오프라인숍에 저 신발이 있었다면 기본 100만 엔은 넘어갔을 겁니다.

가격을 떠나서 아름답지 않나요? 육상 트랙 슈즈이지만 섬세한 곡선미는 마치 나이키 발레슈즈 같기도 합니다. 저 파란 스웨이드 색감과 역대급 스우시의 날렵함과 잘생김도 보십시오. 신발도 예술의 반열에 오를 수 있음을 보여주는 단적인 예입니다.

1970, 1980년대에 만든 신발이 요즘 만든 신발보다 더 쫀득하고 색감 좋고 아름답고 만듦새도 좋은 이유가 있습니다. 자동차도 옛날에는 차체를 손으로 두들겨 만들었습니다. 빈티지 자동차의 차체가 그렇게 아름다운 이유지요. 마찬가지로 당시에는 신발도 수작업 공정이 지금보다 훨씬 많아서 부산에 계셨던 우리 어르신의 손길이 한 땀 한 땀 더 많이 닿았습니다. 부자재도 지금 것보다 훨씬 좋았고요. 진짜 가죽과 스웨이드를 썼고(요즘 신발은 거의 100퍼센트 석유화학제품 가짜 가죽), 신발 구석구석, 뒷굽, 입구 등에도 진짜 가죽을 덧대었습니다. 비닐 천만 해도 어찌나 질기고, 색감은 어찌 그리 쨍쨍한지 지금의 나일론 및 메시 소재와는 비교가 안 되는 고품질이었습니다. 심지어 밑창 고무의 조직감도 더 탄탄합니다. 레트로가 아무리 쏟아져 나와도 오리지널 품질의 반도 못 따라가는 이유입니다. 굳이 한마디로 정리하자면, '오리지널은 오리지널'입니다.

기업 내 늘상 갈등이 생기는 두 지점이 있습니다. 한 곳은 관리와 영업, 다른 한 곳이 프론트 오피스와 백 오피스. CEO 입장에선 팔과 다리가 서로 물어뜯는 얘기일 뿐이죠.

관리 파트는 "영업·마케팅은 돈 개념도 없고 회사 사정도 모르고 그냥 아무 생각 없이 돈만 쓰려 하네"라고 생각합니다. 반면 영업·마케팅(디자인 포함)은 "관리는 아무것도 모르면서 예산 깎기에만 바쁘지. 뭐가 회사에 중요한지를 모르는 건 그쪽이구만"이라고 생각합니다. 계속 이런 마인드로 합의점을 못 찾는 사람이 있다면 회사 밖으로 나가야 할 겁니다.

프론트 오피스는 "회사 돈은 내가 다 벌고 있는데 본사의 책상물림들이 하는 일은 대체 뭔데?"라고 생각합니다. 백 오피스는 "프론트는 밖에서 물건 파는 직원이잖아. 본사에서 하는 업무가 얼마나 중요한지 모르지?"라고 생각합니다. 만약 이런 마인드를 갖고 있는 사람이 있다면 회사 밖으로 나가야 할 겁니다.

부서 간 갈등을 조정할 수 있는 사람은 궁극적으로 CEO일 수밖에 없습니다. CEO를 제외한 모든 사람은 자기와 자기 조직의 이해관계에 따라 움직이니까요.

있는 척 말하면 하이웨이스트, 후지게 말하면 배바지가 대세인 적이 있었습니다. 입는 방법은 두 가지. 뱃살 빼고 진짜 허리에 걸치기. 뱃살 위를 한참 넘어 가슴과 허리 어딘가에서 조이기. 유행이란 왔다리갔다리 정신없이 바뀝니다. 언제는 로우라이즈(일명 골반바지) 아니면 촌스러운 차림새였죠.

생각해보니, 자주 바뀌는 게 낫습니다. 뭔가가 계속 똑같다고 생각해보세요. 얼마나 지겹고 재미없습니까. '유행'이란 말은, 그 근저를 들여다보면 기존 가치에 대한 '변화'라는 의미도 내포한다고 볼 수 있습니다. 따라서 유행을 그저 시류에 휩쓸리는 대중의 갈대 같은 취향 정도로 치부해서는 안 됩니다.

여기서 한 가지 질문이 자연스럽게 떠오를 겁니다. 새로운 유행은 어떻게 만들어지는가? 갑자기 하늘에서 유행이란 게 떨어지지는 않았을 거 아닙니까. 답은, 의도적이든 자연스럽든, 상업적이든 아무 생각 없든, 기업적이든 개인적이든 어느 한 사람으로부터 시발됐으리라는 겁니다. 새로운 유행을 만들고 선도하는 사람이 분명 어딘가에 존재합니다. 패션계 종사자든 스포츠계, 요식업계, 예술계 종사자든 상관없이 창의성, 과감성, 파급성 그리고 도전의식을 가진 그 누구에게서 시작됩니다. 진정 인플루언서에 속하는 사람이지요. 단순히 물건 많이 파는 데 영향 끼치는 사람 말고요.

일론 머스크도 한마디 했네요. 주 56시간, 57시간 딱 채워 일 ²⁵⁹ 하면서 남보다 더 잘하고 더 성공할 수 있을지 모르겠다고. 멀리서 찾을 것도 없이 저 들으라고 하는 얘기 같습니다. 저는 요즘 나쁘게 말하면 나태와 매너리즘에 빠져 있고, 굳이 좋게 얘기하면 잠시 정중동에 머물고 있습니다. 뭐가 됐건 팩트는 지금 열심히 안 하고 있다는 겁니다.

어둑해지고 나서 한라산 정상이 낮보다 더 또렷이 보일 줄은 전혀 예상 못함. 제주도에 와서 한라산 정상을 하루라도 똑똑히 보고 가면 재수 좋은 거라고 했음. 그만큼 쉽게 볼 수 없는 게 한라산 꼭대기의 신비스런 모습임. 그럼에도 해가 다 지고 나서야 저리 선명히 볼 줄이야. 과거 경험과 지식으로 뭔가를 단정 짓고 확신하는 것만큼 위험한 것이 없음을 또 깨달음.

대다수의 사람이 자기가 겪고 체감한 것을 우상 숭배함. 나도 마찬가지임. 누구보다 주장 강하고 확신에 차 있고 직선적인

나임을 알기에 매사 다른 가능성을 열어놓으려고 노력함. 내가 보고 듣고 만진 게 진리가 아닐 수도 있다고 되새김. 꼰대와 안 꼰대, 꼰대와 개꼰대를 가르는 기준이 본인이 경험한 것을 진리로 여기느냐의 여부일 수 있다고 생각함. 나이나 머리숱 차이가 아니라 사고 회로작동 구조에서 판가름남. 유연함, 겸손함, 인간미라는 전류를 얼마만큼 차단 및 제어하고 상호 교류하는지에 달린 것임.

내 인생에서 가장 큰 기쁨은 다른 사람이 불가능하다고 말하는
것을 해내는 것이다. _노박 조코비치

인생에서 가장 잘하는 일을 하면 그것을 포기하고 싶지 않은
법인데, 나에겐 테니스가 그렇다. _로저 페더러

나는 목숨이 달린 것처럼 각 포인트를 플레이한다. _라파엘 나달

당신이 찾아야지, 아무도 당신을 대신해서 돌파구를 찾아주지
않는다. _비에른 보리

챔피언이냐 아니냐를 가르는 가장 큰 차이는 이기고자 하는 열
망이다. _존 메켄로

연습(노력)도 안 했으면 이길(성공) 자격도 없다. _안드레 애거시

테니스 명언입니다. 우리네 치열한 삶에도 해당되는 말이겠습
니다. 용기와 위로도 주는 말입니다. 세계 1등하는 선수도 두
려움과 불안에서 자유롭지 않았습니다.

테니스는 운동으로서의 즐거움을 넘어 의지와 멘탈을 시험하
고 단련시킵니다. 강한 정신력을 키울 수 있는 방식은 복식보
다 단식에 임할 때입니다. 즉, 코트에 홀로 설 때입니다. 테니스
명언도 대부분 단식에 적용되는 얘기입니다. 복식만 치다 보면
테니스의 진정한 묘미는 맛보기에 그칠 수 있습니다. 조코비치
왈 "ATP에서는 누구나 기가 막힌 포핸드와 백핸드를 친다. 테
니스는 멘탈 게임이다."

그렇다면 테니스의 진정한 묘미는 무엇일까요? 처절하면서 숨
넘어갈 듯 심장 쪼그라드는 순간을 경험하고, 위기를 극복했을
때 희열과 성취감을 맛보고 반대 경우일 때 좌절과 실망감을

다스리며, 어떤 낙망속에서도 재도전할 수 있는 멘탈을 갖는 것. 이것이야말로 테니스가 줄 수 있는 진정한 선물입니다. 아마추어에 동호인일지언정 스스로를 진지한 테니스 플레이어라고 칭한다면, 회피하지 말고 단식으로 승부를 가립시다.

262

안경이 예술이 될 수도 있음을 증명합니다. 아름다움을 느껴보세요.

263

폭발시기

사람의 에너지는 유한해서 자기가 최고점에 이를 수 있는 시기가 잠깐만 있습니다. 저의 전성기는 30대 후반 2007~2009년이었던 것 같습니다.

2010년 월드컵 경기 전 박지성의 폼은 지금의 손흥민 선수에 솔샤르를 합친 것이었습니다. 제가 생각하기로 손 선수는 파괴력과 기술, 스피드, 스타성, 골 결정력 등 거의 모든 면에서 박 선수보다 나아 보이지만 박 선수보다 한 레벨 밑입니다. 박 선수는 전체 11명을 데리고 놀았고, 손 선수는 아직 3~4명만 데리고 놉니다. 그래서 선수 사이에서 박 선수를 아직까지는 더 인정하는 겁니다. 그렇지만 손 선수는 계속 성장 중입니다. 제가 분데스리가에서부터 쭉 봐와서 말할 수 있습니다. 어디까지 갈지 저도 모르겠습니다. 해리 케인보다 성장성은 확실히 크다고 생각합니다.

베토벤에게는 전성기가 나름 길었습니다. 저에게 베토벤의 최고 전성기는 중기 때입니다. 말기는 9번 교향곡 하나만 쳐주고 싶습니다. 베토벤조차도 진정한 전성기는 어찌 보면 상대적으로 딱 이삼 년이었던 것 같기도 합니다. 피아노 소나타 14번 월광이나 8번 비창도 감미롭고 좋지만, 28번 특히 마우리치오 폴리니가 연주한 28번에 베토벤의 모든 것이 압축되어 있다고 감히 말씀드립니다. 베토벤을 어릴 적부터 운명의 상대로 삼아 왔기에 이렇게 말할 수 있습니다. 저와 비슷한 점이 많다고 감히 느낀 적도 있습니다. 전부 저 혼자만의 착각이지만서도.

당신의 전성기가 당신도 모르게 지나간다고 생각해 보십시오. 당신의 역량과 에너지 폭발 시기를 의미 있게 보낸다면 인생이 얼마나 빛날지도 생각해 보십시오. 우선 당신에게 전성기가 무슨 의미인지 생각해보기 바랍니다.

일본 후쿠이현 사바에시에 두 번째 출장 왔습니다. 선정된 파트너사와 부속 사양 및 재질 선정, 제조방식 선정, 디자인 상세화, 납기, 가격 등을 치열한 토론 끝에 구체화하였고 대부분 만족한 합의에 도달하였습니다. 사양, 가공방법, 재질 등은 무조건 최고를 고집했고 저희가 그려오던 하이엔드 빈티지 이미지를 최대한 관철하였습니다. 그리하니 가격은 속절없이 올라가더군요. 그래도 좋습니다. 최고를 만드는 데 타협은 안 했습니다.

공장견학도 갔습니다. 물론 공장도 최고 중 하나입니다. 집안이 대를 이어 50년째 운영하고 있답니다. 금자 안경도 만들고 있더군요. 놀라운 건 여기서 만드는 안경 하나하나가 거의 다 수작업으로 진행된다는 사실입니다. 예순은 족히 넘어 보이는 장인들이 하나하나 깎고 다듬고 조이고 박고 돌리고 하시는데, 조금 짠했습니다. 평생을 앉아서 이 일을 해오신 분이라 합니다. 한국이든 일본이든 어디든 치열한 삶의 현장이 존재합니다. 뭔지 모를 뿌듯함, 희망 그리고 일에 대한 경건함도 얻어갑니다.

265 백화점 갔다가 무심코 에르메스 매장에 들어가 봤습니다. 7~8년 전까지는 가끔 넥타이 사러 들렀는데 그 후로 처음이네요. 넥타이 스타일은 그때나 지금이나 달라진 게 하나 없더군요. 변함없다는 게 좋습니다. 유행 따라 이리저리 바뀌지 않고 일관되게 갔다는 얘기니까요.

그나저나 예술작품 같은 저 스카프를 보고 반했습니다. 파리의 옛 모습에 상상력을 더한 듯한데 보는 순간 아름다워서 한동안

눈을 뗄 수 없더군요. 이런저런 말 많아도 에르메스, 역시 한칼 있네요. 사랑하는 아내나 여친에게 선물하면 삼 일짜리 잔소리 방지권 내지 구타

방지권은 확보하겠는데요.

안경 고객을 관찰해보면 크게 두 가지 유형으로 구분할 수 있
습니다.

A. 안경을 선택하고 구매할 때 심사숙고한다와 그렇지 않다.

B. 의사결정 주체가 본인이다와 그렇지 않다.

두 변수를 토대로 다시 네 가지 패턴을 도출할 수 있습니다.

① 심사숙고하지만 의사결정은 남의 의견에 따름.

② 심사숙고하고 의사결정도 본인이 함.

③ 직관적이지만 의사결정은 남의 의견에 따름.

④ 직관적이고 의사결정도 본인이 함.

그다지 감각이 없지만 그래도 본인만의 멋과 스타일을 만들고
싶다면, 저의 답은 간단합니다. '심사숙고하든 직관적이든 상
관없다. 당신 배우자나 애인, 매장 매니저의 의견은 얼마든지
듣되 제발 최종 의사결정은 당신이 하라.'

인간의 모든 창의와 혁신은 모방과 학습에 따른 것입니다. 본
인이 주체가 되어 남들이 좋다는 물건을 사보기도 하고 패션을
따라해보기도 해야 합니다. 그 과정에서 시행착오도 거치고 무
리수도 던져보고 갈팡질팡 선택 장애도 겪어봐야 합니다. 그래
야 모방자 단계를 벗어납니다. 이런 과정이 '재미'로 승화되는
순간 당신은 인위적인 '멋핥기'가 아닌 자기 스타일을 가진 '멋
쟁이'로 재탄생합니다.

287

운동화 정리한 김에 안경도 정리해봤습니다.

① 프렌치 판토: 크라운 판토라고도 하는데 윗지붕이 왕관 같이 각이 잡힌 형태입니다. 남녀 모두 누구나 써도 이쁩니다. 의외로 튀지도 않습니다. 몇몇 오버스런 덕후용 해외 브랜드는 누가 봐도 튀는 디자인인데, 오리지널은 그렇지 않습니다. 프레임몬타나 라인업에도 점잖게 디자인된 두 개가 들어갑니다.

② 프렌치 스퀘어: 안경 자체로만 보면 제 눈에는 제일 이쁜 스타일입니다. 이건 어울리는 사람이 그리 많지 않습니다. 직사각형인 웰링턴 스타일(개인적으로 싫어해서 프레임몬타나 라인업에는 한 개도 안 넣었음)은 범용적으로 어울리나 정사각 형태는 쉽지 않습니다. 도전해보라고 안 팔릴 거 각오하면서 프레임몬타나 라인업에 한 개 넣었습니다.

③ 판토 또는 P3: 안경업자 아니면 같은 말이라 보면 됩니다. 가장 무난하고 점잖으면서도 멋이 살아 있습니다. 저도 실생활에선 손이 가장 많이 갑니다. 서양인 얼굴형(갸름하

고 긴 얼굴)에 가장 잘 맞는 스타일이라 생각하는데 넙대대한 동양인도 의외로 괜찮습니다.

④ 프렌치 아방가르드: 곡선이 참 이쁩니다. 매우 프랑스적인 느낌이고 미학적으로 아름답습니다. 실용적이고 마초적이고 다소 촌스런

미국 사람은 절대 이렇게 만들 수 없고, 만들지도 않고, 이런 걸 쓰지도 않습니다.

⑤ 미국 안경: 프랑스 빈티지에서 모티브를 얻어 프랑스뽕을 제거하고 단순 정직하게 재해석했는데, 오히려 원조인 프랑스보다 더 정통 빈티지로 인기가 많습니다. 사실 사람들은 무난한 안경을 선택합니다. 미국 감성이 이에 잘 맞습니다. 많은 사람이 좋아하는 아넬도 보입니다. 17년 전쯤 처음 빈티지 수집을 시작했을 때는 30만 원이면 오리지널을 구했는데 요즘은 기본 100만 원이 넘어갑니다. 가장 핫한 아이템임을 부인할 수 없습니다. 개인적으로, 아넬은 오리지널 1950~1960년대 빈티지만 아넬이라 봅니다. 그 이후 복각이든 재현이든 카피든 오리지널 아넬의 느낌과 재질과 아름다움에 반도 못 미칩니다.

⑥ 라운드형 및 캣츠아이형: 말이 필요 없습니다. 그냥 아름답습니다. 저게 오리지널 클래식입니다.

⑦ 아넬 핑크 클리어 프레임: 새로 구했습니다. 이쁩니다. 물론 오리지널 빈티지입니다. 직접 한 번이라도 보면 제가 ⑤번에 쓴 말이 무슨 뜻인지 바로 알 겁니다.

⑧ 이건 제가 요즘 가장 많이 쓰고 다니는 안경이고 지금도 쓰고 있습니다. 무난한 듯하면서도 항아리 모양이 둥그렇지 않고 날렵하게 빠졌습니다. 전 이런 게 좋습니다.

⑨ 1970년대 나이키 엘리트Elite 오리지널 신품 하나 구했습니다. 저런 색감은 재현이 안 됩니다. 안경도 아세테이트나 셀룰로이드 재질의 깊고 아름다운 색감은 재현이 안 됩니다. 신발이나 안경이나 세월이 몇 십 년 지나면서 재질이 숙성됩니다. 그런 아름다움이 빈티지에는 배어 있고 저는 그게 마냥 좋습니다.

자존심과 자존감. 제가 보기에는 반대말입니다. 자존심이 세다 또는 자존심이 강하다라는 말은, 열등감이 깊고 숨기고 싶은 게 많고 그릇이 작다는 의미로 들립니다. 자존감이 높다라는 말은, 자기애가 강하고 포용력이 있고 사사로움에 흔들리지 않는다는 의미로 들립니다.

어린 시절 저는 자존감이 높았습니다. 화내는 법이 없었고 늘 웃었습니다. 당시에는 몰랐습니다. 별반 열등감이 없고 매사 자신만만했기에 가능했다는 것을. 이삼십 대 시절, 욕심과 더불어 불만이 많아졌고 남과 비교하는 속물적 습성도 생겼습니다. 성취만큼이나 나 자신에 대한 실망도 컸습니다. 어느 날 저를 보니 불안한 자존심으로 똘똘 뭉친 신경 예민한 사람이 되어 있었습니다. 지금의 나는 어떨까요? 누가 뭐라던 관심 없고 흔들리지 않습니다. 내 잘못과 결핍을 인정하고 개선하려고 노력할 뿐입니다. 내게 주어진 재능이 자유로움과 주위의 도움에 힘입어 자신감을 자극합니다. 이렇게 깨어난 자신감이 나를 변화시킵니다. 어느새 나는 자존심 강한 사람에서 자존감 높은 사람으로 돌아와 있었습니다.

높은 자존감은 부모와 주변 사람의 사랑을 많이 받고 자란 사람의 특성만은 아닙니다. 개발할 수 있습니다. 수많은 자기계발서가 자존감을 언급하며 이래라저래라 하지만, 결국 해답은 본인 내면과 실행에서 찾아야 합니다. 오롯이 나에게 집중하고, 부족함을 인정하되 온전해지면서 희열을 느끼고, 장점도 아낄 줄 알며, 나에게 더 큰 잠재력이 있음을 알고 이를 실현하려고 노력하십시오. 이것이 자기계발의 정석입니다.

요즘 물건 사는 일 거의 없는데 애플워치 하나 들였습니다. 운동 기록하고 모니터링하는 데 도움이 될까 해서요. 제가 근 10년 간 체중 70킬로그램 내외를 유지하며 날씬한 인생을 살아왔고, 뱃살이 만병의 근원이다, 운동을 생활화해야 한다고 자랑스레 떠벌렸는데 최근 순식간에 80킬로그램까지 올라가더군요. 사업으로 스트레스가 많은데다 꾸준히 하던 테니스도 일에 정신없어 당분간 멈췄고, 여기에 갱년기적 우울 증상이 겹치면서 밤중에 단것을 막 먹는 버릇이 생긴 탓입니다.

살 빼는 건 하세월이지만 찌는 건 빛의 속도입니다. 금세 10킬로그램이 늘고 악순환이 이어집니다. 몸이 무거워지니 움직이기 싫어지고 건강도 안 좋아지고 외모도 못나지고 일은 일대로 스트레스 쌓이고, 그러다 보니 심적으로는 더욱 불안해집니다. 그렇게 6개월 7개월 8개월 동안 무기력해지고 무너져가는 나를 방치하다가, 이러다가는 죽을 것 같다는 현타가 오더군요. 결국 뭔가를 시작했습니다. 몸을 움직이자.

유튜브와 여러 사이트에 나온 지식을 종합해보니 하는 얘기는 단 한 가지입니다. 그럴수록 더 움직이고, 걷고, 뛰라. 문제를 회피하지 말고 정면으로 해결책을 구하라. 일단 걷기 시작했습니다. 헬스장 가는 게 도살장에 끌려가는 뭐 마냥 싫었습니다. 억지로 일주일에 두 번, 세 번 갔습니다. 스피드 6에 경사도 6으로 놓고 한 시간을 걸었습니다.

하다 보니 요령도 생기고 성취감도 느끼고 기분도 좋아지더군요. 조심스럽게 뛰기도 시작합니다. 처음 5분은 스피드 8에 경사도 3으로 뛰고 55분은 걸었습니다. 5분 뛰는 것도 힘들더군요. 운동을 시작한 지 2개월쯤 지났을 때 스피드 8에 경사도 3으로 놓고 한 시간을 뛸 정도가 되었습니다. 처음엔 5분 버티기도 힘들었는데 이젠 60분을 완주합니다. 7킬로그램을 빼서 73킬로그램 찍었고 한두 달 내 69킬로그램을 목표로 하기에 이릅니다.

이렇게 유산소로만 살을 빼면 근육이 빠지면서 마른 비만으로 가기 딱 좋습니다. 그래서 근력운동도 시작했습니다. 벤치프레스, 슈얼더프레스, 렛풀다운 등 유산소와 병행합니다. 지금도 헬스장 가는 게 반갑지는 않습니다. 일단 가면 힘드니까요. 경사도 높여 놓고 러닝머신 한 시간 뛰는 일 순간순간 포기하고 싶을 만큼 정말 힘듭니다. 쇠질하는 것도 괴롭고.

역시 예외가 없더군요. 뭔가를 얻으려면 그만큼 때로는 그보다 더 큰 고통을 감수해야 함을 또 체감했습니다. 위기와 역경을 마주할 때 우리는 정신적·육체적으로 피폐의 함정에 빠지곤 합니다. 이럴 때일수록 몸을 움직여 신체와 정신을 붙잡고 문제에 정면으로 대응하는 길 외 다른 묘수는 없습니다. 그래도 안 되면 그냥 받아들이는 거죠…가 아니라 생즉사 사즉생으로 어떡하든 이겨내야죠.

270 준비란 무엇일까요? 자격, 때, 당위성, 스스로의 믿음 등을 모

두 함축한 의미일 겁니다.

과연 나는 준비되었는가? 무엇을 바라기에 앞서 그 무엇이 왜 내게 주어지지 않는지 이유를 찾고 싶을 때, 한 번쯤 스스로에게 물어볼 만한 질문입니다.

제가 준비가 되어 있다면 주십시오. 그렇지 않다면 준비가 되도록 저로 하여금 각성하게 해주십시오.

영화 〈러브스토리〉를 한 30년 만에 다시 봤습니다. K-드라마, K-영화 특유의 눈물 짜고 감정 낭비하고 질질 끄는 일 없는 담백한, 다소 냉랭한 흐름(개인적으로 내 취향), 잔잔하지만 긴 여운을 느꼈습니다.

남주 라이언 오닐이 중요 씬에 입고 나온 코트 기억하십니까? 오닐의 겨울 코트가 입고 싶더군요. 왜냐고요? ① It's just a Classic. 절대 유행 탈 일 없겠다 싶었습니다. ② 옷장을 보니 거위털 아니면 모직 코트 두 가지 밖에 없더군요. 뭔가 새로운 것이 있었으면 해서요. ③ 아날로그적으로 따뜻해 보였습니다. 거위털 잠바는 따뜻하긴 한데 디지털적인 느낌이고, 모직 코트는 아날로그적인데 추워요. ④ 그냥 멋져 보였습니다.

한국에서는 이런 코트를 무스탕이

라고 하죠. 입는 옷에 왜 자동차 이름을 붙이는지 저는 도무지 모르겠습니다. 스웻셔츠도 맨투맨이라 부르고요. 그거 입고 한 판 뜨자는 얘기인가요?

무스탕으로 불리는 이 옷은 일단 셔링Shearling이라는 단어가 붙습니다. 안감을 보면 보글보글한 양털 같은 느낌의 보풀이 있는데, 이를 셔링이라 합니다. 외피는 대개 양가죽 내지 소가죽이죠. 램스킨Lambskin 또는 카프스킨Calfskin. 그래서 정확한 용어는 램스킨 셔링 코트 또는 양가죽 셔링 코트입니다. 무스탕은 포드 사의 스포츠카이고요.

그나저나 라이언 오닐이 입은 것처럼 셔링 코트에 각 잡힌(핏 잡아주는) 형태는 예전에는 거의 없었고, 요즘에도 제대로 핏을 살린 가죽 셔링 코트는 찾아보기 힘듭니다. 각이 잘 잡혀 있고 재단이 깔끔한데 가죽질도 좋고 마감마저 훌륭한 램스킨 셔링 코트를 만나면 가격에 놀라실 겁니다. 꽤나 비쌉니다. 그만한 가치가 있습니다. 그런데 만약 50퍼센트 할인을 한다? 반드시 하나 장만하십시오. 시간이 갈수록 더 멋져지니까요. 대물림도 가능합니다. 클래식은 영원하니까요.

직장에서의 성공이 인생 성공으로 이어지던 때는 지났습니다. 40대에도 책상이 빠집니다. 나머지 40년, 50년이 문제입니다. 누구든 자립해서 무엇이든 하지 않으면 안 되는 시기입니다. 따라서 퍼스널 브랜딩은 필수입니다. 한 분야 전문가가 되려는 사람이든, 소규모 창업을 꿈꾸는 사람이든, 벤처 창업을 하려는 사람이든 다 마찬가지입니다.

퍼스널 브랜딩은 개인이 가진 전문지식, 유용한 경험, 인간적 매력을 브랜드화하는 것입니다. 궁극적으로, 어떤 분야 하면 딱 생각나는 인물, 신뢰받는 인물이 되는 것이야말로 성공적인 브랜딩입니다. 소셜미디어에서 활동하는 개인들 또한 이를 목표로 합니다. 대중은 이렇게 구축된 개인 브랜드의 콘텐츠를 소비하는 것이고요.

테니스 라켓 세계에서도 디자인이 이쁘면 그만큼 인기가 높아집니다. 디자인은 리테일의 꽃.

트렌드에 민감하다는 말은 역으로 트렌드에 편승하지 못하면 잊히거나 도태되기 쉽다는 뜻입니다. 전파성이 강하다는 말의 이면은 시장의 획일성이 높다는 것입니다. 다양성이 부족하다는 얘기죠. 한마디로, 전체가 한 곳에 확 몰렸다가 또 금세 확 빠져서 다른 곳으로 몰리는 패턴이 반복된다는 얘깁니다. 이러한 시장 구조에서는 다양성이 발전하지 못합니다. 다양성이 발전하지 못하면 개성이 꽃피우기 어렵고, 개성이 꽃피우기 어려우면 몰개성화된 사회가 됩니다.

지금 한국은 트렌드를 따라야만 돈이 됩니다. 그렇지 않으면 쪽박을 찹니다. 유행과 트렌드와 무관하게 제품을 만들고 취급하는 사람도 먹고살 수 있는 수요 즉, 시장이 형성되어야 그들이 계속 활동하고 사업할 수 있습니다. 다양한 수요는 고사하고 간신히 명맥만 유지하는 꼴이니 일본이나 유럽처럼 시장이 발전하지 못하는 것입니다.

일본이 다양성의 천국, 개성화가 생생한 스타일 강국이 된 데는 국민 일부만 트렌드를 좇기 때문이라는 이유가 큽니다. 일본은 대략 30퍼센트는 트렌드를 좇는 사람, 30퍼센트는 트렌드를 무시하는 사람, 30퍼센트는 이도저도 아닌 사람, 10퍼센트는 하드코어 오타쿠로 시장이 나눠집니다. 그래서 트렌드와 상관없는 장인의 제품도 클래식 제품도 빈티지 제품도 큰 시장을 형성할 수 있었습니다.

한국은 제가 보기에 70퍼센트는 유야무야 트렌드를 따라가는 사람, 20~30퍼센트는 이도저도 아닌 사람 두 부류밖에 없습니다.

결국 시장을 구성하는 요소는 우리 개개인입니다. 그 개인이 남들은 뭐 입나, 뭐가 인기가 많나, 뭐가 제일 잘 팔리나에만 관심 가져서는 변화가 없습니다. 나에게 가장 잘 맞는 건 뭘까, 남들과 차별화될 만한 건 뭘까, 나에게 가장 가치 있는 건 뭘까와 같은 질문을 할 때 우리나라도 스타일 강국에 진입하리라 믿습니다.

테니스 라켓을 튜닝(무게, 밸런스, 그립 등을 개인 취향에 맞게 커스
터마이징하는 작업)하다 보면 가장 많이 쓰고 가장 중요한 공구
는 송곳임. 네이버 쇼핑에 송곳을 쳐보면 500원부터 시작해서
1천 원대가 주류임. 5천 원만 해도 비싼 것. 그럼에도 최근 2만
원짜리 일본제 송곳을 샀음.

5천 원짜리까지 써봤는데 1천 원이나 5천 원이나 퀄리티는 크
게 다를 바가 없음. 쉽게 휘고 제대로 힘주면 뚝 부러짐. 둘 다

메이드인차이나인데 결론은
싼 게 비지떡. 일본제 2만 원짜
리로 작업해보았는데 확실히
다름. 쇠를 연마한 강도가 적
당해서 유연하면서도 직관적
인 회복력이 뛰어남. 손가락을
베지 않음. 이것을 가치value라
고 칭함. 소비자는 그것에 대
해 값을 지불하는 것이고.

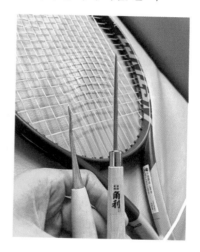

프랑스에서 지속적으로 저를 찾아오는 소포. 예전엔 취미생활
을 위한 쇼핑 비용이었으나 이제는 R&D 비용입니다. 좋아하
는 일을 하면, 개인 비용이 회사 비용으로 둔갑될 수 있습니다.
가장 아름다운 라인과 각과 밸런스를 찾기 위해 계속 연구합니
다. 안경은 1밀리미터의 미학입니다.

한국과 일본에서 크라운 판토(Crown Panto: 윗부분이 왕관의 모양 같다하여 이름 붙여진 안경테)라는 용어조차 생소하던 시절 거의 최초로 본격적인 모델 재구축을 시도한 곳이 프레임몬타나입니다. 이제는 국내 웬만한 브랜드에서도 한두 모델씩 크라운 판토를 만들고 있습니다. 심지어 일본 브랜드조차 하나둘 크라운 판토 모델을 내놓기 시작했습니다.

혹자는 그럽니다. 당연히 일본이 더 빠른 게 아니었냐고. 전혀 아닙니다. 한국에서 모든 패션 분야는 일본에 한참 뒤처지거나 일본에서 유행한 후 들어오는 게 99퍼센트인데 크라운 판토 안경에서는 프레임몬타나는 일본보다도 앞서갔습니다. 일본의 규○○라는 브랜드도 프레임몬타나보다 뒤에 나온 것입니다. 이렇게 프레임몬타나는 브랜드의 스토리 하나를 만들었습니다.

스토리가 많을수록 사람들이 얘기하는 '근본' 있는 브랜드가 됩니다. 스토리가 많다는 것은 독창적인 행보로 많은 도전을 극복하며 지금까지 왔다는 사실을 말해주기 때문입니다.

경기 침체가 장기화될 때 요식업은 배달로 활로를 찾았습니다.
소매업에는 온라인이 있었고요. 그런데 안경 산업은 생각만큼
온라인 판매가 쉽지 않습니다. 안경은 써보고 사야 한다는 고
정관념이 뿌리 깊거든요. 옷은 입어보고 사야 한다고 고집하지
않으면서 안경은 유독 그 심리가 강합니다. 이 허들을 넘기 위
해 프레임몬타나는 종이안경 서비스와 AR 가상 핏팅 서비스를
제공하고 있고, 배송 받고 불만족 시 쉽게 반품 및 환불도 가능
하게 하는 등 여러 노력을 해왔습니다. 그런데 세컨드 브랜드
스펙스몬타나 선글라스 20퍼센트 세일을 해보고 한방에 깨달
았습니다. 가격을 깎으니 온라인에서도 날개 돋힌 듯 팔리더군
요. 역시 최고의 프로모션은 가격 할인인가 싶으니 뭔가가 단
순명료해지기도 하고 쓸쓸하기도 합니다. 히로뽕 한방 맞는
기분이랄까요? 맞아본 적은 없어 모르지만 가까이해서는 안
될 것 같은, 강렬한 유혹의 그 무엇을 알게 된 느낌입니다.
1차원적인 프로모션이 아닌 새로운 패러다임에서의 온라인 채
널 마케팅이 절실히 요구되는 시점입니다.

남성 패션은 미니멀리즘, 여성 패션은 탈미니멀리즘으로 정리
가 됩니다. 남성 스타일링은 매우 간단합니다. 바지, 상의, 재킷
의 세 가지 조합만 고려하면 됩니다. 각각의 선택지도 많지 않
습니다. 반면 여성 스타일링은 무수한 조합과 다양성이 존재합
니다. 각 부문 선택지도 남성복에 비해 훨씬 많습니다. 신발 쪽
도 더 복잡하고요. 고로, 남성 옷을 잘 입는 사람보다 여성 옷

을 잘 입는 사람이 창의성과 조합능력 면에서 더 뛰어나다고
할 수 있습니다.

현대카드 정태영 부회장이 이런 말을 했더군요. "우리 회사의
카드 디자인이 지금까지는 심플함을 추구하는 미니멀리즘에
기반했다면 이젠 탈미니멀리즘을 기치로 새로운 도전을 하겠
다. 현재 미니멀리즘은 다양한 분야로 퍼지면서 자기 변별력을
잃었다. 탈미니멀리즘은 개성을 드러내는 데는 수월할 수 있으
나 미니멀리즘이 갖고 있는 장점(정제된 일관성·아이덴티티 고수에
용이)을 유지하기 힘들다는 점에서 모험적일 수밖에 없다."

디자인에 정답이란 없겠지요. 어떤 분은 복잡다난한 어글리 슈
즈의 디자인을 좋아하고, 어떤 분은 심플하기 그지없는 빈티지
운동화 디자인을 좋아합니다. 어떤 분은 화려한 자크마리마지
풍의 안경을, 어떤 분은 프레임몬타나의 심플한 프렌치 무드
안경을 좋아합니다. 디자인에서 미니멀리즘과 탈미니멀리즘이
라는 양대 관점을 어떻게 받아들여야 할까요?

제 나름의 결론은, "어디로 가든 갈 거면 제대로 가자"입니다.
이도저도 아닌 건 정말 아닙니다. 상대방의 장점만 대충 모방
해서 내놓는 브랜드가 많지요. 그런 것은 답이 아닙니다. 디자
인할 때 어떤 경계와 구속에 얽매일 필요가 없으며, 미니멀리
즘을 추구한다고 탈미니멀리즘적 시도를 못할 이유도 없습니
다. 프레임몬타나 또한 미니멀리즘 아이덴티티를 이어가면서
도 맥시멀리즘의 화려한 디자인도 구상합니다. 해외 안경박람
회를 다녀보고 또 국내 고객을 접해보니, 화려한 안경에 대한

수요가 '점차' 단계를 넘어 이미 상당한 규모의 시장으로 커나
가고 있음을 실감했기 때문입니다.

일본 남자와 한국 남자 구분하는 방법 아세요? 중국 남자는 스
포츠형 머리에 목소리 큰 사람 찾으면 십중팔구니 논외로 하겠
습니다. 길가다 일본 남자를 보면 열이면 열 가방을 들고 다닙
니다. 큰 PC가방부터 룩섹, 손가방, 허리가방, 토트백, 어깨가
방, 파우치 등 가방 종류도 다양합니다. 일본은 전철생활 문화
이고 아침에 나와서 귀가하기까지 소지품과 함께 하루를 보내
야 하는 현실적인 면이 있는 듯합니다. 그런데 하와이에 와서
도 들거나 차거나 메고 다니는 모습을 보면 정착된 문화인 듯
도 하네요.

마초 같은 한국 남자는 거의 빈손입니다. 자동차 키, 라이터, 담
배, 지갑, 충전기, 이어폰, 손수건, 향수, 구강청결제 등 이 많은
짐을 어디다 넣고 다니는지 궁금합니다. 겨울에는 주머니라도
많아 꾸역꾸역 넣는다지만 여름엔 달랑 두 개뿐인데요.

저는 여러 실험을 했습니다. 남성용 손가방은 너무 크고 무겁
고, 토트백은 '나 패피요' 외치는 것 같고, 파우치백은 그나마
나은데 아직은 보수적인 면이 많은 제가 보기엔 일수쟁이 느낌
을 지울 수가 없고, 룩섹은 파릇한 대학생용 같습니다. 그러다
가 결국 안주한 곳이 미니 에코백 내지 미니 손가방입니다. 정
장일 때나 반바지 입을 때나 상관없이 들고 다닙니다. 누가 뭐
라 하건 신경 안 씁니다. 제가 편하고 좋으면 된 거죠.

일본은 남성 전용 '대규모' 편집숍만도 셀 수 없이 많습니다. 빔스, 유나이티드애로우스, 쉽스, 에디피체, 스트라스부르고 등등. 게다가 동네마다 매장이 있을 정도로 곳곳에 퍼져 있습니다. 한국은 두세 개 대규모 편집숍 브랜드가 있을 뿐이고, 그나마 몇 개 있는 매장도 수지타산 맞추기가 힘들어 보입니다. 소규모 편집숍 레벨로 내려가면 일본은 아마 1천 개는 될 겁니다. 남성복 관점에서 시장규모와 인프라를 따지면, 통상적으로 일본은 한국의 10배라는 공식이 한 100배로 커지는 듯싶습니다.

그건 그렇고, 몇 차례 일본의 유명한 동네들 샅샅이 뒤지고 돌아다니면서 느낀 건, 일본 남자도 열에 아홉은 꽤 촌스러워 보인다는 겁니다. 더 솔직히 얘기하면, '꽤 멋지다'라고 느껴진 사람 몇 명 못 봤습니다. 아메카지건 히피룩이건 나폴리 정장이건 장르에 대한 선입견 없이 모두 아울러서 그렇게 느꼈습니다. 남자의 스타일이란 그만큼 어려운가 봅니다.

멋에서 어떤 브랜드냐 어떤 핏이냐 어떤 색조합이냐는 매우 지엽적인 부분입니다. 남자의 멋진 스타일이란 대체 뭘까요? 제 나름대로 정의해봅니다. 외모(얼굴 및 체격), 옷, 액세서리, 분위기, 말투, 행동거지, 표정, 직업 및 백그라운드가 오케스트라의 악기들처럼 조화를 이뤄 어떤 '자연스러움'의 경지에 도달하고, 결국엔 이 자연스러움이 스스로 '아우라'를 드러내는 것입니다. 옷이 정장이냐 캐주얼이냐 등의 구분은 중요하지 않습니다. 사장이건 대리이건 알바생이건 재력과 지위도 결정적이지 않습니다. 알마뇽이건 유니클로건 브랜드도 핵심이 아닙니다.

삼천포로 빠졌네요. 제가 하고 싶은 말은, 일본에 만약 10개의 스타일 카테고리가 있다면 10개 모두 스타일의 다양성을 확실히 갖고 있다는 겁니다. 한국은 10개에 고작 두세 개 카테고리밖에 안 보입니다. 그나마 있는 두세 개 카테고리도 그놈의 유행과 트렌드에 따라 내용이 휙휙 변합니다. 의류는 말할 것도 없고 라면, 과자, 마음의 양식인 책마저도 트렌드와 유행이 지배하는 한국 시장과 소비자 수준은 냉정히 얘기하면 일본보다 한 17년은 뒤처져 보입니다.

유니클로 같은 대형 리테일 매장을 방문해보면 존경스러울 따름입니다. 몇 천 개는 족히 넘을 법한 이 많은 아이템을 어찌 그리 빠른 속도로 기획, 디자인, 생산, 유통 및 관리하면서 회전시키는지 도대체 그 능력은 어디서 나오는 건지 감탄스럽습니다. 고작 몇 개 아이템을 B2B로 돌리는 데도 이렇게 골치 아픈데 말입니다.

가만 생각해보면 그건 '조직'의 힘인 것 같습니다. 몇 백 명, 몇 천 명의 사람이 개미군집 같이 구조적인 조직을 갖추면 못할 일이 없습니다. 물론 그런 조직이 하루아침에 만들어지지는 않지요.

조직 얘기가 나와서 하는 말인데, 기업이나 공사, 국가 단체 같은 큰 조직에서 일하는 분을 보다 보면 힘과 자리를 혼동하는 사람이 종종 있습니다. 팀장, 임원, 고위직의 감투를 쓴 사람의 권력은 대부분 조직 내 자리에서 나오는 것입니다. 기업 오너를 제외하면 잠시 그 자리를 맡다가 떠나는 신세에 불과합니다. 그런데도 조직이 부여한 힘을 마치 자기 본래의 힘인 양 착각해 어깨에 힘주고 큰소리칩니다. 이런 분을 볼 때마다 속으로 '메뚜기도 한철인데'라는 생각만 듭니다.

나이들고 선친의 삶을 바라보니 인생은 진짜 마라톤입니다. 지금 누가 옆에서 잘나간다고 부러워할 것 없습니다. 진정한 승부는 60세 넘어서도 건강하고, 할 일 있고, 경제적으로 자식 도움 안 받고, 주위에 친구가 있느냐로 결정됩니다. 저도 이 목표를 향해 뜁니다. 물론 60세 전에도 즐겁게 살아야지요.

사람을 대하는 데 두 가지 유형이 있습니다.

첫 번째 유형은 성악설에 근거합니다. 누구를 만나든 밑바닥에서 시작합니다. 나쁜 놈, 못 믿을 놈이 기본값입니다. 겉으로는 웃고 신사적으로 대할지 모르지만 속으로는 전혀 상대를 신뢰하지 않습니다. 만남을 이어가면서 상대방에 대한 경험 데이터를 축척해갑니다. 그러다가 좋은 사인을 하나둘 보기 시작합니다. 그런 경우 상대방은 나쁜 놈에서 정상인 놈으로, 매우 드물지만 착한 놈으로 격상됩니다. 그러나 대부분은 나쁜 놈, 못 믿을 놈으로 남습니다.

두 번째 유형은 성선설에 근거합니다. 누구를 만나든 '크게 나쁜 사람은 아닐 거야, 괜찮은 사람일 거야'라는 식의 다소 순진한 인식에서 출발합니다. 내가 긍정적으로 평가한 첫인상을 상대가 유지해주기를 바랍니다. 그러나 안타깝게도, 자주 실망하고 뒤통수를 맞습니다. 그 후 상대방에 대한 평가를 조정합니다. 즉, 강등시킵니다. 나쁜 놈으로.

제 경험으로 볼 때 두 가지 유형은 어떤 방법론적인 의미가 있다기보다는 한 사람의 성격이자 특성으로 보입니다. 다시 말해, 그렇게 타고났다는 얘깁니다. 첫 번째 유형의 사람은 죽었다 깨어나도 두 번째 유형처럼 사람을 대하지 못합니다. 반대도 마찬가지고요.

둘 다 장단점이 있습니다. 첫 번째 유형은 남에게 잘 속지 않습니다. 남에 대한 기대가 크지 않기에 실망할 일도 적습니다. 매우 현실적이라 손해 보는 일도 드뭅니다. 대신 남에 대한 지나친 경계와 선긋기로 인해 그릇이 작아지거나 확장 및 성장 모멘텀을 스스로 제한할 여지가 있습니다. 두 번째 유형은 뒤통수 맞고 배신당하고 상처 받기 십상입니다. 그걸 또 무한반복하는 상당히 천치 같은 치명적 단점이 있습니다. 허나, 어느 정도 경험과 연륜이 쌓이고 첫 번째 유형의 일부 장점(적당한 경계와 검증)을 잘 접목시키면, 그야말로 이상적인 관계확장형 인간이 될 수 있습니다. 큰 그릇이 될 수 있습니다. 물론 첫 번째 유형도 노련해지면서 두 번째 유형의 특성을 가면으로 삼으면 정치적으로 성공할 여지가 큽니다.

저는 무슨 유형이냐고요? 완전 두 번째 유형입니다. 그렇다고 이상적으로 진화한, 큰 그릇의 관계확장형은 아닙니다. 이제 막 바보 같은 무한반복 천치 단계를 벗어나 첫 번째 유형과의 접목을 시도하는 수준입니다.

링컨 명언

아브라함 링컨 명언

1. 책을 두권 읽는 사람이
   책을 한권 읽는 사람을 지배한다.
2. 적을 없애는 가장 좋은 방법은
   친구로 만드는 것이다.
3. 만약 누군가를 당신편으로 만들고 싶다면
   먼저 당신이 그의 진정한 친구임을 확신 시켜라.
4. 나에게 여덟 시간을 주고 나무를 자르라고 한다면,
   나는 도끼 가는데에 여섯 시간을 쓸 것이다.
5. 미래의 가장 좋은 점은
   한번에 하루씩만 온다는 것이다.
6. 투표는 총알보다 강하다.
7. 항의해야 할때 침묵하는 죄가
   겁쟁이를 만든다.
8. 국민의, 국민에 의한, 국민을 위한 정부는
   이 세상에서 결코 사라지지 않는다.
9. 여러 사람을 일시에 속일 수 있고,
   또 한 사람을 오랫동안 속일 수 있다.
   그러나 여러 사람을 오랫동안 속일 수는 없다.
10. 가장 훌륭한 사람이 되고자 결심한 사람일수록
    언쟁에 시간을 낭비하지 않는 법이다.
11. 실수를 범하지 않는 사람은 아무것도
    하지 않는 사람이다.

집 앞 영양센타에 통닭구이 사러 갔더니 링컨 아저씨 어록이 벽에 걸려 있더군요. 차고 넘치는 게 위인 어록인데, 읽고 나니 이상하게 위안과 힐링을 받네요. 어떤 말은 따끔하게 아프기도 하고, 어떤 말은 용기를 건네는 듯 다정하게 들리네요. 몇 번이 가장 맘에 와 닿나요? 저는 11-9-7-10-2번 순으로 좋네요.

저에게 11번의 메시지가 필요했나 봅니다. 실수하고 실패하고 있다는 건 적어도 뭔가를 시도하고 도전하는 용감한 사람이라는 조언 말입니다.

사람들이 자신을 사랑하는 듯하지만 실상은 그렇지 않습니다. 다들 자신을 그다지 좋아하지 않습니다. 그럼 왜 그렇게들 이기적으로 행동할까요? 그건 자신을 사랑하는지 여부와는 무관합니다. 인간 자체가 본능적으로 이기적인 동물이기에 이기적으로 행동하는 것뿐입니다.

한편으로, 일반 상식과 평균적인 시각을 갖고 있다면 어떻게 자기 자신을 사랑할 수 있겠나 하는 생각도 듭니다. 내가 남에 비해 사랑받을 만하다고 내세울 수 있는 것은 제한적일 수밖에 없고, 남보다 못나고 열등하고 초라한 면은 얼마든지 찾을 수 있습니다. 이렇게 객관적으로만 자신을 본다면 중증우울증 환자밖에 안될 겁니다.

자신을 볼 때 상대적이고 객관적인 잣대만 필요한 게 아닙니다. 절대적이고 주관적인 잣대도 필요합니다. "내가 생각할 때 이 정도 노력해서 이만큼 살을 뺐으면 나는 멋진 거야." "내가 생각할 때 이 정도 노력해서 이만한 성과를 냈으면 나는 유능한 거야." "이걸 다 외워서 그 정도 발표했으면 나는 훌륭한 거야." 자신에 대한 이런 평가에는 공통점이 있습니다. 첫째, 남과의 비교가 없습니다. 둘째, 상대적 잣대가 아닌 절대적 잣대로 나를 평가합니다. 셋째, 자기 인정을 위해 댓가(노력)를 지불합니다. 바로 이 세 가지가 나를 사랑하는 방법입니다. 나를 사랑하기란 쉽지 않습니다. 남의 시선과 잡스러운 비교 따위는 무시해버리는 담대함, 끊임없는 자아성찰을 통한 성장 의지, 굳은 실행력을 지닌 자만이 가능합니다.

타이트 핏과 와이드 핏은 대략 10년 주기로 유행을 반복합니다. 몇 년 지나면 또 딱 달라붙는 스타일이 찾아올 겁니다. 그때 되면 어찌 되나? 뭘 어찌 됩니까. 유행을 따라가고 싶으면 또 옷을 사야겠고, 그러면 의류 브랜드도 돈을 버는 거죠.

제가 2018년 프레임몬타나를 창립했을 때, 안경은 의류와는 달리 그런 유행은 없고 뭔가 절대적인 미의 기준이 존재한다고 믿었습니다. 이를테면, "안경을 절대 크게 쓰지 말자. 그렇다고 작게 쓰라는 의미가 아니다. 자기 얼굴에 딱 맞는 저스트 핏으로 가야 가장 인물이 살고 얼굴도 커 보이지 않는다"고 생각한 거죠. 저는 이 생각에는 일절 변함 없고 실제로 쭉 그렇게 안경을 착용해왔으며, 앞으로 죽을 때까지 그럴 겁니다.

하지만 시간이 흐르면서 안경 핏도 유행을 타더군요. 2018년 제가 강력 전파하면서 한국 시장에도 타이트 핏이 각광을 받기 시작하며 한동안 안경인들의 핏이 그전에 비해 많이 저스트로 갔습니다. 그런데 코로나가 번성할 시점부터 패션 전반적으로 와이드 룩이 유행하더니 안경도 점점 커지더군요. 아예 의도적으로 큰 안경을 쓰기도 하고요. 국내뿐만 아니라 해외에서도 마찬가지였습니다. 그 때 깨달았습니다. 안경도 그저 패션의 일부라는 걸. 그렇기에 주기적으로 유행도 타고 트렌드도 달라진다는 것을. 절대적으로 고정되는 건 없다는 것을.

눈 깜박하면 흐름에 뒤처집니다. 더군다나 한국은 일본처럼 각각의 개성적인 스타일이 단단한 지지 기반에 뿌리 내린 게 아니고 유행에 휩쓸려 너도나도 획획 바꾸는 시장이기 때문에 더

더욱 트렌드에 민감해야 합니다. 한국 시장에서 패션 기업은 트렌드에 따르면서도 고유의 정체성을 지켜야 하며, 더불어 새로운 유행을 만들고 선도할 줄 아는 슈퍼맨 역량을 가져야 합니다. 그래야 5년이고 10년이고 살아남을 수 있습니다. 혹자는 이런 교과서 같은 얘기를 왜 하나 하실 수 있는데, 실제 다년간 전투를 벌이며 생존해보면 얼마나 절실한 말인지 압니다.

시장의 현실을 깨닫고 바꾸려고 노력하는 브랜드는 살아남을 겁니다. 저와 프레임몬타나 또한 깨달은 이때야말로 적기라 생각하며 아집을 버리고 유연하게 변하는 중입니다. 생존하려면 변화에 능숙한 슈퍼맨이 돼야 합니다. 그렇지 않으면 순식간에 나락으로 갑니다. 그런 시대에 우리는 살고 있습니다.

US오픈은 윔블던과는 다른 분위기입니다. 축제 분위기라는 점에서는 같지만 US오픈이 더 대중적이고 소박하고 접근성 면에서 쉽다는 인상을 줍니다. 그래서 그런지 부산스럽고 사람으로 빽빽합니다. 윔블던도 사람이 많지만 US오픈만큼은 아닙니

다. USTA(미국테니스협회: United States Tennis Association)는 테니스를 단순히 소수 기득권의 향유물로만 취급하지 않겠다는 의지로 말도 안 되게 큰 스타디

움을 지었습니다. 일반 대중에게도 메이저 대회 참관 기회를 주겠다는 의도죠. 그 결과 US오픈은 의도대로 많은 대중이 즐기는 메이저 대회가 되었고, 꼭 비싼 티켓을 사지 않아도 경기를 관람할 수 있어 많은 인파로 북적이는 축제의 장이 되었습니다. 스포츠와 테니스를 향한 미국인의 사랑이 어느 정도인지 느껴집니다. 물론 티켓 가격은 한 열 앞으로 갈 때마다 비싸집니다. 16강, 8강 올라갈수록 비싸지고요.

좋은 의미로, 미국은 스포츠에 있어서도 자유민주주의 자본주의의 최상극에 다다른 것 같습니다. 기회는 방대하게 제공하되 그 안에서 차별화는 확실하고 명확하게 한다는 겁니다.

볼을 끊임없이 까다롭게 되받아치는 상대가 가장 어렵습니다. 그런 상대를 맞아선, 강인한 체력과 더불어 흔들리지 않는 멘탈이 진정 중요합니다. 멋진 폼이나 한두 개 센 볼이 중요한 게 아닙니다.

288

영국식 블레이저의 매력. 어깨선이 각지고 우뚝 솟아 있어 당당합니다. 이탈리아식 블레이저의 매력. 둥글둥글하면서 자세히 보면 디테일이 아름답습니다. 무엇이 더 낫다는 게 아니고 그저 다름일 뿐입니다. 저는 영국식도 좋고 이탈리아식도 좋아서 기분 따라 세월 따라 왔다갔다 바꿔 입습니다. 오랜만에 대기업과 비즈니스 미팅이 있었는데 이젠 청바지에 마이 하나 걸쳐도 이상하지 않네요. 제가 을 입장인데도 넥타이도 정장

289

도 안 했습니다. 정말 캐주얼한 세상입니다. 적어도 겉보기에
는요. 그러나 캐주얼 입는다고 비즈니스도 캐주얼하게 흘러가
지는 않습니다. 비즈니스는 냉정함이 거의 전부입니다.

건강검진 마치고 스타벅스 와서 제가 입
고 있는 옷·신발·안경 브랜드 로고에 관
해 적어봅니다.

나이키는 스우시 모양. 몽클레르는 브
랜드 문양. 퓨잡fusalp도 브랜드 문양.
마르지엘라는 특유의 스티치. 프레임
몬타나는 글자네요. 브랜드에게 로고
는 큰 의미가 있습니다. 경우에 따라

다르지만 로고가 옷, 신발, 기타 패션 아이
템의 50퍼센트 이상이라는 말이 맞습니다.
가령, 몽클레르 잠바에 로고가 사라진다면
값어치가 반값은 나갈까요? 메종키츠네 스
웨터에서 여우 로고가 없어지면 과연 인기

가 있을까요? 그만큼 로고는 중요하며 브랜
드의 상징으로까지 자리합니다.

로고 형태 중에서 앞에서 언급 안 한
또 하나의 형태가 있습니다. 제품 자체
의 특성이 로고가 된 경우가 바로 그

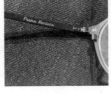

것입니다. 보기만 해도 이건 어느 브랜드구나 하고 인지할 수

있는 아이덴티티가 곧 로고인 경우를 말합니다. 비비꼬아서 기워져 있는 가죽제품을 보면 보테가베네타가 떠오르고, 화려한 염색의 스카프를 보면 에르메스가 떠오르는 식이죠. 제품 자체 특성이 곧 로고가 되는 이 수준이야말로 최고수입니다. 제품 개성이 강할 수도 있고, 독창성이 뛰어날 수도 있고, 차별화가 우월할 수도 있겠죠. 아니면 셋 다일 수도 있고요.

브랜드를 만들거나 키울 때 대개 특별한 로고를 만드는 데 온 심혈을 기울입니다. '만약 이 로고를 떼버린다면 나는 무엇인가, 나는 남과 무엇이 다른가'에 대해서는 관심이 없습니다. 즉, 제품 자체 아이덴티티 로고에는 무관심하거나 인식 자체를 못합니다. 비단 제품뿐만 아니라 서비스에도 적용되는 얘기입니다. 프레임몬타나라고 피해갈 수 없습니다. 딱 봐도 저 안경은 프레임몬타나 안경이구나 라고 알아 볼 정도로 색채와 아이덴티티를 완벽히 만들어야 한다는 숙제가 남아 있습니다.

'나이키 매장에 가면 사고 싶은 신발이 없다.' 아직 나이키는 세계 스포츠용품 시장의 압도적 1위가 맞습니다. 그러나 브랜드 가치를 잘 보전하지 못하고 있고, 매출 성장은 멈췄고, 주가는 반토막에, 더는 트렌드 리더가 아닌 것도 맞습니다. 신문기사와 유튜브에 여러 원인에 대한 심층 분석이 많고 다 맞는 말이지만, 나이키 팬인 제가 볼 때 앞의 첫 문장이 전부를 설명한다고 생각합니다.

신형 신발 부문은 왜 그리 디자인이 촌스럽고, 레트로 복각 신발 부문은 대체 왜 그리 퀄리티가 엉망인가요. 그나마 디자인 괜찮고 퀄리티도 나빠 보이지 않는 것은 죄다 한정판으로 그림의 떡이고, 나이키 매장에 있는 것은 아웃렛용 상품 같습니다. 와플 시리즈나 코르테즈나 조던이나 1980년대 신발들 복각한 것은, 제가 나이키 빈티지 전문가라서 잘 아는데, 1980년대 당시 생산된 오리지널 퀄리티의 20퍼센트도 못 따라갑니다. 색감, 디테일, 소재, 감성, 만듦새 어느 부분을 비교해봐도 그렇습니다. 아무리 보급형으로 생산하더라도 어째 자기들이 30~40년 전에 만들었던 것보다 폭망 수준의 퀄리티를 보여줄 수 있는지. 복각은 그렇다 치고, 베이퍼플라이 같은 신기술 제품도 과거엔 잘 찾아보면 이쁜 디자인이 한두 개는 있었는데 지금은 눈 씻고 봐도 없습니다.

한 가지 더 덧붙이면, 이제 나이키보다 경쟁자들 신발이 기능적으로 더 낫다는 얘기도 많습니다. 특히 아식스 러닝화와 테니스화는 제가 직접 비교체험 해봐도 나이키가 결코 더 편하다고 말하기 어렵습니다. 나이키 욕하는 게 아닙니다. 저 같은 나이키광팬도 많지 않을 겁니다. 안타깝다 그리고 변했으면 좋겠다, 그런 심정입니다.

절대 흔들릴 것 같지 않았던 '나이키 제국'도 방심하면 순식간에 2류 이미지로 급전직하할 수 있는 세상입니다. 그러나 구찌와 버버리 같은 대형 명품사도 위기를 겪은 뒤 더 큰 성장을 이뤄냈습니다. 나이키도 유능한 혁신을 이룬다면 언제든 반등할 수 있습니다.

아무튼 저도 또 배웁니다. "단순한 한 가지가 거의 모든 것이다. 그 한 가지는 '사고' 싶게 만드는 것이다. 그리고 지금 시대는 '리더가 되든지 아니면 죽든지'의 양단밖에 없다. 리더는 사고 싶게 만든다. 리더 외에는 살아남지 못한다."

프레임몬타나도 초창기에는 트렌드 메이커로서의 리더십을 보여주었으나 어느 순간 주도권을 내주고 언더독이 되어버린 느낌입니다. 이렇게 된 데 대해 뼈저린 자기반성을 하면서 시장 리더로 다시금 자리매김할 것을 다짐합니다.

콤비에 운동화. 10년 전만 해도 이러고 다니면 이상한 사람 취급받았습니다. 회사 다니던 시절 저는 잘 몰랐는데 사람들이 뒤에서 저를 콤비 상무라고 불렀다고 합니다. 위아래 다른 색으로 매칭하고 회사에 오는 저 같은 인간이 당시에는 없었지요. 다들 수트 한 벌을 입었죠. 제가 어디가나 튀긴 튀나 봅니다. 모난 돌이 정 맞는다고 은근 정 많이 맞고 살지만 그럴수록 부서지는 돌이 아니라 더 단단해지는 철강이고 싶습니다.

거의 완성에 이른 어느 수집품. Head ProStock Racket, 헤드 사의 프로스탁들. 총 41자루 수집. 구체적으로 말하면 다음과 같습니다.

① PT57A: 2자루, 프레스티지 페인트, Protour630(사진엔 없음) ② PT57E: 1자루, 프레스티지 페인트 ③ TGT351.1: 1자루, 래디컬 페인트 ④ TGT351.2: 1자루, 래디컬 페인트 ⑤ TGT348.1: 2자루, 익스트림 페인트 ⑥ TGT345.1: 2자루, 프레스티지 페인트 ⑦ TGT345.2: 1자루, 프레스티지 페인트 ⑧ TGT344.4: 1자루, 그래비티 페인트 ⑨ TGT341.1: 1자루, 그래비티 페인트 ⑩ TGT339.1: 1자루, 스피드 페인트 ⑪ TGT334.1: 1자루, 프레스티지 페인트 ⑫ TGT325.3: 1자루, 인스팅트 페인트 ⑬ TGT312.1: 3자루, 프레스티지 페인트 ⑭ TGT307.1: 1자루, 래디컬 페인트 ⑮ TGT307.2: 4자루, 래디켈 페인트 ⑯ TGT301.5: 1자루, 스피드 페인트 ⑰ TGT293.1: 4자루, 프레스티지 페인트 ⑱ TGT293.2: 2자루, 프레스티지 페인트 ⑲ TGT292.1: 2자루, 프레스티지 페인트 ⑳ TGT291.2: 1자루, 프레스티지 페인트 ㉑ TGT260.1: 1자루, 래디컬 페인트 ㉒ TGT260.2: 1자루, 래디컬 페인트 ㉓ TGT244.1: 1자루, 익스트림 페인트 ㉔ TGT238.5: 1자루, 프레스티지 페인트 ㉕ TGT237.3: 1자루, 프레스티지 페인트 ㉖ TGT231.2: 1자루, 래디컬 페인트 ㉗ TGT219.2: 1자루, 익스트림 페인트 ㉘ TGT333.1: 1자루 is coming, 익스트림 페인트(사진엔 없음)

이들 중 아직까지 제 베스트는, TGT345.1 프레스티지 페인트입니다. 스펙은, 18×20 덴스 패턴(=조밀한 스트링 패턴)에 98스퀘어인치 헤드사이즈, 스트링무게 340그램, 강도 61, 스트링밸런스 320, 리드(납) 언더 헤드가드, 실리콘 가득 in 핸들.

헤드 프로스탁 수집가로서 저는 아마도 전 세계 톱을 다툴 듯 싶습니다. 곱게 미치지 않고는 저런 짓 할 사람 없을 테니까요. 하나하나가 일반인이 구하기 쉬운 물건도 아니고요. 잠잘 때 라켓 하나씩 안고 잡듭니다. 제가 만족하고 행복하면 된 거죠.

최우혁 한국파타고니아 대표를 만났습니다. 파타고니아는 환경에 대한 케어와 기여만큼이나 다른 면에서도 전 세계적으로 존경받는 기업입니다. 최 대표에게 "가장 큰 비즈니스 실적이 뭔가요?" 물었더니, 전 세계에서 한국을 투자 대비 가장 빠르게 흑자를 달성한 지부로 만든 것이라 하더군요. 그래서 제가 "그럼 본사에서 큰 상을 내렸겠네요?" 하니까, 그다지 큰 칭찬은 못 듣고 대신 이런 얘기를 들었답니다. "어, 그러면 니네들 이젠 환경 쪽으로 더 신경 쓰고 투자도 할 수 있겠네?"

무조건 숫자만 강요하는 다른 많은 기업과는 다른 문화임을 알 수 있습니다. 이런 기업문화 자체가 파타고니아의 정체성입니다. 남다른 이 정체성을 소비자에게 온전히, 공감되게 전달한 것이 성공요인이 아닐까 싶습니다. 흉내만 내는 보여주기 식의 무엇이 아니라 파타고니아를 있게 한 실제의 존재 방식이었기에 통할 수 있었다는 얘기입니다.

또 한 번 되새기는 자리였습니다. 대충해서는 소비자의 마음을 움직이기 어렵다는 것을. 근본이 중요하다는 것을.

장표질 총량 한계의 법칙이라고 있습니다. 평생 만들 수 있는 장표(파워포인트 슬라이드)는 일정치 한계가 있다는 법칙입니다. 전 젊은 시절 직업이 직업이다 보니 장표질을 지겹게 많이 했습니다. 한때 장표 잘 만든다고 동네방네 소문도 났습니다. 그래서인지 지금은 정말 정말 죽도록 죽도록 치가 떨리도록 하기 싫습니다. 실제 거의 안 합니다. 아니, 못하겠습니다. 그리고 만약 한다고 쳐도, 실력은 완전히 바보삼룡이 다 됐고 생산성도 밑바닥입니다.

장표질도 잘할 때가 있습니다. 전성기가 있습니다. 빈 슬라이드만 봐도 상상력과 창의력이 샘솟고 그림과 구조와 글귀가 삼위일체로 쓱쓱 그려질 때가 있습니다. 허나 그것도 어느 때 정점을 찍고 노화하기 시작합니다. 아니, 노화라기보다는 의욕 상실, 업무 갱년기 진입, 술·담배·과로·비만·나이듦으로 인한 지능 저하 및 창의력 고갈이 맞겠네요. 그러다 문서작업에서 손을 떼면서부터 감각마저도 잃게 됩니다. 끝난 거지요. 이때까지도 장표질을 엄청 하고 있다면 그것도 좀 문제죠. 조직에서 시니어가 되면 수하의 식구들 밥줄 찾으러 이곳저곳 영업 다니는 일이 더 중요한 업무니까요.

나이들어도, 대표이사라도 장표질을 직접 해야 할 경우가 있습니다. 누구에게 맡기거나 코칭해서 만들어오게 하기가 애매한 작업이 여기에 해당됩니다. 머릿속에 담긴 전략이나 미래 전개 방향에 관한 내용은 본인이 직접 만드는 것이 시키는 것보다 덜 힘듭니다. 또 직접 서류작업을 하다 보면, 생각을 가다듬고 정리하고 때로는 방향을 바꾸기도 하는 기회를 갖게 됩니다. 문서작업 자체가 생각 작업을 동반한다는 얘기지요. 글쓰기도 마찬가지입니다. 저는 SNS에 그때그때의 생각을 쏟아내듯 쓰는데, 그런 글쓰기를 통해 미결정으로 남아 있던 생각이 길을 찾는 경험을 많이 합니다.

결론 아닌 결론을 얘기하자면 첫째, 나이들고 지위가 높아지더

라도 뭔가를 정리하고 그리는 작업을 아랫사람에게만 맡겨둘
것은 아니다. 최고책임자가 맨 위의 그림은 한두 장이라도 직
접 정리해주면 본인에게도 좋고 아랫사람도 후단의 서류작업
이나 전략 커뮤니케이션에서 한결 수월할 수 있다. 둘째, 억지
로 글을 쓰라고까지는 권하지 않으나, 일상 속에서 메모 습관
은 들이는 게 좋다. 단순 스케치에서 그치지 않고 이를 토대로
자기 생각과 의견을 논리적으로 구성하다 보면, 보다 명확한
'관'의 수립과 정확한 '판단'에 도움이 될 뿐만 아니라 '가지치
기 생각'을 통해 새로운 아이디어도 창출할 수 있다.

그러고 보니 수첩이나 태블릿이 없어도 SNS에서 이 모든 것을
할 수가 있네요. 저에게는 다행이자 복입니다.

1mm

makes

a difference

인생에서 뭔가가 마지막이라고 생각하고 행한 일이 있나요? 부산에서 한 곱디고운 할머님이 제가 없을 때 쇼룸에 다녀가셨는데, 제가 설명하는 것보다 직원이 보고한 내용을 그대로 전달합니다.

"대표님, 어제 부산에서 올라오신 할머님입니다. 아드님께서 저희 프레임몬타나 안경을 추천하셔서 플레이스펙스(종이 안경)로 먼저 써보셨다고 합니다. 초행길이라 많이 헤매셨지만 쇼룸까지 잘 찾아오셨습니다. 이번에 구매하는 안경이 생애 마지막 안경이라며 평생 끼실 거라고 하셨습니다. 종이 안경에 없던 투명 색상이 잘 어울리셔서 6-3 구입하셨습니다. 화사하고 잘 어울리는 안경을 사서 너무 좋다며 아드님께 바로 사진 보내고 또 전화로도 자랑하셨습니다. 저 또한 안경 쓴 할머님 모습이 정말 잘 어울리셔서 사진 찍어서 보내드렸습니다."

누군가에게 이런 마지막 물건을 아름답게 전달해드릴 수 있음에 눈물 나게 보람을 느끼고 숙연해졌습니다. 누가 그러더군요. 장사꾼은 돈을 구하고 사업가는 사람 마음을 구한다고. 몇조대 매출을 올리는 기업도 장사꾼이 있는가 하면, 3평짜리 구멍가게 사장이 사업가인 경우도 있습니다. 저는 사업가가 되고 싶습니다.

우리 직원들에게도 고맙습니다. 할머님께 인상된 39만 원이 아닌 29만 원으로 해드리고 선물도 드렸다네요. 그 이후로 저는, 임원부터 갓 입사한 신입사원까지 전 직원에게 가격할인 및 사은품 증정에 대한 재량권을 부여했습니다. 자율적으로 하라고. 돈이 넘쳐서 비싼 안경, 신발 보러 오시는 거 아니니까 최대한 재량껏 깎아드리고 선물도 드리라고. 방해하지 말고 편히 쉬고 가시게 하라고. 이미 임직원들이 그러고 있어서 또 한 번 속으로 울었습니다.

할머님, 그게 마지막 안경 아닙니다. 십 년 후에 또 선글라스 맞추러 오시길 기다리겠습니다.

아마 4년도 더 전일 겁니다. 어떤 모르는 분이 DM으로 어려운 사정을 고백하며 돈을 빌려 달라고 하더군요. 사연이 딱해 보이고 거짓말 같지도 않아서 그냥 30만 원 보냈습니다. 기부하는 셈 치고. 그런 경험이 지금까지 한 네다섯 번 있었습니다. 물론 돈 갚겠다고 연락한 사람은 없었고요. 저도 받을 생각 없이 줬지만 몇 차례 그런 일을 겪다 보니 어느 순간부터는 비슷한 DM이 오면 그냥 무시하게 되더군요.

그런데 그로부터 일 년 뒤 그 분이 30만 원 갚겠다고 연락이 왔습니다. 빌린 돈으로 병원 가서 치료받아 어려운 상황을 잘 넘겼다고, 덕분이라면서요. 이제 어느 정도 건강 회복했고 편의점에 알바 취직도 해서 다음 달 첫 월급이 나오면 갚겠다고 하더군요. 전 그 마음만으로도 이미 갚았다 얘기했는데, 본인이 꼭 갚아야 마음의 짐을 덜 수 있다고 하면서 계좌번호를 물었습니다. 그래서 알려줬지요. 오히려 제가 감사한 마음이었습니다. 그런데 시간이 지나도 입금된 것은 전혀 없습니다. 조건 없이 돈 빌려주는 건 역시 바보 같은 짓인가 봅니다.

부산에 사는 한 후배가 4년 만에 찾아왔습니다. 대화를 나누던 중 제가 누구를 만나던 늘상 건네는 질문을 후배에게도 했습니다. "니 무슨 낙으로 사니?" 그 후배가 어쩌고저쩌고 삽니다, 하고 답합니다. 그래서 나도 답했죠. "내도 낙이 뭐 있겠냐. 테니스나 치는 게 유일한 낙이지. 별 거 있나." 그리 형식적으로 대답하고 나니까 뭔가 양심에 찔리더군요. 어딘가 잘못된 답변이라고 느꼈습니다. 잠시 생각 후 다시 답을 했습니다.

"사실 나 같은 사람이 낙이 없다고 하면 그건 말이 안 되지. 난 좋아하는 것도 많은데 그것들 사실 다 해. 테니스도 치고 옷도 사고 음악도 듣고 신발도 사고 친구도 만나고 술도 마시고 글도 쓰고 방송도 나가고 좋아하는 안경도 만들고 여행도 가고 인정도 받고 있지. 이렇게 하고 싶은 거 다 하고 사는데 낙이 없다니, 내가 할 소리는 아니지. 대신, 사업하면서 근심과 걱정거리가 꽤 있기는 해. 하지만 이 정도 고민도 없으면 인생 공짜로 살겠다는 것밖에 더 되겠어? 세상에 공짜 인생이 어딨어, 안 그래?"
그렇게 내가 대화의 맥을 잘못 짚었다는 정직한 대답을 해줬습니다. 그런데 이 말을 마치고 나서도 이상하게 허무감과 공허함이 엄습하더군요. 일반론적인 답변에 나 스스로 부족함을 느꼈다 봅니다. 그러다 이내 내가 놓친 퍼즐 한 조각이 떠올랐습니다. 그것은 행복에 관한 것이었습니다. "행복이란 내가 좋아하는 일을 할 때 얻을 수 있는 무엇이 아니라(그건 사실 허구적인 개념), 내가 하기 싫은 일을 안 할 수 있는 그 무엇이다."
테니스 치고 안경 만들고 맘대로 여행갈 수 있어서 행복한 게 아닙니다. 케미스트리 안 맞는 쪼잔한 인간들 안 봐도 되고, 끔찍이 싫어하는 단체·조직 생활 안 해도 되고, 일찍 출근해서 아침회의 안 해도 되고, 더는 날밤 새면서 슬라이드 그리지 않아도 되고, 내 스케줄 남이 아닌 내가 정할 수 있고, 여행가서 이메일 공격에 시달리지 않을 수 있어서 행복한 것입니다. 한마디로 어느 누구에게 지배당하지 않아도 되기 때문에 행복한 것이지요. 나만의 여유를 잠시라도 온전히 느낄 수 있어서 행복한 것입니다. 그래서 삶이 낙이고 자유입니다.
좋아하는 일을 하면 행복하다고요? 일은 일이 되는 순간 일일 뿐일 수도 있습니다. 결국 모든 것에서 자유로워질 때 행복해지는 것입니다. 첫 단추는 하기 싫은 것에서 독립하는 것입니다. 이는 노력과 능력과 운이 합쳐져야 가능합니다. 그런데 그게 영원한 끝 단추인지도 모르지요

고양이를 그린 영국 국보급 화가 루이스 웨인의 전시회에 다녀
왔습니다. 고양이에 대한 따뜻한 사랑이 그림에서 잔잔히 느껴
집니다. 제주도에서 우연히 만난 길냥이와 한 시간여를 함께
보낸 뒤로 고양이에 대한 애틋함이 맘 속 어딘가에 남아 있습
니다. 까짓 거 한 마리 들여서 키우면 되지 라고 쉽게 생각할지
모르지만 아직은 한 생명을 온전히 보살펴야 할 책임이 버겁기
만 합니다. 언젠가 이 때다 싶은 시점이 올 겁니다. 세상 모든
인연에는 때가 있거든요. 한 가지 안타까운 건 녀석들이 함께
늙어가며 오래살 수 없다는 점입니다. 예고된 이별을 맘에 품
고 같이 해야 한다는 것이죠.

"무한한 것이 두 가지 있다. 하나는 우주고, 또 하나는 인간의 멍청함이다. 그러나 우주의 무한함에 대해서는 확신이 가지 않는다."

아인슈타인의 말입니다. 인간은 똑같은 멍청한 짓을 대대에 걸쳐 몇 천 년간 무한반복 중이라는 얘기입니다. 수학으로 말하면 무한함수이자 뫼비우스의 띠입니다. 데어봐야 불이 무서운 줄 알고 잃어봐야 자신의 어리석음을 깨닫는다면 그나마 다행이게요. 모든 것을 잃어도 우리는 우리의 무지와 잘못을 모릅니다. 인간은 이토록 멍청합니다. 저라고 예외겠습니까.

성적과 점수와 평가지표가 그대를 속일지라도 낙담하지 말라. 당신의 잠재력은 무궁무진하니.

자기계발서에 나오는 한 구절 같습니다. 어찌 됐든 맞는 말입니다. 성공은 숫자로 매겨진 등수와 같지 않으니까요. 그렇다면 성적, 점수, 평가지표는 무용지물인가요? 이 숫자들은 무언가의 진정한 가치를 잴 수 없는 피상적인 수단 아닌가요? 허면 현실적으로 불가피한 평가 잣대일 뿐인가요? 그건 아닙니다. 숫자에는 노력, 재능, 투자, 고생 등 여러 가치가 들어 있습니다. 요즘처럼 가치관이 혼란스러운 시대에는 숫자가 가장 믿을 만한 권위를 가질 수도 있습니다.

사람이든 물건이든 기업이든 그 무엇이든 평가 시 두 가지 기준이 있습니다. 하나는 정량평가, 다른 하나는 정성평가입니다. 정량평가는 객관화된 숫자 점수고, 정성평가는 숫자로 환산하기 어려운 영역에 주관적으로 부여하는 점수입니다. 둘의 가중치를 어떻게 두느냐에 따라 최종 평가가 달라질 수 있습니다.

진정 제가 하고 싶은 말은, 숫자를 만드는 건 기본이라는 겁니다. 1등을 하라는 얘기가 아닙니다. 다만 숫자에는 자기 수준에서의 '노력'이라는 게 담겨 있다는 얘기입니다. '남이 놀고 잘 때 나는 그러지 않았어. 남이 편할 때 나는 힘든 길을 갔어'라는 외침과 함께 노력의 정도가 숫자로 나타날 수 있다는 겁니다.

전 은근히 낯을 가리는 편이고 사람 만나는 걸 즐기지 않습니다. 사람은 양면성을 갖고 있습니다. 저 역시 외향적이면서도 내성적이고, 개방적이면서도 폐쇄적입니다. 이상할 것 없는 인간 내면의 풍경입니다. 다만 그 차이가 심한 사람의 경우 장단점이 크게 갈리는 것 같습니다. 스티브 잡스, 일론 머스크, 테드 터너 같은 사업가부터 베토벤, 톨스토이 등 예술가에 이르기까지 양극 성향이 강한 사람은 창의적이고 혁신적이라 업적을 남

기기는 하나 대부분 조울증이나 대인기피증을 갖고 있습니다. 이들과 비할 바는 아니지만 저 역시 두 개의 자아가 내부에서 꿈틀거립니다. 반아는 매우 고상한 선비가 자리 잡고 있고, 나머지

반아에는 막가는 히피가 붙어 있습니다. 그 둘이 이리저리 치고받으니 때로는 남다른 시각과 창의성으로 발현되기도 하지만, 내적으로는 둘 사이 괴리와 갈등 때문에 피곤과 우울에 시달립니다.

요지는, 누구에게나 양면성이 있고 정도 차이도 있다는 것입니다. 양쪽 차이가 큰 게 꼭 나쁜 것도 아닙니다. 히피가 날뛰려고 할 때 선비가 잡아주고, 꼰대처럼 틀에 갇힐 때 히피가 깨워준다면 누구보다 내면이 건강할 수 있습니다. 패션도 그렇지만 마음도 밸런스가 중요합니다. 밸런스가 깨질 때 패션에선 멋이 사라지고 마음에선 병이 생깁니다.

술에 대한 원칙을 정했지만 이와 별개로 여전히 마음은 술을 갈구하고, 눈에 보이면 약해집니다. 모 아니면 도 전략은 실패하기 십상이라는 사실을 인정해야 합니다. 개걸윷도 활용하면서 자신과의 전쟁에서 어떻게든 승리할 생각을 해야 합니다. 각자의 문제가 무엇이든 가장 먼저 취해야 할 태도는 나에게 문제가 있다는 것을 받아들이는 겁니다. 이것이 가장 어려운 과제입니다. 문제를 파악하고 인정하는 순간 희망은 있습니다.

완벽한 사람이 어디 있겠습니까. 털어서 먼지 안 나는 인간이 어디 있겠습니까. 사소한 거짓말이라도 안 하는 사람이 있나요. 남에게 조금이라도 피해주지 않고 상처주지 않는 인간이 있나요. 일주일에 한 번이라도 그에 대해 회개하고 나아지려고 하는 것과 본인이 얼마나 멍청하고 무지한가에 대한 인식조차 없는 것은 하늘과 땅 차이입니다. 제가 굳이 일요일 아침을 희생하며 기도하러 나오는 이유입니다.

저는 여름이 파티 내지 축제 같은 느낌이 들어서 좋습니다. 그러다 어느새 매미부대는 전멸하고 밤에는 귀뚜라미 소리가 들립니다. 찬바람까지 더해지면 쓸쓸해지죠. 그런 가을 느낌도 참 좋습니다. 봄은 어릴 적부터 싫었습니다. 은근히 춥기도 하

지만 새로운 시작이 많으니 어수선해서 스트레스도 많았거든요. 게다가 이제는 저 윗동네에서 날라 오는 먼지투성이에, '봄볕에 그을리면 님도 몰라본다'는 속담에서 알 수 있듯이 불량 자외선도 심하지요. 지극히 개인적 취향입니다.

여성분들은 가을보다 봄을 더 좋아하고 짝꿍 생각도 봄에 더 많이 하는 듯합니다. 반면 남자는 가을에 더 고독해지고 짝도 더 많이 찾습니다. 같은 인간이지만 징글맞게도 공통점이 없는 게 남자와 여자입니다. 이론이 아닌 몸소 체감하는 차이입니다.

추억을 추억으로 그냥 두는 게 좋을 때도 있
습니다. 아무 때나 소환해 곱씹어대니 의미도
흐려지고 낭만도 없어집니다. 얼마 전 우연히
TV에서 〈마징가 Z〉를 봤습니다. 근 40년 만
이었는데 실망이었습니다. 제 기억에 있는 추
억 속 마징가 제트는 큰 느낌의 전설이었고,
여자 로보트가 쏘는 가슴 미사일은 어린 나이
에도 극히 에로틱한 느낌이었건만 지금 보니
시시하더군요. 그렇게 마음 속 전설 하나가
흐지부지되었습니다.

뭐든 끄집어내고 되살리고 사고파
는 5G 시대 테크놀로지에 익숙한
요즘 아이들은 '아련하다'는 감성
을 이해하려나 모르겠습니다.

몰라서 물어봅니다. 여성분들 핸드백이나 지갑을 보면 백화점에서 방금 사온 듯 항상 새것입니다. 그 고급 가죽의 물건들 긁히고 닳고 태닝되면 참 이쁠 거 같은데, 여성의 가죽 제품은 절대 해어진 걸 보여주면 안 되나요?

남자는 다릅니다. 물론 새것 같은 느낌도 좋아합니다. 그러나 가방, 지갑, 벨트, 구두 등의 가죽 제품이 세월을 머금은 듯 묵

직한 자태를 드러내는 것을 더 좋아합니다. 또 그런 물건을 무심한 듯 지니고 있는 모습에서 남자의 비장미를 느끼기도 합니다. 저희 아버지의 40년 된 가죽수첩만 봐도 그렇습니다.

대부분의 한국 사람은 상위 10퍼센트를 우러러보면서 부러워합니다. 이 10퍼센트에 들기 위해 발버둥칩니다. 안 되면 테러를 가하고 좌절에 몸부림치고 패배의식에 젖습니다. 상위 10퍼센트가 왜 상위 10퍼센트인지에 대한 진지한 숙고와 평가도 인정도 없습니다. 본인이 상위 10퍼센트가 되면 성공의 결실이고, 다른 사람이 그리로 올라가면 금수저니 사기꾼이니 부정행위자니 특혜니 하면서 모든 네거티브를 쏟아붓습니다.

미국, 일본 등 제가 가본 선진국에서 느낀 것은, 그들은 상위

10퍼센트에 연연하지 않는다는 겁니다. 그들도 상위 10퍼센트가 되고 싶어 합니다. 기본적으로 상위 10퍼센트를 인정합니다. 그들 사회에도 사기꾼이 있고 부정축재자도 있습니다. 그들이 신경 쓰는 건, 내가 10퍼센트에 속하느냐의 여부가 아닙니다. 50퍼센트에 있다면, 그 안에서 내 역량껏 행복을 찾고 거기서 만족을 구하는 것이 그들의 관심사입니다.

저는 선진국 사람들이 돈이 많아서 편안하고 여유 있고 예의 바르고 행복해 보인다고 생각하지 않습니다. 안분지족, 남을 인정하는 마음, 돈이 많든 적든 전반적으로 높은 개개인의 자존감에서 품위와 포용력이 나온다에 한 표를 던집니다. 한국 사람의 마인드도 꼭 단점이라고 보진 않습니다. 그런 상승 욕망마저 없다면 상위 10퍼센트로 올라가기란 매우 어려울 테니까요. 판단은 다들 각자의 몫이겠습니다.

베를린 필하모닉 오케스트라, 카라얀, 그의 전성기 조합이면 끝이지요. 클래식 좋아하는 분들은 다 아시는, 감동을 느끼지 않으려야 않을 수 없는 카라얀 지휘의 연주곡 앨범 하나 추천합니다. 〈Opern-Intermezzi〉, Karajan, Berlin Phil-harmonic Orchestra, 1967, DG.

초등학생 때 집에 마란츠 진공관 앰프가 있었습니다. 저희 집이 부자였다는 얘기가 아니라 아직 전자 앰프가 없던 시대였을 뿐입니다. 그리고 이 앨범이 있었습니다. 아버지가 좋아하시는 마스카니의 오페라 〈카발레리아 루스티카나〉 중 '인터메조'도

담겨 있는 앨범이죠.

세상에 정말 멋지고 존경스러운 사람은 없습니다. 잘생기고 똑똑하고 고매한 인격에 좋은 일 많이 하는 성공한 사람이 참 많습니다. 그러나 그들의 실체를 알고 나면 열이면 열 실망할 겁니다. 그렇게 훌륭한 남자의 실상이란 대개 돈 좋아하고 명예 좋아하고 여자 좋아하는 인간일 뿐입니다. 도박과 잡기를 즐기고 술과 담배 좋아하고, 자기 싫은 얘기하면 삐지고 치켜세워 주면 좋아하는 보통의 사람과 다를 바가 없습니다. 다른 사람도 마찬가지입니다. 정도 차가 있을 뿐이고 절제의 수준이 다를 뿐입니다. 인간이란 존재는 어느 한쪽을 억누르면 다른 어딘가가 터지게 되어 있습니다. 가령, 술·담배 안 하고 운동도 안 하고 도박도 안 하고 일에만 몰두하는 남자는 십중팔구 여자를 좋아합니다. 그래서 저는, 예수님 수준이 아니고서는 존경할 만한 사람은 아무도 없고 누구 존경한다는 얘기도 안 합니다. 다만 누군가의 '특정 장면'은 많이 존경합니다. 카라얀이 나치에 복역했건, 여성 편력이 심했건, 돈을 밝혔건 그런 것은 제가 알 바 아닙니다. 다만 저 분이 베를린 필하모닉을 이끌면서 몰두해 지휘하는 모습을 볼 때만큼은 모든 걸 내려놓고 존경합니다.

누군가를 존경하다가 실망할 필요도 없고, 누군가를 존경하지 않을 이유도 없습니다. 그저 한 순간만이라도 존경할 만한 모습이 있다면 그 사람이 누구든 존경받을 만한 사람입니다. 카라얀이 지휘하던 모습에 존경을 표합니다.

인도네시아 발리에 가면 꼭 가는 레스토랑이 있습니다. 발리
누사두아 그랜드하얏트 호텔 안에 있는 '남푸'. 한자로는 남풍,
남쪽 바람이라는 뜻의 일식당입니다. 고즈넉한 별채로, 분위기
좋고 맛도 발리에서의 일식치고는 괜찮습니다.

사진의 왼쪽은 2017년 아들이 중학생일 때고, 오른쪽은 2007
년 그냥 아가 때네요. 십 년 후에도 다시 올만큼 좋은 장소가 있
다면 사진 찍어두세요. 부자지간이든 연인이든 자매든 형제든
다 괜찮습니다. 십 년 후 다시 왔을 때 과거 그 장소에서 느꼈던
감동이 고스란히 되살아날 겁니다. 그런 경험 꽤 뭉클합니다.

2017년에 사진 찍을 때 10년 전이 생각나면서 눈물날 뻔했어
요. 사는 거 뭐 있나요. 사랑하는 사람 만들고, 그 사람 사랑하
면서, 또 그 사랑 지키는 거죠.

이탈리아 밀라노에 왔습니다. 아무데서나 카메라를 눌러도 그림이네요. 오래된 건축물들, 두말하면 입 아프게 아름답습니다.

빛바랜 건물이 눈에 들어오고 또 그게 아름답게 느껴지기 시작하는 나이가 있습니다. 보통 어릴 때는 이런 아름다움이 잘 안 와닿죠. 그러다가 어느 순간 눈과 마음이 트이게 됩니다. 좋게 말하면 성숙해진 거고, 흔한 말로 하면 제대로 늙기 시작하는 거지요.

에피쿠로스 학파가 주장했나요. '금욕적 쾌락주의.' 인간이 정신적으로 불행한 건 욕심이 과하기 때문이고, 따라서 욕망이나 쾌락의 '목표'를 낮게 잡으면(그것이 금욕) 그만큼 만족하기 쉬워지고, 만족하면 행복할 수 있다는 철학적 입장이죠. 가령 식탁에 소, 돼지 없이 시금치나물과 멸치볶음만 있어도 '아이고 맛있다. 나는 이거면 땡큐야'라는 마음가짐이면 인스타에서 마블링 등심을 봐도 불행감이 없다는 얘기지요.

그렇다면 저는 금욕적 쾌락주의와는 반대로 욕망적 쾌락주의로 가고 있는가 봅니다. 아니 정확히 말하면, 전체적으로는 금

욕하고 있고, 그로 인한 욕구 불만을 몇몇 곳에서 해소하고 있다는 게 맞습니다. 남들 눈에 어떻게 보일지 모르지만 개인적으로는 나름 균형과 안정을 찾았다고 생각합니다. 모든 것을 막고 눌러 놓으면 언젠가는 대폭발과 대형사고로 이어지는 게 일개 범부들입니다. 그러니 어느 분야에 과소비하고 과몰입하는 자기 모습에 크게 죄책감 갖지 마십시오.

사업하면서 많은 사람을 만납니다. 만나서 영업도 하고 부탁도 하고 그러는 거지요. 많은 일이 있지만, 잘 알거나 친한 사람 중에 연락해도 아예 답이 없거나 무성의한 대답을 듣는 경우가 있습니다. 옛날 같으면 '저 자식이' 또는 '두고 보자' 이렇게 속으로 원망했을 테지만 요즘은 이렇게 생각합니다. '캬, 나는 부탁이라도 하고 영업한다고 말 붙여 볼 지인이 주위에 있구나. 참 복도 많다. 누구는 맨땅에서 시작하는데 얼마나 감사할 일이냐.' 이리 생각하니 마음이 편해집니다. 상대도 나름의 사정과 어려움이 있으니 그런 거겠지 하는 이해심이 생깁니다. 용기를 갖고 계속 해볼 마음이 생깁니다. 적어도 자기 복을 스스로 차버리는 일은 줄 것입니다.

원망을 담아 두면 언젠가는 무의식중에 행동이나 말로 드러납니다. 또한 부정적인 기운은 악순환해서 어떤 형태로든 손해로 돌아옵니다. 원망이란 본인한테 하나 득 될 게 없습니다.

언젠가 한 식당에 갔는데 제가 최애하는 윙도 맛있고 서비스도 좋고 다 좋았죠. 그런데 딱 하나, 생맥주가 없더군요. 같이 온 후배에게 생맥주가 없어 아쉽다고 한마디 건넸죠. 후배가 사장님께 제 얘기를 전한 모양입니다. 그로부터 한 달이 지났을까 후배로부터 연락이 왔습니다. 진짜로 형 때문에 생맥주 들여놨다고. 사진에 보이는 하이네켄 생맥주통이 바로 그 주인공입니다. 괜히 미안하기도 해서 찾아가 생맥주 많이 팔아드리고 기념사진 한번 찍었습니다. 이렇게 제 단골집 리스트에 하나 더 추가됩니다.

삶에서 중요한 것이 꼭 거창할 필요는 없습니다. 저는 '단골집'이란 단어를 제 삶에 추가합니다. 내 취향과 잘 맞고, 알아서 잘해주고, 어디 갈까 고민 안 해도 되고, 없던 자리도 만들어 주고, 공짜 업그레이드도 해주고, 혼자라도 갈 수 있고, 무엇보다도 편한 그런 장소가 삶에 있고 없고의 차이는 큽니다. 삶의 질이 다릅니다.

문득 단골집을 업장이 아닌 사람 개념으로 치환해보았습니다. 단골사람. 친구나 연인이나 가족이나 동료 중 누군가가 되겠죠. 나를 단골사람으로 생각해 주는 사람이 있을까요? 힘들 때 편하게 찾아가서 쉼을 기대할 수 있는 사람이 나일까요? 반대로 제게는 쉬고 놀고 싶을 때 찾아가고 싶은 단골사람이 몇 명 있네요.

나를 찾아온 사람에게 안락함을 주지는 못 하더라도 최소한 그들을 반길 수 있는 관용은 갖춰야 하겠습니다. '나'라는 가게가 존재하는 한 아무리 드물게 오는 손님일지라도 다시 찾아오면 행복하게 서빙해야 합니다.

남자의 멋은 외양이 다가 아닙니다. 옷 잘 입고 머리 빗질 잘 하기 이상의 조건을 갖춰야 합니다.

① **지식**: 공부 잘하는 똑똑한 사람은 모든 사람의 로망이지만 그게 못 되면 최소한 자기 일에 대해선 전문가.

② **상식**: 정치, 경제, 사회 등 각 분야에서 기본 이상의 지식과 가치관은 가져야 함. 신문 읽는 건 기본. 누구와 달리 코스닥과 코스피의 차이가 뭔지는 앎.

③ **스포츠**: 운동해야 함. 특히 수영, 테니스, 골프 같은 사교운동은 어릴 때부터 필수로 배워야 하고 야구, 축구, 등산, 배드민턴, 농구 등 본인 좋아하는 종목 하나는 있어야 함. 야구라면 메이저리그팀들 각 지역 리그별 소속팀 이름은 물론이고 프리미어리그 현재 상위 4팀은 기본으로 알아야 함. 테니스라면 ATP, 골프라면 PGA 톱 랭커가 누군지는 앎.

④ **음악**: 클래식, 락앤롤, 재즈 등에 대해 대화할 수준은 되어야 함. 프로그레시브 락은 몰라도 돌아가신 척 베리가 〈백 투 더 퓨처〉에 나오는 노래 '쟈니 비 굿Johnny B. Goode'의 싱어이자 락앤롤의 대부라는 정도는 앎. 적어도 여러 장르 중 자기 주종목이 뭔지는 앎. 그게 걸그룹 영역이라 하더라도.(저는 초창기 카라 팬)

⑤ **술**: 와인 원산지가 대충 어느 지역에 있는지, 최소한 프랑스산, 칠레 산, 미국 산 정도는 구분해야 함. 피노누아와 카버네쇼비뇽은 블라인드 테스트로도 구분할 수 있음. 맥주의 에일과 라거의 차이, 사케의 준마이와 다이긴조, 혼죠조 간 차이는 이

론상으로라도 설명 가능.

⑥ **패션**: 클래식과 스트리트패션의 차이 및 각각의 구성요소 정도는 파악함. 클래식 패션 마니아라도 지드래곤이 입는 '베트멍'이라는 브랜드가 뭔지는 앎.

⑦ **여행**: 푸켓과 발리의 차이점과 장단점 정도는 앎. 근래 전 세계적으로 중국인들의 만행이 뭔지 알고 반면교사할 줄 앎.

⑧ **음식**: 한식, 일식, 중식, 이탈리아식, 프렌치식, 소고기, 돼지고기, 기타 요리 등 각각에 대해 한 곳 이상 단골집이 있음. 어설픈 반쪽짜리 미식가가 아닌, 우거지탕의 국물 맛도 알면서 트러플 소스의 향취에도 감격할 수 있는 미각을 지님.

⑨ **건축과 미술**: 최소한 뭐가 좋고 아름답다는 것을 이름값이 아닌 눈으로 느끼고 앎. 파르테논 신전이나 기자의 피라미드를 직접 보면 눈물이 나는 게 왜 주책이 아닌지 이유를 앎.

⑩ **영화와 영상물**: 앤소니 홉킨스, 제임스 딘, 브래드 피트, 조디 포스터가 왜 위대한지 알고, 〈노인을 위한 나라는 없다〉에 담긴 메시지가 뭔지 알고, 연민정(드라마 〈왔다! 장보리〉에서 이유리가 연기한 서브 여주인공 이름)이 누군지 알고 그녀의 연기에 분개할 줄 앎.

⑪ **딱 하나만 더**: 모임 자리나 식당에서 여성분이 들어오거나 나갈 때 멀뚱히 쩍벌로 앉아 있지 않고 바로 자리에서 일어나는 게 당연한 줄 앎.

결론적으로, 열한 가지에 능통하면서 정작 자기 일과 가정에 소홀한 남자는 진정 매력 없음.

제 친한 친구의 인생철학을 소개합니다.

말의 경우: 할까 말까 싶은 건 그냥 하지 않는다.

물건, 돈의 경우: 줄까 말까 싶은 건 그냥 준다.

미팅, 일, 이벤트의 경우: 갈까 말까 싶은 건 그냥 간다.

여기에 제가 하나 추가합니다.

쇼핑의 경우: 살까 말까 싶은 건 그냥 사지 않는다.

이 4가지만 실천해도 인생에 실제적인 도움이 될 겁니다. 다른 건 몰라도 '말'의 경우는 특히나 명심하십시오.

선입견, 편견, 개고집, 꼰대정신을 버리지 않고서는 현실에 적응은 물론 생존조차 낙관할 수 없는 시대입니다. 모든 게 시시각각 변하고 사람들 의식도 고정된 게 없습니다. 오픈 마인드 정신을 최대치로 올려도 시대 흐름을 따라갈까 말까인 그런 상황입니다.

저도 한때는 디자이너 브랜드의 재킷은 거들떠도 안 봤고, 테일러드된 클래식한 핏이 아닌 재킷은 재킷이 아니라고 단언할 정도로 꼰대스런 클래식 부심이 있었습니다. 이랬던 저도 마인드를 바꿉니다. 어떤 패션이든 일단 오픈합니다. 왜 이런 것을 만들고 왜 많은 사람이 이것을 사는지 직접 경험해 보고 이해해보려 합니다. 그렇지 않으면 더는 배울 게 없는, 더는 신선할 게 없는, 더는 발전이 없는 인간으로 남습니다. 요즘 시대에 묻히는 건 순식간입니다. 계속 오픈된 마음으로 진화하는 수밖에 답이 없습니다.

나쁜 짓 하나는 하고
살아야 인생이 건강해
지는 듯.

날이 더워졌습니다. 실내 들어가면 춥네요. 음식점이든 어디든 에어컨을 빵빵하게 틀어서요. 격세지감을 느낍니다. 너무 더워서 사망하기 바로 전이 아니고서는 에어컨은 켜는 게 아니라고 배웠습니다. 제 어릴 적 최고의 부티가 뭔지 아세요? "어유, 어젯밤 너무 더워서 에어컨 틀고 잠들었지 뭐야." 이게 부잣집 인증이었습니다.

요즘은 별 죄책감(?) 없이 하루 종일 에어컨을 켜 둡니다. 두 가지 이유겠죠. 일단 전기 효율이 좋아졌습니다. 과거에 에어컨을 한 달 내내 켜면 전기료가 몇 백만 원 나왔으니까요. 두 번째 이유. 절약 내지 근검, 절전 같은 개념이 없어졌기 때문이죠. 더워 죽겠는데 에어컨이든 뭐든 일단 켜고 볼 일이죠. '아휴, 전기료도 많이 나오는데 에어컨 함부로 어찌 트나'라고 생각하는 '라떼는' 세대 마인드는 잘 이해 못 하죠.

에어컨은 세대 간 마인드 격차가 가장 극명하게 나타나는 전자제품입니다. 우리 부모세대, 기성세대는 쓸 거 안 쓰고 절약하면서 본인들 것 희생해가며 사셨습니다. 지금도 부모님 댁 가

보면 웬만해선 에어컨 안 트십니다. 그런 마음이 있었기에 지금 세대가 이 정도 풍요를 누리고 사는 거겠지요.

오늘 저녁에 간 식당도 에어컨 빵빵하게 켠 덕에 줄곧 떨면서 밥 먹었습니다. 이제 한여름에도 가벼운 면 스웨터 하나는 챙겨 다녀야 할 시대가 됐나 봅니다.

320

얼굴 프로필

증명사진이 필요해서 동네 사진관 가서 얼굴 한방 꽝 찍었는데 바뀐 시대에 맞게 디지털 사진도 함께 건네주네요. 바디 프로필에 빗대어 이제 증명사진도 얼굴 프로필로 명명합니다.

얼굴 프로필이나 몸매 프로필이나 특정 시점에서의 나를 보여주는 기록이죠. 내가 여태껏 어떻게 살아왔는지, 지금 어떻게 살고 있는지를 말해주는 한 단면입니다. 비록 뽀샵이 들어갔을지언정 사진은 사진이고 사진은 거짓말 안 합니다. 좋은 프로필 사진이 나오려면 마음 곱게 쓰고 건강관리 잘해야 합니다. 그리고 무엇보다 행복해야 합니다. 사진에 다 나오니까요. 10년 후 사진을 찍게 되면 또 어떤 얼굴이 등장할지 미리 겁납니다.

321

왕년에 초딩 교실에서 선발투수에 4번타자 안 해본 사람 있겠습니까마는, 전 정말 학교 에이스였습니다. 그래서 뭐 어쩌라고? 요즘 시대는 스스로 잘한다잘한다, 잘했다잘했다 해줘야 한다는 얘깁니다. 그렇지 않으면 이 살벌한 세상에서 자존감 자신감은 고사하고 자아도 잃어버릴 겁니다. 나를 내가 높여줘야지 누가 그렇게 해 줍니까.

제가 옷장을 정리하는 기준은 딱 하나입니다. 일 년에 두 번 이상 손이 안 가는 옷은 과감히 정리한다. 제 경험상 이런 옷은 다음 해에도 그보다 손이 덜 가면 덜 갔지, 더 가는 경우는 거의 없습니다. 정리한 옷은 벼룩시장에 내놓거나 지인들에게 줍니다. 자리만 차지하고 있는 옷을 정리할 때는 누구보다 냉정하고 과감합니다. 맥시멀리즘 속 나름 미니멀리즘이죠.

언젠가 목사님 설교를 들으니, 옷·음식에 대한 집착도 일정 수준을 넘어가면 이 또한 '우상숭배'가 될 수 있다고 하시더군요. 저는 너무 많은 우상을 숭배하며 살았는지도 모르겠습니다. 옷, 신발, 안경, 테니스, 일, 사람, 술, 담배 등이 저의 우상이었습니다. 순간순간 공허와 우울이 불쑥 찾아온 것도 믿음의 대상이 우상이라서 그런 건지도 모르겠습니다. 세속적이고 물질적이고 욕망충족적인 객체에 의존해서는 마음의 평화도 행복도 채워지지 않는 법이니까요.

그렇다면 무엇으로 구원을 얻을까요? 제 생각에, 중요한 건 가장 가까운 사람과의 '관계'인 것 같습니다. 가족, 친구들과 따뜻한 관계를 맺는 것만으로도 마음의 평화와 행복이 반 이상은 채워진다고 생각합니다.

349

친목 내지 사회적 모임에 일부러 시간 내서 열심히 다니는 분들께 조심스럽게 말씀드립니다. "시간 낭비, 에너지 낭비하지 마시라."

살아 보니, 깊은 교분 없이 명함 주고받기 바쁘고 피상적인 대화만 오고가는 모임은 인생에 도움될 것이 없습니다. 모임이 진정으로 사회적으로든 개인적으로든 유익하려면, 구성원 간 관계라는 것이 단순 교류를 넘어 최소 친밀하고 믿을 만해야 합니다. 이런 모임조차 무익한 경우가 많건만 그저 안면 좀 트고 몇 번 말 섞는다고 무슨 도움되는 관계가 형성되겠습니까.

모임이 없으면 불안하고 사회적으로 도태되는 것 같다고 느낀다면, 차라리 서너 명 혹은 너댓 명 규모의 소모임에 참여하는 게 좋습니다. 그런 모임은 오래 갈 가능성이 높고 관계도 깊어질 여지가 큽니다.

너무 기특하네요. 시키지도 않았는데 지 운동화 살 돈을 보냈나 봐요. 코끝이 찡해집니다. 아빠가, 내 새끼 넘넘 사랑한다고 얘기해줬습니다.

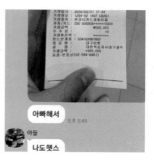

아침에 깨서 밖으로 담배 피러 나가면서 창피할 때가 있습니다. 단정한 머리로 출근하시는 동네 주민을 마주치는 순간 머리를 푹 숙입니다. 제 머리가 눈 뜨고 못 볼 지경이거든요. 동네에 이상하게 생긴 백수 하나 있다고 소문날지도 모르겠습니다.

새벽 1시. 자기 전 담배 피러 나갔다 들어올 때 독서실에서 귀가하는 여학생이 저를 보면 슬슬 피합니다. 엘리베이터 거울에 비친 제 모습을 보니 제가 야밤에 마주쳐도 무서울 법한 산발 실루엣입니다. 그때 느꼈어요. 나에게 뭔가 필요하다고. 옛날에 메시나 안정환 선수 등 머리 기르던 축구선수가 끼던 거. 바로 헤드핀.

그걸 어디서 사나 곰곰이 생각하다 올리브영에 갔습니다. 아무리 찾아도 잘 안 보입니다. 점원에게 스윽 다가가서 조용히 물었어요. 헤드핀 없냐고. 점원이 '뭐요?' 그래서 '그 그거 머리에

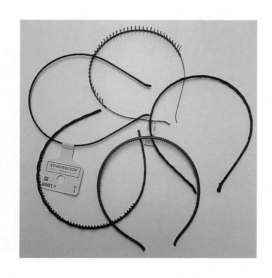

쓰는 핀' 했더니, '누가 쓰시는 건데요?' 그래서 '어… 저…저요'
그랬더니, 제 상판떼기 한 번 훑더니 그제야 감 잡았다는 듯
'여긴 머릿줄이나 리본밖에 없어요(딴 데 가서 알아 봐)' 하더군요.
뻘쭘해서 나왔습니다.

여기서 포기하면 진정한 쇼핑인이 아니지요. 그래, 강남역으
로 가자. 없는 거 빼고 다 있다는 강남역 지하상가. 역시 강남
역 지하상가에는 머리핀 전문매장도 있어요. 신나게 들어갔습
니다. 그런데 죄다 큐빅 박혀 반짝이거나 스와롭스키 조형물이
핀에 달려 있더군요. 제가 찾는 블랙에 심플하며 갈고리 이빨
(?) 달린 건 없어요. 한참 찾다가 심플한 블랙을 드디어 발견했

습니다. 심봤다 하면서 확 꺼냈는데, 플레이보이 토끼 귀가 큼지막하게 뺑 튀어 나오더군요. 진짜 깜짝 놀랐어요. 핀만 봤지 그 위에 상큼하게 붙어 있던 바니바니는 안 보였던 겁니다.

여기서 포기하면 진정한 쇼핑인이 아니지요. 저는 어떡하든 길을 찾아요. 검은 핀에 아방가르드식 나비 모양 브로치가 달린 헤드핀을 1만 원대에 샀어요. 그리고 주인장에게 그 나비 좀 떼어 달라고 했어요. 주인장이 떫은 표정으로 가위와 칼을 꺼내더니 쓱 잘라주었습니다. 드디어 제가 원하는 블랙에 심플한 헤드핀을 마련했습니다. 머리에 쓰윽 끼우고 거울 한번 보니, 안정환 선수 전성기 지나 시들해졌을 때 모습 정도는 나오더군요. 축구 실력 말고 외모.

이렇게 지하세계에서 벗어나 위로 올라가는데 지하와 지상 중간쯤에 핀 매장이 또 있더군요. 아무 생각 없이 들어가 봤습니다. 1만 원 이상 내고 고생해서 얻은 심플 블랙핀이 여기서는 3천 원이더군요. 옆에는 1천 원짜리 플라스틱도 있고. 씁쓸하게 4천 원을 지불했습니다. 싸니까. 다다익선이니까.

그러고서 완전한 지상세계로 나오니, 다이소가 떡 보이더군요. 또 빨려 들어갔지요. 제가 원하던 이빨 달린 심플 블랙핀이 철사로도 플라스틱으로도 모두 있더군요. 합해서 5천 원. 싸니까. 다다익선이니까.

저처럼 사전준비 없는 쇼핑은 크나큰 비효율과 돈 낭비를 유발할 수 있습니다. 검색만 해봐도 이쁜 것들이 뜨더만요.

어릴 적에 저는 못된 자슥, 대마왕까지는 아니었습니다. 솔직히 욕심은 많았습니다. 하고 싶은 건 일등으로 잘해야 했고 스포트라이트를 받아야 직성이 풀렸습니다. 갖고 싶은 건 분수를 넘지 않는다면 언제고 꼭 가져야 했습니다. 누구를 좋아하면 어떡하든 내 사람으로 만들고 싶었으나 그건 제 맘대로 안 되더군요. 일방향 법칙이 통하는 영역이 아니니까요. 그래서 실연을 겪으면 유독 많이 괴로웠나 봅니다.

대학 가서 1, 2학년에 낙제했고, 3, 4학년에는 일등을 해야 직성이 풀리는 기질 덕에 과수석을 했습니다. 사회에 나와서는 그놈의 건방짐과 잘못된 운 때로 잘나가다 꺾였지만, 이때도 남보다 앞서야 한다는 욕심을 발휘해 최연소로 임원회 멤버가 되어 승승장구하기도 했습니다. 근저에는 '욕심'과 이 욕심을 욕심으로만 내버려두지 않은 '근성'이란 게 있었습니다. 어떤가요, 저의 과거 인생이 행복했겠습니까? 전혀 그렇지 않았습니다. 왠지 아시나요? 전 이제야 그걸 깨달았습니다.

욕심 자체는 나쁜 게 아닙니다. 오히려 요즘 일부 젊은 친구들은 욕심이 너무 없어 탈입니다. 욕심은 삶의 원동력일 수 있습니다. 그러나 제 욕심의 목적은 항상 무엇이 되고 무엇을 갖는 것이었습니다. 욕심대로 되면 인생이 행복해진다는 착각 속에 살았습니다. 순서가 바뀌었다는 걸 이제야 알았습니다. 행복해지기를 욕심내는 게 먼저입니다. 무엇이 되거나 무엇을 갖는 것은 그 뒤에 자연스레 따라오는 것입니다. 설령 안 따라오더라도 실망감과 좌절감은 크지 않을 수 있습니다.

그렇다면 '행복해지기를 먼저 욕심낸다'는 말을 직장에 적용한다면 무슨 의미일까요? 진정 그 일을 즐기는 것이 최우선이어야 한다는 것입니다. 임원 승진에 매달려 온갖 스트레스를 견디는 것이 정답은 아니라는 겁니다.

근 45년을 착각하며 살았습니다. 당연히 불행했었고, 끝없는 불만 속에 살았지요. 이제는 내 일을 즐기고 있습니다. 그리고 그 일을 더 재밌고 멋지게 잘하는 데 욕심내고 있습니다. 매출액 달성은 내 욕심에 없습니다. 그건 그저 따라오는 결과일 뿐이죠. 이제야 불행하지 않은 삶을 산다고 느낍니다.

저의 50세 생일입니다. 초는 네 개만 꽂았어요. 친구들 앞에서 소원 빌고 붕어 입으로 불기 전에 또 쓸데없이 길게 한마디를 했어요. 그래서 혼났어요. 내용을 요약하면 이렇습니다.

첫째, 이 나이되니까 심히 건방져 본 시기도 있었고, 못돼 처먹었던 시기도 거쳐 왔네. 핵주먹 마이크 타이슨이 그랬지. '누구나 계획을 갖고 있다, 한 대 처맞기 전까지는.' 우리 나이쯤 되면 다들 어느 정도 착해지지. 한 번씩 왕따도 당해 봤고 한 번

씩 밑바닥까지 떨어져봤잖아. 그렇게 인생에게 몇 대 맞고 착해져서 참 좋다.

둘째, 모두들 삶에 굴곡이 있을 테지만 없을 때는 얻어먹고 있을 때는 베풀자. 그게 우리들 방식이다. 그럼에도 있건 없건 늘 베풀려고 노력한 녀석들이 있다. 고맙다. 다들 본받자.

김창옥 교수님이 TV에 나와서 이렇게 말하시더군요. "연예인이나 유명인들 보면 얼굴에서 광채가 나고 아우라가 흘러나오고 하는데, 단순히 잘생기고 이뻐서 그런 게 아니다. 사람들의 사랑을 많이 받아서, 그 사랑의 에너지가 그들에게 들어가 덧입혀져서 그런 '기운'이 나오는 것이다."

비단 연예인이나 유명인에게만 해당되는 얘기는 아닌 것 같습니다. 우리 바로 옆에 있는 사람, 심지어 우리 자식에게도 해당되는 얘기입니다. 가만히 저의 십 년 전 모습과 지금의 모습을 비교해 보니, 과거에는 어두운 기운이 얼굴과 몸에서 흘렀습니다. 지금은 그래도 그때에 비해선 꽤 밝은 기운과 아우라가 나오고 있습니다.

저는 그 기운이라는 게 눈에 보이는 혹은 체감되는 자신감의 다른 말이 아닐까 생각합니다. 사랑하는 가족, 연인, 친구 특히 자식에게 많은 사랑을 주는 것이 그들의 자존감과 자신감을 높여주는 가장 확실한 방법입니다. 하루아침에 이루어지는 일은 아닙니다. 하지만 포레스트 검프의 어머니 같이 일관되고 꾸준하다면 빛을 보리라 믿습니다.

위선에서 비롯된 대표적 결과물이 이중잣대와 내로남불입니다. 솔직히, 위선 없는 사람 없을 겁니다. 저도 위선적일 때가 있습니다. 다만 보통 사람의 위선이라 해봐야 상식 수준으로 나타날 뿐입니다.

제 경험에 따르면, 상식선을 넘는 위선적인 사람이 '정의'라는 용어를 누구보다 더 많이 말하고 강조합니다. 나중에 보면, 정의를 내세워 자신을 감추려는 시도였거나 다른 목적을 가진 가면이었던 경우가 대부분이더군요. 진짜 정의로운 사람은 굳이 정의를 내세우며 얘기할 필요가 없습니다. 정의는 마이클 샌델의 책을 읽어야만 알 수 있는 어렵고 심오한 것이 아닙니다. 정의는 늘 우리 머릿속에 있는 겁니다. 상식적인 생각과 행동. 이것이 제가 생각하는 정의의 정의입니다. 정의로운 사람은 그저 상식적인 생각과 행동을 하는 사람일 뿐이고, 굳이 입에서 정의라는 말을 꺼내야 할 필요도 이유도 없습니다.

가끔은, 미치도록 완벽한 날씨가 우리를 가장 슬프게 할 때가 있습니다.

근사한 물건 하나 가져다 놓았습니다. 아버지가 갖고 있던 앤틱한 축음기를 도적질해 왔습니다. 아버지는 이제 자식과 손주가 본인 것을 도적질을 하든 강도질을 하든 그냥 가져가든 관여치 않으십니다. 소유권에 대한 개념이 더는 없으십니다. 초월의 단계에 이른 겁니다. 내리사랑으로 빚어진 무욕, 무소유죠. 너희들 다 가져가고 행복해라 내 새끼야. 다만 좀 자주 찾아와서 얼굴 좀 보자꾸나. 그 순간의 모습은 예수, 부처, 공자의 환생을 보는 것 같습니다.

밤에 라면 끓여 먹을 때 아들 녀석이 뺏어먹으러 어슬렁 다가오면, 저 녀석이 몇 젓가락이나 돌돌 말아 흡입할까 급 스트레스 받는 저를 볼 때 부모로서나 인간으로서나 멀었다는 생각이 듭니다.

아버지 때부터 몇 십 년간 구독해오던 〈조선일보〉에 제 인터뷰가 실린다는 소식을 들었습니다. 감회가 새롭고 감격적이고 그렇진 않습니다. 다만 아버지께서 별 생각 없이 종이신문 넘기시다가 발견하시면, 의아해하면서 기뻐하실 모습이 그려져 기대는 됩니다. 몇 년 전 어머니께서 하셨던 말씀이 떠오릅니다. "이 나이 넘어서고 말년에 있어 인생의 진정한 성공과 축복은 돈, 명예가 아니라 그저 자식들이 아무 탈 없이 잘 살아가는 모습을 보는 것이란다."

아들이 있다면 대물림해줄 구두 한 켤레 정도는 마련해 놓으십시오. 보통 60만 원 넘는 구두라면, 수선하면서 잘 신으면 100년도 더 신을 수 있습니다. 찢어지면 꿰매서라도, 구멍 나면 덧대서라도 물려주십시오. 10, 20대인 아들은 당연히 거들떠도 안 보겠지만 훗날 50, 60대 되어 아버지가 돌아가시면 그 구두 신고서 그 구두 붙잡고서 눈물을 뚝뚝 흘릴 날이 올 겁니다.

제가 책을 많이 보는 줄 오해하는 사람이 있는데 아닙니다. 어릴 적 꽤 읽기는 했어도 독서광은 전혀 아니었습니다. 다만 조숙했는지 초등 3, 4학년 때부터 한 20년간 매일 종이신문을 정치, 사회, 경제, 스포츠, 사설까지 빼놓지 않고 통째 읽었습니다. 그나마 다행이었지요. 이젠 안 읽습니다. 신문구독 끊은 지 까마득합니다. 회사에서 겉치레로 하나 보는 정도입니다.
생각해 보니, 어릴 적 그렇게 읽었던 것은 지적이고 탐구적이어서가 아니라 잠시라도 심심한 걸 못 참아서였기 때문입니다. 스마트폰 없던 시절은 도무지 심심풀이할 게 없으니 신문이든 잡지든 책이든 만화든 뭐든 붙잡고 읽었던 겁니다.

스마트폰이 다 망쳤어요. 이거 하나면 심심할 게 없고 원하는 정보 습득도 실시간이니 굳이 다른 곳에 손을 뻗칠 이유가 없습니다. 이제 와서 스마트폰 욕해봐야 무슨 소용입니까. 이미 세상은 바뀌었고 원시인으로 돌아갈 것도 아닌데요. 아날로그 감성 어쩌고 하는 것도 부질없어요. 다행인 건, 저의 성장기와 초기성숙기 단계에 스마트폰이 없었다는 겁니다. 멍청하고 단편적인 인터넷 기사와 댓글, 얄팍하고 빤한 스냅정보로 세상을 배우지 않던 시절에 제 어린 날이 있었다는 건 행운입니다.

스마트폰 보랴 TV 보랴 진도는 잘 안 나가지만 책 한 권 펼쳐봅니다. 부족한 게 많으니 계속 좋은 얘기도 되새기고 세상·우주 진리도 탐구하면서 도 닦아야죠.

해외여행 시 개인적 습관 Top 5.

① 조식 피함: 원래 아침을 안 먹는데, 공짜라고 뷔페에 가면 정신줄 놓고 세 접시 비움. 오후까지 더부룩함.

② 책은 두 권만: 세상에서 제일 무거운 게 물병과 책. 많이 가져가봐야 읽지도 않고 짐만 됨.

③ 팁은 철저히: 주는 만큼 되돌아 옴. 방 청소 시 물 한 병이라도 더 챙겨줌. 비치에서 맥주 주문하면 아이스버킷에 담아줌. 직원들 눈빛과 미소가 달라짐. 중형 스위트로 잡았는데 초대형

스위트로 업그레이드해 주기도 함. 나 대접 받으려는 게 아니고 동행한 가족이나 연인이 좋은 대우를 받게 해주는 배려임.

④ 개인적인 블랙리스트와 최대한 거리를 둠: 그러나 아무리 멀리 해도 계속 들이닥치고 침범함. 피할수록 더 들러붙음.(나쁜 마음에 벌 받는 듯)

⑤ 불필요한 쇼핑 자제: 싸다고 막 사봐야 나중에 다 쓰레기됨. 한국에서 찾기 어렵거나 혹은 눈탱이 가격이 붙은 것들 잘 찾아서 한두 개만 지름.

요즘 아이들이 우상으로 삼는 이들은 한국인 아이돌인 경우가 많더군요. 저희 때는 그렇지 않았습니다. 외국인이 많았고, 중성적 매력의 예쁘장한 남자보다는 마초적이거나 우수에 젖은 터프남을 동경했습니다. 안경 끼고 담배 물고 있는 제임스 딘과 주윤발을 떠올리면 이해가 빠를 겁니다.

요즘 시대 남자는 밥 벌어먹고 살기 바쁘고, 애들 아빠 내지 충직한 가장이라 불릴 뿐 남자도 여자도 아닌 존재가 되기 십상입니다. 그런데 우리 웬만하면 그리되지 맙시다. 애들 엄마도 마찬가지고요. 유치하고 철없지만 좋은 방법이 하나 있습니다. 닮고 싶은 나만의 아이돌 사진을 액자로 만들어 걸어놓고 매일 보는 겁니다. 책받침 코팅도 좋고요. 누군가의 사진을 매일 보면 그 사람을 닮아간다고 합니다. 진짜로.

남자로 삽시다. 그리고 여자로 삽시다. 개저씨나 아줌마로 사는 게 아니라.

남녀 간 사랑이란 무엇일까요. 대명제는 '사랑은 변한다'입니다. 만약 로미오와 줄리엣이 극적인 화해를 해서 부부가 되었다고 가정하면, 십중팔구 로맨틱과 거리가 먼 지지고 볶는 관계가 됐을 겁니다. 제임스 딘이나 리버 피닉스나 한창 나이에 세상을 떠났기에 영원한 우상이 되었지, 여태 살아 있다면 미키 루크처럼 넉넉한 아저씨가 됐을지 모릅니다.

에로스적 뜨거운 사랑은 거의 100퍼센트 유효기간이 있습니다. 누구는 1년, 누구는 3년이 갑니다. 기간 차이가 있을 뿐 예외 없이 똑같이 소멸됩니다. 어르신들이 자식 결혼에 사랑보다는 배경을 중시하는 게 꼭 틀린 것만은 아닙니다. 눈먼 사랑이 소멸되고 현실이 닥치면 어떻게 된다는 것까지 아시는 거지요. 이렇게 끝나면 사랑은 정말 부질없는 짓입니다. 다행히 이게 다는 아닙니다. 잠자리하고 싶은 마음은 사라져도 다른 식으로 승화·발전하는 게 사랑입니다. 사랑은 진정한 애정으로 발전할 수 있습니다. 상대가 아프거나 안 좋은 일이 있으면 내 가슴이 아프고, 좋은 게 있으면 챙겨주고 싶고, 어떤 상황에서도 같은 편이 되어주고 싶은 친구이자 인생 파트너가 되는 단계 즉, '정情'이 아닌 진정한 사랑의 관계로 접어드는 거지요. 이렇게 승화되지 못 할 관계

내 사랑도 나이들어 간다오
성숙하게 변해갈지언정
소멸되지는 않으리다

혜초담 X MONTANA_CHOI

by HYHY

라면 하루라도 빨리 이별하거나 이혼하는 게 정답일지도 모릅니다.

사랑이 승화·발전하기 위해선 서로에게 본능적인 애정이 있어야 하고 선천적으로 케미스트리도 맞아야 하지만, 후천적으로 서로를 이해하고 이기심을 줄이려는 노력 또한 필수입니다.

338 친구 생일축하 자리였습니다. 누가 누가 더 바보 같은가를 주제로 한참을 얘기했죠. 그러다 독보적인 1등이 나왔습니다. 일명 술꾼 친구. 아내와 만땅까지 마시고 대리기사를 부르려는데 자꾸 현재 위치가 집으로 뜨더랍니다. 아무리 GPS로 검색해도 집으로 떠서 마구 짜증을 내고 있던 차 옆에 있던 아내도 '여보, 대리 좀 이따 불러. 한잔만 더 하고 가자'고 해서 그대로 술자리가 이어졌다네요. 그러고는 다음 날 일어났더니 집. 그냥 둘이 쭉 집에서 마셨던 거죠.

무서운 세상에 정신줄을 놓아도 밖이 아니라 집이라서 다행이라는 말과 함께 1등을 수여했습니다.

339 청바지 같은 사람이 되자.

가히 가훈감입니다. 청바지는 누가 입던지 그 사람의 단점과 흉과 핸디캡을 다 받아줍니다. 그렇다고 주인공을 자처하지도 않습니다. 요즘 같이 자기 똥은 못 보면서 남 잡아먹는 데만 혈안인 인간이 득세하는 시대에 귀감이 되는 옷입니다.

네가 나에게 의지하듯
나도 너에게 의지한다.

나는 잘 모르는데 남들은 기가 막히게 잘 아는 나의 어떤 것이 있지요. 내 입냄새, 내 몸냄새, 내 술취함, 내 은근 잘난 척, 내 잔소리 폭격, 내 게으름, 내 습관적 지각, 내 다리 짧음, 내 진짜 목소리, 내 건방짐, 내 인종차별, 내 술자리에서 혼자 떠들기, 내 식당에서 갑질하기 등 남들은 아는데 나만 모르는 것 천지 지요. 자기를 잘 안다고 생각하는 사람은 셋 중 하나입니다. 천재 아니면 인생에 도 튼 사람 아니면 자신을 알려면 먼 사람(제가 볼 땐 저 포함 대부분). 죽을 때까지 본인이 어떤 사람인지 모르고 식당에서 갑질하다 숨 거둘 사람이 절대 다수입니다. 슬픈데 주위에 이런 분들 많습니다.

옷이고 신발이고 패션이고, 그게 뭐 그리 중합니까. 사랑도 하고 사랑도 받는 삶이 거적때기를 둘러도 훨씬 낫지요.

아
버
지
술
친
구

오랜만에 아버지와 둘이서 돔베고기에 막걸리 한잔 비웠습니다. 아버지는 TV조선 〈허영만의 백반기행〉을 꼭 챙겨 보십니다. 매회 정보를 손수 자세히 정리하시죠. 그 중 갈 수 있는 곳을 최대한 다니십니다. 아버지와 함께 다녀온 곳은 신사동의 돈불리제담이란 제주도 음식점이었습니다. 아버지 메모에 따르면, 2023년 3월 10일 금요일 방영한 192회에 나온 식당이고 당시 게스트는 추성훈 씨입니다.

아버지는 빠른 1939년생이십니다. 동창회 가면 돌아가신 분이 3분의 2가 넘는다고 합니다. 같이 반주할 술친구는 모두 떠나고 그나마 남은 분은 거의 잘 걷지도 못 하신다네요. 그래서 어쩌다가 아들과 한잔하면 그렇게 좋아하십니다. 바쁘다는 핑계로 자주 못 모신 게 맘속 한구석을 어둡게 합니다. 그리 어두우면 자주 모시면 될 것을 그게 또 잘 안 되네요. 그냥 하면 되는데 안 되는 건 안 하는 겁니다. 결국 내 탓. 이렇게 되

면 나중에 피눈물 나게 후회할 게 분명합니다.

아버지가 앞으로 얼마나 더 많은 백반기행 식당을 다니실지 모르지만, 혼술이 아닌 아들인 제가 앞에서 함께 반주하는 자리가 조금이라도 많아지길 바랍니다.

양복 입다가 안주머니에서 종이 쪼가리가 잡히기에 꺼내 보았습니다. 2007년 엔니오 모리꼬네 내한공연 티켓. 15년 넘게 여기에 있었더군요. 그런 거 있잖아요, 십 년 만에 꺼내든 일기를 마주했을 때의 그 기분. 급 센치해지더군요. 엔니오가 이제 이 세상 사람이 아니라는 것도 묘한 감정을 불러왔습니다. 공연에 초대해준 친구 생각도 나고, 잘나갔지만 또 그만큼 망가졌던 저의 어느 젊은 날도 오버랩되더군요. 덩달아 2007년 당시 요미우리 자이언츠에서 초절정기를 보내던 이승엽 선수도 생각

나고요.

엔니오 모리꼬네 작품 중 저에게는 최고라 생각하는 곡을 속으로 읊조립니다. 영화 〈미션〉의 '가브리엘의 오보에'.

꿈이라는 건 우리 뇌가 얼마나 상상력과 창의력이 무궁무궁한지를 보여주는 놀라운 예입니다. 저는 어떤 날에는 꽤나 기대를 하며 잠자리에 듭니다. 전날 꾸었던 꿈이 워낙 스펙터클해서 오늘밤에는 제발 후속이 이어지기를 바라곤 하죠. 만약 제가 꾼 꿈을 복기해서 다 적을 수만 있다면 시청률 50퍼센트짜리 주말드라마보다 더 유치찬란하면서도 재미있는 드라마 극본이 몇 개는 나왔을 겁니다. 〈인터스텔라〉보다 더 심오한 SF 우주과학 장편영화라는 평가로도 부족해 철학영화라는 호칭까지 덧붙는 대명작의 시나리오도 한 편은 족히 나왔으리라 장담합니다. 문제는, 다음 날 기억이 희미하다는 것, 기억이 나더라도 부분적이라는 것, 부분적 기억마저도 귀차니즘 때문에 기록해놓지 않았다는 것입니다. 그러니 아무것도 남는 게 없지요.

요즘 들어 이상한 꿈을 많이 꿉니다. 친했다가 연락이 끊긴 사람이 뜬금없이 등장합니다. 꿈속 기분도 그다지 개운치는 않습니다. 찜찜하고 안타깝고 똥 싸다 만 것 같은 그런 기분으로 사건에 휘말려 허우적대다 깹니다. 깨고 나서 곰곰이 생각해 봅니다. 왜 그때 그 인연을 내가 못 이어갔을까, 왜 그 인연을 내가 망쳤을까, 왜 그 인연을 내가 흐지부지 만들었을까. 나의 미성숙함, 용기 없음, 여유 없음, 나태함, 게으름, 경박함, 이기적

성정 등이 원인이겠죠. 만약 그때로 돌아간다면 후회하지 않도록 인연을 잘 돌보고 관리할까요? 아마도 결과는 별반 달라지지 않을 겁니다.

누구나 관계에 대해 회한이 있을 테지요. 아픔, 미련, 후회도 있겠고요. 이런 것조차 없다면 그야말로 냉혈한입니다. 그러나 언제까지고 지나간 것에 머물 수는 없습니다. 과거는 과거일 뿐입니다. 제 꿈에 나오는 인물도 그저 과거의 일부분입니다. 그 이상도 이하도 아닙니다. 수많은 시간과 해프닝과 수고 속에 미래의 과거가 있습니다. 그것이 현재입니다. 미래의 꿈속에 무엇이 나올지는 지금에 상황에 달려 있습니다.

꿈은 앞으로도 나의 무의식을 기분 나쁘게 또는 판타지스럽게 회전시킬 겁니다. 꿈은 과거를 복기하는 식으로든 미래를 그리는 식으로든 나타날 겁니다. 방금 본 TV 드라마를 떠올리게도 할 테고 누구도 생각지 못한 방대한 우주드라마를 연출하기도 하겠지요.

지구에 전기가 없던 시절, 맑은 날 밤은 어떤 모습이었을까요? 이제 이런 밤은 일생에 한 번 볼까 말까한 장관이 되어 버렸습니다. 빛 공해, 그냥 공해, 미세 먼지, 그냥 먼지 등등이 밤하늘을 가립니다. 우리 스스로 하늘 '해상도'를 나날이 낮추고 있습니다. 다른 해상도 즉, 핸드폰 화면 해상도는 기하급수적으로 높이면서 말입니다. 가깝고 쉽고 얇은 건 점점 잘 보이고, 멀고 어렵고 깊은 건 점점 잘 안 보이는 세상입니다.

근시안, 좁은 시야, 편협한 관점, 외양 지상주의 그리고 이 모든 것을 호도하는 라이스페이퍼처럼 얄팍한 거짓말. 허위를 믿으며 점점 무지몽매해지는 사람과 이들을 이용해먹는 또 다른 어리석은 사람. 세상이 갈수록 점점 탁해지고 있습니다.

허나 공기가 뿌옇다고, 그래서 눈에 안 보인다고 고귀하고 아름다운 은하수가 없어지는 건 아닙니다. 늘 그 자리에 있고, 늘 변치 않습니다.

347 셔츠가 화려하면 바지는 심심하게. 셔츠가 심심하면 바지는 악센트 있게. 만사 귀찮으면 아무 셔츠에 청바지면 만사 오케이. 옷 입기 산수였습니다.

패션은 또 하나의 랭귀지입니다. 말, 수화, 바디랭귀지, 텔레파시만 언어가 아닙니다. 패션도 언어이자 의사표현입니다. 그녀, 그가 당신을 만날 때 어떤 느낌의 패션인지, 얼마큼 정성스런 차림새로 나왔는지 귀 기울여 들어보십시오. 이것으로 그날의 성패가 이미 나와 있는지도 모릅니다.

348 정신적 나이를 헤아리는 기준이 무엇인지 아나요? 감흥의 정도입니다. 이제는 어디를 가든 무엇을 하든 아주 좋다고 느낄 만큼 깊이 체감되지는 않습니다.

영화와 TV에서나 보던 장소에 직접 와 있는데도 별다른 감흥이 없는 제 자신에게 놀랐습니다. 어릴 적 뉴욕에 와서 메트라이프 빌딩을 보고서 '와' 했습니다. "고질라가 뚫어버린 그 건

물이잖아!" 하와이에 와서 〈쥬라기 공원〉 촬영장을 보면서도 닭살 돋을 만큼 흥분했었죠. 〈쥬라기 공원〉을 처음 보면서 그렇게 많이 울었건만 이제는 영화 속 성지에 와도 별 감흥이 없습니다. 시간이 훌쩍 지나고 나서야 그때 갔던 장소와 그때 했던 일이 그리워지면서 좋았었구나 떠올리겠지요. 늙긴 늙었나 봅니다. 안타깝지만 해결책은 없습니다.

윔블던 경기 참관을 위해 영국에 와서 여러 명의 영국인과 대화를 나눴습니다. 인상적이었던 한 명은 윔블던 결승전에서 만난 노팅힐 거주 영국인입니다. 자기는 준결승을 펍에서 봤다고 합니다. 4강에서 페더러가 이기는 장면을 보고 '그래 결심했어. 결승전 직접 보러 가자. 표 사자. 여친이랑 가자' 이렇게 됐답니다. 얼마 줬니? 했더니, 한 장당 5천 파운드 두 장해서 1만 파운드. 너 부자임에 틀림없구나, 뭐 하니? 그랬더니, 자긴 금융 쪽에서 일하고 서울에도 여러 번 갔었고 적당히 잘살긴 하는데 부자는 아니다, 그러더군요.
We live once. 이 말을 마지막으로 서로 고개 끄덕이고 다른 얘기했습니다.

349
너
부
자
구
나

다스형, 잘못했어

하와이 가면 알라모아나Ala Moana 쇼핑센터 레고숍에서 가장 맘에 드는 녀석으로 하나씩 끼우기 시작한 게 어느덧 키링 4개가 되었습니다. 제가 잠깐 자리 비우거나 졸기라도 하면 자기들끼리 재밌게 놉니다. 담배 한 대 피우고 왔더니 이번엔 한판 붙었나 봅니다. 가끔 다투기도 하거든요.

살금살금 뒤로 가서 어떤 상황인지 봤더니, 어둠의 대마왕 다스형이 불쌍한 샤크보이, 쓰리피오, 핫도그맨을 두들겨 팼더군요. 다들 몇 대 맞고 뻗었네요. 다스형이 화가 많이 났는지 아직도 뭐라고 쫑알거립니다. 귀를 쫑긋하고 들었더니 어디선가 많이 듣던 얘기네요. "내가 니들 애비뻘이다."

"조금이라도 남과 다르고자 했고, 조금이라도 남보다 독창적이 되려고 했고, 조금이라도 남과 다른 나를 연출하고자 했다."

이 마인드셋이 제가 가는 길의 정의이기를 바랍니다. 누군가는 패션을 소인배나 즐기는 겉치장 놀이쯤으로 비하합니다만, 패션은 패션 그 이상입니다. 패션 하나만 봐도 대충 그 사람이 보이고 그의 철학도 읽을 수 있습니다.

패션을 허영으로 치부하는 사람이 있다면 그 사람은 꼰대가 아닌 개꼰대라 해도 무방합니다. 밤낮으로 좋은 곳 찾아다니며 밥과 술에 탐닉하고, 필요 이상으로 집 꾸미기에 집착하고, 부동산에 돈 쏟아붓는 데는 열심인 그들이 옷 입는 거 하나에 세상 검소한 척합니다. 분수를 넘는 치장은 비난의 여지가 있지만 이 또한 엄격히 말해 개인의 자유영역일 뿐입니다. 누군가의 패션에 이래라저래라 하는 건 지극히 무례한 짓입니다. 흔히 말하는 오지랖이죠. 오지랖의 뒷면은 '무례'입니다.

뒤늦게 철이 들면서 제가 지지리도 속 썩여 드린 부모님께 깊이 감사드리는 것이 한 가지 있습니다. 저희 집 가훈이 '스포츠맨십'입니다. 이 단어는 어릴 때부터 은연중에 제 머릿속 깊숙이 각인되어 지금까지 영향을 끼치고 있습니다. 독립운동가처럼 정의롭게 살자, 그런 거창한 얘기가 아닙니다. 그저 "남 속이지 말고, 매너와 룰을 지키고, 페어플레이 하자"는 의미입니다. 부모님 두 분 모두 한 번도 이를 지키라고 말씀하신 적은 없습니다. 그저 그렇게 사는 모습을 평생 보여주셨을 뿐입니다. 못난 아들은 반백이 되어서야 두 분께 깊은 감사함을 갖게 됩니다. 돈보다 더 귀중한 유산을 물려주신 것을 이제야 조금 깨닫습니다. 스포츠맨십이라는 가훈과 부모님의 솔선수범은 유야무야  저의 인격과 가치관을 어떤 방향으로 이끌었고, 지금의 '나'라는 사람을 만들었습니다. 제가 숱한 단점과 허물을 가졌음에도 고비를 넘기고 나락으로 떨어지지 않은 것도 마찬가지입니다. 제 자식 교육관은, 좋게 말하면 칸트의 자율의지 존중입니다. 뒤집어 말하면, 자기 인생 챙기느라 자식에 무심한 이기주의 아빠의 가치관이죠. '지 인생 지가 알아서 하겠지'가 저의 한결같은 마인드입니다. 하여튼 공부 1등 하고 백 점 맞으란 소리는 단 한 번도 한 적 없습니다. 저희 아버지도 저에게 그러셨고요. 그래도 저 역시 범부인지라 가끔 협박과 회유를 하긴 합니다. 그렇게 쭉 하다간 거지 장군 된다고.

다만 운동을 하고 싶다 하면 종목이 무엇이건 지원해줬습니다. 빚을 내서라도 해줬습니다. '스포츠맨십, 페어플레이' 전통이 3대를 넘어 4대로 잘 이어지기를 바라고 공부 잘하기보다 운동 잘하는 게 저는 더 좋습니다. 운동도 대회 나갈 시 1등 하라고 얘기한 적 단 한 번도 없습니다. 1등을 위한 운동, 수단 방법을 가리지 않고 남 이겨먹는 승리를 목표로 하는 운동이라면 당장 때려치우게 할 겁니다. 그저 공정한 룰 아래에서 진정한 승부도 경험하고, 패배도 겪고, 매너도 배우고, 패배하면 자기 부족함도 스스로 받아들이고, 때로는 분함에 눈물 흘리고, 자기를 성장시키는 승부욕과 성취감을 배우고 무엇보다도 몸과 마음의 건강을 지키는 최선의 방법을 배우기를 바랄 뿐입니다. 그게 전부입니다. 쓰고 보니 참 많은 걸 바라네요.

가치관, 인생관, 좌우명, 교육관을 포함해 모든 길은 로마 아니, 스포츠맨십으로 통합니다. 저에게는.

차에서 들으면 신이 날 1970년대풍 디스코 리듬 하나 추천합니다. 일렉트릭 라이트 오케스트라Electric Light Orchestra: ELO 의 'Last Train to London'. 어깻짓 고갯짓이 절로 나는 가운데 우수와 낭만을 자아내는 댄스 음악입니다. 저의 18번 팝송이기도 합니다. 단, 볼도 빨게 지고 코도 좀 삐뚤어져야 용기 내 부르게 되는 노래이지요. 가성 부분이 있는데, 따라하다 보면 5킬로미터 마라톤을 뛴 사람의 맛 간 자태가 나옵니다.

저희 집안이 3대가 음치입니다. 제 아들도 노래는 그다지인 걸 보니 4대가 음치임이 거의 확실하네요. 그건 그렇고, 술을 어느 정도 마셨을 때 저도 깜짝 놀랄 정도로 노래를 잘할 때가 있습니다. 내가 원래는 음치가 아니었나, 숨은 능력이 있었나 싶을 정도로요. 노래 잘하는 후배가 저에게 한 말이 있습니다. "형, 노래를 잘하려면 던져야 해. 던지라고." 뭘 던지라는 건가 했는데 어느 순간 이해가 되더군요. 노래를 부를 때도 자신 있게 목소리를 던져버려야 하는데, 소심해서 그렇게 못 하다가 술기운을 빌어 나를 확 풀어놓는 거지요.

노래 잘하고 못 하고는 타고나는 면이 큽니다. 그렇더라도 자신감이라는 놈이 어느 정도는 결부되는 것 같습니다. 아직은 제가 진정한 음치인지 아닌지 잘 모르겠습니다. 다음에 맨 정신에 확 던져버리면 그땐 답이 뭔지 알게 되지 않을까요? 음, 다시 생각해 보니 저는 음치가 맞습니다.

354

때로는 다투고 등 돌려도 오래된 친구들은 다시 뭉치게 마련입니다. 서로를 너무 잘 알고 있기에, 서로를 애써 담았던 기억이 있기에 가능합니다.

가족이 태어날 때부터 이미 주어진 것이라면, 친구는 내가 선택하는 가족이라 생각합니다. 진짜 가족 같이 위하고 생각하고 잘되기를 바라면, 충돌과 실수와 오해가 있을지언정 그 본질은 변함없이 지켜지고 깊어질 것입니다.

355

아들이 아가일 때 제가 자주 가는 프리마호텔 사우나에 데려갔어요. 원래 아가는 입장불가지만 주말엔 들여보내 줍니다. 가운이 커서 돌돌 말아서 꼭 여며줬어요. 저를 닮아서 사우나 좋아하는데, 땀 빼고 나서 해물라면을 시켜주면 거의 흡입하다시피 먹었지요. 그렇게 먹고 나서는 "아빠 저거. 하겐다즈" 그럽니다. 비싸지만 사줬어요.

한두 살 먹어가면서 간혹 같이 프리마호텔 사우나 가면, 무심한 아빠는 땀 빼고 수면실에서 세상모르게 자고, 아이는 혼자서 해물라면 시켜서 천천히 드시고, 밥도 추가해서 말아 드시고, 디저트로 하겐다즈 지 혼자 주문해서 싹싹 긁어먹고는 저기 구석으로 가 혼자 앉아서 게임하더군요. 몇 개 안되는, 아들과 저 둘 만의 추억입니다.

베스트 앨범 21

음악 잡지를 보면 유명인 누구누구가 애정하는 톱10 앨범 등의 제목으로 기사가 실리는데 재밌더라구요. 제가 셀럽은 아니지만 제 인생 앨범 21개를 추려봤습니다. 심심풀이로 보세요. 순위 없습니다. 특히 좋아하는 뮤지션은 두세 개의 베스트 앨범이 있지만 뮤지션별 한 개로 한정했습니다.

① Led Zeppelin, 〈Physical Graffiti〉: 그들 음악이 완성된 앨범 ② Pink Floyd, 〈The Dark Side of the Moon〉: 프로그레시브 락의 처음이자 마지막 ③ Bad Finger, 〈Magic Christian Music〉: 우울한 미학의 극치 ④ 장필순, 〈1집〉: 30년 동안 들어도 질리지 않는 음악성 ⑤ Black Sabbath, 〈Vol 4〉: 최정점에서 신들렸을 때만 나올 수 있는 음악 ⑥ Earth, Wind & Fire, 〈Best〉: 시대를 초월한 최고의 댄스음악 ⑦ ELP, 〈Pictures at an Exhibition〉: 클래식 원작을 능가하는 믿기 힘든 연주와 편곡 ⑧ Incognito, 〈Beneath the Surface〉: 애시드 재즈가 이리 슬픈 음악인가 싶음 ⑨ Metallica, 〈Master of Puppets〉: 2세대 헤비메탈의 기념비적인 역작 ⑩ Pat Metheny Group,

⟨First Circle⟩: 팻 매스니가 신의 경지로 간 앨범 ⑪ Swing
Out Sister, ⟨Shapes and Patterns⟩: 팬들에겐 최고의 선
물. 완벽한 감성 ⑫ Roger Waters, ⟨The Pros and Cons of
Hitch Hiking⟩: 저에겐 에릭 클랩튼 최고의 연주 ⑬ 카라, ⟨베
스트 2007-2010⟩: 힘든 시절 힘이 되어준 주옥 같은 노래 ⑭
King Crimson, ⟨Red⟩: 'Starless'와 'Red' 두 곡으로 게임 끝
냄 ⑮ Klaatu, ⟨Hope⟩: 제2의 비틀즈가 아닌 클라투의 아름
다움 ⑯ ABBA, ⟨Super Trouper⟩: 해체를 앞둬서 더 슬프
게 와 닿음. 안단테 안단테 ⑰ Ozzy Osbourne, ⟨Diary of
a Madman⟩: 미친 건 오지 오스본이 아니라 랜디 로즈의 기
타 ⑱ Prince, ⟨The Hits 1, 2⟩: 천재는 단명함 ⑲ George
Michael, ⟨Listen Without Prejudice⟩: 조용해지고 성숙해
진 조지 마이클 ⑳ Alcatrazz, ⟨No Parole From Rock 'N'
Roll⟩: 순수하고 젊었던 잉베이 말름스틴의 기타 감성 ㉑ Billy
Joel, ⟨An Innocent Man⟩: 버릴 곡이 하나도 없는 1980년대
문화유산.

The University of Texas at Austin MBA Class of 2000 모
임. 1998년 전 국민 금모으기 운동이 일었던 IMF 시절에 유학
갈 수 있었던 것을 축복으로 생각합니다. 동기가 5명인데, 한
명은 박사과정 선택하면서 연락두절, 참석 못 한 또 다른 한 명
은 대기업 임원, 참석한 두 명은 각각 실리콘밸리 벤처캐피탈
사장과 대기업 인터넷몰 대표이사.

1998년 입학 당시 다들 꿈 많고 어리숙한 대리 초년차 나이였을 겁니다. 어렵던 시절 미국 와서 미국에서 좋은 회사 취직하고 나중에 한국으로 금의환향하기를 꿈꿨지요. 아메리칸 드림은 결국 뜻대로 되지 않았죠. 다들 한국으로 들어와 이래저래 처박고 구르면서 20년 버티니 뭔가 한자리씩 하고 있네요. 얘길 들어 보니, 나름 고생하며 치열하게 살아왔고 또 지금도 그리 살아가고 있더군요.

사람들이 쉽게 내뱉는 말이 몇 개 있습니다. "야 너 자신감 좀 가져. 자신감 있으면 분명 성공할 거야." "너의 문제는 자존감이야. 좀 키워 봐. 그럼 마음도 편해지고 주변 사람과도 잘 지낼 텐데." 진짜 바보 같은 소리입니다. 슬럼프에 빠져 30타수 2안타 15삼진을 당하고 있는 타자에게 너 자신감 좀 가져 하면 자신감이 생깁니까? 내세울 것도 없고 기죽어 산 지 20년 된 사람에게 너도 자존감 좀 높여 봐 하면 어디서 자존감이 구름처럼 밀려오나요?

자신감과 자존감은 낮아졌다 높아졌다를 반복합니다. 주가지수나 계절 타는 아이스크림 판매량의 움직임과 같지요. 그러나 인위적으로 높인다고 당장 올라가는 것도 아닙니다. 주가지수대 같이 점진적으로 1500에서 2500으로 올라갑니다.

자신감과 자존감을 높이는 길은 단 하나밖에 없습니다. 나 자신을 어제보다 나은 인간으로 매일 조금씩 만들어가기. 그렇게 몇 년 지나면 자신감과 자존감이 어느새 올라가 있을 겁니다. 본인은 모르더라도 주위 사람은 알아챕니다. 자신감, 자존감 높이다가 자만심까지 한껏 키워서는 안 되고요.

자만심은 열등감의 다른 얼굴일 뿐입니다. 그리고 세상에 열등감 없는 인간은 없습니다. 제 주위에 잘난 인간들 많은데 다들 어느 한 구석은 열등감 덩어리입니다. 저도 마찬가지고요. 진심입니다. 인간이기에 크게 다를 게 없습니다. 다들 숨기던지 노력해서 조금씩 줄이면서 사는 거지요.

일상은 파동wave 속에 있습니다. 업과 다운이 반복되면서 흘러갑니다. 빛은 파동이고 물질을 이루는 미립자도 파동칩니다. 세상만사의 결은 파동으로 이루어져 있고, 우리 삶도 파동치며 흘러가는 게 자연과 우주의 당연한 섭리입니다. 다행인 건, 나이들고 경험이 많아질수록 파동의 진폭 크기가 작아진다는 겁니다. 대신 냉정함, 무감각, 고독이 커지지요.

다음 여름 휴가에는 서핑이나 배워볼까 합니다. 매번 오는 파동에 허우적대지 않고 스무드하게 타는 법 좀 배우려고요.

제가 읽었던 하와이 역사에서 와이키키 첫 호텔은 핑크 궁전으로 불리는 로열 하와이언Royal Hawaiian이었고, 두 번째가 모아나 서프라이더Moana Surfrider입니다. 모아나 서프라이더만의 고풍스러움은 아직도 그대로더군요. 마침 어느 군인의 결혼식이 있었는데 신랑과 신부, 들러리 세 커플 모두 너무 멋져서 저도 모르게 셔터를 눌렀습니다. 양복과 드레스도 눈물 나게 멋있고, 모두 굿 룩킹에 미소도 이쁩니다. 꼼짝 않고 시간이 멎은 듯 지켜봤습니다.

저희 시대에는 스몰 웨딩이란 단어도 없었습니다. 신랑 신부의 부모는 결혼식 하객이 몇 명인지로 당신들의 삶을 평가받았습니다. 최고의 영예는, 하객이 줄서서 한 명씩 인사하는 장면이 연출되는 거였죠. 부모님 인생의 빅 이벤트였지 신랑 신부가 주인공은 아니었어요.

제가 지금 결혼한다면, 양가 친 가족과 친척분 몇 명, 열댓 명의 친구만 초대해 모아나 서프라이더 호텔에서 식을 올릴 것 같습니다. 물론 모두들 멋지게 격식 차려 입은, 그림 같은 장면을 사진으로 남길 겁니다. 하객들 앞에서 둘 만의 품위 있고도 행복에 찬 춤도 출 거고요.

힐링곡 하나 추천. 블랙 사바스가 오지 오스본과 남긴 거의 마지막 앨범에 수록된 곡인데 그 마지막이 왠지 이별의 느낌으로 가득 찬 명반이고 명곡입니다. 블랙 사바스의 앨범 〈Technical Ecstasy〉 중 'It's Alright'. 다 괜찮다는 곡명만큼이나 힐링도 주지만 어쩐지 슬픕니다.

비단 비즈니스 측면만의 얘기는 아닙니다. 온라인 비중은 커지고 오프라인과 아날로그 영역은 축소되고 있는 현실 말입니다. 사람들과의 관계 자체가 변했습니다. 예전만큼 자주 모이거나 만나게 되지 않습니다. 미팅이나 회의가 있어도 오프라인 접촉은 가급적 줄입니다. 이제 사람 간 만남이 폐쇄적이고 은밀해지고 있습니다. 새로운 사람과 친해지는 건 고사하고 아예 만나기도 쉽지 않습니다. 하나하나의 인연이 더 귀해지는 시대를 살고 있습니다.

저의 브랜드 연대기를 정리해 봅니다.

브랜드 연대기

① **0~11세**: 한국에 브랜드라는 게 없던 시절. 기차표 고무신 신고 컨츄리아동복이나 김민제아동복 입으면 잘나가던 때임.

② **초등 5학년~중학생**: **나이키_** 당시 신발은 1천 원인데 갑자기 1만 원 넘는 신발이 나왔음. 부모님께 사 달라 하니 처음에는 이해를 못 하셨음. 같은 반에 나 말고 나이키를 신은 친구가 있어 깡패에게 안 뺏기려고 협력하다 친한 친구가 되었음. **죠다쉬 청바지_** 같은 중학교의 한 여학생이 이 바지 입은 뒤태가 넘

이뻐서 좋아하기 시작했음. **리바이스_** 중학교 때 미국에서 온 친구가 주황색 탭의 너무 이쁜 오리지널 미제를 입고 와서 친구하기 시작했음.

③ **고등학생~대학생**: **필라_** 당시엔 최고급 최고가 브랜드였음. 반팔 티 하나에 15만 원 정도였는데 지금 기준으로 따지면 반팔 쪼가리 하나에 70~80만 원 하는 것임. 스키복도 참 이뻤음. **폴로 랄프로렌_** 매장 가면 은은한 향에 도취되었음. 초기에는 비싸서 강남 오렌지족 전유물이었음. 알록달록한 색조합이 이뻤음. 대학 때 소개팅 나갔다가 폴로셔츠 입고 나온 상대가 넘 이뻐서 애프터 신청했음. **바나나 리퍼블릭_** 1990년대 초만 해도 완소템. 반팔 티셔츠와 청바지가 이뻤음. 나이트에 놀러갔다 당시 유행하던 흰 면티에 바나나 청바지 입은 여성분이 이뻐서 부킹신청했음.

④ **사회초년생~30대 중반**: **알마뇽/아르마니_** 알마뇽의 광풍이 불고 청담동에 소위 명품숍이 하나둘 들어서기 시작했음. 주로 엠포리오로 갔음. 조지오 메인 라벨은 미국 갔을 때나 사옴. 당시 처음 들어온 1만 원짜리 커피숍에서 본 깻잎머리에 꽃핀 꽂고 검은색 알마뇽 정장 입은 여성분이 넘 이뻐서 **좋아하기 시작했음**. **페라가모, 구찌 등_** 구찌의 철사 박힌 구두나 페라가모의 로고 박힌 구두 또는 벨트 하나는 있어야 좀 논다는 사람이었음. 깻잎머리에 꽃핀 꽂고 검은색 알마뇽 정장을 입고 페라가모 고무신까지 신은 여성분은 못생겨도 일단 모든 마음을 열고 만났음. **폴 스미스_** 양복에 다양성이 없던 시절 나름 위트

있는 디자인과 적당한 가격대에 만족도가 높았음. 한 여성분이
네이비 폴 스미스 정장 입고 프리젠테이션 하는 모습이 넘 이
뻐서 데이트 신청할 뻔했음.

⑤ **30대 중반~지금**: 꽂혔다고 얘기할 만한 건 쿠치넬리와 몇몇
남성 클래식 브랜드 정도. 더블재킷에 흰 셔츠 입고 윙팁 구두
신은 여성분이 너무 이뻐 보임.

써 놓고 보니 결론은, 나의 브랜드 일지를 만든 근본 동인이자
종착역은 'women'이네요.

364 읽은 책 중에서 막상 단 한마디라도 기억나는 문구는 없습니
다. 한 권 외에는.《어린왕자》.

어린왕자가 주정뱅이 별에 가서 주정뱅이 아저씨를 만났습니
다. 어린왕자는 궁금했습니다. "왜 술을 계속 드세요?"

"술 마시는 게 창피해서. 창피한 거 잊으려고."

365 남자가 채워야 할 워드로브wardrobe는 한 가지가 아니고 두 가
지일 수도.

어느 시점에서는 콜렉션이 차오르고 넘칠 때 여유와 만족을 느
꼈습니다. 그런데 어느 시점이 되니 정리하고 처분할 때 평화
가 찾아옵니다. 공수래공수거라 했으니, 비우면서 느끼는 여유
또한 기쁘지 아니한가 싶습니다.

좋아하는 뭔가를 사 모을 때의 집착은 누구나 갖고 있을 겁니
다. 시간이 흐르고 어떤 임계점에 도달하면, 불필요한 것은 비
우고 진정 애정하는 것만 남겨서 함께 시간을 입는 것도 자연
스러운 일 같습니다. 비단 물건에 국한된 얘기만도 아니고요.

어떤 분은 저에게 그럽니다. "그냥 한방에 비싸고 좋은 걸로 사
면 되지, 왜 쓸데없는 데 돈 쓰고 불필요한 과정을 거치느냐"
고. 지극히 결과론적인 해석이지요. 일련의 과정 없이 어떻게
자기가 애정하고 자기에게 적합한 것을 찾아낼 수 있을지 의문
입니다. 세상 아무것도 모르는 고등학생에게 친한 친구 열 명
중에 나중에 60세 되어서도 같이 갈 녀석을 돈 많은 순서대로
두세 명 골라 봐라 하는 것 같이 들립니다. 바보 같은 얘기지요.

"당신이 생각하는 멋진 스타일의 사람이란 어떤 사람입니까?"
제 대답은 '남에게 그다지 관심 없는 사람'입니다. 저는 이런
사람이 멋있습니다. 가까운 사람은 나 몰라라 하고 자기만 아
는 사람이라는 의미가 아닙니다. 문자 그대로 남의 일에 관심
이 없는 사람을 말합니다. 자기 일에 치중하느라 남 일에 신경
쓸 여유가 없고, 그렇게 해야 할 이유도 느끼지 못 하는 사람입
니다. 그런 사람의 공통점은 당당하다, 솔직하다, 자기를 아낄

줄 안다, 가치관이 명확하다, 긍정적이다 라는 것입니다.

반대로, 남에게 관심이 많은 사람은 이런 멋이 없습니다. 불필요한 오지랖에 시기와 질투 및 비방에 익숙하고 겉과 속이 다른 경우가 많습니다. 당당하지 못 하고 가치관이 모호하며 매사 부정적입니다. 제가 접한 사람 중 8할 이상이 여기에 속합니다. 그래서 유독 전자가 멋져 보이나 봅니다.

진정한 멋은 내면에서 나옵니다. 패션과 치장 또한 내면에서 빚어 나오는 거고요. 남에게 관심 없는 사람의 내면 풍경은 자존감 높은 사람의 것과 같습니다. 그 높은 자존감은, 어릴 때부터 풍성히 받아온 사랑에서 비롯된 무의식적인 자신감과 안도감에 기인할 수도 있고(수동적), 본인의 노력으로 얻은 성취와 성공 경험을 통해 쌓아올린 것일 수도 있습니다(능동적). 어쨌든 어느 한 쪽만으로 쉽게 얻어질 수 없는 것임은 분명합니다. 제 결론은 단순합니다. "자존감 높은 사람이 근본적으로 자신만의 스타일을 만들어갈 가능성도 높다."

베텔게우스

아무리 별에 관심 없는 사람도 오리온 별자리는 알 겁니다. 가운데 정렬한 세 별과 그 밑에 있는 M42 성운은 이집트를 비롯해 전 세계 신화와 토속종교에서 신이 계신 곳으로 가장 많이 지목되는 곳입니다. 제가 하늘을 보며 가장 관심 있게 보는 별이 베텔게우스(영어권에선 비틀쥬스라 발음함)입니다. 대략 400광년 넘게 떨어진 별이니 조선시대 초기의 모습을 지금 보고 있는 것이지요. 수명이 다해 터져죽기 전 부피가 팽창 중이며

그 지름이 무려 태양에서 목성까지
의 거리에 이릅니다. 땅콩항공 타시
고 별 한 바퀴 돌려면 1만 년은 걸
릴 겁니다. 저 빛이 지구에 도달하
는 400년 사이에 이미 터져버렸는
지도 모르고 당장 내일 초신성폭발
(수퍼노바)이 보일지도 모르는데, 만

약 터지면 대략 보름달 정도의 빛으로 일주일 넘게 하늘을 밝혀
준다 합니다. 제 생애 한 번은 보고 저세상으로 가고 싶습니다.

한국 안에서도 당연히 없어져야 하지만, 제발 좀 바다 건너 먼
나라에까지 와서 다음 6가지 질문은 하지 마시길 바랍니다. 일
부 한국 사람들 만나면 불쾌해지는 데 10분도 채 안 걸립니다.
① 나이가 몇이에요? ② 어디 살아요? ③ 뭐 하고 살아요? 뭐
먹고 살아요? 즉, 직업이 뭐냐고. ④ 결혼했어요? ⑤ 남편은 혹
은 아내는 뭐 해요? ⑥ 애는 있어요?
키, 몸무게, 시력 등의 신체조건에 대한 질문은 6가지에 넣기
도 민망해서 뺐습니다. 이 모든 질문은 글로벌 스탠더드로 말
씀드리면, 극도로 무례한 겁니다. 호구조사 나왔나요? 남의 신
상은 꽤 친해지기 전, 사람에 따라선 그 후에도 묻는 게 아닙니
다. 본인이, 본인 입으로, 본인 의지로 얘기하기 전까지는 신상
에 대해 묻지 마십시오. 그리고 사람을 그런 걸로 판단하는 거
아닙니다.

아
가
죽
부
인

가장 이뻤던 시절. 약장수도 한 번 가면 다신
안 오듯이 아들이 아가였을 때의 저 시절도 다
시 안 돌아옵니다. 아, 떠돌이 약장수는 가짜
약을 팔았으니 다시 그 동네로 올 일 없지요.
옛날 호랑이 담배 피던 시절 얘기랍니다.

가장 아쉬운 게 뭐냐면, 아가 죽부인 혹은 내 새끼 죽부인을 안을 수 없다는 겁니다. 꼬맹이가 조만한 시절엔 제가 거의 매일 11시, 12시 야근에 스트레스지수가 100점 만점에 80~100점 사이를 왔다갔다했습니다. 집에 돌아왔을 때는 꼬맹이가 50대 아재처럼 코 골면서 대자로 뻗어 주무시고 있었고요. 샤워하고 야식 먹고 텔레비전 좀 보면 새벽 2시. 이제 자야겠다. 그런데 머릿속은 여전히 혼돈입니다. 그날 열 받은 일, 내일 열 받을 일들로 복잡하지요. 잠이 쉬 안 옵니다. 이리 뒤척 저리 뒤척, 그러다 베개 들고 아가 침대로 기어들어 갑니다. 세상 모르고 자고 있는 아가를 죽부인마냥 끌어안습니다. 갑자기 뒤엉켜 있던 온갖 생각이 서서히 물러납니다. 아가 죽부인이 제 몸 안에 꼭 맞는 사이즈로 들어옵니다. 아가 죽부인은 연신 코를 골아대며 개의치 않습니다. 고맙습니다. 겨우 잠이 듭니다. 오랜 시간은 아니지만 단잠을 잡니다. 좇아오던 악몽도 어디론가 떠나가 버립니다.

황금 연휴에 해외 여행은커녕 국내 여행도 못 가고, 호캉스는 커녕 동네 스캉스 중입니다. 스캉스란 스타벅스 바캉스를 말합니다.

멍청히 앉아 제 머릿속에 무엇이 들어 있는지 살펴봅니다. 30 퍼센트는 테니스 생각, 30퍼센트는 회사 생각, 40퍼센트는 기타 등등이 차지하고 있네요. 평균과 다른 점은, 뭘 먹을까에 관심 없고 남이 뭘 하는지에 생각 투자를 안 한다는 것입니다. 무려 30퍼센트 이상을 취미활동에 투자하고 있는 점도 눈에 띕니다. 테니스는 저의 취미 중 하나일 뿐이므로 대략 뇌 활동의 50퍼센트를 여가 활동에 쓰고 있는 셈입니다. 그래서 참 다행입니다. 일도 고민거리도 아닌 대상에 자발적·열정적으로 40~50퍼센트나 되는 에너지를 쓰고 있어서요. 주색잡기가 아니라는 것도요.

나름 정신적으로 잘 버티고 있는 것도 이 때문인 것 같습니다. 제 나이 정도 되면 정상인 사람은 거의 없다고 보는 게 맞습니다. 대다수가 정신병 환자입니다. 우울증, 수면장애, 자폐증, 공황장애, 폐쇄공포증, 소심증, 의심증, 분노장애, 알코올중독과 무관하지 않습니다. 경중은 있지만 다들 이거저거 하나둘 달고 있기 마련입니다. 애써 외면하고 살든지 치료받든지 할 뿐이죠. 왜 그렇게 되냐고요? 이런 세상을 살면서 오히려 정신이 멀쩡한 게 정신병자 아니겠어요? TV 뉴스를 보나 주위를 보나 죄 사이코로 둘러싸인 세상에서 반백 년가량 살면서 수많은 부침과 반목과 시련과 낙담과 좌절과 실패와 배신을 경험했는데 온전한 정상이라면, 그게 완전 비정상이죠.

저도 언젠가는 저처럼 정처 없는 사람이 편하게 ① 테니스 TV 도 보고 ② 테니스 피플도 만나고 ③ 테니스 라켓 줄도 매고 ④ 테니스 용품도 쇼핑하고 ⑤ 테니스 라켓 구경은 물론 시타도 가능하고(빈티지 라켓, 프로스탁 라켓 모두 포함) ⑥ 테니스 관련 전 시도 보고 ⑦ 무엇보다 멋진 카페와 바가 있어서 에스프레소를 한잔하거나 글렌리벳 21년 한 잔과 함께 치킨윙을 즐길 수 있 는 공간을 만들고 싶습니다.

누구는 버킷리스트를 만들어 하나둘 지워가지만, 저는 겟잇리 스트를 만들어 하나둘 늘려

나갑니다. 앞에서 말한 공간 또한 저의 겟잇리스트에 있는 계획입니다. 버킷리스트보다 겟잇리스트가 더 생산적이고 멋있지 않나요? 버킷리스트 는 별 남는 게 없습니다. 겟잇 리스트는 무엇이 늘어날 때마 다 최소한 '물리적'으로 뭐라도 남습니다.

꼰대 같은 말일 테지만, 요즘 젊은이들 장단점이 제 눈에 확연 히 보입니다. 장점은, 현명하고 부지런하고 저희 때처럼 술 퍼 먹지 않고 의심 많고(좋은 의미에서) 개성 있다는 거지요. 단점은,

어딘가 나약하고 우유부단해 보인다, 스스로 결정을 잘 못한다는 거고요. 만일 지금의 젊은 세대가 강단까지 갖춘다면 꼰대 세대보다 어느 한 군데 낫지 않을 이유가 없습니다. 그런데 아무리 생각해도 저희 세대를 좇아올 수 없는 한 가지가 있습니다. 뭐랄까, '순정'이라고 해야 할까요? 다시 생각해 보니 장점이라고 할 것도 아니네요.

374 다음의 세 개 사자성어를 깨닫는 자 아니, 의미를 몸으로 체득하고 실천하는 자는 진정 이 시대의 위너가 되리라.

첫째, 역지사지易地思之. 상대편으로 빙의되서 그의 처지를 딱 1분 만이라도 생각해 봐. 소리 지를 일이 없어.

둘째, 안분지족安分知足. 만족할 줄 알면 모든 게 만족스러울 텐데, 집착하고 미련 갖고 욕심내니 모든 게 무너지는 거야.

셋째, 호연지기浩然之氣. 니들은 짖어라, 나는 내 할 일 하련다. 니들은 떠들어라, 그 시간에 나는 내 갈 길 가련다.

375

최
악
의
교
만

실로 교만이 표출되는 방식은 셀 수 없이 많습니다. 개인적으로, 제일 역겨운 방식이 무슨 '척'입니다. 겸손하지 않으면서 겸손한 척, 착하지 않으면서 착한 척 그런 척척이 싫습니다. 차라리 교만하면 대놓고 잘난 척하는 게 낫습니다.

많은 사람이 자신을 겸손하고 중립적이고 이성적이라고 생각합니다. 몇 번 말 좀 섞어보고 술자리도 두세 번 해보면 전혀 그렇지 않다는 게 드러납니다. 자의식 과잉에 뭔가를 꽁꽁 숨

기고 있는 모습이 쉬 보입
니다. 자기 착각을 알아차
리는 것이 교만에서 벗어
나는 첫 번째 단계입니다.
저는 적어도 주제 파악은
합니다. 잘났다 싶은 점은
잘난 척하고 못난 점은 부
끄러워합니다. 제 자신에

대한 이런 말 또한 정확히 교만이겠지요.

나 자신을 알고 겸허해지는 것만큼 어려운 일도 없습니다. 나
이들수록, 경험이 많을수록, 세상 풍파를 겪을수록 더 어렵다
고 느끼게 됩니다. 진정 그렇습니다. 저는 지금 나이에 새로운
나를 발견하면서 기쁘기도 하고, 생각지 못 한 내 모습에 좌절
하기도 합니다. 자신을 알아가는 일이란 시간과 경험이 필요한
법인데, 대개 20~30대 초중반에는 자신을 잘 안다고 확신하는
경향이 큽니다. 이때는 교만함이 극에 달하는 시기입니다. 누
가 나보다 나를 더 잘 알겠냐고 생각하는 거지요. 비단 자기 자
신뿐만 아니라 자기가 보고 믿는 것도 맹신하기 쉽습니다. 자기
가 믿는 게 절대선일 거라는 교만이 작용하지요. 이 나이대는
실제 세상과 이론 세상 간 차이를 제대로 알고 체감하기 전 혹
은 막 시작하는 단계이기 때문입니다.

보통 30대 중반을 벗어나면서 현실 세계와 이론 세계가 얼마
나 어떻게 다른지 서서히 깨닫기 시작합니다. 저도 직접 겪은

일입니다. 하나씩 깨닫는 과정을 거치면서 나의 세계관과 믿음이 절대선이 아니라는 것을 이해하게 됩니다. 내가 세상의 중심이 아니라는 것도 알게 되고요. 이렇게 겸손을 배우고 자신을 조망하는 능력이 개발됩니다. 물론 정상적인 사고를 하는 사람에 한하는 얘기입니다. 그 외 사람은 평생 내가 나를 잘 안다는 교만에 빠져서 죽을 때까지 착각 속에서 삽니다. 주위에 그런 분들 많습니다.

새로운 생활습관이 생겼어요. 쇼룸에서 친구·지인들과 모임 후 술을 깨기 위함이든 대리기사를 기다리기 위함이든 혼자만의 시간을 갖기 위함이든 그 짧은 시간 동안 책을 봅니다.《젊은 베르테르의 슬픔》을 읽고 있는데, 분명히 읽었는데 기억이 안 납니다. 사랑을 해보지 않았는데 이 내용이 어떻게 기억나겠어요.

줄거리는 간단합니다. 한 여자를 너무 사랑했는데 그 여자가 친구의 피앙세였고, 친구와 여자가 결혼했는데도 계속 사랑하다가 친구의 총으로 자살한다는 얘기입니다. 다만 베르테르라는 사람의 마음속은 세상에서 제일 복잡하고 힘들었을 것이라는 걸 이제는 여러 번 경험해봐서 공감할 수 있지요. 그러나 죽음에 이르는 사랑에는 공감하지 못 합니다. 사랑의 결론은 제 경험에 따르면 셋 중 하나이기 때문입니다. 스파크 튀는 두 불꽃이 만나 실컷 불태우다 꺼질 때가 되어 꺼지는 경우가 하나, 불꽃은 꺼졌지만 잔잔한 온기로 '승화'되어 오래도록 지속되는 경우가 둘, 불꽃이 상대가 아닌 내 몸 속으로 파고들어 피범벅 만들면서 태우지만 시간이 감에 따라 상처가 아물면서 아련한 기억으로 남는 경우가 마지막으로 있습니다. 베르테르도 십 년 후에 그녀를 다시 봤으면 틀림없이 무감정으로 웃으며 대할 수 있었을 겁니다.

어릴 적 내가 되고 싶은 이상형들이 있었습니다. 제임스 딘 그의 우수에 찬 반항적 이미지를 흉내내기도 했고, 리버 피닉스의 암울한 섹시미도 닮고 싶었죠. 커서는 알파치노가 〈대부 2〉 라스트 신에서 보여준 영혼 실종된 모습을 동경했고, 목에 칼이 들어와도 여유를 잃지 않는 제임스 본드에게 열광했습니다. 안전지대 타마키 코지의 그 잘생김도 닮고 싶었고, 영화 〈가타카〉에서 주 드로가 보여준 초연함도 갖고 싶었고, 〈영웅본색〉 주윤발의 비장미도 재현해보고 싶었고, 클린트 이스트우드의 마카로니웨스턴 식 무표정한 담배 씹기도 멋있어 보였습니다. 그랬던 제가 나이가 드니 제임스 딘은 개뿔, 리버 피닉스는 대체 누구죠, 이렇게 됩니다. 기계적 출퇴근을 반복하면서 사회적 성공만을 좇는 사람에게 어릴 적 이상형은 철없던 시절의 낭만일 뿐이죠.

커피숍에 앉아 있는데 드라마 〈나의 아저씨〉 사운드트랙이 나오네요. 그 아저씨 박동훈 상무가 떠오릅니다. 부드러우면서 강하고, 겸손하나 뒤에 서 있지 않고, 일에서 냉정하나 사람을 중시하고, 가질수록 내면을 살피고, 동정심 있고, 과묵하나 할 말 하고, 술 한잔 하면서 풀어지기도 하고, 능력 있고, 거짓 없이 당당하고, 잘생겼고, 매력 있고, 선하지만 악당을 상대할 땐 누구보다 무섭고, 도덕적이고 절제력 있는 남자. 흔히 말하는 사기캐릭터죠. 이 순간 니가 되고 싶은 사람은 누구야 라고 물으면 '박 상무'라고 대답할 수도 있겠어요. 이상형이 어릴 적 영화 속 주인공에서 현실 속 캐릭터로 바꼈네요.

현실에 치여 살지만 이상적인 자아상을 찾고 추구하는 일을 계속하기를 바라봅니다. 되는 대로 사는 순간 인생은 속세에 물든 초라한 자아로 수렴될 수밖에 없습니다. 이 세상 현실에서 자아가 망가지기란 너무도 쉽습니다.

378 전 혼밥 레벨이 꽤 높습니다. 혼자 고기집 가서 지글지글 구어 먹는 일도 대수는 아닌데, 이상하게 고기집 혼밥은 안 땡깁니다. 혼자 먹을 정도로 고기를 좋아하는 건 아닌가 봅니다.

전 혼밥 자체를 좋아합니다. 옛날에는 신문 하나 옆에 뒀고, 요즘엔 핸드폰을 친구 삼습니다. 밥 먹을 때만이라도 신경 안 쓰고 머리 안 쓰고 말도 안 하고 싶습니다. 그게 힐링입니다 제겐.

379 서강대학교 공식 온라인 저널인 〈서강가젯〉의 '서강을 만나다' 코너에 제 인터뷰가 실렸습니다. 1학년 때 학점 1.0도 못 넘겨서 잘릴 뻔했는데, 졸업까지 다니게 해주셔서 이렇게나마 보은을 하네요. 언젠가 없는 살림에 꽤 되는 학교 후원금을 낸 적이 있는데, 그때의 제 마음을 이렇게 인정해주는 건가 싶기도 하

고요. 주다 보면 받게도 되고, 받다 보면 주게도 되는 것이 세상 이치입니다. 개인적으로, 여타 대규모 미디어에 실린 것보다 더 의미 깊게 느껴집니다. 영광입니다.

남자의 정장 차림에 관한 책을 보면 이래저래 공식이 많습니다. 상의 기장은 엄지손가락 끝까지, 버튼홀은 리얼로, 단추는 가운데 것 하나만 잠그고, 바지 기장은 구두 위에 살짝 닿게, 넥타이 길이는 벨트 선까지 등등. 제 생각에 이런 공식은 표준으로서의 참고사항이지 법칙이 아닙니다. 진정한 법칙은 이것입니다. '남들 눈에 크게 이상해 보이지 않는 선에서, 본인이 좋아하고 본인에게 어울리는 자신만의 방식으로 입으면 된다.' 그것이 곧 개성이고 그 사람의 스타일입니다.

굳이 '개인적' 의견을 물어본다면, 제가 꼭 따르고자 애쓰는 공식 한 가지를 말씀드립니다. '상의 재킷 팔 밑으로 하얀 셔츠가 1.5센티미터 나오게 하라.'(사실 양복·셔츠의 팔 길이는 제각각이라 일괄적으로 맞추기란 거의 불가능합니다.) 다른 특별한 이유는 없습니다. 단지 제가 어릴 적부터 봐온 007 숀 코네리가 그리 입었다는 것과 지금 다시 봐도 정제되고 멋있어 보인다는 게 그 이유입니다. 저는 그에게서 착장을 배웠습니다.

비단 옷 입기뿐만 아니라 일, 공부, 창작, 놀이 등 모든 면에서 교과서대로만 하는 사람은 발전이 없습니다. 부수고 뛰어넘고 범람하고 쓰나미에 밀리면서 자기 것을 찾는 게 답입니다. 이제는 실력 있고 개념 있는 아웃사이더의 시대가 왔습니다.

어릴 적 'Fun Run'이라는 말이 프린팅된 나이키 티셔츠를 입었던 기억이 납니다. 나이키 티셔츠에 프린팅된 'Run' 관련 좋은 말이 많습니다.

Re-Run: 뜁니다 다시.

Run more than your mouth: 물에 빠지면 주둥아리만 뜰 녀석. 나불거릴 시간에 공부라도 한 자 더 하든지 파워포인트 슬라이드 하나를 더 그리렴.

Run for fun: 어차피 괴롭지만 밥 벌어먹고 살려면 피할 수 없잖아. 나름 재밌고 도움되는 구석도 있어 하면서 내려놓으면 좀 낫겠지.

You can run, but you can't hide: 타조가 도망가다가 너무 무서우면 모래 속에 대가리 박음. 잠시 아무것도 안 보여서 안도함. 그런다고 세상 근심걱정 없어지지 않음. 계속 더 빨리 달리든지 그냥 늑대한테 달려가 진짜 대가리 박든지 하렴.

Just run: 아가리 닥치고 네 일이나 잘해.

포레스트 검프의 인생은 한마디로 계속 달리기였습니다. 시간, 장소, 목적은 달랐지만 다행히도 누군가(신이든 엄마든 제니든 본인이든)가 방향을 잘 잡아주었기에(그런 사람이 인생에 꼭 필요한 듯), 포레스트는 주저함 없이 계속 달릴 수 있었던 겁니다. 픽션이지만 늘 잔잔히 다가옵니다.

JFK와 007. 네이비 재킷에 흰색의 포켓스퀘어. 그것도 무심한
듯 아주 살짝 드러난 흰색. 멋내려고 한 게 아닌데 그냥 멋이
있습니다. 그들이기 때문인가요? 그러고 보면 남자 패션이란
무엇을 입고 어떻게 입는가보다 어떤 남자인가가 더 중요한지
도 모릅니다.

제가 본 남자 패션 중 정말 멋있었던 적이 두 번 있었습니다.
두 번 모두 식당에서 봤습니다. 환갑은 훌쩍 넘어 보이는 백발
의 어르신이 금장단추 네이비 블레이저를 입고 온화한 표정과
기품 있는 매너로 사람을 대하고 계셨습니다. 한 분은 외국인
대사셨고 다른 한 분은 한국인이셨지요.

"너의 소원은 무엇인고?" 이런 질문 받으면 바로 답이 튀어나오
나요? 안 그러지요. 머릿속이 막 복잡해지죠. 부자도 되고 싶고
오래도 살고 싶고 명예도 갖고 싶고 수퍼카도 몰고 싶잖아요.
이것저것 다 해달라고 말하고 싶은데 고르자니 고민이 앞서죠.
왕년에 솔로몬왕은 모범답안을 제출해서 하나님께 이쁨 받았
다 합니다. 돈도 명예도 권력도 여색도 아닌, 백성을 잘 다스릴
수 있는 지혜를 달라고 했지요. 저도 이 질문을 받았습니다. 솔
직히 돈, 권력, 성공 그런 단어가 생각나지는 않더군요. 불현듯
떠오른 것은 '사람의 마음'이었습니다. 소원으로 나쁘지 않습
니다. 아니 소원으로 빌어야 할 만큼 얻기 힘든 것이죠. 사람의
마음을 얻으면 다 얻은 거죠. 무슨 일을 하건 어디에 있건 언제
가 되었건 말입니다.

퍼거슨 1승, 관종, 허세, 가식적인 삶 등 SNS의 폐해에 대한 얘기가 많습니다. 제가 볼 때 이런 말을 하는 사람이야말로 보잘 것 없고 가식적이라고 생각합니다.

인간이란 본능적으로 인정받기를 죽도록 갈망하는 존재입니다. SNS상에서 좋아요를 많이 받고 싶건, 직장에서 유능하게 보이고 싶건, 친구 사이에서 대접받고 싶건, 부모에게 사랑받고 싶건, 미팅 가서 인기 많고 싶건, 사회에서 존경받고 싶건 알고 보면 관심과 인정을 받기 위해 본능적으로 열심히 하는 겁니다.

실상이 그러한데, 유독 사이버 공간에서 인정받고자 하는 노력만 폄하하는 것은 넌센스입니다. 그런 노력을 비난하는 사람은 겉으로는 싫다싫다 하면서 뒤로는 볼 거 다 찾아볼(이게 제일 웃김. 일종의 관음증 환자) 가능성이 농후합니다. 현실에서도 사이버에서도 인정 못 받는 열등감에 사로잡혀 비난을 쏟아내면서 인간이라면 누구나 갖고 있는 인정받고자 하는 본능을 부인하는 것밖에 안됩니다. 가식 중에 가식이지요. 가식의 정의는 속마음은 원하는데 아닌 척하는 것이니까요. 물론 지나치게 실재를 포장하는 건 바람직하지 않습니다. 하지만 SNS에서 '지속적'으로 인기 있는 사람은 실생활에서도 인정받고 있을 가능성이 큽니다. 거짓이나 가식은 오래가지 않으며, 속이는 것도 금방 밑천이 드러나기 때문입니다.

누군가가 멋진 것, 아름다운 것, 귀한 것을 보여주면 "얘, 오늘 좋은 데 가서 좋은 거 보여주네"하고 담담히 봐주면 됩니다.

외국 가면 저리 혼자 와서 책 읽거나 조용히 풍경을 감상하다 가는 사람이 있는데, 세상에서 제일 멋져 보이네요. 그냥.

친구가 간 지 10년이 훌쩍 넘었습니다. 매년 기일이 되면 친구들 모두 모여 저녁 먹고 그 친구가 제일 좋아하던 장소 '평가스'로 옵니다. 누가 그럽니다. '먼저 간 놈만 억울하고, 가면 금방 잊혀진다'고.

맞는 말이기도 하지만 꼭 그렇지만도 않습니다. 그가 어떻게 살았느냐에 따라 금방 잊히기도 하고, 이렇게 매년 기일을 챙겨 받기도 합니다. 내 몫 챙기기보다 가까운 사람 더 챙겨주고, 할 말은 덜 하고 더 많이 들어주고 살아야겠습니다.

10월 26일에 노태우 전 대통령이 돌아가셨습니다. 인생무상이라는 말이 새삼 와닿는군요. 한창 때는 시퍼런 권력을 쥐고 나는 새도 떨어뜨리던 사람이 말년이 되니 근 십 년을 병상에서 보내다 저리 눈을 감네요. 돈이고 권력이고 명예고 어느 순간부터는 부질없는 것일 수 있겠다, 건강한 몸과 마음, 화목한 가정을 끝까지 가져가는 사람이 결국에는 인생의 승리자가 아닌가 하는 생각이 듭니다.

돈, 물론 중요하지요. 돈은 수명도 늘려줍니다. 죽을병 걸렸더라도 최고급 의료서비스를 받으면 삶을 연장할 수 있습니다. 허나 무엇보다도 중요한 건 건강과 꿈인 것 같습니다. 아무리 대통령 할아버지를 역임했어도, 빌 게이츠 할아버지라도 건강과 꿈이 없으면 산송장에 불과합니다. 90세가 돼서도 테니스를 칠 수 있을 정도의 돈과 건강, 테니스 대회 시니어부 랭킹 1위가 되겠다는 꿈을 갖고 있다면 충분히 삶의 의미를 찾을 수 있을 것 같습니다. 이렇게 되기 위해선 관리와 절제가 삶에 습관처럼 배어 있어야겠습니다. 가을날 조끼를 입다가 드는 생각이었습니다. 베스트의 장점이자 단점은 배가 나오면 금방 티가 난다는 거거든요.

나이들수록 더 잘 차려 입고 더 멋내고 더 갖춰 입어야 추레하388지 않습니다. 어쩌다 잘 갖춰 입은 클래식 복식의 노신사와 마주치면 근사하고 보기 좋더군요.

유행은 돌고 도는 것이니 또 한 번 클래식 복식이 유행하지 않

을까 예상해 봅니다. 힙합캐주얼, 복고캐주얼, 명품캐주얼도 좋지만 클래식의 기본이 주는 멋과 품격은 문자 그대로 고전입니다. 옷장 속에 처박혀 있는 재킷을 꺼내서 다시 입어줄까 합니다.

제가 서울에서 혼자 한잔하는 곳이 딱 4곳 있습니다. 왜 불쌍389하게 혼자 술 먹냐고요? 인생 어차피 독고다이로 태어나서 독고다이로 가는 건데, 혼자 밥 먹고 혼자 술 마시는 게 오히려 인간적이고 자연스러운 일이죠. 같이 밥 먹고 같이 술 마시던 인간 중에 내가 어려울 때 몇 명이나 도와줍디까?

각설하고, 물론 친구와 즐겁게 어울리는 시간 누구보다 좋아하

지만 누구의 방해도 없이 혼자 조용히 생각을 정리하는 시간도 즐깁니다. 힐링도 혼자만의 시간을 필요로 하지요. 저는 한 달 평균 서너 번 혼자서 한잔합니다.

테니스 라켓 하나에도 많은 메커니즘이 담겨 있습니다. 기본적인 파워를 결정하는 무게(웨이트), 헤드 앞과 손잡이 간의 무게 배분(밸런스. 이 배분에 따라 스윙 돌아가는 스피드와 라켓 파워가 크게 달라짐), 스윙웨이트(얼마나 파워가 있는가. 밸런스가 큰 요인이나 기타 소재나 헤드 부분의 밀도 차이 등에 따라 또 달라짐) 등 라켓 품질에 지대한 영향을 끼치는 여러 설계 요인이 존재합니다. 또한 어떤 스트링을 메고, 메는 텐션(강도)은 얼마로 하느냐에 따라서도 라켓의 퍼포먼스가 크게 달라집니다. 여기에 선수의 플레이 스타일, 체격 조건, 경험상의 선호도 등도 고려해야 합니다. 꽤 복잡한 다차원 함수입니다. 선수와 제작자는 최적의 무게, 밸런스, 스윙웨이트, 스트링의 종류과 텐션, 그립을 도출하기 위해 의사-환자 관계처럼 서로 의견을 나누면서 맞춤 처방전을 완성해갑니다. 이 과정 자체가 과학이자 심층 분석이자 재미입니다. 스포츠 덕후에게 장비와 용품은 일종의 보너스 취미 영역이라고 보면 됩니다.

언젠가 윌슨 프로스태프 97 라켓을 315그램에서 330그램으로 리폼한 후 프로 선수와 쳤는데, 결과는 대만족이었습니다. 파워는 업그레이드되었고 그렇다고 스윙밸런스도 크게 무너지지 않았습니다.

제 시력이 대략 0.1, 0.2입니다. 가까이서 TV 보고 어두운 데서 책 보다가 그리 됐지요. 눈이 나빠졌기 다행이지, 지금도 1.2였으면 프레임몬타나고 뭐고 없었을 겁니다. 그래서 제가 늘 말하잖습니까. 세상 모든 일에는, 심지어 최악의 불행한 일에도 음과 양, 장점과 단점이 있다고. 그러하니 밑바닥에 떨어지더라도 좌절하지 마십시오. 분명 얻는 것 단 한 가지라도 있을 겁니다.

잃는 게 있으면 얻는 게 있다는 것, 얻는 게 있으면 잃는 게 있다는 것, 이런 트레이드 오프Trade-Off는 경제학에서는 헌법 같은 겁니다. 이렇게 보면, 최고의 선택이란 피해를 최소화하는 것일 수 있습니다.

워드롭의 완성은 두 가지 옷걸이라 봅니다. 안 움직이는 옷걸이와 움직이는 옷걸이.

중학교 때 학교에서 가훈전시회라는 걸 열었
습니다. 가훈을 되새겨 보자는 취지였지요. 담
임선생님이 가훈을 액자로 만들어 가져오라고
하시더군요. "선생님, 저희 집 가훈은 영어인데
괜찮나요? 스포츠맨십인데요." 영어 가훈인 덕
에 강제 차출을 피했습니다. 가훈이 꼭 고상한
한자어나 공자님 말씀일 이유는 없습니다. 자
손이 명심해야 할 가치라면 존재 이유는 다 한
것입니다. 제 친한 친구의 가훈이 꽤 가슴에 와
닿습니다. "납짝 엎드리래이."

살면서 딱 하나 확실히 배운 게 있습니다. '세상은 잘나가는 사
람 오냐오냐 잘나가게 절대 가만두지 않는다.' '좀 편해진다 싶
으면, 좀 먹고살겠다 싶으면 예외 없이 위기와 시련이 온다.'
'잘나간다고 경거망동하면 반드시 철퇴를 맞는다.' 표현만 다
를 뿐 다 같은 말입니다. 사회생활하면 다 알지만 승승장구하
다 보면 뒤에서 시기질투하고 깎아내리는 사람이 급속히 늡니
다. 그러다 실수라도 한 번 하면 바로 콜로세움 사자 무리에 떨
어진 죄수 신세 되지요. 잘나가던 연예인과 운동선수가 어떻게
한방에 갔는지 익히 잘 알고 있지 않나요. 잘나가던 기업인과
정치인이 어떻게 넘어지는지 여러 매체에서 보지 않습니까.

393
나
의
그
릇

큰 인기와 부가 따르는 사람 주위에는 여차하면 물어뜯을 요량으로 이빨을 드러낸 사자가 양의 탈을 쓰고 포진해 있습니다. 예외가 없습니다. 반짝하지 않고 오랫동안 무엇을 유지하는 사람의 공통점은 도덕적으로 매우 뛰어나고 겸손하고 튀지 않는다는 것인데, 극히 드문 경우지요. 털어서 먼지 안 나는 사람 제 생애에 본 적이 없습니다. 정의롭고 도덕군자인 척 하는 사람이나 아닌 사람이나 저나 다 똑같습니다. 보잘 것 없는 처지일 때는 열심히 남 지적질하다가 잘나가기 시작하면 반대의 처지가 되어 물어뜯기는 것이 열의 아홉 아닌가요?

예의 그렇듯 잘나가고 관심 받고 성공하면 팬도 생기고 안티도 생깁니다. 오해 받고 답답한 일도 생깁니다. 이 정도의 무게도 견디지 못 하면 앞으로 더 큰 무게는 어떻게 감당할까요. 각자의 그릇과 깜냥을 헤아려봅시다.

지금 한국은 너나없이 다들 분노에 차 있습니다. 저도 다를 바 없고요. 상처도 많고 아픔도 많은 이상한 시대에 살고 있는 느낌입니다. 남녀노소 빈부격차 다 떠나서 모두들 그렇게 느끼리라 생각합니다.

저는 언제부터인가 분노에 차 있는 사람을 향해 논리와 팩트와 사례와 경험으로 윽박지르고 있다고 느끼곤 합니다. 저에게도 그럴 만한 이유는 있지요. 이유마저 없다면 무슨 얘기를 하던지 이 살벌한 세상에서 만신창이가 됐을 겁니다. 그러나 제아무리 유식하고 맞는 말만 한다손 치더라도 지금 우리에게 필요한 리더십은 그것만으로는 안 됩니다.

더 중요한 건, 포용과 관용과 상처입은 영혼을 달래주는 따뜻한 마음입니다. 이들 가치가 우선시돼야 잘난 논리와 고귀한 뜻도 공감대를 만들 수 있습니다. 설사 공감에까지 다다르지 못 하더라도 최소한 서로 존중하는 방법을 배우는 계기로 삼을 수 있습니다.

윔블던 다녀와서 처음 아버지를 뵙니다. 아버지가 구해 오라고 한 게 있었는데 받으러 직접 오셨습니다. 윔블던 박물관에서 사온 윔블던 역사책이죠. 이참에 한국까지 고이 가져온 윔블던 준결승 및 결승전 티켓도 함께 드렸습니다. 어쩌면 당신의 버킷리스트였을 텐데 못난 아들놈이 다녀왔더니, 당신 꿈을 이룬 거나 마찬가지라며 좋아하십니다. 이깟 종이 쪼가리가 뭐라고 본인이 간직하겠다고 하십니다.

제가 머리를 기르면 온갖 잡귀신이 훼방을 놓습니다. 자유인처럼 예술인처럼 멋져지고 있는데 말이죠. 처음에는 '야 너무 아줌마 같아 정말'하면서 타박을 줍니다. 조금 지나면 '너 청학동에서 왔니? 오성과 한음이야 뭐야'하면서 비아냥거립니다. 그러다가 인신공격 수준으로 업그레이드됩니다. '너 이제 보니 영화 〈넘버 3〉에 나오는 딱 랭보인데.' 극중 한석규한테 처참하게 맞은 인물 같다는 말도 짜증나는데, 더 심한 말도 들었습니다. '야 너 진짜 그지 같아. 브라질 그지.' 거지도 아니고 그지랍니다. 그것도 브라질 그지. 대체 브라질 그지는 뭔가요. 영국 그지도 아니고 웬 브라질.

마귀부대가 가하는 이 모든 억압과 회유와 협박과 조롱과 치졸한 공격에도 용기를 잃지 말고 머리를 뒤로 묶는 그날까지 직진하게 해달라고 기도했습니다.

〈라라랜드〉를 보는데, 남주가 현실에 안주하는 듯 영혼 없이 사는 모습을 보이자 여주가 쓴소리 한마디 하는군요. 사실, 비현실적인 장면입니다. 실업 상태에서 갑자기 직업 생기고 돈 잘 버는데, 거기다 대고 네 꿈은 어디 있느냐고 물어보는 여자는 세상에 없을 겁니다. 그래서 전 이 영화가 좋습니다.
꿈을 얘기하는 영화라서.
별을 노래하는 영화라서.

아버지라는 개념이 180도 달라졌습니다. 저희 때 아버
지는 엄격, 무서움, 소통불가, 존경, 얼굴 뵙기 힘듦 등의
단어로밖에는 정의될 수 없는 존재였습니다. 영화 〈말
죽거리 잔혹사〉에 나오는 권상우 아버지를 떠올리면 됩
니다.

제 나이쯤 되니 아버지라는 존재는 세 부류로 나뉩니다.

첫 번째, 세상에 안 계신 분. 이미 많은 분이 돌아가셨지요.

두 번째, 친구. 제 경우입니다. 젊고 힘 있고 현직에 계셨을 때의 아버지와 달리 은퇴해 물러난 아버지는 약한 아버지가 됩니다. 그러나 잃는 게 있으면 얻는 것도 있는 법. 비로소 모든 걸 내려놓은 아버지와 진짜 친구가 될 수 있습니다. 어릴 적에는 상상도 못 한 일이지만 아버지에게 잔소리하면서 구박도 할 수 있는 사이가 됩니다. 일흔이 넘어가면 불러주는 친구도 없고 부를 사람도 거의 없습니다. 남은 건 가족뿐이죠. 이제는 아들이 전화 한 통만 드려도 그렇게 좋아하시네요.

세 번째, 변함없는 현재진행형. 아버지가 아직 현직에 계시거나 권력을 잡고 계신 경우입니다. 대부분 아버지와의 관계가 원만하지 못 합니다. 재산상속과 같은 복잡한 문제가 얽혀 있거나 부자 관계이면서 직장 상·하사이기도 하는 등 갈등이 깊습니다. 뒤집어 생각하면, 아버지가 아직 정정하다는 얘기이니 꼭 나쁘지만은 않겠습니다. 끝까지 세 번째 아버지인 채 눈 감으실 수도 있고, 관계가 달라져 친구가 될 수도 있겠지요.

부모를 일찍 여읜 친구들이 늘 하는 말이 "계실 때 잘해라"인데, 나 바쁜 것만 챙기고 사니 참으로 불효자라는 생각이 듭니다. 부모님이 생각나면 바로 전화 드립시다. 시간 나면 뵙는 게 아니라 규칙을 정해서 뵙고 연락 드립시다. 가령 월 1회 방문, 주 1회 전화 이렇게 정례화해서 지킵시다. 그래야 나중에 피눈물이 그나마 덜 날 듯합니다.

저도 그렇지만 세상 사람 대부분이 지킬 박사와 하이드 씨 같
지요. 겉으론 온화하고 마음 넓고 착실하고 정의로운 척하는

데, 알고 보면 못됐고 음흉하고 이기
적인 좀팽이입니다. 사실 후자가 정
상적인 지킬 박사이고, 전자를 오히
려 하이드 씨라고 봐야죠. 가면 쓴 괴
물이니까요. 누군가 그랬다는군요.
죽는 순간까지 내 안의 나를 다 발견
하고 가는 것이 삶의 목표라고.

마룬5의 'Sunday Morning'만큼 일요일 이른 시간에 잘 어울
리는 노래도 없을 겁니다. 노래를 듣다가 가사가 궁금해 들여
다봤습니다. 팝송 가사는 해독이 난감할 때가 많은데 이 곡도
그러하네요. 두 연인이 같이 자고 일어난 일요일 아침인데, 헤
어지겠다는 건지 재결합하겠다는 건지 영원히 사랑하겠다는
건지 모호한 내용입니다. 아마도 세 번째겠죠.

이태원에서 원테이블 바를 운영중인 친구가 한 명 있는데, 뭔
가를 보거나 들으면 그것을 짧은 말로 기막히게 잘 표현합니
다. 요즘 꽤 와 닿는 한마디를 하더군요. "야, 사랑은 그냥 착각
이야 착각." 바로 그거네요.

우리는 착각하면서 삽니다. 시간이 지나면 아무것도 아닌 일을
당시에는 철떡 같이 믿고 심지어 목숨까지 겁니다. 난 존경받는
상사야, 쟤는 나를 좋아해, 나는 스마트한 사람이야, 나는 그녀

를 진심 사랑해, 이 음식이 유일한 내 소울푸드야, 소주가 내 체질에는 딱 맞아, 내 정치 이념만 정의로워, 난 군대 체질이야… 다 착각일 수 있습니다. 우리가 착각, 환영, 허상에 갇혀 있다는 사실을 알아야 합니다. 착각하는 줄도 모르고 그리 쭉 살다가 눈 감습니다. 착각하면서도 그나마 행복하면 다행일까요.

많은 사람이 저탄수화물 식단에 따라 고기와 생선을 많이 먹습니다. 이론도 논란도 많더군요. 교과서상으로는 골고루 섭취하는 게 최고이지만 체중관리에 탄수화물이 독인 건 틀림없습니다. 사흘만 밥이나 빵 안 먹어도 살 빠집니다.

저는 아무리 고기와 생선을 배불리 먹어도 탄수화물이 빠지면 반만 먹은 느낌입니다. 계속 음식이 땡깁니다 자기 전까지. 참기가 괴롭습니다. 중독입니다. 그러나 사람 몸이 갖고 있는 적응력은 놀랍습니다. 그 허기를 삼사 일 버티면 견딜 만해집니다. 식습관뿐만 아니라 수면습관, 운동습관 등 모든 생체리듬도 마찬가지고요. 강추위도 삼사 일 계속되면 영하 5도 정도는 거뜬하지요. 10도는 돼야 '좀 춥구나'가 되는 겁니다. 그래서 작심삼일이라는 말이 생겼나봅니다. 삼 일만 넘기면 수월해지건만 대부분 그 전에 포기합니다. 상당히 과학적인 근거로 생겨난 사자성어라 봅니다. 우리의 결심이란 게 결국 생체리듬 변화와 직접적으로 관련되니까요.

무엇을 하든 삼 일만 버팁시다. 새로 추가한 저의 개똥철학입니다. 이름하여 존버 삼일정신.

저는 시계 대신 이쁜 줄이나 가죽·은 팔찌를 차고 다닙니다.
어느 날 이상한 바람이 들어 좋은 팔찌 하나 사고 싶어졌습니
다. 괜히 그럴 때 있잖아요. 마침 프레드Fred 팔찌가 이뻐 보이
더군요. 기본형이 300만 원 정도 할 겁니다. 하나 지를 심산으
로 백화점에 갔습니다. 무언가를 지를 땐 반드시 소지해야 하
는 게 있습니다. 대의명분. '그래 훈아. 너 요즘 너무 고생 많았
어. 너 자신에게 이 정도는 베풀어도 돼.' 쇼핑질이 생활인 분은
대의명분 만드는 데 천재이지요. 이거라도 없으면 죄책감이 너
무 커집니다. 필수입니다.

웬걸, 프레드는 너무 장사가 잘되는지 매장 확장공사 중입니
다. 그때 하늘의 메시지를 들었습니다. '니가 지금 돈 쓰고 흥청
망청할 때가 아니지.' 하늘의 메시지에 바로 단념합니다. 저런
일이 있으면 그건 필연이라 생각합니다.

아무 생각 없이 코너를 돌아갑니다. 까르띠에 매장이 있더군
요. 구경이나 하지 뭐 하면서 입구로 빨려 들어갔습니다. 매니

저가 저의 얼굴과 전신을 훑더니 박지성이 피를로에게 붙듯 대인방어를 시작하더군요. 그러더니 이리 따라오랩니다. 졸졸 따라갔더니 팔찌를 보여줍니다. 음, 못 볼 걸 봤습니다. 청담동 아주머니들 팔목에 달려 있던 러브 팔찌. 저하고는 거리가 먼 물건이라 생각했지만 볼 때마다 이쁘다고 생각했던 그 물건입니다. 매니저가 회심의 미소를 띄우더니 덜 튀어 보이는 은빛의 팔찌를 떡 꺼냅니다. 관상을 보고 제 취향까지 파악했나 봅니다. 에라 모르겠다 한번 시착이나 해보자. 팔목에 찬 순간 다시 하늘의 메시지를 들었습니다. '이건 니 거야.' 이제 프레드는 못 찰 것 같습니다. 제가 다년간 쇼핑에서 얻은 철칙은, '미련이 없어야 한다. 돈 아낀다고 싼 거 사 봐야 결국 돈 낭비다'입니다. 마지막에 매니저가 결정적 한 칼을 제 가슴에 푹 찌릅니다. 이 팔찌의 탄생이 1970년이라고. 클래식이라고. 1970년생인 저는 이제 하늘에서 계시가 내려왔다고 느낍니다. 12개월 무이자 균등할부 해 주세요 라고 말하고 싶었지만 쿨하게 일시불로 하는 척하다 결국 잦아드는 목소리로 3개월로 해 주세요 합니다.

악마는 늘 천사인지 악마인지 구분이 안됩니다. 오히려 더 천사 같아 보입니다. 그리고 달콤합니다. 지금 생각해 보면, 프레드 매장이 문을 닫은 건 진정 천사의 메시지였고, 마지막에 내려온 계시는 천사를 가장한 악마의 달콤한 목소리였습니다.

여기서 제가 진정 하고 싶었던 얘기는, '매번 자책만 하지 말고 가끔은 자신에게 상도 주자'는 겁니다. 당근과 채찍이 같이 있어야 '밸런스'가 맞습니다. 나를 누가 챙깁니까? 아무도 안 챙깁니다. 나를 누가 사랑합니까? 아무도 나 같지는 않습니다. 나를 사랑하고 귀히 대접하고 가끔은 상도 주고 해야 남도 우습게보지 않고 그만큼 대접해줍니다. 스스로 자신을 홀대하는데 누가 대접하겠습니까.

강릉 오죽헌에 왔습니다. 신사임당과 율곡 선생의 좋은 말씀을
다시금 접합니다. 그 중에 와 닿는 문장이 있어 적어 봅니다.

이득을 볼 때는 그것이 옳은 것인지 다시금 생각해 보아라.

착한 일을 좋아하는 친구를 골라서 사귀어라.

낭비와 사치를 막아 어려울 때를 대비해라.

예가 아닌 것은 아예 듣지도 보지도 말아라.

피를 나눈 형제는 나 자신과도 같다.

다 아는 말이지만 잊고 사는 말입니다. 세속에 물든 저에게 하
는 말 같아서 뜨끔합니다. 이런 조언은 인생의 보호막과도 같
습니다. 비유하자면, 태양풍과 우주광선으로부터 지구가 스스
로를 지키는 자기장 같은 겁니다. 우리는 알면서도 당합니다.
이유는 단 하나, 욕심과 욕망 때문입니다. 이것은 오존을 파괴
하는 스프레이 속 프레온 가스 같은 거지요.

과거에 회사 생활하면서 저에게 한 가지 신조가 있었어요.
'회사에서 만난 사람은 가능하면 근무시간 외 회사 밖에서는
안 보는 게 좋다. 가족도 아니고 친구도 아닌 이 사람들을 일
년 열두 달 보는데 여기서 얼마나 더 친해져야 하나? 이들을
주말에도 만나야 하나? 주중에 억지로 웃고 지내는 것만으로
도 충분하다.'

지금도 그리 생각합니다. 그럼에도 회사에서 만났지만 다른 관
계가 될 수도 있습니다. 저에게는 퇴사한 지 몇 년이 지났지만
순수한 마음으로 연락해서 재미있게 놀 수 있는 친구가 세 명

이나 있습니다. 이들은 제가 가진 수많은 운동화보다 더 뿌듯
한 자산입니다. 제가 아주 못 산 건 아닌 것 같아서요.

다 같은 나이가 아닙니다. 실제의 나이, 마음의 나이, 몸의 나이
이렇게 세 가지 나이가 있습니다.

① **실제의 나이**: 타임머신이 개발되지 않는 이상 컨트롤할 수 없
는 대상이다. 나머지 두 개는 앞당길 수도 지연시킬 수도 일정
부분 멈출 수도 있다.

② **마음의 나이**: 세 가지 연료만 있으면 세월이란 중력을 거슬러
천천히 진행할 수도, 죽을 때까지 젊게 살 수도 있다. 마법의
세 가지 연료란 무언가에 대한 꿈(갈망), 도전하는 용기, 배우려
는 겸허함을 가리킨다.

③ **몸의 나이**: 세 가지 관리만 잘하면 서서히 진행시킬 수 있다.
마법의 세 가지 관리란 스트레스 관리, 섭식 관리, 피트니스 관
리를 말한다.

누구나 젊게, 건강히 오래 살기를 바랍니다. 우리는 세월에 무
너지기보다는 우리 스스로 몸과 마음의 나이에 굴복해버립니
다. 적당한 선에서 체념하고 타협하고, 애매모호한 선에서 순
수함을 잃습니다. 이것이 마치 어른이 되고 체면을 세우고 나
잇값을 하는 거라고 착각합니다. 사회적 집단 망상일지도 모르
겠습니다.

'젊음'이란 단어가 잠시 머물다 흘러가는 좋은 시절이란 의미
로 쓰이는 것이 몹시 거슬립니다. 시대착오적인 발상입니다.

젊음은 나와 함께 농밀해지는 인생 파트너입니다. 적어도 나에게는 그렇습니다.

친구들과 저녁 식사를 했는데 되새길 만한 좋은 말을 들었습니다. 좋은 말이란 익히 아는 말이지만 갈수록 다시금 와닿는 말입니다.

"귀는 들으라고 열려 있고 입은 말하기를 삼가라고 닫혀 있는데, 왜 사람들은 귀는 억지로 닫고 닫혀 있는 입은 계속 여는걸까. 그러니 분란이 생기지."

밤에 동네 커피숍에 가보면 재밌는 상황이 눈에 띕니다. 고등학생이나 대학생쯤 되는 친구들이 제 주위에 모여 스터디도 하고 잡담도 하는데, 한 쪽은 토종 한국 학교 아이들이고 다른 한 쪽은 외국계 학교거나 유학생으로 보이는 아이들입니다.

전자 그룹 쪽에서 들리는 얘기는 대부분 뻔합니다. 대화의 반은 x나, x발, x새끼이고 대화 주제는 유치찬란합니다. 주위 사람 배려 없이 시끄럽게 떠듭니다. 나와서는 담배 피우면서 침 찍찍 뱉고요. 반면 후자 그룹은 욕이라고는 찾아볼 수 없고, 공부할 때 영어 원서를 들고 토론합니다. 잡담할 때는 목소리 톤이 낮아서 무슨 얘기하는지 잘 안 들립니다. 표정이나 행동도 기품 있고 의젓합니다.

물론 '극단적'인 사례 비교에 일반화이고, 외국계 학교 다니는 애들이 다 의젓하지만도 않습니다. 그러나 제가 몇 년 동안 관찰한 결과 유감스럽게도 정도의 차이가 있을지언정 대개 이렇게 대조가 됩니다. 왜 돈 있는 사람이 기를 쓰고 자식을 외국계 학교나 유학을 보내려는지 충분히 이해가기도 합니다.

거두절미하고, 늘 드는 생각은 한 사람의 스타일을 결정하는 것은 옷이나 구두 같은 것이 아니고 결국 그 사람의 말 한마디 한마디라는 것입니다.

전 형광등을 너무 싫어합니다. 어릴 때부터 그랬습니다. 집의 모든 등은 백열등입니다. 백열등이어야 차분해지고 안정감을 느낍니다. 하루의 반이 밤이고 그 시간의 분위기를 지배하는 것이 조명인데 대수롭지 않게 생각하는 사람이 많습니다.

사람과의 만남과 대화에서도, 너무 밝지도 어둡지도 않은 적당한 밝기의 조명이 중요하다고 생각합니다. 아무리 편한 사람과 만나더라도 얼굴 맞대고 이야기하는 데 스트레스가 없을 수는 없습니다. 이때 적당한 조명은 그런 긴장을 완화하는 데 도움이 됩니다. 따라서 음식점, 술집, 카페는 말할 것도 없고 기타 사업장에서도 고객이 가장 편안함을 느끼는 조명도를 연구할 필요가 있습니다. 조명도는 영업장의 이미지를 결정하는 중요한 요소입니다.

형광등 불빛으로 마치 수술실 같은 분위기를 조성하는 사업장을 방문하면 속으로 '사장이 참 센스 혹은 배려가 부족하구나'라고 다분히 선입견 어린 생각을 합니다.

자기중심적이고 잘 안 놀아주고, 무심하고, 노느라 일하느라 바쁘고, 가끔씩 상처도 주는 못난 아빠를 오히려 불쌍하다고 안쓰럽게 봐주고, 위로해주고, 투정도 안 부리고, 사춘기 반항도 없이 아빠를 감싸주느라 열일했던 아이. 사부곡이 아닌 사자곡이 입에서 흐릅니다. 가장 이뻤던 어린 시절에 매일 밤늦게 다니며 제대로 봐주지도, 안아주지도 못 한 게 깊은 회한으로 다가옵니다.

정말로 사랑한다. 널 위해 열심히 산단다.

인연이란 있을까요?

뒤집어 생각하면 초자연적 현상을 믿느냐는 질문과 다르지 않습니다. 만남이 윤회와 전생에 따른 업 때문임을 믿는 사람 외에는 신빙성 없는 얘기일 뿐이겠지요. 그럼에도 우리는 어렴풋이나마 인연이 존재한다고 믿습니다. 적어도 제가 만나본 사람은 그렇습니다.

왜 우리는 인연이란 단어에 너그러울까요? 인연이란 단어가 노스탤지어적 혹은 자기합리화적 위안을 주기 때문이 아닐까 합니다. 이루어지지 못 한 관계에 대한 원인을 나와 상대방이 아닌 무의식적인 어떤 실체 또는 초자연적인 힘에 의한 농간에 둠으로써 안도를 얻는 것입니다.

그래서 인연은 희망의 색을 띠고 있습니다. 이루어지지 못 한 이유를 알지만 포기하지 못 하는 관계일 경우 사람들은 대개 인연을 소환합니다. 비록 지금은 아니지만 우리의 연은 맺어질 운명이라고 결론짓는 거지요. 그러나 이어질 인연이 있다면 헤어질 인연도 있지 않겠어요. 그야말로 인연이란 동전의 양면입니다.

연이 이어지고 약해지고 강해지고 끊기는 일을 두고 인간 탓이라고 하기에는 어쩐지 너무 가혹합니다. 게다가 언젠가 다시 엮일 연이라는 믿음이 거짓이라고 명확히 증명된 바도 없습니다. 그래서 저는 인연을 믿습니다. 적어도 이 냉혹한 세상에서 희망을 주니까요.

뉴턴은 시간은 절대적 기준이라 했습니다. 아인슈타인은 시간은 상대적이라서 관측자마다 다르게 갈 수 있다고 뒤집었고요. 그런데 상대성을 느낄 정도가 되려면 우리가 비행기보다 백 배는 빠른 스피드의 물체를 타거나 〈인터스텔라〉에서 보듯이 중력이 지구보다 백 배는 큰 곳 근처로 가야 합니다. 현실적으로는 뉴턴의 이론하에 살고 있는 거죠.

시간 개념에는 여러 개가 있습니다. 우리가 늘 얘기하는 '어릴 적엔 일 년이 참 길었는데 요즘 일 년은 눈 깜짝하면 지나가네'라는 건 심리적 시간을 말합니다. 나이 먹을수록 시간에 가속도가 붙는 건 왜일까요. 어릴 때는 매일 새로운 것을 접하고 배우고, 계속 새로운 환경에 노출되고 낯선 사람을 만납니다. 그러다가 어느 시기부터 생활이 6시 기상, 출근, 일, 점심, 일, 눈치 보다가 퇴근, 집 아니면 소주 한잔으로 고착화됩니다. 만나는 사람도 익숙한 사람들로 한정되고요. 심리적·지각적으로 시간 흐름에 둔해지는 패턴으로 가기 때문에 시간 체감 속도가 빨라지는 게 아닐까 싶습니다.

삶을 무미건조하게 사는 사람을 향해 피천득 선생은 센 톤으로 말씀하셨네요. "기계와 같이 하루하루를 살아온 사람은 팔순을 살았다고 하더라도 단명한 사람"이라고. 눈 뜨고 있는 시간의 절대적 길이로 장수를 말할 수 없다는 얘기입니다. 장수의 다른 비법을 배웠습니다.

해외지사장 친구 하
나가 잠시 귀국했다
고 간만에 열 명이
집합했네요. 나이는
열라 드셨어도 여적
고등학생인지 어째
대화 수준은 유치찬

란 초절정. 그래도 웃긴다는 게 함정. 오랜 친구는 때로 한자리
에 함께 있는 것만으로도 큰 위로를 받고 한편으로 큰 위로를
주는 존재입니다.

'술도 안 하고 담배도 안 하는데, 운동마저 안 하는 남자라면
어딘가 이상하거나 문제가 있을 것이다.' 제가 갖고 있는 선입
견 중 하나입니다. 경험상 틀리지 않는 것 같아 버리지 못 하고
있습니다. 저는 이런 사람과 친구해 본 적이 없습니다. 이상하
게 저하고는 케미가 잘 맞지 않네요. 일반화할 의도는 추호도
없음을 미리 밝힙니다.

저의 생각은 이렇습니다. 사람은 누구나 스트레스를 받으며 살
아갑니다. 각자의 방식으로 풀어가게 마련이고요. 일반적으로
남자들의 해소 방법은 건강하지도 권장되지도 않지만 술과 담
배입니다. 요즘엔 술·담배를 멀리하면서 스트레스를 조절하는
남자가 많아지고 있습니다. 어떻게? 바로 운동입니다. 러닝, 사
이클링, 웨이트, 테니스, 골프 등 몸을 움직이고 땀을 흘리면서

스트레스를 풉니다. 그런데 술·담배도 안 하고 운동도 안 하는 남자는 대체 무엇으로 스트레스를 풀까요? 제가 생각하기에 양 극단의 두 가지가 있습니다. 한 쪽은 지극히 고차원적 레벨의 사람이 선택한 방식으로 명상, 독서, 일 등으로 극복하는 경우입니다. 다른 한 쪽은 병적인 탐닉에 빠져드는 경우입니다. 여자에 빠지든지, 돈에 집착하든지, 불건전한 오타쿠가 되든지 하는 식이지요. 이렇게 보기 때문에 제가 편협한 선입견을 갖는 것입니다.

"술·담배 안 해도 좋아. 근데 운동마저도 안 한다면 난 네가 이상한 사람이라고 생각해." 제가 이렇게 말할 정도로 운동은 삶에서 중요합니다. 단순히 스트레스 풀고 건강을 유지하는 면만을 얘기하는 게 아닙니다. 운동을 진지하게, 열심히 하는 사람은 스트레스 해소 및 건강 증진과 더불어 배우는 것이 있습니다. 바로 운동의 룰입니다. 룰을 지키는 것의 의미와 매너를 배웁니다. 그런 다음 승부를 배웁니다. 종국에는 '스포츠맨십'이란 것을 유야무야 체감합니다. 운동을 제대로 하는 사람과 안 하는 사람은 다릅니다. 마인드부터 다릅니다. 물론 운동하는 모든 사람이 그렇다는 말은 아닙니다.

저희 아버지는 야구를 좋아하십니다. 아버지의 버킷리스트는 미국 메이저리그 전 구장을 다 가보는 겁니다. 지금 대략 3분의 2는 다녀오셨네요. 현재 여든 중반의 나이니까 아마도 모두 달성하기는 어렵겠지요.

아버지 버킷리스트에 비해 제 것은 매우 쉽습니다. 테니스 4대 메이저를 다 가보는 것이거든요. 이미 윔블던과 US오픈은 다녀왔고 곧 호주오픈도 꼭 갈 겁니다. 남는 건 프랑스오픈인데, 머지않아 이 또한 달성하리라 봅니다.

버킷리스트라는 말이 나온 김에 저의 리스트 몇 가지를 적어봅니다. 이집트 가서 피라미드 직관하기. 스코틀랜드 위스키 농장 가서 한잔 맛보기. 쿠바 가서 시가 한 대에 재즈 묻히기. 크루즈로 지중해 한바퀴 돌기. 하와이 마우나케아 천문대에서 은하수 보기… 돈 많이 벌어야겠습니다.

'아무 생각 없음'이 사실 가능하지 않죠. 가능한 잡생각 안 하고 평안해지려 노력하는 것뿐입니다. 명상에 대해 1도 모르지만 무상하기가 오죽 어려우면 마음을 비우는 법까지 고안됐겠습니까.

'비워낸다.' 여기저기 쉽게 쓰는 단어지만, 가만 보면 참으로 심오한 뜻을 지녔습니다. 일단 심신 중 신 쪽으로 생각해 보면 이해가 빠릅니다. 신은 몸이죠. 술과 담배에 찌들고 피로에 녹슬면 달리기나 테니스 등의 심폐운동으로 노폐물을 배출합니다. 일종의 독 비우기죠. 다시 태어난 기분이 들고 살 것 같아집니다.

마음도 살펴보죠. 몸처럼 마음에도 덕지덕지 노폐물이 쌓입니다. 미련, 못다 이룬 사랑, 욕심, 쪽팔림, 앙금, 시기, 질투, 악의, 자책, 대안 없는 걱정이 마음의 노폐물이죠. 몸의 노폐물은 운동과 사우나, 둘코락스로 배출하면 그만이라지만 마음의 노폐물은 어떻게 해야 할까요? 어려운 얘기죠. 저도 방법은 모르지만 마음이 비워지면 어떻게 되는지는 알겠습니다. 비워진 몸처럼 새로 태어난 기분에 더 큰 자유와  여유를 갖게 되죠. 미련과 속박과 욕심을 비워내면, 그토록 애써 좇던 것들이 스스로 내게 다가올 확률도 높아집니다. 비우면 채워진다는 말, 그냥 하는 말이 아닙니다. 실제로 그렇습니다. 그런데 왜 저는 비우려고 온 이 바닷가에 누워서도 이리저리 번민할까요? 그야 평범한 한 인간일 뿐이니까요.

난 누구, 넌 어디. 넌 누구, 난 어디. 가끔 유체이탈이 필요합니다. 유체이탈을 자유자재로 할 수 있다면, 꼰대가 안 될 수 있고 개저씨는 물론 미움 받는 직장상사도 안 될 수 있습니다. 시건방이 지나쳐 뒤통수 맞기 전에 꼬리를 내릴 수 있으니까요. 한데 심하게 이탈하면 우울증 옵니다. '나'라는 존재는 애정하는 피사체지만 결국 맘에 안 들 수밖에 없거든요. 적당히, 균형을 맞춰가며 이탈하시기 바랍니다.

주니어와 커플룩하려고 스웻셔츠를 짝으로 바리바리 싸들고 왔는데, 다행히 맘에 들어 하는군요. 간만에 주니어와 갈대밭 속 망중한을 즐겼습니다. 아빠를 어려워하지 않아서 참 다행입니다… 라고 말할 줄 알았죠? 아니거든요. 그냥 졸로 봅니다. 더 좋지요 뭐.

저는 이것저것 많이 수집해보고 애정도 많이 줘보고 활동도 죽어라 해봤습니다. 만나는 친구도 많았습니다. 그때 당시에는 물건이든 일이든 사람이든 너는 분명 내 평생친구라고 생각했지만 지금 와서 보면 옆에 있는 건 별로 없습니다. 인간 마음은 간사하고 싫증도 잘 냅니다. 눈높이도 시시각각 달라집니다. 기호와 취향이 생물과도 같이 변합니다. 그럼에도 한 이십 년 동안 내 곁에 변함없이 머무르는 게 있다면, 그것이야말로 평생친구일 가능성이 크겠지요. 생각해 보니 저에겐 그런 존재가 세 가지가 있더군요. 테니스, 안경 그리고 말그대로 불알친구들. 저의 평생친구가 아닐까 싶습니다. 당신의 평생친구는 무엇인가요? 적어도 세 가지를 명확히 꼽을 수 있다면 흐리멍텅한 라이프는 아닐 겁니다.

세상에는 세 종류의 웃기는 사람이 있습니다. 첫 번째 부류, 진짜 웃깁니다. 말이든 표정이든 타인을 웃게 만듭니다. 가끔씩 배꼽 빠집니다. 훌륭한 재능입니다. 두 번째 부류, 진짜 안 웃깁니다. 바보 같고 멍청해서 가끔 빵 터트리는 사람입니다. "어휴, 저 바보삼룡이." 세 번째 부류, 진짜 안 웃깁니다. 어처구니없어서, 말이 안되서, 가증스러워서 썩소를 내뱉게 만드는 사람입니다. "어휴, 저 개xx."

세 종류의 사람 모두 웃기든 비웃게 하든 어쨌든 웃깁니다. 그런데 두 번째 부류는 자기가 남을 웃기는 것과 남이 자기를 비웃는 것을 잘 구분하지 못 합니다. 그래서 종종 자기가 유머스

럽다고 착각합니다. 심각한 병이지요. 허나 남에게 피해를 주
는 건 아니죠. 그저 딱할 뿐입니다. 세 번째 부류는 자기가 웃
기는 인간이라는 사실을 당연히 모를 뿐더러 그 웃음이 비웃음
섞인 썩소인 건 더더욱 모릅니다. 아마 일부는 알면서도 애써
부인할 겁니다. 심각한 병 수준이 아니라 그냥 괴물입니다.

뉴스나 신문을 보면 고질라 특집 편을 보는 것 같습니다. 어쩌
면 그리 각양각색의 괴물이 날뛰는지 정신 없습니다. 생각해
봤습니다. 도대체 무엇이 멀쩡한 사람을 괴물로 만들었을까?
혹시 그 사람 자체가 괴물이었나? 이유가 달리 있겠습니까. 이
념에 눈멀고 권력과 돈 맛에 빠져 상식도, 정도도, 스포츠맨십
도 그들에겐 하등 중요한 가치가 아닌 거죠.

420 분명한 사실

나이들수록 관계와 관련해 분명해지는 사실들이 있습니다.

하나는, 주위에 좋은 사람과 좋은 관계가 많은 사람만큼 부자
인 사람도 없다는 겁니다. 이러한 관계를 만들기까지 보이지
않는 많은 것이 작용합니다. 남에 대한 배려, 베풂, 개인적 매
력이 여기에 해당됩니다. 세속적인 재력과 파워도 알게 모르게
영향을 끼치고요. 그러나 여기에는 반드시 의리와 덕이라는 게
깔려 있습니다.

또 하나는, 내가 올바로 서야 관계라는 것도 유지되고 새로운
관계도 맺을 수 있다는 겁니다. 자기 확신이 약하면 그만큼 관
계의 신뢰도도 낮아집니다.

마지막으로, 내가 나쁜 생각을 하고 나쁜 일을 꾸미고 천하게

행동하면 모이는 사람도 나와 비슷하다는 겁니다. 즉, 똥파리가 꼬이게 되어 있다는 거죠. 본인이 정도를 가겠다는 마음을 갖고 있으면 어디서 의인이 하나둘씩 나타납니다. 의인은 친구일 수도, 선후배일 수도, 직장동료일 수도, 비즈니스 파트너일 수도 있습니다. 어울리는 사람을 보면 그 사람이 보인다는 말이 틀리지 않습니다.

프랑스 가서 한 가지를 확실히 느꼈고, 그 한 가지가 몹시 부럽더군요. 저녁 8시, 9시라도 밖에 나와 식사를 하고 이후 카페나 바 어디를 가나 연인끼리 혹은 친우끼리 과하지 않은 술잔을 기울이면서 웃고 떠드는 모습이 보기 좋았습니다. 프랑스라고 경기가 좋지는 않습니다. 경기와 무관하게 프랑스 사람들의 자연스러운 생활인 거죠. 부러웠습니다. 비단 파리만 그럴까요. 런던도 그렇습니다. 심지어 일벌레의 나라 도쿄도 마찬가지입니다. 프랑스 수준의 여유는 아니지만 역을 중심으로 활력이 넘쳤고, 주말을 맞으니 어디건 인산인해를 이루더군요.

서울은 그런 문화가 싹트려다가 어느 순간 확 주저앉았습니다. 외국인이 오면 어디를 데려가야 할지 모르겠습니다. 특색 없어진 가로수길, 정체가 불분명한 연남동, 먹고 마시는 것 외에 별것 없는 이태원, 그 나물에 그 밥인 명동. 어디 하나 제대로 쇼핑할 만한 곳도, 괜찮은 미식거리도, 볼거리나 문화체험을 추천할 만한 곳도 딱히 생각나지 않습니다. 뉴욕의 소호, 프랑스의 샹제리제, 런던의 옥스포드, 도쿄의 시부야, 하와이의 와이키키 등 상징적인 랜드마크 스트리트 하나 없는 도시가 되어버렸습니다. 제가 말하는 랜드마크 스트리트라 함은 쇼핑, 미식, 문화체험, 구경거리, 다양한 요식, 복합몰, 백화점, 지역 트렌드 등을 한눈에 보고 즐길 수 있고 하루 종일 시간을 보내도 지겹지 않은 대도시 내 구역을 의미합니다. 서울 인구만 1천만 명, 세계 12~15위 경제대국에 이런 곳 하나 없다는 건 우리가 얼마나 각박하게 살고 있는지를 보여주는 단적인 예입니다. 차라리 1960~1970년대 종로·명동 시절이 더 랜드마크다웠습니다.

사람들을 보면 폭발 중이거나 폭발하기 바로 직전이거나 자체적으로 해결하다가 병을 얻는 중에 있는 것 같습니다. '손대면 톡 하고 터질 듯한' 분노의 포도알입니다. 그야말로 분노의 시대입니다.

저도 예외는 아닙니다. 잠잠하다가 가끔씩 폭발합니다. 사소한 것에 신경이 곤두섭니다. 지나고 보면 그럴 일도 아니고, 단순 이불 킥에 불과한 일일 뿐인데요. 뭐가 됐든 무슨 이유든 분노와 화를 다스리지 못 하는 건, 참으로 나 자신을 갉아먹음과 동시에 치명적인 해가 됩니다. 자기 발전에 가장 큰 장애물이고, 행복해질 수 있는 기회를 스스로 박탈하는 행위입니다. 자주 그리고 많이 웃고, 친구와 주위 사람의 흠결을 참아내고, 만나는 사람에게서 최선의 것을 발견하고, 부정적인 생각일랑 털어버리고, 모든 잘못의 원인을 자신에게 찾는 것. 그것이야말로 제가 산 넘고 물 건너 조우해야 할 사우론의 탑입니다.

달 사진. 휴대전화로 촬영한 제 인생 첫 우주사진입니다. 과학
동아천문대 갤럭시클럽 회원이 되어 별, 별자리, 천체, 우주 관
측 등에 관한 수업을 들었습니다. 좋은 천체망원경도 받고 망
원경 조작법도 배웠습니다. 이 나이에, 정말 간만에 참한(?) 학
생이 되어 뭔가를 배운다는 게 재밌고 보람찼습니다. 우주에
대해 글 쓴다고 SNS 계정까지 따로 만든 인간이 애저녁에 수
강해야 했다고 스스로를 탓하기도 했고요. 별자리와 천체 관측
에 대해서 모르는 게 너무 많았거든요.

맥주보다 도수 높은 술을 끊은 지는 7년이 넘었고 좋아하던 와인도 예외 없이 끊었습니다. 그림의 떡이긴 하나 오래전부터 쌓아 온 와인 지식과 트렌드 감각을 잃기 싫어서 마트 오면 와인 코너에서 비비적거립니다. 제가 안 마시더라도 좋은 와인 골라주면서 아는 척하는 재미도 있으니까요.

독주를 끊으니 좋은 점도 나쁜 점도 있습니다.

좋은 점을 정리해 봅니다. ① 숙취가 많이 줄어듦. 과거에는 저녁 때 소주 먹고 2차 가서 위스키 마시면 다음 날 업무진행 불가. ② 필름 끊기고 실수하는 횟수 급격히 감소. 예전엔 집에 어떻게 들어왔는지 기억 안 날 때가 많았음. 험악한 세상인데 무방비로 자신을 길거리에 버려둠. ③ 간 건강이 좋아짐. 만성 염증 부위도 어느 날 보니 나아져 있음. 신기함. ④ 정신적으로 건강해짐. 술 먹고 필름 끊기고 실수라도 한 다음 날은 우울증 왔음. 지금 생각해 보면 정신 건강에 안 좋은 루틴이었음. ⑤ 인간관계(가족 포함)도 좋아짐. 과음하다 보면 언젠가 민폐를 끼치게끔 되어 있음. 나이들수록 가까운 사이라도 주사에 예민해지고 포용력이 사라짐. 안 그래도 피곤해 죽겠는데 술자리까지 와서 피곤해지는 걸 극도로 싫어함. ⑥ 맥주만 마시면 쉽게 배부르기 때문에 식사는 대충 또는 생략하게 됨. 자연스럽게 탄수화물 섭취가 줄어듦. 맥주로 탄수화물을 이미 충분히 섭취한 것을 계산하면 그게 그거일 수 있음.

나쁜 점도 정리해 봅니다. ① 희생이 따름. 보르도 고급와인의 부드러운 목 넘김과 숙성 잘된 위스키 향을 음미할 수 있는 특권 상실. ② 국물 요리와 삼겹살에는 소주가 딱인데, 이젠 못함. ③ 맥주만 많이 마셔도 취함. 양도 조절해야 함. ④ 1차부터 2차, 3차 계속 맥주만 마실 시 배불러 죽음. ⑤ 통풍이나 담석증 올까 봐 걱정됨.

결론은 좋은 점이 나쁜 점보다 압도적으로 많음.

누가 휴가 갈 때 '잘 쉬고 오세요'라는 말처럼 애매하게 들리는 것도 없습니다. 일단 세상에서 가장 편히 쉴 곳은 자기 집, 자기 방입니다. 게다가 인간은 하와이건 몰디브건 잠자리와 환경이 바뀌면 적응하기까지 도저히 편할 수 없는 동물입니다. 집 떠나면 고생이라는 말이 괜히 나온 게 아닙니다. 이렇게 보면 새로운 곳이든 이미 가본 곳이든 내 동네 아니면 탐험 정신이 필수적입니다.

그뿐인가요. 동행인이 있으면 밥 먹는 것도 행선지도 조율해야 합니다. 탐구생활과 고민생활입니다. 피곤합니다. 혼자 리조트에서 지낸다 해도 햇볕 많이 받으면 그것도 무지 피곤합니다. 그늘과 방안에만 있을 거면 비싼 돈 들여 왜 가는 거냐는 의문이 스스로에게 들겠지요. 이렇듯 어디를 가든 절대 쉬러 가는 게 아닙니다. 옛날처럼 카톡도 이메일도 없고 국제전화가 1분당 1,200원 하던 시절에는 쉬러 가는 것도 말이 되긴 했습니다. 잠시나마 일에서 벗어날 수 있었으니까요. 지금은 아니죠. 빛의 속도로 카톡과 이메일이 전송됩니다.

본론으로 들어갑니다. 첫째, 진정 쉬는 휴가가 되려면 미니멈

2주 이상이어야 합니다. 계산은 간단합니다. 본인이 휴가라는 개념에 적응하고 남들이 연락하기를 포기하는 시간이 일주일은 걸립니다. 그렇게 나와 주변 정리가 끝난 2주차부터 진정한 휴가가 시작됩니다. 4박 5일 휴가? 6박 7일 휴가? 피로만 더 쌓고 옵니다. 둘째, 한국에서 2주 휴가는 퇴사하고 다음 직장 출근 사이일 때만 가능합니다. 재직하면서 2주 휴가를 계획하기란 현실적이지 않습니다. 셋째, 따라서 휴가 가는 이에게 '잘 쉬고 오세요'보다는 '재밌게 놀다 오세요'가 더 적합한 인사말입니다. 별것도 아닌 얘기를 진지하게 했습니다.

터지기 직전의 저질 소시지처럼 스트레스, 압박, 긴장 그 무엇이 꽉 밀려올 때가 있습니다. 누구나 그럴 겁니다.

어젯밤에 연약한 마음 창자껍질이 터져 버렸습니다. 대참사지요. 각종 찌꺼기 비계육이 쏟아지면서 얼굴에 묻고 옷에 튀고 땅바닥에 흩어졌습니다. 노르망디 상륙작전이 개시된 다음 날 바닷가에 밟히던 호모사피엔스의 뇌와 창자들 잔해가 이렇지 않았을까 생각합니다. 불현듯 어디론가 떠나고 싶더군요.

오랜만에 혼자 멀리 가려고 했습니다. 잠시 고민하다가 몬타나 어때. 비행기표를 뒤졌습니다. 시애틀 경유해서 스포케인 들렀다가 〈흐르는 강물처럼〉 배경인 헬레나 몬타나로 가자. 저녁 비행기로 예약했습니다. 5박 6일 일정으로. 그런데 문득 라플란드나 몬타나처럼 북극에 가까운 곳은 여름에 가야 한다는 생각이 뇌리를 스쳤습니다. 겨울에 가면 눈과 추위밖에 없어요.

혼자 고독 씹는 척도 하루이틀이지, 혹한에 외롭게 있을 모습을 상상하니 괴기 영화더군요. 그것도 걸리지만, 현실이란 녀석이 눈앞에 떡 가로막고 있어요. 안경 출시도 해야 하고 해외 안경박람회도 사전 작업해야 하고요. 모바일로 일할 수 있다지만 내 눈으로 직접 보지 않으면 재작업이나 소소한 참사가 벌어질 수도 있어서 눈물을 머금고 예약을 조정했습니다. 그러고도 미련을 못 버리고 꿩 대신 닭이라고 부산에 가서 바다나 보자 하면서 호텔과 KTX를 예약했습니다. 아침 일찍 가자. 아침에 눈 뜨니, 11시. KTX 놓쳤고 그냥 딱 만사 귀찮아지고, 호텔 위약금으로 돈만 날리고 폭망.

이후 염세 허무주의자로 빙의되어 오후 늦게 기어나와 머리를 잘랐습니다. 마치 애인과 헤어진 여자가 긴 머리 싹둑 자르듯 그렇게요. 마치 소개팅 나가서 되도 안 한 남자에게서 세 번 연속 거절 당하고 홧김에 자르듯 그렇게요. 뒷머리 묶고 싶었는데 부질없더군요. 리셋이 필요한 시점인가 봅니다.

조지 마이클의 'You Have Been Loved'를 듣다가 이런 생각이 들었습니다. 한때 사랑을 받아서 그나마 다행이라고. 그렇지만 마음 한쪽에 난 빈 구멍은 채워지지 않은 채 블랙홀 같이 광속으로 회전하며 마음의 외벽을 긁습니다. 광속의 긁는 속도도, 몸이 가루가 되는 체감 고통도 절대 이기지 못 하는 게 있습니다. 천천히 흐르는 시간 그리고 동반하는 생존을 위한 망각감.

427

제주도 어느 풍경을 감상하며 제가 무슨 생각을 할까요? ① 세상은 정말 아름답고 난 행복해. ② 정신 차리고 열심히 살자. ③ 오늘밤은 어디서 놀지. ④ 뭘 먹어야 맛있게 먹었다고 소문날까. ⑤ 내가 봐도 난 멋있어. ⑥ 인생 덧없다.

우선은 ⑥번입니다. 행복하다 싶으면 불행이 예외 없이 찾아오고, 잘나간다 싶으면 태클이 걸리고, 만남이 있으면 곧 이별이 찾아옵니다. 자뻑하고 있으면 어느 순간 땅바닥으로 떨어지고 분노가 사무치다 곧 평안이 찾아옵니다. 일에 파묻히다가도 모든 걸 내려놓고 게을러지고, 착실하다가 피폐해지고, 망가져 절망에 허우적대다 새로운 희망을 보고 또 달립니다. 인생의 모습이죠. 이렇게 반복하다 보면 어느 날 이게 뭐지 하는 순간이 찾아옵니다. 이런 상황을 두고 '덧없다'는 말만큼 적절한 표현은 없을 듯합니다.

다음은 ②번. 챙길 것도 많고 책임질 사람도 많은데 최근 혼자만의 매너리즘에 깊이 빠져 있었습니다. 이기적인 거지요. 다시 냉정 모드로 가야 합니다.

다음은 ④번. 바로 저녁식사 전이었어요. 중식 일식 한식 양식 중에 골라야 하는 무지 골치 아픈 상황에 처한 거죠.

다음은 ③번. 밥은 밥이고 금요일 밤인데 어디서 불꽃을 피워볼까? 매우 중요한 문제지요. 결국 그냥 숙소로 갔지만요.

다음은 ⑤번. 거울 속 제 모습을 보는데 옷차림이 맘에 들더군요. 배도 없이 늘씬하니, 내 연배에 이 정도면 멋지지 했습니다.

마지막으로 ①번. 현재 괴로운 일이 많지만 뒤집어 생각해 보니 가진 게 무척 많더군요. 그러니 모든 걸 옮겨지려고 하지 말고 여기에서 더 잃지 말아야지 하는 게 맞습니다. 세상은 아직 저에게 과분합니다.

정답은 모두.

미
세
한
차
이

압구정 구현대아파트 미제 가게에서 사온 미제 제로코크. 그거 아세요? 미제 제로코크가 국산 제로코크보다 더 맛있어요. 아주 미세한 차이인데, 차이가 있습니다. 그리고 오리지널 코크는 캔코크보다 병코크가 더 맛있습니다. 아주 미세한 차이인데, 차이가 있습니다. 아는 사람만 아는 겁니다. 먹고사는 데 지장은 없는 거고요.

세상에 가장 못 믿을 말 중 하나가 물건 좋아하는 사람이 '이제 더 안 산다'는 말입니다. 그러나 공격하다가 수비도 하는 것이고 방탕하다가 도도 닦는 것임을 생각하면, 사재기하다 처분하기도 하지 않을까요? 세상만사 돌고 돌다가 어느 순간 경제학에서 얘기하는 균형에 도달하는 것이겠지요.

쟁
여
놓
기

코스트코 같은 대형마트에서 자주 장을 보다 보니 하지 말아야 할 일이 정리됩니다.
첫째, 당장 필요한 것도 아닌데 '싸다'고 주워 담지 말기. 조 말론 100밀리리터 향수가 시중가보다 3~4만 원 싸더라구요. 웬 떡이냐 싶어 카트에 얼른 주워 담았습니다. 그런데 계속 전진하다 보니 뒤통수가 찜찜합니다. '너 이거 당장 없으면 사는 데 지장 있어?' 아니. '너 집에 쟁여둔 조 말론도 곧 유통기한 지나 썩을 텐데 꼭 추가해야 해?' 아니. 그냥 조용히 되돌려 놓았습니다.

둘째, 당장 많은 양이 필요한 것도 아닌데 '싸다'고 묶음 상품 주워 담지 말기. 면도날 20, 30개들이 묶음이 있는데 시중가 대비 거의 반값이더군요. 웬 떡이냐 싶어 카트에 얼른 주워 담았습니다. 근데 계속 전진하다 보니 뒤통수가 찜찜합니다. '너 이거 5년 쓸 양인데 굳이 쟁여 놓고 모셔 둘 이유 있어?' 아니. '지금 십 몇만 원 쓰는 거 부담스럽지 않아? 필요할 때 1, 2만 원 쓰는 게 현명한 지출 아냐?' 응, 맞아. 그냥 조용히 도로 갖다 놓았습니다.

필요한 그때그때 조금씩 사서 쓰는 게 현금 지출을 줄이는 길입니다. 전쟁용 비상식량도 아닌데 굳이 현금을 물건 재고로 바꿔 집에 쌓아 둘 이유가 없습니다. 캐시가 너무 많고 집 창고가 운동장이 아니라면 말이죠.

불혹에는 불혹(不惑: 세상일에 미혹되어 판단을 흐리는 일이 없다)이라

는 개념이 무색하게 사리분별을 못 했습니다. 50세 지천명이 넘으니 그제야 불혹 수준에 다가가는 것 같습니다. 이유는 있습니다. 옛날에 50세면 손주 보고 장수를 준비하는 나이고, 지금의 50세는 십 대의 마음과 열정으로 다시 시작해야 하는 나이니까요.

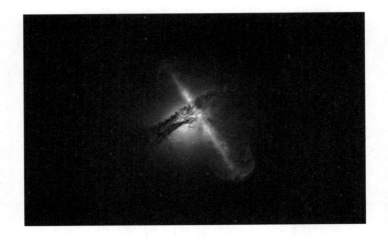

우주란 얼마나 드넓은 곳일까요? 정말 상상초월입니다. 블랙홀 사진을 보다 보면 블랙홀 중심에서부터 뿜어져 나오는 긴 기둥이 있을 때가 있습니다. 블랙홀이 주변 물질을 끌어당기는 과정에서 방출한 엑스선 기둥입니다. 그렇다면 이 엑스선의 길이는 얼마나 될까요? ① 15광년 ② 150광년 ③ 1,500광년 ④ 15,000광년. 답은 말도 안 되게 15,000광년입니다. 빛의 속도로 1만 5천 년을 가야 하는 거리가 고작 블랙홀 하나가 꺼억 하며 뿜어내는 트림 자국 하나의 길이에 불과합니다.

우주에서 우리는 먼지 티끌 만한 존재도 못됩니다. 아니, 박테리아 병균 한 마리도 못됩니다. 거의 '무'입니다.

클래식을 듣고 있으니 문득 아버지 생각이 나네요. 저희 아버지가 좋아하시는 음악이 두 곡 있습니다. 차이코프스키의 '피아노 협주곡 1번'과 마스카니의 오페라 〈카발레리아 루스티카나〉 중 '인터메조'. 그걸 제가 기억하는지 아버지는 아마 모르실 겁니다. 지금의 저희 아버지는 예전과 다릅니다. 물론 그대로이신 면도 있지만요.

과거 나의 아버지: ① 고양이, 개, 사람 아기나 어린이가 다가오는 것을 세상에서 제일 싫어하셨음. ② 아버지와의 스킨십 기억: 술 오방 자시고 자는 저한테 까끌 수염 공격. 세상에서 그거보다 불쾌한 경험은 없었던 듯. ③ 주말에 아버지와 논 기억: 일년 54주 중 52주는 골프 가셨음. 나머지 2주는 기억 안 남. 아버지랑 주말에 논 기억은 세 번 있음. 경복궁 한 번 갔고, 야구장(1982년 잠실에서 세계야구선수권 우승한 날. 김재박 선수가 플라잉 번트대고 한대화 선수가 역전 홈런침) 한 번 갔고, 테니스 대회(나브라틸로바 vs 만드리코바) 한 번 감. ④ 그러다 보니 주말에 아버지가 집에 계시면 오히려 불편했음. 아버지 없는 게 좋았음.

요즘 나의 아버지: ① 최근에 개를 키웠는데 개가 아버지를 제일 좋아했음. 아버지가 말씀하시길, '개는 사람과 똑같다. 그냥 인간인데 말만 못 한다.' ② 손주들한테 인기 일등.

너무 사랑을 주심. ③ 잘나가실 때 신경도 안 쓰던 아들들을 매우 보고 싶어 하심. 다만, 티는 안 내려고 하심. 근데 형이랑 저는 앎.

지금의 아버지가 옛날의 아버지보다 훨씬 좋습니다. 모든 것 내려놓고 더는 힘 없지만 본인이 얼마나 자상한 사람인지를 깨달은 지금이 좋습니다. 저나 형한테 잔소리 아닌 잔소리도 들으시면서 가시기 전에 자식과 친구가 되셨습니다.

아버지가 맥주 한잔 하자고 하는데 이러저러한 핑계로 계속 뒷전으로 미루네요. 나중에 얼마나 후회하려고.

435 〈벤자민 버튼의 시간은 거꾸로 간다〉 같은 잘 만들어진 사랑 영화, 인생에 관한 영화를 보면 눈물이 글썽여집니다. 아직은 감성이 살아 있다고 해야 할까요, 아니면 여성 호르몬의 세력 확장 때문이라고 해야 할까요. 전자겠지요?

436

포
니
라
는
유
산

제가 유독 좋아하는 세 단어가 있습니다. 클래식Classic, 빈티지 Vintage, 유산Heritage.

이런저런 말이 많지만 현대자동차를 무시할 수 없는 이유 중 하나는 그들에게 포니Pony와 같은 아름답고 클래식한 유산이 있다는 사실입니다. 뜬금없이 졸부가 된 캐릭터는 아니란 얘기지요. 포니는 당시 알파오 로메오, 페라리 등을 디자인한 이탈리아 디자이너 주지아로Giorgetto Giugiaro의 또 다른 역작입니다. 자동차도 운동화처럼 되살릴 수 있다면 포니 모델을 다시

보고 싶습니다.

저의 개인적 경험과 생각입니다만, 한국에서 운전하기에 현대 자동차 품질이면 독일차, 영국차와 별반 다를 게 없습니다. 셋 다 경험해보고 든 생각입니다. 그랜저 10년 탔지만 잔고장 하나 없었고, 제네시스 10년 탄 제 친구도 잔고장 전혀 없었다고 하더군요. 코너링 성능 어쩌고 하는데 어디 가서 드리프팅하거나 아우토반 가서 200킬로미터로 달릴 거 아니면 고려할 게 아닙니다. 현대자동차에게 가장 부족한 건 브랜드 가치, 감성 가치, 연비인 듯합니다. 물론 고차원으로 가면 손꼽을 게 더 있겠지요.

미우나 고우나 현대자동차 덕에 밥 먹고사는 사람이 몇 백만 명은 될 겁니다. 또한 삼성전자와 더불어 한국의 대표 브랜드입니다. 그렇기에 좋으나 싫으나 응원합니다.

목사님 설교를 듣던 중에 감사의 반대는 낙담이고, 낙담만큼 삶에 '악'한 것도 없다는 얘기가 인상적이었습니다. 초등학생도 알 만한 얘기입니다만, 실상에서는 무슨 일에든 실망감과 좌절감이 앞서기 마련이고 이는 곧잘 악순환으로 이어집니다. 부정적인 기운을 하루아침에 긍정 에너지로 바꾸기란 불가능하겠지요. 다만 매사 감사할 거리를 찾고 기꺼이 감사하려는 마음을 갖는 것은 낙담의 악순환을 끊어내기 위한 가장 처절한 자기 방어 기제가 아니겠습니까.

구름 한 점 없는 파란 하늘과 청량한 대기를 만끽하는 건 진정 기적이라고 생각합니다. 지구는 우리 같은 생물이 살아가는 데 적합하도록 천 가지 기적적인 조건을 갖추고 있습니다. 그 중 하나가 달의 존재지요.

달의 인력이 적당히 지구와의 균형을 잡아주기에 지구 자전축이 지금 상태로 안정되어 있다 합니다. 달이 없으면 축이 마구 바뀌면서 열대지방이 북극 되고 겨울이 여름 되고, 그 결과 온난화와 빙하기가 반복된다고 합니다. 뿐만 아니라 달의 인력이 잡아주기에 지구 자전횟수가 하루에 한 번이지, 달이 없어서 8시간마다 한 번 지구가 돈다고 하면 지구의 대기 순환이 빨라져 목성의 대적점처럼 허리케인이 몰아치는 험악한 곳이 된다고 합니다.

지구와 달 사이 거리가 일 년에 몇 센티미터씩 멀어진다는 사실 아세요? 별것 아닌 것 같지만 1억 년이 지나면 몇 천 킬로미터가 멀어지는 것이고 그 때의 지구는 지금과 크게 다를 겁니다. 인류가 그때까지 생존해 있을 리는 없겠지만요.

하여간 앞의 달 얘기는 빙산의 일각이고 정말 말도 안 되는 우연과 기적의 연속으로 만들어진 지구에, 그것도 몇 십만 종 넘는 생물 중 인간으로 태어난 것만도 또 다른 기적인데, 이 기적에 감사해하고 행복해하는 사람이 60억 명 중에 거의 없다는 것 또한 기적입니다. 우리는 진정 기적 속에 살고 있습니다.

저도 그렇지만 정말 대부분의 사람이 자기 자신을 너무나 모릅니다. 오히려 주위 친구와 가족이 나를 백 배는 더 잘 아는데, 상처될까봐 적나라한 말을 아끼는 것뿐입니다. 불혹쯤 되면 어느 정도 자신을 파악합니다. 자신을 알면 알수록 본인의 불완전함에 소심해지기 마련입니다. 그래서 나이들면 말 한마디에도 상처받나 봅니다. 만나는 사람도 편한 사람만 찾게 되고요.

자신을 스스로 잘 안다는 건 정말 많은 상처를 입어야만 가능합니다. 그러니 자신에게 더 겸허해질 필요가 있습니다. 내 안에 어떤 놈이 있는지 잘 살펴보십시오. 그 놈 정체가 명확해져야 죽이든 살리든 다독이든 처분할 수 있을 테니까요.

한잔하고 집에 오니 꼬맹이가 보고 싶네요. 사람 사는 거 다 똑같지 싶습니다. 가장 이뻤을 때가 자꾸 그립습니다.

매일 맥주 마시고 밥 좀 더 먹고 한 보름 운동도 안 했더니 살 찌고 배가 금방 나오네요. 한 해 한 해 기초대사량이 떨어지기 때문에 조금만 과식해도 살이 붙고, 예전처럼 운동해도 쉽게 체중이 줄지 않습니다. 평생관리라 하는데 그 밑단의 실상은 나이와 함께 관리 레벨도 고강도로 높여야 현상 유지가 가능하다는 것이지요. 관리 없는 미모 없습니다.

제가 건강과 체형을 유지하는 비결 중 가장 핵심은, 결단코 이것이라 얘기할 수 있습니다. 열심히 테니스 치고 운동… 아니고 "소식". 그런 말이 있더군요. 먹는 것의 4분의 1은 몸을 위해 쓰이고, 나머지 4분의 3은 의사를 위해 쓰인다고. 필요 이상으로 너무 많이 먹는다는 말이겠죠. 저도 젊었을 때는 한 식탐 했었고 나름 대식가에 속했습니다만, 지금은 많이 먹지 않습니다. 절대 굶거나 일부러 음식을 참거나 하지는 않습니다. 소식에 탄수화물 덜 먹고 일주일에 두어 번 테니스 칩니다. 이 가운데 소식이 8할을 차지합니다.

제 연배에 배 안 나온 사람 찾아보기 힘듭니다. 40대에서도 마찬가지고. 제가 해 보니, 소식도 일종의 습관입니다.

스타일에 관한 몇 가지 주관적인 의견 드립니다.

① 가장 섹시한 건 셔츠 한 장: 일터에서건 편한 자리에서건 팔목 두 번 접어 걷어 올리고 윗단추 두 개 풀어헤친 흰 셔츠보다 매력적인 스타일은 본 적이 없다. 좋은 셔츠에 대한 투자 예산은 늘려도 무방하다.

② 바지 길이는 바짓단이 접히지 않게: 한때 바지 짧게 입기가 유행했다. 너무 짧아서 바지, 양말, 신발 세 층이 나눠지는 모습을 자주 목격했다. 다소 경망스러웠다. 허나 바지가 길어서 구두 위에 접히고 구겨지는 것보단 낫다. 바지 길이는 그저 신발에 닿을 정도라야 다리도 길어 보이고 이쁘다.

③ 뽀로로 안경은 이제 그만: '사이즈'와 '핏'이 있다는 점에서 안경과 옷은 하등 다를 바가 없다. 10년 전과 비교하면 옷차림에선 비교적 핏을 잘 찾아간다. 하지만 안경 핏은 흡사 10년 전의 옷 입기를 보는 듯하다. 대부분 자기 얼굴보다 큰 사이즈의 안경을 쓰고 다니고, 그렇다는 사실 자체도 모른다. 안경은 크게 쓰나 작게 쓰나 얼굴을 크게 보이게 하고 실제 얼굴을 왜곡한다. 얼굴 크기에 정확히 핏 되는 안경을 써야 얼굴도 작아 보이고 잘생겨 보인다.

④ 과유불급: 궁극으로 향하는 것들의 공통점은 심플, 단순함이다. 스타일도 마찬가지다. 심플함에서 절대미가 나온다. 때로는 악센트를 주거나 과시적 아이템을 두를 수 있다. 다만 그럴 경우 나머지 부분은 절제의 도를 발휘하기를 바란다. 그렇지 않으면 돈 엄청 쓰면서 스타일 꽝인 사람이 된다.

⑤ 내 안에 진짜 내가 있다: 다이어트만한 성형수술, 뷰티 노하우가 없다. 내 안에 멋진 내가 갇혀 있다. 마치 할리우드 공포영화 속 사이코패스에게 잡힌 인질처럼 또 다른 내가 구원을 요청하고 있다. 그 나를 구출하면 인생이 바뀐다. 스타일 좋아지는 건 물론이고 자신감이 붙고 아우라가 바뀐다. 고작 야식

라면과 치킨 때문에 자신을 사이코패스에게 버려둘 것인가?

443 이탈리아에는 수트 입는 남자가 아주 많습니다. 지구상에서 유일하게 그리고 마지막으로 남은 남성 수트 구역이지 싶습니다. 제가 본 대다수의 이탈리아 남자가 기본 이상의 패션 감각을 보여주었습니다. 더욱이 중장년 위로 갈수록 멋진 사람이 많은 것도 인상적이었습니다. 체형도 날씬한 편이라 놀랐고요. 한편, 전형적인 이탈리아 스타일로 지나치게 통일돼 있다는 느낌도 받았습니다. 지배적인 복장 패턴을 벗어나 자기 개성을 보여주는 사람은 드물더군요.

뭐가 됐든 이탈리아 패션은 영화 〈하우스 오브 구찌〉의 제레미 아이언스를 생각나게 한다는 것만으로도 환상의 한 축을 계속 가져가리라 생각합니다. 유행과 트렌드의 강한 압박에도 유무형의 헤리티지를 변함없이 지켜가는 모습에 존중과 존경을 표합니다.

444
출전

정신적으로나 신체적으로나 슬럼프네요. 이런 때일수록 닥공에 닥직진하기로 합니다. 모든 것 다 합리화하고 정신승리하면서 가봐야죠. 나자빠져봐야 자기만 손해입니다. 매일이 어떤 의미에서는 전쟁입니다.

서강대에서 일 년에 한 번 〈서강앤솔로지〉를 제작합니다. 동문에게 무료 배포하는 이 잡지에 '나의 서재'란 코너가 있는데, 서강대 철학과 교수님과 제가 선정되어서 인터뷰를 했습니다. 인터뷰 말미에 저에게 가장 큰 영향을 미친 책 세 권을 뽑아 달라고 하더군요. 고민 끝에 칼 세이건의 《코스모스》, 사이토 요시노리의 《전략 시나리오》, 이원복의 《먼나라 이웃나라》를 골랐습니다.

《코스모스》는 존재의 근원에 대해 저로 하여금 첫 질문을 하게 만든 책입니다. 《전략 시나리오》는 논리적 사고가 얼마나 큰 힘이 되는지를 가르쳐줬습니다. 《먼나라 이웃나라》는 내가 보고 있는 한국과 한국인이 전부가 아니고 세상에는 다른 많은 사람과 나라가 있고 다양한 삶이 있음을 처음으로 간접 경험하게 해주었습니다. 삶의 어느 순간을 지나면 지식보다는 지혜가, 논리보다는 감성이 더 중요해집니다. 세상은 아트로 굴러가지 논리로 굴러가는 동네가 아니라는 것을 알게 되거든요.

인터뷰를 마무리하면서 마지막으로 한 말이 있습니다. "깊이 있는 사람 중에 책을 많이 안 보는 사람도 있긴 한데, 책을 많이 보는 사람 중에 가벼운 사람은 별로 없더라." 그리고 이 얘기까지는 안 했으나 덧붙이고 싶은 말이 있었습니다.

"기본 인성이 변변찮고 생각 자체가 편협한 사람에겐, 책을 많이 읽는 것이 오히려 추악한 사회적 괴물로 만드는 도구일 수도 있겠더라."

2018년부터 교회를 다니기 시작했습니다. 내추럴 본 무신론자인 제가, 사랑하는 아침잠(그것도 일요일)을 포기하고 지금까지 교회에 출석하다니 기적 같은 일입니다.

진심 솔직히 말씀드리면, 아직 믿음은 약합니다. 잘 모르겠습니다. 제가 우주과학 신봉자라서 어떤 종교가 되었건 그 벽을 부수는 게 쉽지 않습니다. 다만 이렇게 일주일에 한 번은 좋은 말씀 듣고, 비루한 내 자신도 내려놓고, 주위 사람을 위해 기도드리는(물론 제 자신 포함이죠) 시간이 좋아 꾸준히는 나오고 있습니다. 누구보다 게으른 영혼이지만 뭔가에 꽂히면 그건 또 누구보다 부지런 떠는 이상한 이중인격자가 바로 접니다.

제가 교회를 가기로 마음먹은 계기가 기억납니다. 누구나 그렇듯 정말 힘들었던 때였습니다. "이젠 두 손 두 발 다 들었다. 힘들어서 사망하겠다. 나도 누군가에게 좀 의지하고 싶다. 내 스스로 버티는 것도 한계다. 놓아 버리고 싶다"는 마음으로 가득 찼었습니다. 그때가 2018년 프레임몬타나 론칭(8월 13일)을 얼마 앞두고 정신적·육체적으로 바닥치고 망가졌던 시점이었습니다. 그 와중에 맹장염까지 터져 수술했었고요.

내가 모든 걸 컨트롤할 수 있다고 자신하면서 얼마든지 감내하고 삭히면서 극복할 수 있다고 믿고 사는 모습이 나름 쿨해 보일 수 있으나 세상 미련한 짓일 수 있습니다. 이런 분들 실제로 우울증 중기나 말기 이상인데 본인만 모르는 경우가 많습니다.

꼭 종교가 아니더라도 누군가에게 의지하는 것, 뒤집어 얘기하면 나의 나약함을 인정하는 것만큼 이 험한 시대를 살면서 절실한 것도 없지 싶습니다. 의지할 대상은 신이 아닌 가족, 친구가 될 수도 있겠고요.

데님을 좋아하다 보니 간절기를 놓치지 않고 입어줍니다. 갈수록 데님이 좋아지는 데 한 가지 큰 이유가 있습니다. 관리할 필요가 전혀 없다는 사실입니다. 면 소재의 옷 빨듯이 빨기만 하면 다림질할 필요도, 입고 나서 줄잡아 걸어 놓을 필요도 없습니다. 때도 잘 안 타서 자주 세탁할 필요도 없고, 울 소재 옷처럼 드라이클리닝 맡길 일도 없습니다. 입고 나서 아무데나 팽개쳤다가 또 입으면 그만입니다. 이게 다 나이들수록 심각해지는 귀차니즘과 무심증 때문이겠죠.

집에 있는 청바지 개수를 세어봤습니다. 30장이네요. 많이도 샀네요.

자식처럼 이쁜가

사실 새끼 중에도 더 정이 가고 더 이쁜 자식이 있습니다. 지금이야 티 내면서 편애하는 몰상식한 부모는 없겠지만 제 부모님 세대까지만 해도 대놓고 자식 차별하는 경우가 많았습니다. 당시에는 보통 대여섯 명씩 낳았고 음식도 물건도 부족한 시대라서 이쁜 자식한테 달걀 하나라도 더 챙겨주곤 했습니다. 묘한 것은, 그렇게 차별하던 부모를 끝까지 병수발 들고 챙기는 자식이 꼭 이쁨 받은 순서는 아니라는 사실이죠. 어찌 됐든 어릴 때 많이 사랑 받고 큰 사람은 크게 삐뚤어지지 않고, 열등감이나 콤플렉스 적고, 관대하고, 포용력 있고, 자존감 높은 경우가 많습니다. 식물과 동물도 이쁨 받아야 잘 크고 빛이 나는데 인간이야 오죽하겠습니까.

제가 모은 안경 중에도 물론 더 아끼는 것이 있지만, 하나하나

보면 모두 나름 이쁘고 자신만의 존재 가치가 확실합니다. 프
레임몬타나가 만든 안경도 보고 있자면 내 자식 같이 이쁘고
사랑스럽습니다.

생물이 아닌 물건도 사랑과 애정을 듬뿍 주면 잘 크는지 한번
보려 합니다. 파는 것이 무엇이든 어떻게 팔든 내가 파는 것에
진정 만족하고, 퀄리티 자신이 있고, '자식'처럼 사랑하는 마음
이 있다면 적어도 망하지는 않으리라고 믿습니다. 그 정도면
설사 망해도 미련은 없을 것 같습니다.

20년 만에 LA 뉴포트 비치에 왔습니다. 20년 전 친한 친구가
닷컴버블에 동참한다며 뉴포트 비치에 똬리를 틀고 요상한 닷
컴회사 하나 차려 큰 성공을 노렸었죠. 저도 갓 대학원 졸업하
고 한국으로 귀국하기 전 여기에서 친구와 뭉쳐 잠시 행복한
시간을 가졌습니다.

나이듦이란 새로운 기록을 마구 적어가기보다는 과거 기록을
들춰가며 야금야금 맛보는 그런 경험이 아닐까 합니다. 그러하
니 젊은 날 가능한 한 많은 기록이 적힌 두꺼운 책을 만들어 놓
으십시오. 나이들어서 한 줄 한 줄 읽어가는 재미가 쏠쏠할 겁
니다.

젊음의 시간을 루틴으로만 채우고 어떤 위험도 감수하려고 하
지 않은 채 안정적으로만 보내면 훗날 추억할 거리가 아무것도
없다는 얘기입니다.

제가 MBA 졸업한 2000년에 커리어를 시작한 분야가
경영컨설팅이었습니다. 당시 여의도 HP빌딩에 있었던
프라이스워터하우스쿠퍼스 컨설팅Pricewaterhouse
Coopers Consulting 소속이었고요. 간만에 입사동기 동
료들을 만났습니다. 제대로 된 첫 프로젝트였던, SK텔
레콤 프로젝트를 수많은 밤을 세워가며 성공시켰던 역
전의 용사들입니다. 다들 저보다 형님입니다. 한 분은 S
그룹 전무, 한 분은 L그룹 상무, 한 분은 성공한 사업가
입니다. 세 분 다 직책과 직위에 연연하지 않고 본인 갈
길 열심히 가는 듯 보여 참 좋습니다.

재회reunion에 대해 한 가지만 말씀 드립니다. 30대와 40대를 바쁘게 흘려보내면서 인연을 잃어가는 듯 느끼는 분이 있을 겁니다. 그러나 보게 될 사람, 봐야 할 사람은 언젠가 다시 만나게 되어 있습니다. 그러니 너무 아쉬워 마십시오. 단, 나와 그들 모두 몸과 마음이 온전해야 한다는 전제하에서만 가능함도 잊지 마십시오.

'있을 때 잘해주세.'

수많은 사람 떠나보내며 되뇌던 말이었지. 그런데 이런 말이 무슨 소용 있나. 아무리 잘해줘도 떠날 사람은 냉정히 떠나고, 아닐 사람은 끝까지 남아 있는데.

그래도 있을 때 잘해주렵니다. 떠날 때 떠나더라도. 누구든. 내가 사랑하는 사람이라면.

길거리에서 사진 찍어 줄 사람을 찾을 때 누구에게 부탁해야 할까요? 그럴 땐 소개팅으로 만나 이제 막 커플된 듯 어색한 남녀를 잡으면 정성껏 찍어줍니다. 왜냐고요? 오버할 정도로 나이스 한 척해야 하니까.

연애를 시작하면 처음엔 좋은 면만 보여주려고 하지요. 그러다 한 일 년 지나면 이 인간이 어떻게 생겨 먹은지 다 알아요. 추한 것도 다 보고요. 그래도 좋으면 '그냥' 사랑하는 것이고, 사랑하지만 상대의 단점에 눈감기보다 고치도록 이끄는 것은 '진정' 사랑하는 거죠. 그게 싫어서 떠나면 현명한 겁니다.

세상에 백 퍼센트 맞는 인간과 반려자는, 제가 장담하건대 인생을 1천 번 살아도 못 만납니다. 사랑한다면 모든 걸 사랑하든지 아니면 바꾸려는 시도 정도만 해보세요.

바꾼다? 불가능은 아닙니다. 그렇더라도 완전히 바꾸지는 못합니다. 한 20~30퍼센트 바꾸는 데만도 적어도 15년 걸립니다. 그것도 당사자가 바꾸겠다고 열심히 노력하는 경우에 그렇습니다. 15년이라는 시간도 보장이 아닙니다. 하루 만에 바뀌는 사람도 있고 평생이 가도 안 바뀌는 사람이 있습니다. 허나 바뀐다는 희망이 있으면 같이할 수 있습니다.

오늘은 옷을 어떻게 입을까. 그런 생각 1도 안 합니다. 그날 아침 옷 방에 들어가서 3초 스캔하면 눈에 띄는 상의나 하의가 한 개 나옵니다. 그럼 그거 집어들고 여기에 어울릴 만한 나머지 짝을 찾는 거죠. 대략 1분 안에 의사결정이 끝납니다. 저에게 멋쟁이다 패피다 그러는데 실상은 멋내고 꾸미는 데 별로 신경 안 씁니다. 다만, 옷은 주기적으로 삽니다. 무분별한 구매는 이젠 없고, 어쩌다 진짜 맘에 드는 것이 보이면 집에 들입니다. 너의 말대로라면 패션에 무심하다는 얘긴데 그러면 어떻게 패피가 되었느냐? 너 괜히 쿨한 척하는 거 아니냐? 이런 질문하는 분이 있을 테지요. 이유가 있습니다. 바로 '워드로브'의 힘입니다. 하나둘 차곡차곡 쌓아온 워드로브, 그것이 멋의 원천입니다. 워드로브는 계속 변화하는 생물과도 같아서 고로 완성이란 없습니다. 다만 꾸준히 업데이트하면서 자신만의 개성과 다양성을 만들어가면, 어떤 TPO를 만나도 1분이면 충분히 자기 스타일을 연출할 수 있습니다.

이쁘지도 않는데 비싼 옷이라는 이유로 워드로브에서 큰 공간 차지하는 건 바람직하지 않습니다. 세일한다고 마구잡이로 옷을 들여놓아 정신없는 워드로브도 의미 없습니다. 나의 스타일을 만드는 머스트 아이템 중심으로 정예군단을 하나하나 만들어가다 보면 어느 순간 신경 쓸 일 없는 옷 입기가 가능해집니다.

저는 versatile이란 영어 단어를 좋아합니다. 물건이나 사람이나 버서타일한(다재다능한, 다용도로 쓸 수 있는) 게 좋습니다. 청재킷이 은근 버서타일 합니다. 단독으로 입어도 되고 코트나 돕바 안에 레이어링해도 멋집니다. 따뜻해지면 허리춤에 질끈 동여매도 스타일 삽니다.

청재킷은 남자보다 여자가 훨씬 이쁩니다. 단순히 이쁜 게 아니라 스타일리쉬하고 섹시합니다. 물론 잘 소화한다는 전제하에 그렇습니다. 그런 아이템이 꽤 있지요. 에어맥스나 조던도 여성이 신을 때 더 이쁩니다.

빈티지면 눈이 뒤집히는 제가 빈티지 의류에는 큰 관심이 없습니다. 문자 그대로 구식outdated으로 전락한 것도 많고, 표준화가 안 되어 있고, 잘 맞는 핏을 구하기도 어렵기 때문입니다. 미국이나 일본이나 한국이나 빈티지 의류시장에서 그나마 고를 만한 건 리바이스나 리Lee의 데님 제품, 군복, 면 티, 스웻셔츠 정도입니다.

청셔츠에 카키 바지가 잘 어울리듯 청재킷에도 무지 면소재 카키 바지가 기본적으로 잘 맞습니다. 그리고 또 하나 잘 어울리는 바지는 츄리닝. 대신 좀 타이트하게 붙는 걸로.

백발이 되어 금장 블레이저도 좋지만 청재킷도 포기하고 싶지 않습니다. 한 20년 후 어느 양지 바른 카페 테라스에서 선글라스에 청재킷 입고 아이스 아메리카노 한잔하는 백발의 제 모습이 노망난 주책바가지처럼 안 보이길 바랍니다. 나이들었다고 좋아하는 옷과 스타일을 포기해야 하는 건 슬픈 일입니다.

사장이라는 자리가 좋아 보입니까? 직접 해보면 속도 상하고 무엇보다 외롭습니다. 하소연할 데도 없고 설령 어디다 토로한대도 일이 풀리는 것도 아니고, 그저 혼자 고민합니다. 세상에 진짜 공짜 없습니다. 누리는 만큼 무한 책임에 머리 아프고 잠도 안 옵니다. 얻는 게 있으면 내놓는 것도 있다는 법칙에 예외란 없습니다.

남한텐 친절하고 마음 약하고 나이스 하고 착한 척 다 하면서, 정작 자기 아이한텐 따뜻한 말 한마디도 인색하고 전화통화 한 번 먼저 하는 법이 없어요. 그래도 오랜만에 만나면 깊숙이 안고 손도 꼬옥 오래 잡지요. 말 없이 바디랭귀지만으로도 통하는 게 원래 파더 앤 선 아닌가요?

어릴 적 스키장에 간다는 건 가슴 설레는 일이었습니다. 대중 스포츠도 아니었고 스키장도 몇 군데 없었던 때라 잘 타는 사람도 드물었고 카빙 스키도 없었습니다. 종합 리조트 같은 느낌이라고 보면 됩니다.
낮에 슬로프에서 폼 잡고 타면 부러운 시선에 멋있는 사람이 된 것 같았습니다. 스판덱스 바지에 모자 쓰고 고글 쓴 여성분들 따라다니면서 넘어지기만을 기다렸고(슬쩍 도와주는 척 접근하려고), 실컷 스키 타다가 저녁 때가 되면 인근 마을로 내려가 맛있는 강원도 음식 먹었습니다. 그때부터 또 다른 하루가 시작되지요. 당시는 나이트 문화여서 스키장에도 나이트클럽이 있었습니다. 마시고 춤추고 부킹하고 방에 돌아와 콘도팅도 했습니다. 다음 날 다시 새 마음 새 뜻으로 슬로프로 나갔고요. 실제 스키장에서 여자친구를 만든 친구도 많았고 개중에는 결혼까지 한 녀석도 있지요.

당시 저는 제가 스키를 아주 좋아하는 줄 알았습니다. 그러다 미국 몬타나주에 어학연수를 왔고 몬타나의 스키장과 캐나다 밴프의 스키장들을 다니면서 뭔가를 깨달았습니다. 숏턴을 마구 해도 봐주는 사람 아무도 없는데, 비싼 스키복을 입었으나 알아보는 사람 1도 없는데, 스판덱스 바지 입은 여대생도 없는데, 나이트도 오삼불고기도 없는데, 콘도팅 하려다간 총 맞을 각인데, 정말 추워 죽겠는데 내가 왜 돈 내고 사서 이 고생을 하나 싶었습니다.

정확히 이때부터 스키에 대한 흥미가 식었습니다. 사회인 되고 한 15년은 안 타다가 몇 년 전 다시 시작했습니다. 강산이 두세 번 변하니 스키장 풍경도 많이 달라졌습니다. 스키 잘 타는 사람은 차고 넘치고, 딱 붙는 스판덱스 바지는 찾아볼 수 없고, 2미터짜리 스키 탄다고 잘난 척하는 인간도 사라졌고, 나이트클럽 자리는 스크린 골프장으로 바뀌었고, 콘도팅 하던 애송이 시절도 지나갔고, 저렴한 오삼불고기 집보다는 고급 꽃등심 집이 마을을 점령했네요. 여담으로, 운동하고 나면 유흥보다는 뜨거운 사우나가 더 끌린다는 것도 다른 점입니다. 변함없는 것도 있습니다. 좋은 사람과 즐겁게 운동한다는 것, 맑고 차가운 공기 마신다는 것, 밤에 별도 잘 보이는 것은 같습니다.

적당한 관심과 오지랖이 있는 한국이 어떤 면에선 재밌는 곳입니다. 무관심만큼 냉정한 것도 없습니다. 미국 중소도시에 살면서 아톨리니, 쿠치넬리 입어봐야 무슨 소용이고, 몬타나주 스키장 가서 몽클레르 입고 카빙턴 해봐야 뭔 소용이겠어요. 거기는 자기 만족으로 사는 곳인데요. 한국 사회도 말로는 자기만족이 중요하다고 떠듭니다. 그러나 속으로는 남을 의식하고 남과 나를 비교하면서 삽니다. 저는 이런 문화를 못마땅해했는데, 그게 꼭 나쁜 것만은 아니라는 생각이 듭니다. 적당한 관심을 주고받는 건 삶에 활력이 됩니다. 오버하고 선을 넘는 게 문제지요.

고국을 등지고 떠납니다. 이 땅은 제가 버티기엔 숨막히는 곳이에요. 다신 안 돌아옵니다. 태평양 한가운데 어느 한적하고 이쁜 섬에 가서 로빈슨 크루소처럼 고독과 한 몸 되어 밤에는 쏟아지는 별을 스테파니 공주 삼아 자연의 아주 조그만 일부가 될 겁니다.

유
일
한

예
외

나를 추월하고 나보다 나은 걸 보면서 시기, 질투 없고 부러움
도 없이 그저 흐뭇해할 수 있는 존재는 유일하게 하나 있는 것
같습니다. 지 자식.

외국 휴양지에 가면 반바지도 좋습니다만 기왕이면 칼라 달린 윗도리 입고 조리 신발은 피하길 권합니다. 어디 가서 대접 못 받는다고 투덜댈 게 아니라 자기 대접은 자기가 찾는 것이라 생각하면 됩니다. 말끔히 차려 입고, 글로벌 스탠더드 매너에 기본 영어는 장착하고, 팁에 인색하지 않으면 제 경험으로 보건대 세계 어디서든 푸대접 받을 일은 거의 없습니다.

친구모임 2차 가서 로열살루트 1병과 야마자키 4병에 추가로 모 싱글몰트 1병, 총 6병을 마셨습니다. 저는 맥주보다 센 도수의 주종은 끊었기에 저 맛난 것을 구경만 했고 맥주만 대여섯 병 마셨습니다. 그리하니 결과가 좋았지요. 적당히 취기는 올랐어도 취해서 빈말하거나 오버하거나 몸을 못 가누거나 필름 끊기는 사태 없이 즐겁게 시간을 보냈습니다. 술 마시는 사람을 보면 크게 4가지 유형이 있습니다.

A. 얼굴 빨개짐(기본적으로 알코올 분해를 잘 못하는 체질)

① 체질상 한두 잔만 마시면 더 이상 못 마시거나 안 마심.

② 하도 마시다 보니 본래 체질을 어느 정도 극복하고 소주 한 병 이상은 마심.

B. 얼굴 안 빨개짐(기본적으로 술이 받는 체질)

③ 많이 마실 수 있음. 어느 순간 되면 ①번과 같이 더 마시기가 힘들어짐.

④ 술이 술을 먹는 유형. 술을 잘 마시고 어느 정도까지는 버티나, 일정 수준이 넘어가면 술이 물처럼 들어가며 필름이 끊김.

어릴 적에는 술로 호기도 부리고 ①, ②번 유형을 무시하곤 했
는데, 나이들면서는 이들 유형이 복받은 사람이라는 생각이 듭
니다. ①, ②번 유형은 '술을 어른에게 잘 배워서' 술버릇이 좋
은 게 아닙니다. 어느 순간이 되면 몸이 술을 못 받기 때문에
강제로 먹이지 않는 한 과음으로 인한 실수나 주사가 있을 수
없는 거죠. 또 술을 일부러 찾아서 먹지 않으니 술로 인한 간경
화도 드물고요.

문제는 ④번입니다. 자기도 모르게 계속 들어가고 그러다가 정
신줄 놓는 유형입니다. 어릴 때는 친구들 모두 꼴라되니까 서
로 관대하게 넘어갔지만, 나이들어 주사 있으면 주위 사람 피
곤해지고 특히 사회생활 시 아주 곤란해집니다.

저도 음주 습관을 바꾸기 위해 많이 노력했고 실제로 많이 개
선했습니다. 문제는, 술자리에 관한 한 열 번 잘해도 한 번 실
수하면 만사 꽝 된다는 겁니다. 열 번이면 열 번 모두 실수하면
안 된다는 거지요.

그래서 술을 완전히 끊어야겠다고 결심한 적도 있는데, 완전히
끊기란 정말 어려운 일이더군요. 집에서 혼자 마시는 습관이야
끊기 쉬울 수 있으나, 모임에 가서 혼자만 안 마시는 건 본인도
괴롭고 같이 있는 사람도 흥 깨지고 신경 쓰이는 일이죠. 영 사
회생활이 안됩니다. 그래서 찾은 해법이 맥주만 마시기입니다.
어느 술집에 가나 맥주 없는 곳은 없잖아요. 와인이나 샴페인
도 위험합니다. 맥주만 마시니, 남에게 민폐도 크게 안 끼치고
본인도 적당히 취하면서 즐길 수 있고, 끝까지 자신을 잘 컨트

롤할 수 있어 만족스럽더군요. 물론 맥주도 죽어라 마시면 장
사 없겠지만요.

정장과 캐주얼.

462

알든Alden(미국의 제화 브랜드)과 나이키.

인코텍스Incotex(이탈리아의 클래식 남성복 브랜드)와 레졸루트
Resolute(일본의 데님 브랜드).

팔케Falke(독일의 양말 브랜드)와 양말
레스.

카브라(=턴업: 바지 밑단 처리 중 하나로,
접어 올려 봉제한 것)와 발목컷.

서로 반대로만 가다가 한 가지 지점
에서 통일.

근심 많은 중년이라는 점.

청바지에 셔츠, 운동화 조합은 제가 가장 즐겨하는 패션입니 463
다. 특히 셔츠는 제가 가장 좋아하는 패션 아이템이죠. 셔츠 중
에서도 흰 셔츠에 대한 사랑은 각별합니다. 흰 셔츠만 30장 넘
을 겁니다. 질 좋고 잘 맞고 이쁜 흰 셔츠를 보면 보는 대로 모
으다 보니 그렇게 됐습니다. 같은 흰 셔츠라도 30장 다 모양,
핏, 용도, 느낌이 조금씩 다릅니다. 다들 각자의 생존 이유가 있
습니다.

제게는 평생 지켜워지지 않고 앞으로도 욕심낼 패션 아이템이

4가지 있습니다. 청바지, 흰 셔츠, 네이비 블레이저, 스니커즈. 안경도 포함할까 했는데, 그건 뭐 제가 직접 만드니 제외하는 걸로요. 자기만의 기본템은 투자에 인색할 필요가 없습니다. 의식주 중 衣의 기본이니까요. 참고로, 클래식 4대장이라 불리는 아이템이 있습니다. 네이비 블레이저, 검정 구두, 회색 바지, 흰 셔츠입니다. 특히 근사한 블랙 클래식 구두는 일 년에 열 번 이상 존재가치를 발휘합니다. 나에 대한 투자로 돈 아깝지 않은 항목입니다.

저도 한때 와인에 빠져서 관련 책도 읽고 좋다는 와인 두루 섭렵하고 다녔던 시절이 있습니다. 지금은 열정이 식었고 까다롭게 구는 것도 없지만 두 가지 원칙만은 지키려 합니다.

첫 번째, 레드는 기왕이면 10만 원짜리 이상을 마신다. 레드는 퀄리티 차이도 크고 좋은 퀄리티를 내기도 쉽지 않습니다. 저급을 대하면 마시기도 역겹고 뒤끝도 안 좋고 심지어 체하기도 합니다. 그렇다고 무조건 10만 원 이상일 필요는 없고 대략 10만 원선 기준에서 위로 가면 실패할 확률이 뚝 떨어집니다.

두 번째, 화이트를 주로 마신다. 레드는 많이 마시면 우울해지는 성분이 있습니다. 마실 만한 것은 비싸고요. 반면 화이트는 깊이는 덜하지만 5만 원짜리도 좋은 퀄리티가 많습니다. 10만 원대면 '우와' 할 정도로 좋습니다. 마시면 시원하고 기분 좋아지는 게 침울해지는 레드와는 사뭇 다릅니다. 해산물에 레드는 비린 맛을 증폭시키기 때문에 피해야 하지만, 화이트는 해산물은 물론 고기와 먹어도 안 될 이유가 없습니다. 특히 여름날 카페 테라스에서 레드는 좋은 선택이 아닐 수도 있습니다.

모임에서 와인을 마시면 무조건 레드를 생각하는 분이 많은 것 같습니다. 가성비가 훌륭한 화이트에도 관심가져 보길 권합니다. 경제적인 음주생활에 도움될 겁니다.

첫째, 몸 건강과 마음 건강은 서로 엮여 있습니다. 특히나 요즘 시대는 몸보다 마음 건강을 보살피는 것이 중요합니다. 마음이 무너지면 몸도 무너집니다.

둘째, 가까운 가족·연인·친구와의 친밀한 '관계'에서 심리적 안정감과 행복감을 갖는 것이야말로 건강 비결입니다. 이들에게 한 번 더 져주고, 하나 더 양보하고, 한 얘기 또 들어주는 것이 건강을 지키는 길입니다.

셋째, 신체 건강 관점에서는 살찌는 것이 술과 담배보다 더 해로운 행위입니다. 제 경험으로 보면, 만병의 근원은 술, 담배, 스트레스 전에 비만입니다.

나이는 나이고, 나이듦은 나이든다는 의미죠. 그러나 인간이 자의적으로 정한 개념에 불과할 수도 있습니다. 시간도 마찬가지고요. 인위적으로 정한 개념 속으로 일부러 들어가 살 필요는 없잖습니까. 나이라는 개념에 얽매여 생각과 외양과 행동을 틀 안에 가두지 말자는 얘깁니다.

오
로
라

'오로라'라는 이름 참 이쁘지 않나요? 〈은하철
도 999〉의 오로라 공주가 생각납니다. 요염하
면서 비밀스러우면서 카리스마 있으면서 냉정
하면서 가끔 너무 따뜻합니다. 초등학생 때 내
가 어른이 되면 저런 여자와 사귀고 결혼해야
지, 그랬습니다. 결혼이 뭔지도 모르면서. 본명
은 메텔이었죠.

그러나 하늘의 오로라는 치명적인 살인 광선의 잔재입니다. 지구자기장은 태양이 뿜어내는 방사선 및 기타 유해(인간 입장) 우주선ray을 막아주는데, 북극과 남극의 작은 공간을 비집고 들어와 지구자기장과 태양우주선이 충돌해 생긴 것이 바로 오로라 현상입니다.

우주방사선은 생물에게는 쥐약입니다. 지구자기장은 우리가 살아 있을 수 있는 이유들 중 톱 3위 안에 드는 이유입니다. 여기서 놀라운 것은 우주로 보낸 생명체 중 우주방사선을 정면으로 맞고도 살아 돌아온 생물(지구 미생물)이 있다는 겁니다. 생물의 생존 본능은 이토록 강력합니다. 그 힘은 우리 인간에게도 내재돼 있습니다. 이 사실을 알면 지구상에서 못 할 일이 없습니다. 미개 생물이 우주방사선 맞고도 사는데, 고등동물인 인간이 못 할 일이 뭐가 있을까요. 마음먹기에 달린 일일 뿐이죠.

"최고의 스타일은 의식적인 목적보다 무의식적인 결과처럼 보이는 것이다." 오스카 와일드의 말입니다. 멋이라는 거, 스타일이라는 거 아무리 비싼 명품으로 휘감아도 멋이 없는 사람은 멋이 없고 스타일이 없는 사람은 스타일리쉬 하지 않습니다. "멋과 스타일이란, 눈코입처럼 몸의 일부이지 자신과 분리된 다른 어떤 것이 아니다." 저도 한마디 거들고 마무리합니다.

중·고등학생들의 로망 브랜드 오프화이트. 매장에서 다운 파카를 입어봤는데 너무 예쁘네요. 딱 봐도 한 물건 팔아보신 포스의 점장님이 제 관상을 훑더니 밀착 마크 들어옵니다.
"얼마예요?" "여기 셔츠만 해도 80만 원인 거 아시잖아요. 근데 저 다운 파카가 240만 원 정도이니 나쁘지 않지요?" "음, (150만 원만 되도 사는 건데 너무 비싸다. 포기다.) 그다지 비싸진 않네요. 매니저 할인이나 특별 디스카운트 그런 거 없나요?" "저흰 노 디씨입니다. 그래도 상품권 행사에 백화점카드 5퍼센트 할인도 되고, 이건 아드님과 같이 입을 수 있으니 얼마나 좋아요. 일타 쌍피죠."

저 일타쌍피 멘트에 혹했습니다. 거의 8부 능선을 넘었습니다. 아들놈의 기뻐하는 모습도 눈에 아른거리고. 그런데 결론적으로 실망하는 점장님을 뒤로 하고 과감히 나왔습니다. 쇼핑인이 8부 능선까지 넘어갔다 돌아오는 건 진정 어려운 결단입니다. 스스로에게 박수.

470

인상 좋은 사람이 성공할 확률이 높다고들 합니다. 과거엔 반신반의했는데 겪어 보니 맞는 말입니다. 한 사람의 사고방식과 삶의 태도가 생김새와 표정과 눈빛과 말투에 나타날 수밖에 없습니다. 그러나 반드시 그렇다고 말할 수도 없는 게 또 세상사입니다. 선하고 밝은 외모로 사기 치는 인간이 얼마나 많으며, 소위 법 없이 살 사람 같이 생겨서 흉악한 범죄를 저지르는 찌질한 인간은 또 얼마나 많습니까. 겉모습만으로 지레짐작은 가능하나 장담은 못 하는 게 사람입니다. 무릇 시간을 두고 찬찬히 지켜보는 수밖에 없습니다.

471

평화로운 마음

개인적으로 가장 아름다운 음악 앨범 커버로, 킹 크림슨King Crimson의 2집 〈In the Wake of Poseidon〉을 꼽습니다. 그 림이 무슨 의미인지는 모릅니다. 그냥 제각기 사연 많은 사람들이 이젠 다 초월하고 어딘가에 안착한 듯한 평온함을 느낄 뿐입니다. 앨범에 Peace 3부작이 있습니다. A Beginning, A Theme, An End. 커버만큼이나 아름답고 평화로운 노래들입니다.

치과에서 스케일링을 받다가 갑자기 이런 생각이 들었습니다. 사는데 참 '관리'해야 할 거 많다. 몸뚱이부터 시작하면, 치아관리, 탈모관리, 체중관리, 혈압관리, 당관리, 피부관리, 음식관리,

스트레스관리, 분노관리, 욕구관리 등이 있죠. 몸뚱이 밖으로 나가면, 돈관리, 친구관리, 이성관리, 집안관리, 프로젝트관리, 업무관리, 부하직원관리, 상전관리, 거래처관리, 고객관리, 빚관리, 자동차관리, 인맥관리, 평판관리… 손가락 아프니까 여기까지만 하죠. 이렇게 관리만 하다가는 평화롭게 산다는 건 불가능한 일인 듯싶습니다. 저 모든 관리를 빼놓지 않고 사는 사람이 있을까요? 있다면 미치기 일보 직전일 겁니다.

단 한 가지 관리가 필요하다면 그건 정신관리입니다. 정신이 무너지면 나머지 백 가지 관리가 무너지는 건 시간문제입니다. 그러면 정신관리 하나만 잘하면 괜찮냐, 그렇지 않습니다. 다른 중요한 두세 가지만 관리 밖으로 나가도 정신관리 역시 무너집니다. 굳이 이론적으로 최적화해보면, 백 가지 관리 항목 중 내 정신관리에 중요한 항목은 신경 써서 챙기고, 민감도가 떨어지는 것은 과감히 포기하고 사는 것이 정답이라는 의미가 됩니다. 한데 어디 세상사는 게 논리적으로 되나요. 평화로운 노래 들어보십시오. 잠시지만 평화로워집니다.

아름답기 그지없는 성운입니다. 이름 하여 나비 성운Butterfly Nebula. 도대체 어떤 별이 저리도 강렬하게 죽음의 잔재를 흩뿌렸을까요. 이런 노래 가사가 있죠. 저 별은 나의 별, 저 별은 너의 별. 알고 보면 비현실적인 얘기가 아닙니다.

대개 항성(태양처럼 스스로 빛을 내는 별)은 수소와 헬륨 덩어리입니다. 지구에 있는 철, 탄소, 금 등 대부분의 중원소는 어떤 항

성 하나가 수퍼노바처럼 수명을 다하고 폭발한 경우에만 그 폭
발에너지에 의해 화학적으로 합성되어 생성됩니다. 고로, 우리
지구와 태양계는 40~50억 년 이전에 어떤 별이 수명을 다하고
터져버린 잔해에서 생성된 것입니다. 우리는 그 이름 모를 별
의 자식이고 후손입니다. 우리 몸의 대부분이 물과 탄소 덩어
리, 중원소이니까요. 우리가 죽으면 분해되어 가스와 물, 흙, 돌
로 지구에 남는데, 40~50억 년 후 태양에게 먹히고 터져버리
면 잔해를 통해 새로운 별이 탄생합니다. 그 새 별이 '그 별은
나의 별'이 되겠지요. 물론 지금은 볼 수 없고 이름도 성도 모
르지만요.

우리는 한없이 가벼운 존재들입니다. 그러나 억겁의 시간이 가
도 소멸되지 않으며, 어떠한 형태로든 존재합니다. 우리는 별
의 자손이고 죽으면 다시 별로 돌아갑니다. 언젠가는.

책을 쓴다는 것은 제게 동경의 대상이었습니다.
대단한 사람만이 할 수 있는 일이라 생각했습니다.
내 이름으로 책을 낸다는 것이 가능한가,
내가 그럴만한 자격이 있는가 라는 물음에 자신이 없었습니다.

그러다 내가 그동안 적어왔던 글들을
십년 만에 꺼내어 읽는 일기처럼 다시 읽어봤습니다.
재밌었습니다. 시간 가는 줄 모르고 읽었습니다.
이 한 가지만으로도 출판의 이유가 되지 않을까.
극강의 긍정 신호를 스스로에게 보냈습니다.

제 모든 경험과 생각의 원천이자 좌절 속에서도
희망을 일깨우는 존재들에게 고마움을 전합니다.
그들은 나의 가족과 친구들입니다.